DOSSIERS DE civilisation allemande

6e édition revue et actualisée

Laurent Férec
Professeur en Classes préparatoires, Lycée Henri IV, Paris

Bertram Gerber
Professeur en Classes préparatoires, Lycée Henri IV, Paris

ellipses

Formaté typographiquement par DESK (53) :
02 43 01 22 11 – desk@desk53.com.fr

ISBN 9782340-067547

8/10 rue la Quintinie 75015 Paris

www.editions-ellipses.fr

Avant-propos

Ce livre s'adresse en priorité aux germanistes des filières commerciales, littéraires et scientifiques des Classes Préparatoires aux Grandes Écoles, ainsi qu'aux germanistes du premier cycle universitaire et des Instituts d'Études Politiques. Au fil de brèves synthèses bilingues, il traite des domaines essentiels de la vie politique, économique et sociale allemande. Il peut être utilisé pour un apprentissage autonome, tout comme fournir des bases qui seront approfondies et actualisées en cours.

À la fin de chaque chapitre, le lexique essentiel est repris sous forme de liste, et, pour les termes les plus importants, de phrases assez simples qui peuvent être mémorisées. Pour les verbes irréguliers, on trouvera dans l'ordre les changements de voyelle au prétérit, au participe 2 puis au présent (le cas échéant).

Le texte français qui fait face au texte allemand ne saurait être tenu pour un modèle de traduction. Il doit permettre de vérifier que le texte allemand a été bien compris.

Les auteurs

Principaux sigles

Les chiffres en caractères gras renvoient aux chapitres principaux dans lesquels apparaissent les sigles.

Principaux sigles	Signification	Chapitre(s)
ARD	Arbeitsgemeinschaft der öffentlichrechtlichen Rundfunkanstalten Deutschlands	13
BaföG / Baföig	Bundesausbildungsförderungsgesetz	11
BRD	Bundesrepublik Deutschland	tous
BVerfG	Bundesverfassungsgericht	6
CDU	Christlich-Demokratische Union	7, 10, 15
CSU	Christlich-Soziale Union	7
DDR	Deutsche Demokratische Republik	2, 4, 7, 9, 10, 12, 13, 16
DGB	Deutscher Gewerkschaftsbund	8
EU	Europäische Union	8, 9, 17, 18
EWG	Europäische Wirtschaftsgemeinschaft	17
EZB	Europäische Zentralbank	8, 17
FAZ	Frankfurter Allgemeine Zeitung	13
FDJ	Freie Deutsche Jugend (DDR)	4
FDP	Freie Demokratische Partei	7, 9
GG	Grundgesetz	5
KPD	Kommunistische Partei Deutschlands	2
NATO	North Atlantic Treaty Organization	3, 18
NPD	Nationaldemokratische Partei Deutschlands	7
NSDAP	Nationalsozialistische Deutsche Arbeiterpartei	2, 7
PDS	Partei des Demokratischen Sozialismus	7,12
RAF	Rote Armee Fraktion	3, 7
SBZ	Sowjetische Besatzungszone	2
SED	Sozialistische Einheitspartei Deutschlands	2, 3, 4, 7, 10, 13
SPD	Sozialdemokratische Partei Deutschlands	2, 7
Stasi	Staatssicherheitsdienst (DDR)	4, 7
VEB	Volkseigener Betrieb (DDR)	4
ZDF	Zweites Deutsches Fernsehen	13

Abréviations

bzw.	beziehungsweise	d. h.	das heißt
ca.	circa	Mio.	Million(en)
Mrd.	Milliarde(n)	z.B.	zum Beispiel

Dossier 1

Grundlinien deutscher Geschichte bis 1933

Anfänge

Der Legende zufolge beginnt die deutsche Geschichte im Jahre neun nach Christi Geburt, als Arminius (Hermann) die römischen Legionen bei einer Schlacht im Teutoburger Wald besiegt. Heute sind sich die Historiker darüber einig, dass sie ihren Ausgangspunkt vielmehr im Mittelalter hat, in einer Zeit also, da das Wort „deutsch", das lange nur eine Sprachbezeichnung blieb, nun auch auf die Gebiete hinweist, in denen die verschiedenen deutschen Dialekte gesprochen werden. Was das Wort „Deutschland" betrifft, so erscheint es erst im 15. Jahrhundert.

Mittelalter

Als erster vereinigt Karl der Große die germanischen Völkerschaften unter einer gemeinsamen Herrschaft. Sind die Grenzen des von Deutschsprachigen bewohnten Bereiches im Westen deutlich festgelegt, so gilt dies nicht für den Osten, wo man mit der Ansiedlung in slawischen Gebieten jenseits der Elbe beginnt. Im Gegensatz zum französischen König wird der deutsche Kaiser – der eigentlich den Titel des „römischen Kaisers" trägt – vom Adel der im Reich zusammengeschlossenen Fürstentümer gewählt. Bis zur Goldenen Bulle vom Jahre 1356 muss er außerdem vom Papst in Rom gekrönt werden. Mit dem Papst, der die hohen geistlichen Würdenträger in Deutschland ernennt, kommt es ständigzu Konflikten. Der Kaiser ist von seinen Lehnsleuten abhängig und übt nur eine relative Macht auf ein Gebiet aus, in dem das

L'Histoire allemande dans ses grandes lignes jusqu'en 1933

Origines

D'après la légende, l'histoire de l'Allemagne commence en l'an 9 après Jésus Christ, quand Arminius (Hermann) défait les légions romaines lors d'une bataille au Teutoburger Wald. Les historiens s'accordent aujourd'hui pour situer son point d'origine plutôt au Moyen Âge, où le terme « deutsch », qui est longtemps resté un simple concept linguistique, renvoie aussi aux territoires où les différents dialectes allemands sont parlés. Quant au mot « Deutschland », il n'apparaît qu'au XVe siècle.

Moyen Âge

Charlemagne est le premier à rassembler sous une même autorité les peuplades germaniques. Si les frontières du territoire habité par les germanophones sont plutôt clairement établies à l'ouest, il n'en va pas de même à l'est où l'on commence à coloniser les terres slaves au-delà de l'Elbe. À la différence du roi de France, l'empereur allemand (qui porte en réalité le titre d'empereur romain) est élu par la noblesse des principautés composant l'Empire. Jusqu'à la Bulle d'or de 1356, il doit de surcroît être sacré à Rome par le pape. Il ne cessera donc d'avoir des rapports conflictuels avec le pape, qui nomme le haut clergé allemand. Dépendant de ses vassaux, l'empereur n'exerce qu'une autorité relative sur un territoire ignorant le principe de centralisation étatique et où le latin reste la lingua franca (langue véhiculaire).

Prinzip eines zentralistisch geführten Staates keine Gültigkeit besitzt, und wo die lateinische Sprache lingua franca (Verkehrssprache) bleibt. Allein der zunehmende Einfluss der in Österreich ansässigen Habsburger kann zu gewissen Zeiten die kaiserliche Macht festigen, sodass die kaiserliche Würde fast dynastisch übertragen wird.

Seule l'influence croissante des Habsbourg, établis en Autriche, assiéra parfois l'autorité impériale de sorte que la dignité impériale se transmet de façon quasi dynastique.

Kennzeichnend für das mittelalterliche Deutschland ist die Dynamik der freien Städte, die als Handelsstadt oder Sitz der geistlichen Obrigkeit florieren. So ist Köln als Bischofssitz und Handelsmetropole mit 40 000 Einwohnern die bevölkerungsreichste Stadt in Deutschland. Diese freien Städte schließen sich zu Ligen zusammen. Das Paradebeispiel dafür ist die Hansa, deren Macht auf der Stärke ihrer Handelsflotte beruht. Dies hat im heutigen Deutschland Spuren hinterlassen: Die Hansastädte Hamburg und Bremen sind Stadt und Bundesland zugleich.

L'Allemagne médiévale se caractérise par le dynamisme de ses villes libres, qui doivent leur fortune à leur fonction de places commerciales ou de sièges de l'autorité religieuse. Cologne, siège d'un évêché et grande ville de négoce, est avec ses 40 000 habitants la plus grande ville allemande du Moyen Âge. Ces villes libres se fédèrent en ligues. L'exemple le plus célèbre est celui de la Hanse, qui tire sa force de la puissance de sa flotte marchande. De cette époque, l'Allemagne d'aujourd'hui conserve les traces : Hambourg et Brême, villes hanséatiques, sont à la fois cité et Bundesland.

Die Reformation

1517 schlägt Martin Luther, ein Mönch des Augustinerordens, seine 95 Thesen an die Tore der Wittenberger Schlosskirche an. Er antwortet auf die Frage „Wie bekomme ich einen gnädigen Gott?", indem er sich gegen den Ablasshandel und die päpstliche Macht auflehnt und drei Prinzipien aufstellt, die als Grundlage des Protestantismus anerkannt werden: das Heil allein durch Gnade, allein durch den Glauben und allein durch die Heilige Schrift. Dies hat die konfessionelle Spaltung Deutschlands zur Folge: Im Norden bekennen sich die Landesfürsten zum evangelischen Glauben, während man im Süden dem Katholizismus und Rom treu bleibt. Der Augsburger Religionsfrieden (1555) bestätigt diese Spaltung. Er sieht vor, dass in den jeweiligen Fürstentümern der Landesherr über den Glauben seiner Untertanen entscheidet und dass diese auswandern können, falls es ihrer eigenen Überzeugung nicht entspricht.

La Réforme

En 1517, un moine augustin, Martin Luther, affiche ses 95 thèses aux portes de la chapelle du château de Wittenberg. Il répond à la question « comment obtenir la grâce de Dieu ? » en s'élevant contre le négoce des indulgences et l'autorité du pape pour affirmer les trois principes sur lesquels se fonde le protestantisme : le salut par la seule grâce de Dieu, par la foi seule et par les seules Saintes Écritures. C'est le début de la partition confessionnelle de l'Allemagne : les princes régnants du nord adhèrent à la religion réformée, tandis qu'au sud on reste fidèle au catholicisme et à Rome. La paix d'Augsbourg (1555) consacre cette partition. Elle statue que, dans chacune des principautés allemandes, c'est le souverain qui décide de la religion de ses sujets, lesquels peuvent émigrer si elle ne correspond pas à leur conviction.

Dreißigjähriger Krieg und Absolutismus

Glaubensfragen (Anspruch auf freie Religionsausübung für die Protestanten in Böhmen) sind örtlich die Ursache des Dreißigjährigen Krieges (1618-1648). In Wirklichkeit ist der Kampf um den Vorrang in Europa zwischen den damaligen Großmächten – in erster Linie Frankreich und Österreich – der eigentliche Auslöser eines Konfliktes, der Mitteleuropa durch Massenmorde, Plünderungen und Seuchen verwüstet. Die Erfolge, die der schwedische König Gustav Adolph an der Spitze des protestantischen Heeres bis 1632 verbucht, führen beinahe zu einer tatsächlichen Spaltung des Reiches. Als der Westfälische Friede 1648 in Kraft tritt, ist die deutsche Bevölkerung um die Hälfte auf 10 Millionen zurückgegangen.

Am Ende des Dreißigjährigen Krieges hat sich die Macht der Landesfürsten auf Kosten der zentralen Gewalt des Kaisers noch verstärkt. Das Reichsgebiet zerfällt in eine Vielzahl von über 300 manchmal winzig kleinen Fürstentümern. Der Handel leidet unter den unzähligen Zollschranken. Jeder Landesherr regiert als absolutistischer Fürst und versucht am eigenen Hofe den Prunk von Versailles nachzuahmen.

Ab Anfang des 18. Jahrhunderts wird Österreichs Vormacht durch den Aufstieg Preußens in Frage gestellt. Friedrich II. (Friedrich der Große, 1712-1786) herrscht über ein militärisch durchorganisiertes Königreich.

Als Sieger im Siebenjährigen Kriege entreißt er Schlesien den Habsburgern. 1806 wird Deutschland durch das napoleonische Heer besetzt und das Heilige Römische Reich deutscher Nation aufgelöst.

Guerre de Trente Ans et absolutisme

Des différends confessionnels (revendication de la liberté de culte chez les protestants de Bohème) sont localement à l'origine de la guerre de Trente Ans (1618-1648). En réalité, ce conflit qui, à force de tueries, de pillages et d'épidémies, va ravager l'Europe centrale, a pour origine la rivalité entre les grandes puissances de l'époque, essentiellement la France et l'Autriche. Les succès remportés jusqu'en 1632 par le roi de Suède Gustave Adolphe, à la tête des armées protestantes, conduisent presque à une partition de fait de l'Empire. Quand le traité de Westphalie entre en vigueur (1648), l'Allemagne a perdu presque la moitié de sa population, réduite à 10 millions d'habitants.

À l'issue de la guerre de Trente Ans, le pouvoir des princes est encore accru, au détriment de l'autorité centralisatrice de l'empereur. Le territoire de l'Empire est morcelé en une mosaïque de plus de 300 principautés parfois minuscules. Le commerce est entravé par la multiplication des barrières douanières. Chaque souverain règne en monarque absolu, et tente d'imiter à sa cour les fastes de Versailles.

La domination autrichienne est contestée à partir du début du XVIIIe siècle par la montée de la puissance prussienne. À la tête d'un royaume organisé comme une armée, Frédéric II le Grand (1712-1786) sort vainqueur de la guerre de Sept ans (1756-1763) et enlève la Silésie aux Habsbourg.

En 1806, l'Allemagne est occupée par l'armée napoléonienne et le Saint Empire Romain Germanique dissous.

Entstehung eines Nationalstaates und deutsche Einheit

Der Kampf gegen die Besatzung durch Napoleons Armee bringt ein Aufleben des Patriotismus mit sich. Bis zu diesem Zeitpunkt ließ sich Deutschland zwar durch eine gemeinsame Kultur und Sprache definieren, aber die deutsche Nation fiel nicht mit einem einheitlichen Staat zusammen. Aus der Auflösung des Reiches geht nach dem Wiener Kongress (1815) der Deutsche Bund hervor, zu dem sich die nun auf eine Gesamtzahl von 39 beschränkten deutschen Fürstentümer zusammenschließen, ohne dabei ihre Souveränität einzubüßen. Auf dem Weg zur Erfüllung des deutschen Traumes vom Nationalstaat sind folgende Stufen zu verzeichnen: das Wartburger Fest (1817, zum dreihundertsten Jubiläum von Luthers Thesenanschlag), als Kundgebung der national gesinnten Studentenkörperschaften; der Zollverein (1834); die Entwicklung des Eisenbahnnetzes ab 1835. Nachdem die liberale Revolution von 1848 und die erste Nationalversammlung in der Frankfurter Paulskirche gescheitert sind, kommt die deutsche Einheit erst nach einer Reihe von Kriegen zustande. In der Schlacht bei Königgrätz 1866 besiegt Preußen Österreich und Sachsen. Unmittelbar nach der Niederlage Frankreichs im Krieg von 1870/71 wird am 18.1.1871 der preußische König Wilhelm I. zum deutschen Kaiser proklamiert. Geburtsort des deutschen Reiches ist der wegen seiner symbolischen Bedeutung ausgesuchte Spiegelsaal zu Versailles. Die deutsche Einheit wird in Form der sogenannten „kleindeutschen Lösung" um Preußen verwirklicht. Österreich, dessen Interessen nun dem Balkan gelten, bleibt davon ausgeschlossen. Schmied der deutschen Einheit ist hauptsächlich Fürst Bismarck, der 1862 zum preußischen Kanzler ernannt worden war.

Émergence d'un État-nation et unification de l'Allemagne

La lutte contre l'occupation napoléonienne est l'occasion d'un sursaut du sentiment patriotique. Jusqu`à cette date, l'Allemagne se définissait en termes de communauté de culture et de langue, mais la nation allemande ne se confondait pas avec le cadre d'un État unitaire. À l'issue de la dissolution de l'Empire puis du congrès de Vienne (1815), les principautés allemandes, réduites au nombre de 39, se regroupent au sein de la Confédération germanique sans rien perdre de leur souveraineté. La réalisation du rêve d'un État-nation allemand est marquée par les étapes suivantes : rassemblement des étudiants nationalistes constitués en associations lors de la fête de la Wartburg en 1817 (tricentenaire de l'affichage des thèses de Luther) ; l'union douanière de 1834 ; le développement du réseau ferré à partir de 1835. Après l'échec de la révolution libérale et de la première assemblée nationale siégeant dans l'église saint Paul à Francfort en 1848, il faut attendre une série de guerres pour qu'advienne l'unité allemande. À la bataille de Sadowa en 1866, la Prusse vainc l'Autriche et la Saxe. Immédiatement après la défaite de la France lors de la guerre de 1870, le 18 janvier 1871, le roi Guillaume Ier de Prusse est proclamé empereur d'Allemagne. L'Empire allemand naît dans la galerie des glaces de Versailles, lieu choisi pour sa valeur symbolique. L'unité allemande se fait sous la forme de ce qu'il est convenu d'appeler la « solution petite allemande », autour de la Prusse. L'Autriche, dont les intérêts se portent désormais vers les Balkans, en est exclue. L'artisan de l'unité allemande est essentiellement le prince Bismarck, qui avait été nommé chancelier de Prusse en 1862.

Die Weimarer Republik, die erste deutsche Demokratie

Das vereinigte Deutschland ist bereits ab 1870 sowohl im militärischen als auch im wirtschaftlichen Bereich eine Großmacht. Es bleibt aber im Grunde ein Obrigkeitsstaat, in dem das Heer nach preußischem Muster für Ordnung bürgt. Wie Frankreich zieht Deutschland 1914 mit Begeisterung in den gegen den „Erbfeind" geführten Krieg. Im Ersten Weltkrieg muss Deutschland gleichzeitig an mehreren Fronten kämpfen. Dazu kommen Wirtschaftsnot und eine sehr ungünstige Ernährungslage. Die Bevölkerung entzieht der Staatsführung ihr Vertrauen. Wilhelm II., der 1888 den Thron bestiegen hatte, dankt ab und übergibt die Macht dem Reichstag. So entsteht mitten im Krieg die erste deutsche Demokratie, und zwar in einer durch die drohende Niederlage aufgeladenen Atmosphäre. Nachdem einige Versuche, „Räterepubliken" nach sowjetischem Vorbild ins Leben zu rufen, blutig niedergeschlagen worden waren, wird 1919 eine Nationalversammlung demokratisch gewählt und in Weimar eine neue Verfassung verabschiedet. Nie aber werden die Deutschen das Gefühl des Verrates los. Der Friedensschluss wird als „Versailler Diktat" empfunden, weil er Gebietsabtretungen und hohe Reparationen vorsieht. Dies gefährdet die Republik in ihren Grundlagen. Daher wird sie weitgehend politisch unstabil bleiben. Zur Unstabilität tragen auch die Auswirkungen der Wirtschaftskrise (Inflation, Arbeitslosigkeit) bei. Am 30.1.1933 wird Hitler von Reichspräsident von Hindenburg zum Reichskanzler ernannt.

La République de Weimar, première démocratie allemande

L'Allemagne unifiée, devenue une grande puissance économique et militaire dès 1870, reste un État autoritaire où, sur le modèle prussien, l'armée est garante de l'ordre. Comme la France, c'est avec enthousiasme qu'en 1914 elle entre en guerre contre « l'ennemi héréditaire ». Durant la Première Guerre mondiale, elle doit se battre sur plusieurs fronts. Elle doit de plus faire face à une situation économique désastreuse et à des pénuries alimentaires. Le soutien de la population à l'effort de guerre s'effrite. L'empereur Guillaume II, monté sur le trône en 1888, abdique et remet ses pouvoirs au Parlement. C'est donc en pleine guerre et dans un climat de défaite que naît la première démocratie allemande. Après la répression des tentatives de « Républiques des Conseils », qui, localement, visaient à instaurer un régime de type soviétique, une Assemblée nationale est démocratiquement élue en 1919 et une nouvelle constitution promulguée à Weimar. Mais les Allemands ne se déferont jamais d'un sentiment de trahison face à ce qui est ressenti comme le « diktat de Versailles », qui prévoit la cession de territoires ainsi que de lourdes réparations. Ceci fait peser une menace sur les fondements de la République. C'est ainsi l'instabilité politique qui va dominer. Les effets de la crise économique (inflation, chômage) sont un autre facteur d'instabilité. Le 30 janvier 1933, le président Hindenburg nomme Hitler chancelier du Reich.

Vocabulaire

Adel (der, -)	*la noblesse (classe sociale)*
Aufstieg (der, e)	*l'ascension, la montée*
Auslöser (der, -)	*le détonateur*
Einfluss (der, ¨e)	*l'influence*
Entstehung (die)	*la naissance, l'apparition*
Erbfeind (der, e)	*l'ennemi héréditaire*
Fürstentum (das, ¨er)	*la principauté*
Handel (der)	*le commerce*
Heer (das, e)	*l'armée (de terre)*
Heil (das)	*le salut (de l'âme)*
Herrschaft (die, en)	*la domination, le règne*
Kampf (der, ¨e) (um + A)	*le combat (pour)*
Macht (die) (die ~ aus/üben)	*le pouvoir (exercer le ~)*
Mittelalter (das)	*le Moyen Âge*
Mönch (der, e)	*le moine*
Niederlage (die, n)	*la défaite*
Not (die, ¨e)	*la détresse*
Papst (der, ¨e)	*le pape*
Recht (das, e)	*le droit*
Schlacht (die, en)	*la bataille*
Seuche (die, n)	*l'épidémie*
Spur (die, en)	*la trace*
Überzeugung (die, en)	*la conviction*
Untertan (der, en, en)	*le sujet (d'un souverain)*
Ursache (die, n)	*la cause*
Vorrang (der)	*la prédominance*
Würde (die, n)	*la dignité*
abhängig (von + D)	*dépendant de*
geistlich	*spirituel, clérical*
auf/lösen	*dissoudre*
auf/lehnen (sich) (gegen + A)	*se rebeller*
bekennen (sich) (bekannte, bekannt) (zu + D)	*adhérer à (une idée)*
beruhen (auf + D)	*reposer sur*
besiegen	*vaincre*
bestätigen	*confirmer*
bürgen (für + A)	*être garant de*
ein/büßen	*perdre (son pouvoir, son influence)*
jemandem etw. entziehen (entzog, hat entzogen)	*retirer quelque chose à quelqu'un*
ernennen (ernannte, hat ernannt)	*nommer (à une fonction)*
hin/weisen (ie, ie) (auf + A)	*renvoyer à, faire allusion à*
kämpfen (um + A / gegen + A)	*se battre / combattre (pour / contre)*
los/werden (u, o, i) (ist)	*se débarrasser de*
nach/ahmen	*imiter*
prägen	*marquer*
zerfallen (iel, allen, ä) (in + A)	*être morcelé en, se composer de*
zusammen/schließen (oss, ossen) (sich)	*se fédérer, se rassembler*

Lexique en situation 1

- Die Herrschaft der Reichen nennt man Plutokratie.
On appelle ploutocratie la domination/le règne des riches.

- Als Belohnung hat man ihn zum Botschafter in Bukarest ernannt.
En récompense, on l'a nommé ambassadeur à Bucarest.

- Mit 35 ist er finanziell noch von seinen Eltern abhängig.
À 35 ans, il dépend toujours financièrement de ses parents.

- Ein Despot übt absolute Macht über seine Untertanen aus.
Un despote exerce un pouvoir absolu sur ses sujets.

- An der normannischen Küste hat der 2. Weltkrieg dauerhafte Spuren hinterlassen.
Sur la côte normande, la Seconde Guerre mondiale a laissé des traces durables.

- Die Würde des Menschen ist unantastbar (Artikel 1 GG).
La dignité de l'être humain est inaliénable (article 1 de la Loi fondamentale).

- Sie hat ihre Aussagen bestätigt.
Elle a confirmé ses déclarations.

- Im demokratischen Rechtsstaat gibt es das Recht auf freie Religionsausübung.
Dans un état démocratique, il existe un droit à la liberté de culte.

- Rosa Luxemburg bekannte sich schon in ihren Jugendjahren zum Sozialismus.
Dès ses années de jeunesse, Rosa Luxembourg avait des convictions socialistes.

- Russland kämpf um seine Vormacht im östlichen Europa.
La Russie se bat pour assurer sa prépondérance à l'Est de l'Europe.

- Für manche Bürger hat das Allgemeinwohl Vorrang vor dem privaten Glück.
Pour certains citoyens, le bien commun prime sur le bonheur individuel.

- Wer glaubt, darf auf das Heil hoffen, so Luther.
Le croyant peut espérer le salut, dit Luther.

- Das Volk hat sich gegen den Despoten aufgelehnt.
Le peuple s'est soulevé contre le despote.

- Aus dem Untertanen wurde ein Bürger.
Le sujet est devenu un citoyen.

- Der Markt entzieht sich jeder [D] Kontrolle.
Le marché se soustrait à tout contrôle.

- Es ist unmöglich, seine Vorurteile loszuwerden.
Il est impossible de se défaire de ses préjugés.

- Harvard gilt als Paradebeispiel für die Eliteuniversität.
Harvard passe pour l'exemple type de l'université d'élite.

Dossier 2

Das dritte Reich

Die Machtergreifung durch Hitler, die Ursachen der Machtergreifung

1933 gelangen die Nazis legal an die Macht. Bereits 1930 verbucht die NSDAP (Nationalsozialistische Deutsche Arbeiterpartei) ausschlaggebende Wahlerfolge. 1932 avanciert sie zur führenden deutschen Volkspartei. Reichspräsident Hindenburg ernennt also am 30.01.1933 Adolf Hitler, den Vorsitzenden der aus dem demokratischen Wahlprozess als Sieger hervorgegangenen größten Volkspartei Deutschlands, zum Reichskanzler. Wie konnte es dazu kommen? Die 1918, also unmittelbar nach der Niederlage, entstandenen Verfassungsorgane der Weimarer Republik verfügen kaum über Glaubwürdigkeit bei breiten Schichten der Bevölkerung. Anfang der 30er Jahre geben die Wähler überwiegend den links- oder rechtsextremistischen Parteien, d. h. den Kommunisten oder den Nationalsozialisten, ihre Stimme. Deutschland steckt zudem in einer tiefen Wirtschaftskrise, die verheerende Auswirkungen auf den Arbeitsmarkt hat. Anfang 1932 zählt Deutschland 6 Millionen Arbeitslose bei insgesamt 12 Millionen Erwerbstätigen. Das macht die deutsche Bevölkerung geradezu empfänglich für Thesen, die die Idee der Volksgemeinschaft, der Verwirklichung eines Gemeinschaftsideals, besonders hervorheben.

Le Troisième Reich

La prise du pouvoir par Hitler, ses causes

En 1933, c'est de façon légale que les Nazis parviennent au pouvoir. Dès 1930, le Parti national-socialiste (NSDAP) enregistre des succès électoraux décisifs. En 1932, il devient le principal parti politique allemand. Le 30.01.1933, le président Hindenburg nomme donc chancelier du Reich Adolf Hitler, chef du parti que le processus démocratique a désigné comme la principale force politique de la nation. Comment en est-on arrivé là ? Les institutions républicaines nées en 1918, c'est-à-dire au lendemain de la défaite, ne sont que peu crédibles aux yeux d'une grande partie de la population, tous milieux confondus. Au début des années 1930, les suffrages des électeurs se reportent majoritairement sur les partis extrémistes de gauche comme de droite, les national-socialistes, mais aussi les communistes. De plus, l'Allemagne est plongée dans une grave crise économique, dont les conséquences sont dramatiques pour l'emploi. Au début de l'année 1932, elle compte 6 millions de chômeurs pour un total de 12 millions d'actifs. Cela rend la population allemande particulièrement réceptive aux discours mettant en avant l'idée de communauté et de partage, de réalisation d'un idéal collectif.

Die Gleichschaltung

Ziel der Nazis ist es, alle Staatsorgane der Kontrolle der Partei zu unterwerfen, um somit die ganze Gesellschaft unter den Einfluss der Partei zu stellen. Um dieses Ziel zu erreichen, gilt es zunächst, alle demokratischen Parteien sowie alle unabhängigen regionalen Machtzentren zu beseitigen. Nach dem Reichstagsbrand am 27.2.1933, dessen Ursache nie geklärt wurde, wird der Ausnahmezustand verhängt und die KPD wird verboten. Das Parlament wird aller seiner Befugnisse beraubt. Anschließend werden alle Gewerkschaften und die SPD verboten. Diesen Prozess wird als „Gleichschaltung" der Parteien bezeichnet.

Die Beamten also und die Offiziere der Reichswehr, welche der zunehmenden Bedeutung der hitlerschen Sturmabteilungen (SA) missgünstig gegenüberstehen, bilden eine weitere Zielscheibe für den wachsenden Machtanspruch der NSDAP. Juden und Demokraten werden gnadenlos aus allen Verwaltungsämtern entfernt. Selbst im Bereich der Kunst unterliegt man der Kontrolle der Partei. Auf Befehl des Propaganda-Ministers, Joseph Goebbels, finden Bücherverbrennungen statt, bei denen die Werke zeitgenössischer aber auch klassischer Autoren, deren Ideen den Vorstellungen der Nazis nicht entsprechen, vernichtet werden. Die Nazis verurteilen die deutsche Kunst des Jahrhundertanfangs, insbesondere die Werke der Expressionisten. Im Rahmen einer Wanderausstellung von Kunstwerken, die von den Nazis als „entartet" bezeichnet werden, sollen die Bürger durch die Vorführung negativer ästhetischer Beispiele aufgeklärt werden. 1933 zählt die NSDAP bereits 900 000 Mitglieder. Im Jahre 1945 ist diese Zahl auf 8 Millionen gestiegen. Diese sehr hohe Mitgliederzahl ermöglicht es, alle Lebensbereiche und auch das Privatleben der Bürger zu überwachen.

La mise au pas

L'objectif des nazis est d'assujettir toutes les instances de l'État au contrôle du parti et de la sorte de soumettre à son influence la société allemande tout entière puisse. Pour réaliser cet objectif, la première étape est l'élimination des partis démocratiques et de l'autonomie des pouvoirs locaux. À la suite de l'incendie du Reichstag (27.2.1933), dont l'origine ne sera jamais élucidée, l'état d'urgence est décrété et le parti communiste interdit. Le Parlement est privé de ses pouvoirs. Dans la foulée, tous les syndicats ainsi que le parti social-démocrate sont interdits. C'est ce que l'on appelle la « mise au pas » des partis.

Les fonctionnaires et les officiers de la Reichswehr, lesquels voient d'un mauvais œil l'importance croissante que prennent les milices hitlériennes (SA), constituent une autre cible pour le NSDAP dans son appétit de pouvoir. Les juifs et les démocrates sont impitoyablement écartés de tous les emplois administratifs. Même dans le domaine de l'art, le parti exerce sa tutelle. Sur ordre du ministre de la propagande, Joseph Goebbels, on procède à des autodafés où sont brûlés les livres d'auteurs, contemporains ou classiques, dont les idées ne correspondent pas aux idéaux nazis. Les nazis condamnent l'art allemand du début du siècle, et en particulier les œuvres des expressionnistes. Dans le cadre d'une exposition itinérante d'œuvres estampillées par les nazis comme « dégénérées », la population est censée être éduquée en se voyant proposer des exemples négatifs. En 1933, le parti compte déjà 900 000 membres. En 1945, ce chiffre atteindra les 8 millions. Grâce au nombre très important de ses membres, le parti est à même d'exercer une surveillance à tous les niveaux de la vie sociale, mais aussi de la vie privée.

Rassengesetze und Judenverfolgung

Liberale, Demokraten und Sozialisten flüchten ins Ausland. Sie gehen ins Exil, um der Verhaftung im Konzentrationslager zu entgehen. Die deutschen Juden aber fallen dem NS-Regime fast ausnahmslos zum Opfer. Hitlers rassistische Anschauungen, sein Streben nach Vorherrschaft der arischen Rasse kommen schon in „Mein Kampf", in jener Kampfschrift, die er nach dem Scheitern eines Putschversuches 1923 in der Haft verfasst hatte, deutlich zum Ausdruck. Die institutionalisierte Verfolgung einer ganzen, allen anderen Mitbürgern als Sündenbock preisgegebenen Bevölkerungsgruppe wird stufenweise verwirklicht. Am 1.4.1933 ruft die NSDAP zum Boykott aller jüdischen Geschäfte auf. Am 15.9.1935 treten die so genannten „Nürnberger Gesetze" in Kraft. Diese Gesetze sehen vor, dass der Zugang zu jeglichem öffentlichen Amt (sei es in der Verwaltung, an den Universitäten oder im juristischen Bereich) den Juden nunmehr versperrt ist. Die Juden werden ihrer deutschen Staatsbürgerschaft enthoben, die Ehen mit Nichtjuden sind verboten. In der Nacht vom 9.11.1938, die heute „Reichspogromnacht" genannt wird, werden die Schaufenster der jüdischen Geschäfte zerschlagen und die Synagogen in Brand gesteckt. Die Juden sind verpflichtet, den gelben „Judenstern" zu tragen. Verhaftungen und Deportationen beginnen 1939. Im Sommer 1941 beginnt das NS-Regime mit der „Endlösung" (im NS-Sprachgebrauch), das heißt mit der Vernichtung aller Juden nicht nur in Deutschland, sondern in ganz Europa. Auf der Wannseekonferenz (20.1.1942) werden die letzten Maßnahmen zur Ausführung der Endlösung getroffen. Ab Januar 1942 beginnt in Auschwitz die systematische Vernichtung der Juden durch Vergasung. Heute herrscht unter den Historikern ein breiter Konsens darüber, dass infolge dieser Verhaftungen und Deportationen, die in aller Öffentlichkeit stattfanden, Millionen von deutschen und europäischen Juden (3 Millionen allein in Polen) ums Leben kamen.

Lois raciales et persécution des juifs

Libéraux, démocrates et socialistes fuient à l'étranger. Ils prennent le chemin de l'exil pour échapper à l'emprisonnement en camp de concentration. Mais les juifs allemands sont presque sans exception victimes du régime national-socialiste. Les théories racistes d'Hitler et son combat pour l'établissement de la suprématie aryenne sont clairement exprimés dès Mein Kampf*, pamphlet rédigé par Hitler lorsque, à la suite d'un putsch avorté, il s'était retrouvé en captivité (1923). La persécution institutionnalisée de toute une partie de la population désignée comme bouc émissaire à tous ses concitoyens se met en place progressivement. Le 1.4.33, le parti nazi appelle au boycott de tous les commerces tenus par des juifs. Le 15.9.1935, les lois dites de Nuremberg sont promulguées. Elles interdisent désormais aux juifs l'accès à un emploi dans la fonction publique, quel qu'il soit (administration, barreau, université). Elle déchoit les juifs de leur nationalité allemande et leur interdit tout mariage avec des non juifs. Dans la nuit du 9.11.1938, au cours de ce qu'on nomme aujourd'hui la « Reichspogromnacht », les vitrines des magasins juifs sont brisées et les synagogues incendiées. Les juifs sont contraints au port de l'étoile jaune. Les arrestations et les déportations commencent en 1939. À l'été de 1941, le régime nazi commence à mettre en œuvre la « solution finale » (dans le langage des nazis), c'est-à-dire à l'élimination de tous les juifs non seulement d'Allemagne, mais de toute l'Europe. La conférence de Wannsee (20.1.1942) règle les derniers aspects techniques pour la mise en œuvre de cette solution finale. L'élimination systématique par intoxication au gaz mortel commence à Auschwitz en janvier 1942. Peu d'historiens s'aventurent aujourd'hui à contester que ces arrestations et ces déportations, qui avaient lieu au grand jour, ont abouti à la mise à mort de millions de juifs allemands et européens (3 millions pour la seule Pologne).*

Erklärungen für Hitlers Erfolg

Die zwölfjährige Machtausübung durch die Nazis lässt sich nicht allein durch Unterdrückung und Schreckensherrschaft erklären. Auf wirtschaftlichem Gebiet gelingt es Hitler, Arbeitslosigkeit und Armut mit Hilfe von Arbeitsbeschaffungsprogrammen und staatlich unterstützten Bauprogrammen wirksam zu bekämpfen. Der Aufschwung wird auch zum Teil durch die Aufrüstung im Rahmen der Vorbereitung auf den Krieg ermöglicht. Durch außenpolitische Erfolge erhält Deutschland etwas von seinem früheren Glanz zurück. Zuerst erreicht es Hitler, dass Deutschland diplomatisch wieder als gleichrangige Großmacht anerkannt wird. Rasch weicht aber die Politik der Bündnisse einer expansionistischen Politik, die zum Zweiten Weltkrieg führen soll. Am 12.3.1938 kommt es zum Anschluss Österreichs ans Deutsche Reich. Im September werden die Teile der Tschechoslowakei, in denen die Deutschen die Mehrheit der Bevölkerung ausmachen, dem Reich eingegliedert. Am 1.9.1939 marschiert die Wehrmacht in Polen ein. Der Zweite Weltkrieg bricht aus.

Explications du succès d'Hitler

La répression et la terreur ne sont pas les seules explications au maintien en place du régime nazi pendant douze ans. Dans le domaine économique, Hitler parvient à lutter efficacement contre le chômage et la pauvreté grâce à des programmes de création d'emplois et une politique de grands travaux. Cet essor est en partie également rendu possible par le réarmement dans le cadre des préparatifs de guerre. L'Allemagne retrouve une partie de son prestige ancien en remportant des succès de politique étrangère. Hitler réussit d'abord à faire reconnaître l'Allemagne diplomatiquement comme une grande puissance égale aux autres. Mais rapidement, la politique d'alliances cède la place à une politique expansionniste qui mène droit à la Seconde Guerre mondiale. Le 12.3.1938, c'est l'annexion de l'Autriche par le Reich allemand. En septembre, les territoires tchécoslovaques où les Allemands sont majoritaires sont intégrés au Reich. Le 1.9.39, l'armée allemande entre en Pologne. La Seconde Guerre mondiale éclate.

Der Zweite Weltkrieg

Die deutschen Truppen müssen an mehreren Fronten kämpfen, zumal im Juni 1941 der deutsch-sowjetische Nichtangriffspakt verworfen wird. Im Jahre 1942 steht ganz Kontinentaleuropa unter deutscher Herrschaft. Die Niederlage gegen die Rote Armee bei Stalingrad am 2.2.1943 bildet den eigentlichen Wendepunkt im Krieg.

La Seconde Guerre mondiale

Les armées allemandes sont contraintes de combattre sur plusieurs fronts, surtout depuis juin 1941 et la rupture du pacte de non-agression germano-soviétique. En 1942, l'Europe continentale est entièrement sous domination allemande. La défaite allemande face à l'armée rouge à Stalingrad (2.2.43) marque le véritable tournant de la guerre.

Von diesem Tag an führt Deutschland keinen Angriffskrieg mehr, sondern gerät nach und nach in die Defensive. 1942 beginnen die Bombardierungen deutscher Städte durch die britische Luftwaffe. Die deutsche Stadtbevölkerung muss ganze Nächte in Luftschutzkellern verbringen. Da Deutschland sich in den besetzten Gebieten versorgen kann, ist die Hungersnot allerdings erst ab 1944 zu spüren. Die Landung der Alliierten in der Normandie am 6.6.1944 beschleunigt die Kapitulation Deutschlands. In seinem unter dem Potsdamer Platz in Berlin begrabenen Bunker begeht Hitler Selbstmord. Zwischen 1933 und 1945 ist seine Macht nie richtig in Frage gestellt worden. Abgesehen von einem gescheiterten Putschversuch durch Wehrmachtoffiziere – der allerdings auch Ausdruck der stetigen Rivalität zwischen Armee und Partei ist – sind die wenigen Widerstandskämpfer unter überzeugten Kommunisten, Sozialisten oder Christen zu finden, die ihr Leben für die Befreiung Deutschlands einsetzen und aufopfern. Am 8. Mai 1945 kapituliert Deutschland bedingungslos.

À partir de cette date, l'Allemagne ne mène plus une guerre offensive, mais se retrouve peu à peu sur la défensive. En 1942 commencent les bombardements des villes allemandes par l'aviation britannique. La population allemande doit passer des nuits entières dans les abris anti-aériens. L'Allemagne ne connaît cependant pas de pénurie alimentaire avant 1944, puisqu'elle puise dans les ressources des territoires occupés. Le débarquement allié en Normandie (6.6.44) précipite la capitulation allemande. Hitler se suicide dans son bunker, enfoui sous la Potsdamer Platz à Berlin. De 1933 à 1945, son pouvoir n'a jamais été réellement inquiété à l'intérieur des frontières. Hormis une tentative de putsch avortée effectuée par des officiers de la Wehrmacht (qui traduit en fait également la rivalité constante entre armée régulière et parti), les rares résistants sont à chercher parmi les militants communistes, socialistes ou chrétiens qui veulent libérer l'Allemagne au péril et au prix de leur vie. Le 8 mai 1945, l'Allemagne capitule sans conditions.

Die Nachkriegsjahre

Die Konferenz von Jalta (Februar 1945) sieht die Zerstückelung des Reiches in vier Besatzungszonen vor. Die in vier Sektoren geteilte Reichshauptstadt Berlin unterliegt einem Sonderstatut. Für alle Fragen, die ganz Deutschland betreffen, ist ein Alliierter Kontrollrat zuständig. Sonst verfügt jede Besatzungsmacht (die USA, Großbritannien, Frankreich und die Sowjetunion) über die Vollmacht in der jeweiligen Besatzungszone. Die Gebiete östlich der Oder-Neiße-Linie werden an Polen abgetreten. Die deutschstämmigen Bewohner dieser Gebiete werden vom neuen Machthaber vertrieben und flüchten nach Deutschland.

L'immédiat après-guerre

En application des accords de Yalta (février 1945), le Reich est partagé en quatre zones d'occupation. Berlin, la capitale du Reich partagée en quatre secteurs, est soumise à un statut particulier. Un conseil de contrôle allié est en charge des questions communes à toute l'Allemagne. Les puissances occupantes (États-Unis, Grande-Bretagne, France, Union soviétique) disposent sinon de tous les pouvoirs dans leur zone respective. Les territoires situés à l'est de la ligne Oder-Neisse sont cédés à la Pologne. Les populations de souche allemande de ces territoires sont expulsées par les nouveaux maîtres du pays et se réfugient en Allemagne.

Mit dem Nürnberger Prozess beginnt am 20.11.1945 die Entnazifizierung. Einige hochgestellte Parteifunktionäre werden wegen Verbrechen gegen die Menschlichkeit verurteilt. In den Besatzungszonen werden demokratische Parteien gegründet. In der sowjetischen Besatzungszone (SBZ) zwingt die Besatzungsmacht die Kommunistische Partei und die Sozialdemokratische Partei dazu, eine Einheitspartei, die Sozialistische Einheitspartei Deutschlands (SED) zu bilden. Im ganzen Lande liegen alle Großstädte in Trümmern. Alle Verkehrswege wurden im Krieg zerstört, und es herrscht ein vollkommenes wirtschaftliches Chaos. Lebensmittel und Heizmaterial verschafft man sich auf dem schwarzen Markt zu Wucherpreisen. Dem setzen in den drei Westzonen der Marshallplan und die Währungsreform vom 20.6.1948 ein Ende. Als Protest gegen die Einführung einer Einheitswährung in der Trizone verhängt die Sowjetunion die Berlin-Blockade. Darauf antworten die Westmächte mit einer Luftbrücke, durch die die Berliner elf Monate lang versorgt werden können. Im Kontext des Kalten Krieges und des Konfliktes zwischen den zwei Blöcken entstehen also zwei einzelne deutsche Staaten. Am 23.5.1949 wird auf dem Gebiet der westlichen Trizone ein Grundgesetz verkündet und auf diesem Weg die Bundesrepublik Deutschland gegründet. Auf dem Gebiet der SBZ entsteht am 7.10.1949 die DDR.

Le procès de Nuremberg, qui commence le 20.11.45, marque le début de la dénazification. Un certain nombre de dignitaires du régime sont condamnés pour crime contre l'humanité. Dans les zones d'occupation, on fonde des partis démocratiques. Dans la zone soviétique (SBZ), la puissance d'occupation contraint le parti communiste et le parti social-démocrate à fusionner pour former un parti unique, le parti socialiste unifié allemand (SED). Toutes les grandes villes d'Allemagne sont en ruine. Toutes les infrastructures de transport ont été détruites pendant la guerre, le pays est en proie au chaos économique. On se procure denrées alimentaires et combustibles sur le marché noir, à des prix d'usuriers. Le plan Marshall et la réforme monétaire du 20.6.48 mettent un terme à ces pratiques dans les trois zones occidentales. Pour protester contre l'introduction d'une monnaie unique dans cette « trizone », l'URSS impose le blocus de Berlin. Les puissances occidentales réagissent en mettant sur pied un pont aérien qui ravitaillera les Berlinois 11 mois durant. C'est donc dans un contexte de guerre froide et de conflit entre les deux blocs que naissent deux États allemands distincts. Le 23.5.49, une « Loi fondamentale » (constitution) est proclamée sur le territoire de la « trizone » occidentale, donnant par là même naissance à la RFA. La RDA voit le jour le 7.10.49 sur le territoire de la zone d'occupation soviétique.

Vocabulaire

Armut (die)	*la pauvreté*
Aufrüstung (die)	*le réarmement*
Aufschwung (der, ¨e)	*l'essor*
Auswirkung (die) (auf + A)	*l'effet, la conséquence*
Besatzungszone (die, n)	*la zone d'occupation*
Brand (der, ¨e) (in ~ stecken)	*l'incendie, incendier*
Ehe (die, n)	*le mariage (comme institution)*
Glaubwürdigkeit (die)	*la crédibilité*
Gleichschaltung (die)	*la mise au pas*
Leben (das) (ums ~ kommen) (ins ~ rufen)	*la vie (perdre la vie) (instituer, mettre sur pied)*
Machtergreifung (die)	*la prise du pouvoir*
Maßnahme (die, n) (eine ~ treffen)	*la mesure, prendre une mesure*
Opfer (das, -)	*la victime*
Sündenbock (der, ¨e)	*le bouc émissaire*
Trümmer (pl.)	*les ruines*
Verhaftung (die) (verhaften)	*l'arrestation (arrêter, emprisonner)*
Wendepunkt (der, e)	*le tournant, le cap*
Widerstand (der)	*la résistance*
abgesehen (von + D)	*hormis*
empfänglich	*sensible / réceptif à*
zeitgenössisch	*contemporain*
zuständig (für + A)	*être responsable, en charge de*
entgehen (ing, angen) (ist) (+ D)	*échapper à*
flüchten (ist)	*fuir*
gelingen (a, u) (ist) (es gelingt mir)	*réussir*
spüren	*sentir*
stecken (in einer Krise ~)	*traverser une crise*
streben (nach + D)	*aspirer à*
unterwerfen (a, o, i)	*soumettre*
verfügen (über + A)	*disposer de*
verhaften (verhaftete, hat verhaftet)	*arrêter (faire prisonnier)*
vernichten	*anéantir*
versorgen (mit + D)	*approvisionner*
vertreiben (ie, ie)	*expulser*
verurteilen (zu + D)	*condamner (à)*
verwerfen (a, o, i)	*rejeter*
weichen (i, i) (ist) (+ D)	*céder à, devant*
zwingen (a, u)	*contraindre*

Lexique en situation 2

- Warum waren so viele Intellektuelle empfänglich für die rassistische Propaganda der NSDAP?
  Pourquoi tant d'intellectuels ont-ils été sensibles à la propagande raciste du parti nazi ?
- Die Gestapo verfügte über eine fast grenzenlose Macht.
  La Gestapo disposait d'un pouvoir quasiment illimité.
- Er log oft und verlor sehr bald an Glaubwürdigkeit.
  Il mentait souvent et perdit rapidement en crédibilité.
- Diesem politischen Gefangenen war es gelungen, aus dem KZ zu fliehen.
  Ce prisonnier politique avait réussi à s'enfuir du camp de concentration.
- Nach blutigen Straßenschlachten wurde über die Stadt der Ausnahmezustand verhängt.
  Après de sanglants combats de rue, on a déclaré l'état d'exception dans la ville.
- Als Kriegsverbrecher wurde er zu einer lebenslangen Haftstrafe verurteilt.
  En tant que criminel de guerre, il a été condamné à la réclusion à perpétuité.
- Seine Urgroßeltern wurden am Ende des Krieges aus Ostpreußen vertrieben.
  À la fin de la guerre, ses arrières-grands-parents ont été expulsés de Prusse orientale.
- Nie darf eine Bevölkerungsgruppe zum Sündenbock gemacht werden.
  Il ne faut jamais qu'une catégorie de la population devienne un bouc émissaire.
- All meine Hoffnungen auf Glück sind vernichtet!
  Tous mes espoirs de bonheur sont anéantis !
- Wegen der Corona-Pandemie steckt die Tourismusbranche in einer tiefen Krise.
  À cause de l'épidémie de coronavirus, le secteur du tourisme traverse une crise profonde.
- Sie tauchte unter, um ihrem Schicksal zu entgehen.
  Elle rentra dans la clandestinité pour échapper à son destin.
- Russland versorgt Deutschland mit Gas.
  La Russie approvisionne l'Allemagne en gas.
- Stefan Zweig war 1940 nach Brasilien geflüchtet.
  Stefan Zweig avait fui au Brésil en 1940.
- Nach der Impfung habe ich überhaupt keinen Schmerz gespürt.
  Après m'être fait vacciner, je n'ai senti absolument aucune douleur.
- Der Gallier Asterix leistet Widerstand gegen die bösen Römer.
  Astérix le Gaulois résiste contre les méchants Romains.
- Die osteuropäischen slawischen Völker wurden dem Deutschen Reich unterworfen.
  Les peuples slaves de l'Est de l'Europe ont été soumis au Reich allemand.
- Ihr Großvater fiel einem Gauner zum Opfer.
  Son grand-père a été victime d'un escroc.
- Die Kanzlerin verwarf den Gedanken, ein fünftes Mal anzutreten.
  La chancelière a rejeté l'idée de se présenter une cinquième fois.
- Hermann Göring wurde wegen Verbrechen gegen die Menschlichkeit angeklagt.
  Hermann Göring a été accusé de crimes contre l'humanité.

Dossier 3

Die BRD vom Gründungsjahr bis zur Wiedervereinigung

Nach der Verkündung des Grundgesetzes beginnt für Westdeutschland eine Periode der Normalisierung. In diese Zeit fällt der Aufbau eines demokratischen Staates. Es sind aber auch die Jahre des Wirtschaftswunders und der Entstehung neuer Verbindungen sowohl mit dem Westen (Integration) als auch mit den Nachbarstaaten im Ostblock (Entspannungspolitik). Zwei markante Kanzlerpersönlichkeiten prägen diese Jahre: Konrad Adenauer und Willy Brandt.

La RFA de sa fondation à la réunification

Après la proclamation de la Loi fondamentale commence pour l'Allemagne de l'Ouest une période de normalisation. C'est à cette époque que prend place l'édification d'un État démocratique. Mais ce sont aussi les années du miracle économique et l'avènement de relations nouvelles aussi bien avec l'Ouest (intégration) qu'avec les pays du bloc soviétique voisins de l'Allemagne à l'Est (politique de détente). Cette évolution s'effectue sous l'égide de deux chanceliers à la personnalité marquante : Konrad Adenauer et Willy Brandt.

Die deutsche Wirtschaft vom Wiederaufbau zum neuen Wohlstand

Nach der Währungsreform im Jahre 1948 und nach der Einstellung der als Reparationen durchgeführten Demontagen erholt sich die deutsche Volkswirtschaft. Voraussetzungen für die Belebung der Wirtschaft sind hauptsächlich die Einführung einer stabilen Währung – der DM – und der Zustrom von Kapital und billigem Rohstoff im Rahmen des Marshall-Plans. Dazu trägt selbstverständlich auch die Verfügbarkeit von qualifizierten Arbeitskräften bei, die zum Teil aus den ehemaligen Ostgebieten und aus der DDR nach Westdeutschland übergesiedelt sind. Im wirtschaftlichen Bereich richtet sich die Bundesregierung nach den Grundsätzen der „sozialen Markwirtschaft". Verfechter dieser Wirtschaftstheorie ist Ludwig Erhard, der heute nicht selten als „Vater" des deutschen Wirtschaftswunders angesehen

L'économie allemande de la reconstruction au retour à la prospérité

À partir de la réforme monétaire de 1948 et de l'arrêt des démontages d'entreprises au titre des dommages de guerre, l'économie de l'Ouest se rétablit. Ce rétablissement économique a pour préalables l'introduction d'une monnaie stable (le deutschemark) et l'apport en capital et en matières premières dans le cadre du plan Marshall. Il faut ajouter à ces conditions le réservoir de main-d'œuvre qualifiée et abondante que constituent les réfugiés des territoires perdus par l'Allemagne et les transfuges de l'Est. Dans le domaine économique, le gouvernement fédéral se réfère aux principes de « l'économie sociale de marché ». Le principal défenseur de cette théorie économique est Ludwig Erhard, qui passe aujourd'hui fréquemment pour être le « père » du miracle économique allemand. Dans une « économie sociale de marché », le rôle de l'État se limite à réglementer le cadre juridique

wird. In einer „sozialen Marktwirtschaft" beschränkt sich die Rolle des Staates darauf, den juristischen Rahmen für das freie Spiel der Marktkräfte zu schaffen. Es gibt also keine staatliche Planung der wirtschaftlichen Produktion als solche. Der Staat greift dennoch ein, um den Bürger durch Umverteilung der Steuergelder Anteil am Wohlstand haben zu lassen. Der Staat garantiert allen Bürgern Sozialleistungen (Krankenversicherung, Rentenversicherung, usw.), ohne in die Rolle des Wohlfahrtsstaats zu schlüpfen.

à l'intérieur duquel jouent les lois du libre marché. Il n'y a donc pas de planification économique centralisée en tant que telle. L'État intervient cependant pour associer les citoyens à la prospérité par le biais d'une redistribution des contributions fiscales. L'État garantit à tous les citoyens des prestations sociales (assurance-maladie, retraites, etc.) sans endosser le rôle de l'État-providence.

In den 50er Jahren ist der Außenhandel der eigentliche Motor der deutschen Wirtschaft. Er macht es möglich, die Arbeitslosigkeit der Nachkriegsjahre abzubauen. Schon 1950 gibt es in Westdeutschland keine Rationalisierung der Lebensmittel mehr. Der Staat muss sich aber weiterhin mit der Wohnungsnot auseinandersetzen. Überall in den zerbombten Städten mangelt es an Wohnungen, zumal die Bundesrepublik Hunderttausende von Vertriebenen und Flüchtlingen unterbringen muss. Im März 1950 verabschiedet der Bundestag das Wohnungsbaugesetz: Gemäß moderner Stadtplanung erhalten die deutschen Städte ein neues Gesicht. Als weiteres Beispiel für die Sozialleistungen des Staates gilt der 1952 beschlossene Lastenausgleich. Jeder Steuerzahler hilft also bei der Entschädigung der Vertriebenen, die ihr ganzes Hab und Gut in den abgetretenen Gebieten verloren haben.

Pendant les années 1950, les exportations sont le véritable moteur de l'économie allemande. Grâce à elles, il est possible de résorber le chômage de l'immédiat après-guerre. Dès 1950, le rationnement des denrées alimentaires est aboli en Allemagne de l'Ouest. Mais l'État doit toujours faire face à la crise du logement. Dans les villes détruites par les bombardements, il y a partout une pénurie de logements d'autant plus aiguë que la RFA doit loger des centaines de milliers d'Allemands expulsés et de réfugiés. En mars 1950, le Parlement (Bundestag) adopte la loi sur la construction de logements : les villes allemandes offrent un nouveau visage, inspiré par l'urbanisme moderne. La loi sur la répartition des dédommagements adoptée en 1952 est un autre exemple de prestation sociale garantie par l'État. Chaque contribuable participe au dédom magement des Allemands de souche expulsés des territoires perdus, où ils ont perdu tous leurs biens.

Rasch steigt die Kaufkraft der Deutschen. Die Zeitspanne zwischen 1950 und 1990 kennzeichnet sich pauschal durch ständiges Wachstum. Innerhalb von 30 Jahren ist in Deutschland das Bruttoinlandsprodukt um das Vierfache gestiegen.

Le pouvoir d'achat des Allemands progresse rapidement. On peut dire que de 1950 à 1990 la RFA connaît globalement une période de croissance ininterrompue. Elle quadruple son PIB en trente ans.

Integration in die westliche Welt und Entspannungspolitik mit dem Ostblock

Beide Aspekte der deutschen Außenpolitik sind in Zusammenhang mit der „deutschen Frage", also mit der Teilung Deutschlands und der Hoffnung auf Wiedervereinigung zu verstehen. Der Christdemokrat Konrad Adenauer (1876-1967), der 1949 zum ersten Bundeskanzler der Bundesrepublik gewählt wird, geht davon aus, dass die Integration der Bundesrepublik in die westliche Welt eine Voraussetzung für die Wiedervereinigung ist.

Noch 1949 ist die westdeutsche Souveränität durch ein Besatzungsstatut eingeschränkt. Dieses Besatzungsstatut sieht die Stationierung alliierter Truppen auf westdeutschem Boden vor und hat Vorrang vor dem Grundgesetz. Bundeskanzler Adenauer versteht es, aus der Furcht des Westens vor der Verbreitung des Kommunismus Nutzen zu ziehen. Mitten im Korea-Krieg (1950-1953) wird die Wiederbewaffnung Deutschlands beschlossen. Im Februar 1955 verabschiedet der Bundestag die Pariser Verträge, die den Beitritt der BRD zur NATO und die Entstehung der Bundeswehr vorsehen. Die Gründung der Bundeswehr erfolgt im Mai 1955 nur zehn Jahre nach dem Krieg trotz heftiger Proteste in Teilen der Bevölkerung. 1957 wird die allgemeine Wehrpflicht wieder eingeführt. Dies bedeutet eine grundsätzliche Veränderung des Besatzungsstatuts und ist somit ein weiterer Schritt zur Wiederherstellung der deutschen Souveränität. 1973 tritt die BRD der UNO bei. Als Zeichen der vollkommenen Normalisierung gilt aber erst der Einsatz deutscher Truppen 1999 im Kosovo-Krieg. Zum ersten Mal seit dem Zweiten Weltkrieg beteiligen sich deutsche Soldaten an Kampfaktionen außerhalb Deutschlands.

L'intégration à l'Ouest et la détente à l'Est

Ces deux dimensions de la politique étrangère de l'Allemagne sont à penser en rapport avec la « question allemande », c'est-à-dire avec la partition de l'Allemagne et l'espoir en la réunification. Le premier chancelier de la république de Bonn, Konrad Adenauer (1876-1967, chancelier chrétien-démocrate de 1949 à 1963) part du principe qu'il faut ancrer la RFA à l'Ouest avant de songer à réunifier l'Allemagne.

En 1949 encore, la souveraineté de la RFA est limitée par un statut d'occupation. Ce statut d'occupation prévoit le stationnement de troupes alliées sur son sol et prévaut sur la Loi fondamentale. Le chancelier Adenauer tire habilement profit de la peur de l'Occident face à l'expansion du communisme. Le réarmement de l'Allemagne est ainsi décidé en plein milieu de la guerre de Corée (1950-1953). Les accords de Paris, qui prévoient l'adhésion de l'Allemagne à l'OTAN et la mise sur pied d'une armée nationale (Bundeswehr), sont ratifiés par le Bundestag en février 1955. La création de la Bundeswehr s'accomplit en mai 1955, dix ans seulement après la fin de la guerre, et malgré les protestations virulentes de certaines parties de la population. En 1957, on réintroduit le service militaire obligatoire. C'est là une modification fondamentale du statut d'occupation, et un pas de plus vers le rétablissement de la souveraineté de l'Allemagne. En 1973, la RFA est admise à l'ONU. Mais la normalisation totale n'est symboliquement acquise qu'en 1999, avec l'intervention de troupes allemandes dans le conflit du Kosovo. Pour la première fois depuis la Seconde Guerre mondiale, des soldats allemands participent à des combats hors d'Allemagne.

Im Bereich der Wirtschaft setzt die Integration mit der Teilnahme Deutschlands am Gemeinsamen Markt für Kohle und Stahl ein. Mit dem Inkrafttreten der Römischen Verträge im Jahre 1957 wird die BRD zum Gründermitglied des Europäischen Gemeinsamen Marktes.

Im Osten erschwert die Existenz des anderen deutschen Staates die Normalisierung. Bis Ende der 60er Jahre verschreibt sich die Bundesrepublik der „Hallstein-Doktrin": Sie bricht die diplomatischen Beziehungen mit den Staaten ab, die die DDR als unabhängigen Staat anerkennen. Erst mit der ersten Großen Koalition (1966-1969) unter Bundeskanzler Kurt Kiesinger (CDU) setzt sich langsam die Überzeugung durch, dass allein eine Normalisierung der Beziehungen zu den Ostblockstaaten eine Annäherung bis hin zur Wiedervereinigung ermöglichen kann. Deutschland bekennt sie sich von nun an zu einer neuen Ostpolitik, deren Verdienst dem 1969 zum Bundeskanzler gewählten Sozialdemokraten Willy Brandt (1913-1992) zukommt. Als er 1970 vor dem Mahnmal für die Opfer des Warschauer Ghettos auf die Knie fällt, bezeugt er Sühne und Versöhnungswillen. Diesem Verfechter der Entspannungspolitik mit den Nachbarstaaten im Osten, und in erster Linie mit der DDR, wird 1971 der Friedensnobelpreis verliehen.

Eine stabile Demokratie

In den 70er Jahren wird die junge westdeutsche Demokratie mehrmals auf die Probe gestellt. Sowohl die Nazi-Vergangenheit als auch die gescheiterte Demokratie der Weimarer Republik wirken belastend. Vor aller Welt und vor sich selbst muss sich die Bundesrepublik als stabiler demokratischer Staat bewähren. Die Nachkriegsgeneration gibt sich mit der in den Nachkriegsjahren betriebenen Entnazifizierung nicht zufrieden. Es ist manchen zum Beispiel unbegreiflich, wie Kurt Georg Kiesinger, dem seine zeitweilige Zugehörigkeit zur NSDAP nachgewiesen

Dans le domaine économique, l'intégration débute par la participation de l'Allemagne à la Communauté européenne du charbon et de l'acier. Avec l'entrée en vigueur des traités de Rome en 1957, la RFA devient membre fondateur du Marché Commun.

À l'Est, la normalisation est plus délicate du fait de l'existence de l'autre État allemand. Jusqu'à la fin des années 1960 prévaut la « doctrine Hallstein » : la RFA rompt ses relations diplomatiques avec les États qui reconnaissent la RDA en tant qu'État indépendant. Il faut attendre la première Grande coalition (1966-1969), sous le chancelier Kurt Kiesinger (CDU) pour que s'établisse peu à peu la conviction que seule une normalisation des relations avec les pays de bloc de l'Est permettra un rapprochement, voire la réunification. À partir de ce moment-là, l'Allemagne se convertit à une nouvelle politique à l'Est, dont le mérite revient au social-démocrate Willy Brandt (1913-1992, chancelier de 1969 à 1974). S'agenouillant spontanément devant le mémorial des victimes de l'insurrection du ghetto de Varsovie, il accomplit en 1970 un geste de repentir et de réconciliation. Partisan d'une politique de détente et de relations de bon voisinage avec le bloc de l'Est et la RDA au premier chef, il se voit décerner le prix Nobel de la paix en 1971.

Une démocratie stable

Les années 1970 ne sont pas exemptes d'épreuves pour la jeune démocratie allemande. Le poids de son passé national-socialiste, mais aussi celui de l'expérience malheureuse de Weimar sont une réelle entrave. La RFA doit faire la preuve aux yeux du monde qu'elle est un État démocratique stable. La génération de l'après-guerre ne se satisfait pas de la dénazification mise en œuvre dans les années d'après-guerre. Pour beaucoup de gens, il est par exemple incompréhensible que Kurt Georg Kiesinger ait pu prendre la succession de Ludwig Erhard en tant que

werden konnte, zum Nachfolger von Ludwig Erhard als deutscher Bundeskanzler 1966-1969 werden kann. Die Generation der Eltern sieht sich also vor die Aufgabe gestellt, über ihre Einstellung zum Nazi-Regime und über ihre mögliche Mitwirkung Rechenschaft zu geben. Die Jugendlichen werfen den Eltern vor, die Vergangenheit allzu schnell verdrängt und Zuflucht im Wohlstand gesucht zu haben.

chancelier (de 1966 à 1969) alors que son appartenance un temps au parti nazi avait été établie. La génération des parents se voit ainsi contrainte de rendre des comptes sur sa position face au régime nazi et sur une éventuelle collaboration avec lui. Les jeunes reprochent à leurs parents d'avoir bien trop vite refoulé la passé et de d'avoir cherché refuge dans le bien-être matériel.

Am Rande der Gesellschaft kommt es zur Bildung von terroristischen Gruppierungen nach dem Vorbild der südamerikanischen Guerillas. Neben den „Revolutionären Zellen" und der Frauengruppe „Rote Zora" ist die 1970 gegründete linksextremistische Rote-Armee-Fraktion (RAF) aktiv. Die Terroristen verüben Anschläge auf öffentliche Einrichtungen wie die deutsche Botschaft in Stockholm und entführen Politiker und Wirtschaftsführer. Es scheitert aber der Versuch, die verhafteten Gründer der RAF Andreas Baader und Gudrun Ensslin durch die Entführung des Vorsitzenden des Arbeitgeberverbandes Hanns-Martin Schleyer freizupressen. Hanns-Martin Schleyer wird ermordet. In ihrer Zelle im Gefängnis Stammheim bei Stuttgart werden Baader und Ensslin tot aufgefunden. Sie sollen Selbstmord begangen haben und werden zum Mythos für die rebellierende Jugend.

Aux marges de la société, il se constitue des groupuscules terroristes sur le modèle des guérillas sud-américaines. À part les « Cellules Révolutionnaires » et le groupe féministe « Rote Zora », l'activité terroriste est le fait de la Fraction Armée Rouge (RAF), d'extrême gauche, fondée en 1970. Les terroristes commettent des attentats contre des institutions publiques comme l'ambassade d'Allemagne à Stockholm et enlèvent des hommes politiques et des responsables économiques. Pour obtenir la libération des fondateurs incarcérés de la RAF, Andreas Baader et Gudrun Ensslin, ils enlèvent le président du patronat, Hanns-Martin Schleyer. Cette tentative échoue, Hanns-Martin Schleyer est assassiné. Dans leur cellule de la prison de Stammheim près de Stuttgart, Baader et Ensslin sont retrouvés morts. On déclare qu'ils se sont suicidés, et la jeunesse rebelle s'identifie à eux comme à un nouveau mythe.

Grundsätzlich fühlen sich die Jugendlichen in den 70er Jahren durch zwei Hauptanliegen zu Protesten bewogen. Zum einen gilt es, sich für den Frieden in der Welt einzusetzen. Zum anderen scheint es dringlich, die Umwelt zu schützen. Die Friedensbewegung gewinnt ab 1979 an Bedeutung. In diesem Jahre beschließt die NATO, Mittelstreckenraketen auf deutschem Boden aufzustellen, um der Stationierung von sowjetischen SS 20 in der DDR entgegenzutreten. Für die Friedensbewegung ist die Aufstellung

De manière fondamentale, deux grandes causes poussent les jeunes des années 1970 à la contestation. D'un côté, ils se sentent tenus de s'engager au profit de la paix dans le monde. De l'autre, il leur semble urgent de protéger l'environnement. Le mouvement pacifiste gagne en importance à partir de 1979, date à laquelle l'OTAN réagit au projet soviétique de stationner des missiles nucléaires SS-20 sur le territoire de la RDA par le déploiement sur le sol de RFA de missiles nucléaires de moyenne portée.

nuklearer Waffen in Deutschland ein Signal des Wettrüstens. Es kommt in Deutschland zu heftigen Demonstrationen, welche die Aufstellung der Raketen dennoch nicht verhindern können.

Pour les militants pacifistes, le déploiement d'armements nucléaires en Allemagne témoigne d'une course aux armements. On assiste en Allemagne à de violentes manifestations, qui ne parviennent cependant pas à empêcher l'installation des missiles.

Zielscheibe der Umweltschützer bleiben vor allem die deutschen Atomkraftwerke. Die Umweltschützer fordern seit Mitte der 70er Jahre den Ausstieg aus der Atomkraft. Aus der alternativen Protestbewegung entwickelt sich 1980 die Partei der Grünen. Zum Durchbruch gelangen sie durch Regierungskoalitionen mit den Sozialdemokraten.

Le mouvement écologique prend pour cible principale les centrales nucléaires allemandes. Depuis le milieu des années 1970, les militants écologistes demandent l'arrêt de l'exploitation des centrales. Ce qui a commencé comme un mouvement protestataire alternatif devient en 1980 un parti politique, le parti des Verts. Il perce en s'alliant aux sociaux-démocrates.

Vocabulaire

Anschlag (der, ¨e) (einen ~ auf + A verüben)	*l'attentat (commettre un attentat)*
Aufbau (der)	*la construction*
Ausstieg (der, e) (der ~ aus der Atomkraft)	*l'abandon (l'abandon du nucléaire)*
Beziehung (die)	*la relation*
Einsatz (der, ¨e)	*l'intervention, l'emploi de*
Entschädigung (die)	*le dédommagement, l'indemnité*
Entspannung (die)	*la détente*
Friedensbewegung (die)	*le mouvement pacifiste*
Kaufkraft (die)	*le pouvoir d'achat*
Lebensmittel (pluriel)	*les vivres, les produits alimentaires*
Nutzen (der, -) (~ ziehen au s + D)	*le profit, le bénéfice (tirer profit de)*
Planung (die)	*la planification*
Probe (die, n) (auf die ~ stellen)	*l'épreuve (mettre à l'épreuve)*
Rechenschaft geben (über + A)	*rendre des comptes sur, à propos de*
Sozialleistungen (die)	*les prestations sociales*
Sühne (die)	*le repentir*
Verbreitung (die)	*l'expansion, la diffusion*
Verdienst (1. das, e) (2. der, e)	*1. le mérite ; 2. le revenu*
Verfechter (der, -)	*le défenseur*
Verkündung (die)	*la proclamation*
Versöhnung (die)	*la réconciliation*
Voraussetzung (die) (für + A)	*le présupposé, la condition préalable*
Währung (die, en)	*la monnaie (unité monétaire)*
Wiederbewaffnung (die)	*le réarmement*
Wiederherstellung (die)	*le rétablissement (d'une chose perdue ou abrogée)*
Wiedervereinigung (die)	*la réunification*
Wirtschaftswunder (das)	*le miracle économique*
Wohlfahrtsstaat (der)	*l'État-providence*
Wohlstand (der)	*le bien-être matériel, l'aisance*
Zielscheibe (die, n)	*la cible*
grundsätzlich	*fondamentalement*
vermeintlich	*supposé, supposément*
ab/brechen (a, o, i)	*rompre, interrompre*
bei/treten (a, e, i) (ist) (+ D) (der Beitritt zu)	*adhérer (l'adhésion à)*
beschließen (beschloss, beschlossen)	*décider, résoudre de*
beteiligen (sich) (an + D)	*prendre part à*
bewältigen	*venir à bout de, maîtriser*
ein/greifen (iff, iffen) (in + A)	*intervenir*
ein/schränken	*limiter, restreindre*
mangeln (an + D)	*manquer de*
sich richten (nach + D)	*s'orienter d'après / s'en tenir à*
über/siedeln (ist)	*se transférer, déménager*
weg/denken (dachte weg / hat weggedacht)	*considérer qu'une chose n'existe pas*

Lexique en situation 3

- Die Schüleraustausche leisten einen erheblichen Beitrag zum Aufbau Europas.
  Les échanges scolaires apportent une contribution importante à la construction européenne.
- Die Bundesrepublik hat nicht vor, die diplomatischen Beziehungen zu Taiwan abzubrechen.
  La République fédérale n'a pas l'intention de rompre ses relations diplomatiques avec Taiwan.
- Die Beherrschung der deutschen Sprache ist eine Voraussetzung für die Einbürgerung.
  La maîtrise de la langue allemande est une condition nécessaire à l'obtention de la nationalité allemande.
- Ich werde mich ganz nach deinen Anweisungen richten.
  Je m'en tiendrai strictement à tes instructions.
- Die Reform hat kein Wunder gewirkt.
  La réforme n'a pas fait de miracles.
- Das Wirtschaftswunder gewährleistete den meisten Deutschland Wohlstand und neue Zukunftsperspektiven.
  Le miracle économique a garanti à la plupart des Allemands une vie prospère et de nouvelles perspectives pour l'avenir.
- Diesem Politiker mangelt es angeblich an [D] Realitätssinn.
  Cet homme politique est apparemment dépourvu de sens des réalités.
- In diesem Stadtviertel leben nur Familien mit hoher Kaufkraft.
  Dans ce quartier, il n'y a que des familles à fort pouvoir d'achat.
- Eines Morgens beschloss sie, kein Fleisch mehr zu essen.
  Un beau matin, elle résolut de ne plus manger de viande.
- In autoritären Staaten sind die Bürgerrechte eingeschränkt.
  Dans les États autoritaires, les droits civiques sont restreints.
- Er hat seine Meinung grundsätzlich geändert.
  Il a complètement changé d'avis.
- Die Ideen der Umweltschützer sind aus der Debatte nicht mehr wegzudenken.
  On ne peut plus évacuer du débat les idées des écologistes.
- Seine Toleranz wurde auf die Probe gestellt.
  Sa tolérance a été mise à l'épreuve.
- Ich bin nur meinem Gewissen Rechenschaft schuldig.
  Je ne dois des comptes qu'à ma conscience.
- Die Versöhnung Deutschlands mit den Nachbarvölkern machte erst den Aufbau Europas möglich.
  La réconciliation de l'Allemagne avec ses voisins a rendu possible la construction européenne.
- Ich bin zu schüchtern, als dass ich mich an der Diskussion beteiligen könnte.
  Je suis trop timide pour participer à la discussion.
- Die Ostpolitik Willy Brandts war lange Zielscheibe einer harschen Kritik.
  La politique à l'Est de Willy Brandt a longtemps été la cible de violentes critiques.

Dossier 4

Geschichte der DDR und Wiedervereinigung

Warum verschwand die DDR?

Zum 20. Jubiläum des Mauerfalls am 9.11.09 beteuerte Bundeskanzlerin Angela Merkel, man solle noch keinen Schlussstrich unter die DDR-Geschichte ziehen. Die Aufarbeitung der DDR-Geschichte ist noch nicht abgeschlossen. Für die überwiegende Mehrheit der damaligen Geschichtsschreiber war allerdings das in der DDR regierende SED-Regime ein Unterdrückungsapparat, welcher die DDR-Bürger ihrer Rechte beraubt hat. Vor dem Mauerfall aber galt die DDR trotz Einschränkung der Freizügigkeit für die DDR-Bürger gewissermaßen als Musterschüler unter den Volksdemokratien. Die DDR konnte sich die Achtung der westlichen Öffentlichkeit für angesehene Industrieprodukte oder die Leistungen ihrer Spitzensportler erwerben. Sie war „der andere deutsche Staat".

Im kleineren deutschen Staat – die DDR war halb so groß wie die BRD und zählte ein Viertel so viele Einwohner – kam es zu einem Machtregime nach sowjetischem Muster, bei dessen Entstehung die Kommunisten Walter Ulbricht (1893-1973) und Wilhelm Pieck (1876-1960) und der Sozialdemokrat Otto Grotewohl (1864-1964) entscheidend mitwirkten. In jeder Hinsicht wurde die DDR in den Ostblock integriert: Die DDR war Mitglied des Warschauer Paktes, und ihre Armee, die 1956 gegründete Nationale Volksarmee (NVA), stand gänzlich unter dem Befehl des von der Sowjetunion geführten Generalstabs des Warschauer Paktes. Die DDR war auch Mitglied des Rates für gegenseitige Wirtschaftshilfe (RWG).

Histoire de la RDA et réunification

Pourquoi la RDA a-t-elle disparu ?

À l'occasion du 20e anniversaire de la chute du Mur, le 9.11.09, la chancelière Angela Merkel affirmait qu'il n'était pas encore question de tirer un trait définitif sur l'histoire de la RDA. Le travail sur l'histoire de la RDA n'était pas encore achevé. Même si pour la grande majorité des historiens du moment, le régime imposé par le parti au pouvoir en RDA, le SED, était un appareil répressif privant les citoyens de leurs droits. Mais avant la chute du mur, la RDA était considérée comme l'élève modèle parmi les démocraties populaires, et ce malgré la restriction de la liberté de mouvement imposée aux Allemands de l'Est. La RDA put s'acquérir la considération de l'opinion publique occidentale pour le prestige de ses productions industrielles ou les performances de ses sportifs de haut niveau. Elle était « l'autre État allemand ».

Dans le plus petit des deux États allemands (la RDA était deux fois moins vaste que l'Allemagne de l'Ouest et comptait quatre fois moins d'habitants), fut mis en place d'un régime calqué sur le modèle soviétique, sous l'égide des responsables communistes Walter Ulbricht (1893-1973) et Wilhelm Pieck (1876-1960) et du social-démocrate Otto Grotewohl (1864-1964). À tous points de vue, la RDA est intégrée au bloc de l'Est : elle est membre du pacte de Varsovie, et son armée, l'Armée nationale populaire fondée en 1956, est tout entière sous l'autorité de l'état-major du pacte de Varsovie, lequel est sous les ordres de l'Union soviétique. La RDA est également membre du COMECON (Conseil d'assistance économique mutuelle).

Die Grenzen der Planwirtschaft ließen sich im Wettbewerb mit der im Westen wirksamen Marktwirtschaft daran ermessen, dass der Lebensstandard in der DDR nach 40 Jahren Planwirtschaft nicht einmal annähernd dem westdeutschen Niveau gleichkam. Das vom Fernsehen vermittelte Bild des im Westen herrschenden Wohlstands, das Verlangen der DDR-Bürger nach mehr Freiheit, und schließlich die mangelnde Identität der DDR als Nation führten nach dem Fall der Berliner Mauer 1989 zum Beitritt der DDR zur Bundesrepublik.

L'économie planifiée a révélé ses limites par le fait que, placée en concurrence avec l'économie de marché en vigueur à l'Ouest, et au bout de quarante ans, le niveau de vie en RDA était fort loin d'approcher celui de l'Allemagne de l'Ouest. L'image de la prospérité de l'Ouest transmise par la télévision, l'aspiration des citoyens est-allemands à plus de liberté, enfin une identité nationale mal définie ont fait qu'après la chute du mur de Berlin, la RDA a adhéré à la RFA.

1949-1961: Sowjetisierung der ostdeutschen Politik und Wirtschaft

1949-1961 : soviétisation de la vie politique et de l'économie est-allemandes

Offiziell heißen die Jahre 1949-1961 „Jahre des Aufbaus des Sozialismus". Das DDR-Regime bekennt sich zum Prinzip des demokratischen Zentralismus: Nach dem erzwungenen Zusammenschluss aller Linksparteien im Jahre 1946 bleibt die Sozialistische Einheitspartei Deutschlands (SED) de facto die einzige Regierungspartei. Alle Staatsorgane, vor allem die Volkskammer (das Parlament) sind ihr unterstellt. Dem Anschein nach ist das Regime parlamentarisch. Neben der SED bestehen beispielsweise eine CDU und eine Demokratische Bauernpartei Deutschlands (DBD). Doch im Grunde gibt es keine freien Wahlen: Alle Parteien sind in der Nationalen Front vereint und die Bürger können nur für eine Einheitsliste stimmen.

Officiellement, la période 1949-1961 s'appelle « période d'édification du socialisme ». Le régime est-allemand se convertit au principe du centralisme démocratique : après la fusion contrainte de tous les partis politiques de gauche en 1946, le SED (parti socialiste unifié allemand) est de fait le seul parti au pouvoir. Tous les organes directeurs de l'État, en particulier la Chambre du peuple (Parlement) lui sont soumis. En apparence, le régime est parlementaire. En plus du SED, il subsiste une CDU et un Parti paysan démocratique allemand (DBD). Mais en réalité, les élections ne sont pas libres : tous les partis sont rassemblés en un Front National, et les citoyens n'ont pas d'autre choix qu'une liste unique.

Im Wirtschaftsbereich wird in der SED-regierten DDR und unter der Aufsicht der UdSSR die Planung der Wirtschaft eingeführt. Ein Fünfjahresplan bestimmt für jede Branche Produktionsziele und Produktionsquoten. Alle Firmen werden verstaatlicht und in „VEB" (Volkseigene Betriebe) umbenannt. Nach sowjetischem Muster beschließt die DDR-Regierung, der Schwerindustrie auf Kosten der Produktion von Konsumgütern den Vorrang

Dans le domaine économique et sous le contrôle de l'URSS, la RDA gouvernée par le SED met en œuvre la planification de l'économie. Un plan quinquennal fixe les objectifs et les quotas de production à atteindre pour chacun des secteurs. Toutes les entreprises sont nationalisées et rebaptisées « entreprises du peuple » (VEB). En s'inspirant du modèle soviétique, le gouvernement est-allemand décide de donner la priorité à l'industrie lourde aux dépens de

zu geben: So hat der DDR-Bürger lange Jahre auf einen Personalkraftwagen der Marke Trabant oder Wartburg zu warten. In allen Wirtschaftsbranchen werden die Einzelunternehmen zu Kombinaten verschmolzen, damit alle Phasen der Produktion integriert werden können. Im Juli 1952 beschließt die Regierung, auch die Landwirtschaft zu verstaatlichen. Die Bauernhöfe werden zu LPGs (Landwirtschaftliche Produktionsgenossenschaften).

Die Gestaltung der Lebensformen durch Staat und Partei

Der kommunistische DDR-Staat sorgt für alle Bedürfnisse der Bürger und ist „Sozialstaat" im wahrsten Sinne des Wortes. Die DDR-Bürger haben Anspruch auf eine beinahe kostenlose Wohnung. Kranken- und Altersversicherung sind selbstverständlich gewährleistet. Aber auch in die Gestaltung der Freizeit greift der Staat ein. Der Alltag verläuft sowohl im Beruf als auch im Privatleben unter Aufsicht der Partei. In der Arbeitswelt ist die Zugehörigkeit zu einer der unter der Dachorganisation des Freien Deutschen Gewerkschaftsbundes versammelten Gewerkschaften unerlässlich.

Im Schulwesen sind die Lehrinhalte streng überwacht. So muss jeder Schüler außer der marxistisch-leninistischen Doktrin obligatorisch Russisch lernen. Durch Verbände wie die Pioniere und die Freie Deutsche Jugend (FDJ) sind Freizeitaktivitäten der Jugendlichen zwangsläufig ins sozialistische Gesellschaftsbild integriert. Feierlichkeiten wie die 1955 eingeführte „Jugendweihe" sind die sozialistische Entsprechung zu dem traditionellen christlichen Weiheakt. Jeder soll seinen Beitrag zur Schaffung einer sozialistischen Gesellschaft leisten. Auch den Künstlern bleibt diese kollektive Aufgabe nicht erspart. Die Schriftsteller sollen der Leserschaft positive

la production de biens de consommation : il faut ainsi aux Allemands de l'Est de nombreuses années d'attente avant d'obtenir une voiture de la marque Trabant ou Wartburg. Dans tous les secteurs de l'économie, les entreprises individuelles sont regroupées au sein de combinats pour permettre l'intégration de toutes les phases de la production. En juillet 1952, le gouvernement décide de collectiviser également l'agriculture. Les fermes sont transformées en coopératives agricoles (LPG).

Un mode de vie façonné par l'État et le parti

L'État est-allemand subvient à l'intégralité des besoins des citoyens, c'est un « État-providence » dans le sens plein du terme. Tout Allemand de l'Est a droit à un logement presque gratuit. L'assurance-maladie et l'assurance-vieillesse sont bien évidemment garanties. Mais l'État intervient aussi dans la façon d'organiser les loisirs. Que ce soit dans le monde du travail ou dans la vie privée, la vie quotidienne se déroule sous le contrôle du parti. Dans le monde du travail, il est indispensable d'appartenir à l'un des syndicats regroupés au sein de l'Association libre des syndicats allemands (FDGB).

Dans le domaine des études, les programmes d'enseignement sont sous stricte surveillance. En plus de la doctrine marxiste-léniniste, tous les élèves doivent apprendre le russe. Par le biais d'organismes tels que les Pionniers et la Jeunesse allemande libre (FDJ), les activités de loisir de la jeunesse s'inscrivent nécessairement dans le cadre de la société socialiste. Des cérémonies comme la cérémonie « d'intronisation de la jeunesse », introduite en 1955, sont l'équivalent socialiste de la tradition chrétienne de réception des sacrements. Il est fait appel à la participation de tous pour édifier la société socialiste. Les artistes ne sont pas dispensés de cette tâche collective. Les écrivains doivent présenter à leurs lecteurs des modèles de comportement et de

sozialistische Verhaltens- und Denkmuster anbieten und die Annäherung der Arbeiterschaft und der Intelligenz anstreben. Unter dem Motto „Greif zur Feder, Kumpel!" werden auf den zwei Konferenzen, die 1959 und 1964 in Bitterfeld, der Chemiehochburg der DDR, abgehalten werden, die Arbeiter selbst dazu aufgerufen, ihren Beitrag zur Entstehung einer „sozialistischen Nationalkultur" zu leisten.

pensée positifs du point de vue socialiste et œuvrer au rapprochement du monde ouvrier et des intellectuels. Sous le slogan « prends la plume compagnon ! » les ouvriers eux-mêmes sont exhortés, lors des deux conférences tenues à Bitterfeld, le haut-lieu de la chimie est-allemande, à apporter leur contribution à l'avènement d'une « culture nationale socialiste ».

Die von der Partei verordnete Ästhetik verwirft den „Formalismus" zugunsten des „sozialistischen Realismus". In einem ständigen Versteckspiel mit der Zensur wird diese Ästhetik unterwandert, wie zum Beispiel im Werk der Schriftstellerin Christa Wolf oder des Schriftstellers Volker Braun.

L'esthétique imposée par le parti rejette le « formalisme » et prône le « réalisme socialiste ». Elle est détournée dans un constant jeu de cache-cache avec la censure, comme par exemple dans l'œuvre des écrivains Christa Wolf ou Volker Braun.

Protestbewegung und Polizeistaat

1971 wird Erich Honecker (1912-1994) Generalsekretär der SED, und somit der führende Politiker im DDR-Staatsapparat. Diesen Posten hat er bis 1989 inne. Unter seiner Führung und in Folge der Entspannungspolitik zwischen den zwei Weltblöcken kann die DDR als international anerkannter Staat zusammen mit der BRD der UNO und der UNESCO beitreten. Im innenpolitischen Bereich aber folgt das Regime weiterhin einem harten Kurs und unterdrückt jegliche Form von Protest. Schon 1953, als die SED-Regierung die Erhöhung der Produktionsnormen ohne Lohnerhöhung verordnet, kommt es zu einer Protestwelle in allen Großstädten, und am 17. Juni zu einem regelrechten Aufstand, der unter Mitwirkung der Roten Armee niedergeschlagen wird. Insgesamt errechnet man, dass zwischen 1949 und 1961 2 600 000 Ostdeutsche in den Westen gehen. Am häufigsten siedeln junge Menschen mit akademischem Abschluss nach Westdeutschland über. Da dieser Auswanderungsstrom das Bestehen

Mouvement contestataire et État-policier

En 1971, Erich Honecker (1912-1994) devient premier secrétaire du SED, ce qui fait de lui le premier personnage de l'État. Il occupera ce poste jusqu'en 1989. Sous son gouvernement, et grâce à la politique de détente entre les deux blocs, la RDA, en tant qu'État internationalement reconnu, peut faire son entrée à l'ONU et l'UNESCO, en même temps que la RFA. Mais dans le domaine de la politique intérieure, le régime maintient une ligne dure en réprimant toute forme de protestation. En 1953 déjà, lorsque le gouvernement décrète l'augmentation des normes de production sans hausse de salaire, on assiste à une vague de protestation dans toutes les grandes villes, et pour finir à un véritable soulèvement, écrasé en juin avec la participation de l'Armée rouge. Entre 1949 et 1961, on estime que 2 600 000 d'Allemands de l'Est ont émigré vers l'Ouest. Cette émigration vers l'Allemagne de l'Ouest touche en particulier les jeunes diplômés. Comme cette hémorragie met en danger l'existence du plus petit des deux États allemands, la RDA ferme dans la nuit du

des kleineren deutschen Staates bedroht, versperrt die DDR in der Nacht vom 13.8.1961 das einzige Schlupfloch in den Westen und baut die Berliner Mauer, die auf DDR-Seite offiziell „antifaschistischer Schutzwall" heißt.

13 août 1961 le dernier point de passage vers l'Ouest en construisant le mur de Berlin, officiellement dénommé « rempart de protection anti-fasciste ».

Werkzeug der SED zur Aufrechterhaltung der inneren Ordnung ist der Staatssicherheitsdienst (gekürzt Stasi). Über ein weites Netz von Spitzeln und „Inoffiziellen Mitarbeitern" (IM) kann die Stasi bis ins Privatleben der Bürger eindringen. Nachdem die Gauck-Behörde nach der Wiedervereinigung die Stasi-Akten zugänglich gemacht hatte, entdeckten die DDR-Bürger, dass selbst die Intimsphäre vor der Bewachung durch geheime Stasi-Informanten nicht geschützt werden konnte. Wer Anspruch auf freie Meinungsäußerung erhebt, wird unter anderem durch Berufsverbot oder Studienverbot für die Kinder bestraft. Die heftigsten Opponenten werden „ausgebürgert", d. h. der DDR-Staatsbürgerschaft enthoben und in den Westen geschickt. Der Liedermacher Wolf Biermann, der nach einem Konzert in Köln 1976 nicht in die DDR zurückkehren durfte, ist das berühmteste Beispiel dafür.

Le bras du SED pour le maintien de l'ordre intérieur est la Sûreté nationale (connue sous le sigle de Stasi). Par le biais d'un vaste réseau d'espions et de « collaborateurs inofficiels », la Stasi peut se frayer un chemin jusque dans la vie privée des Allemands de l'Est. Quand, après la réunification, l'administration chargée de la gestion des archives de la Stasi (qui porte alors le nom de son directeur, J. Gauck) a permis l'accès aux dossiers de la Sûreté nationale, les Allemands de l'Est ont découvert que même leur vie intime n'était pas à l'abri de la surveillance exercée par les informateurs secrets de la Stasi. On réprime toute velléité d'exprimer librement ses opinions en interdisant aux opposants d'exercer leur métier ou en empêchant leurs enfants de faire des études. Les opposants les plus virulents sont privés de leur nationalité est-allemande et expulsés à l'Ouest. L'exemple le plus célèbre est celui du chansonnier Wolf Biermann, qui, après un concert donné à Cologne en 1976, n'a pas eu l'autorisation de rentrer en RDA.

Auf dem Weg zur Wiedervereinigung

Das Ost-Berliner Regime empfindet Gorbatschows „Perestroika" als Bedrohung. Die Reden des sowjetischen Parteichefs werden der Zensur unterzogen, bevor sie in der DDR-Presse, und besonders in „Neues Deutschland", dem offiziellen Sprachrohr der SED, erscheinen dürfen. In der Bevölkerung wächst die Unzufriedenheit wegen eines im Vergleich zum Westen noch niedrigen Lebensstandards. Die starke Verschuldung des DDR-Staates belastet auch das Wirtschaftswachstum. Vor allem aber

Sur le chemin de la réunification

La « perestroïka » de Gorbatchev est perçue comme une menace par le régime est-allemand. Les discours du leader soviétique sont censurés avant de pouvoir être publiés dans la presse est-allemande, et surtout dans l'organe officiel du parti, Neues Deutschland. *L'insatisfaction de la population face à un niveau de vie qui reste largement inférieur à celui de l'Ouest va croissant. Le poids de la dette de l'État est-allemand agit comme une entrave sur la croissance économique. Mais on assiste surtout à une montée du sentiment de*

macht sich der Frust der Bürger wegen mangelnder persönlicher Freiheit breit. Es entstehen Bürgerrechtbewegungen wie „Neues Forum". Die evangelische Kirche unterstützt nicht selten den friedlichen Protest gegen das SED-Regime.

frustration des Allemands de l'Est face à la restriction des libertés individuelles. On voit alors apparaître des mouvements de défense des droits civiques, tel Neues Forum. *L'Église protestante soutient fréquemment la contestation pacifique du régime dominé par le SED.*

Nach der Öffnung des Eisernen Vorhanges in Ungarn am 2. Mai 1989 dringen DDR-Flüchtlinge mit der Hoffnung, von dort aus über Österreich in die Bundesrepublik gelangen zu können, nach Budapest und Prag vor. Inzwischen überlässt es Moskau den Bruderparteien, die eigenen Probleme zu lösen. Ein Eingriff der in der DDR stationierten Roten Armee wie 1953 ist also ausgeschlossen. Im Oktober 1989 tritt Erich Honecker zurück. Das SED-Politbüromitglied Günter Schabowski kündigt vor der internationalen Presse die prinzipielle Freizügigkeit für DDR-Bürger an. Um ein Blutbad zu vermeiden, bleibt Honeckers Nachfolger Egon Krenz nichts anderes übrig, als die Berliner Mauer am 9. November 1989 zu öffnen.

Après l'ouverture du rideau de fer en Hongrie le 2 mai 1989, les réfugiés d'Allemagne de l'Est affluent à Prague et à Budapest, dans l'espoir de gagner à partir de là la République fédérale via l'Autriche. Les temps ayant changé, Moscou laisse aux partis des « pays frères » le soin de régler leurs propres problèmes. Il est donc exclu que l'Armée rouge stationnée en RDA intervienne comme en 1953. En octobre 1989, Erich Honecker démissionne. Günter Schabowski, membre du bureau politique du SED, annonce devant la presse internationale que les citoyens de RDA vont pouvoir se déplacer librement. Pour éviter un bain de sang, il ne reste plus à Egon Krenz, le successeur d'Honecker, qu'à ouvrir le mur de Berlin, le 9 novembre 1989.

Kaum ein Jahr später hört die DDR auf zu sein. Am 1. Juli 1990 tritt die Währungsunion mit der BRD in Kraft: Die Löhne und die Mieten werden zu einem Kurs von eins-zu-eins in Deutsche Mark umgetauscht. Zu diesem Kurs dürfen auch die Ersparnisse bis zu einer gewissen vom Alter abhängigen Grenze gewechselt werden. Ansonsten gilt ein Kurs von eins-zu-zwei (eine DM gegen 2 DDR-Mark). Am 3. Oktober 1990 tritt die DDR offiziell der BRD bei. Der Tag der Wiedervereinigung, der 3. Oktober, wird zum Nationalfeiertag der Deutschen. Anfang Dezember 1990 findet die erste gesamtdeutsche Bundestagswahl statt, aus der „der Kanzler der Einheit" Helmut Kohl (CDU) als Sieger hervorgeht. Durch einen Beschluss des Bundestages wird Berlin mit einer knappen Mehrheit gegenüber Bonn zur Hauptstadt des vereinigten Deutschlands gewählt.

Moins d'un an plus tard, la RDA n'est plus. Le 1er juillet 1990, l'union monétaire avec la RFA entre en vigueur : les salaires et les loyers sont convertis en Deutsche Mark au taux de un pour un. L'épargne bénéficie de ce même taux jusqu'à une certaine somme, qui dépend de l'âge. Sinon, le taux officiel est d'un pour deux (un deutsche mark pour deux marks-est). Le 3 octobre 1990, la RDA adhère officiellement à la RFA. Ce jour anniversaire de la réunification devient fête nationale allemande. Début décembre 1990, les premières élections sont organisées dans l'ensemble de l'Allemagne réunifiée, et confirment au pouvoir un Helmut Kohl devenu le chancelier de la réunification. Le Parlement vote de justesse une résolution en faveur du transfert de la capitale de l'Allemagne réunifiée de Bonn à Berlin.

Vocabulaire

Achtung (die)	*la considération*
Anspruch (der, ¨e) (~ erheben auf + A)	*la prétention, le droit (faire valoir son droit à)*
Aufbau (der)	*l'édification*
Aufrechterhaltung (die)	*le maintien*
Aufsicht (die) (unter ~+ G)	*la surveillance (sous le contrôle de)*
Aufstand (der, ¨e)	*le soulèvement*
Bauernhof (der, ¨e)	*la ferme*
Bedürfnis (das, e)	*le besoin*
Befehl (der, e) (einen ~ erteilen)	*l'ordre (donner un ordre)*
Berufsverbot (das, e) (ein Berufsverbot verhängen)	*l'interdiction d'exercer son métier*
Freizeit (die)	*le loisir*
Freizügigkeit (die)	*la liberté de mouvement, la libre circulation*
Lebensstandard (der)	*le niveau de vie*
Marktwirtschaft (die)	*l'économie de marché*
Mauerfall (der)	*la chute du mur*
Meinungsäußerung (die freie ~)	*la liberté d'expression*
Muster (das, -)	*le modèle*
Nachfolger (der, -)	*le successeur*
Nationalfeiertag (der, e)	*la fête nationale*
Planwirtschaft (die)	*l'économie planifiée*
Protestwelle (die, n) (eine ~ aus/lösen)	*une vague de protestation (déclencher ~)*
Spitzel (der, -)	*l'espion*
Unzufriedenheit (die)	*l'insatisfaction, le mécontentement*
Volksdemokratie (die, n)	*la démocratie populaire*
Zugehörigkeit (die, en)	*l'appartenance à*

jemanden aus/bürgen	*déchoir quelqu'un de sa nationalité*
bedrohen	*menacer*
berauben (jn einer Sache [G] ~)	*priver de, dépouiller de*
sich breit machen	*se répandre*
erzwingen (erzwang, hat erzwungen)	*obtenir par la contrainte*
gewährleisten	*assurer, garantir*
inne/haben (ein Amt ~)	*occuper une fonction*
lösen	*résoudre*
schützen (vor + D)	*protéger*
jm etw. überlassen (überließ, hat überlassen)	*laisser à quelqu'un le soin de*
überwachen	*surveiller*
überwiegen (o, o)	*dominer, être majoritaire*
unterdrücken	*réprimer, opprimer*
unterstützen	*soutenir*
unterziehen (unterzog, unterzogen) (jn einer) Sache [D] ~)	*soumettre, assujettir à*
verschmelzen (o, o, i)	*fondre, fusionner*
verstaatlichen	*nationaliser*

Lexique en situation 4

- Er langweilte sich und konnte ein Gähnen kaum unterdrücken.
  Il s'ennuyait et eut du mal à réprimer un bâillement.
- Marx spricht von der Unterdrückung der Arbeiterklasse durch das Bürgertum.
  Marx parle de l'oppression des travailleurs par la bourgeoisie.
- Durch seine Tapferkeit erwarb er sich allgemeine Achtung.
  Par son courage, il s'est acquis la considération de tous.
- Die Freizügigkeit ist ein im Grundgesetz verankertes Grundrecht.
  La libre circulation est un droit fondamental ancré dans la Loi fondamentale.
- Der deutsche Nationalfeiertag — der Tag der deutschen Einheit — fällt auf den dritten November.
  La fête nationale allemande (le jour de l'unité allemande) est le trois novembre.
- Der harte Führungskurs der SED-Führung hat sie nicht vor dem Sturz geschützt.
  La ligne dure de la direction du SED ne l'a pas protégée de la chute.
- Dies war keine freie, sondern eine erzwungene Entscheidung.
  Cela n'a pas été une décision libre, mais contrainte.
- Über Opponenten (A) wurden oft Berufsverbote verhängt.
  Les dissidents ont souvent fait l'objet d'interdiction d'exercer leur profession.
- In den Jahren 1948-49 wurde die ganze Industrie der DDR verstaatlicht.
  En 1948-49, toute l'industrie de la RDA a été nationalisée.
- Jedermann hat ein Bedürfnis nach Schutz.
  Tout le monde ressent le besoin d'être protégé.
- Die Zugehörigkeit zur Staatspartei war in der DDR eine Voraussetzung für eine erfolgreiche Karriere.
  En RDA, l'appartenance au parti d'État était une condition nécessaire à la réussite de la carrière.
- Bei dieser Lösung überwiegen die Vorteile.
  Dans cette solution, les avantages l'emportent.
- Ich überlasse es dir, die Frage selber zu beantworten.
  Je te laisse le soin de répondre toi-même à cette question.
- Im Aufstand der schlesischen Weber 1844 ergriff Heinrich Heine Partei für die Aufständischen.
  Dans le soulèvement des tisserands de Silésie en 1844, Heine a pris le parti des insurgés.
- An der Grenze werden alle Fahrzeuge einer strengen Kontrolle unterzogen.
  Tous les véhicules sont soumis à un contrôle sévère à la frontière.
- Die Ausgangssperre hat vielerorts für Unzufriedenheit gesorgt.
  En de nombreux endroits, le confinement a suscité de l'insatisfaction.

Dossier 5

Die Bundesinstitutionen

In der Bundesrepublik Deutschland wird die Staatsgewalt „vom Volk in Wahlen und Abstimmungen" und durch „Organe der Gesetzgebung, der vollziehenden Gewalt und der Rechtsprechung ausgeübt" (Artikel 20 GG). Diese fünf Verfassungsorgane sind der Bundestag und der Bundesrat, die Bundesregierung und der Bundespräsident sowie das Bundesverfassungsgericht. Ihre Befugnisse sind in der deutschen Verfassung, dem Grundgesetz (GG), verankert. Die Staatsgewalt wird also nicht direkt vom Volk ausgeübt. Das Volk überträgt sie auf gewählte Körperschaften, die Volksvertretungen.

Das Grundgesetz

Keine deutsche Verfassung hat sich so lange bewährt wie das Grundgesetz (GG), das am 23. Mai 1949 in Kraft trat. Das GG definiert die Bundesrepublik als Bundesstaat, Rechtsstaat (im Gegensatz zur Willkürherrschaft der NSDAP) und Sozialstaat. Es sichert außerdem die Gewaltenteilung.

Das Grundgesetz umfasst 146 Artikel. Seine Präambel ist im Zusammenhang mit der NS-Vergangenheit von besonderer Relevanz. In dieser kurz nach dem Ende der NS-Herrschaft verfassten Präambel erklären sich die Deutschen für „verantwortlich vor Gott und der Welt". Sie bekennen sich also zu einem christlichen bzw. monotheistischen und humanitären Wertesystem. Präambel und Schlussartikel wurden außerdem nach der Wiedervereinigung Deutschlands um die 40 Jahre nach Inkrafttreten des Grundgesetzes neu formuliert. Die leichte Umformulierung zielt darauf ab, der „Vollendung der Einheit und Freiheit Deutschlands" (Artikel 146 GG) Rechnung

Les institutions fédérales

En République fédérale d'Allemagne, le pouvoir est exercé « par le peuple lors d'élections et de consultations électorales » et par les « organes législatif, exécutif et judiciaire » (Article 20 GG). Ces cinq organes constitutionnels sont : le Bundestag, le Bundesrat, le gouvernement fédéral et le président fédéral ainsi que la Cour constitutionnelle fédérale. Leurs attributions sont ancrées dans la Constitution allemande, la Loi fondamentale (GG). Le pouvoir étatique n'est donc pas exercé directement par le peuple. Le peuple le transfère à des organismes élus, ses représentations.

La Loi fondamentale

Aucune constitution allemande n'a fait ses preuves pendant autant de temps que la Loi fondamentale, qui est entrée en vigueur le 23 mai 1949. La Loi fondamentale définit la République fédérale comme une confédération, un État de droit (à l'opposé de la tyrannie national-socialiste) et un État social. Elle garantit par ailleurs la séparation des pouvoirs.

La Loi fondamentale comprend 146 articles. Dans le contexte du passé national-socialiste de l'Allemagne, son préambule a une importance toute particulière. Dans ce préambule rédigé peu après la fin du régime nazi, les Allemands se déclarent « responsables devant Dieu et le monde ». Ils se reconnaissent donc en un système de valeurs chrétiennes ou monothéistes, et humanitaires. Préambule et article final ont par ailleurs été reformulés après la Réunification, quelque 40 ans après l'entrée en vigueur de la Loi fondamentale. Cette légère reprise avait pour but de rendre justice à « l'accomplissement de l'unité et de

zu tragen. Über die nun vollzogene Einheit des deutschen Volkes hinaus bezeichnet die Präambel Deutschland als „gleichberechtigtes Glied in einem vereinten Europa", das „dem Frieden der Welt" dienen will.

la liberté de l'Allemagne » (article 146 GG). Par-delà l'unité réalisée du peuple allemand, le préambule caractérise l'Allemagne comme « un membre égal en droit dans une Europe unifiée », qui entend servir « la paix dans le monde ».

Im Grundgesetz sind die Grundrechte der Bürger wie die Meinungs- und Versammlungsfreiheit oder die freie Religionsausübung verankert. Der Artikel 1 des Grundgesetzes besagt, dass die Würde des Menschen unantastbar ist. Damit wird vier Jahre nach Ende des Dritten Reiches ein besonderer Wert auf den Respekt der Person gelegt.

Dans la Loi fondamentale sont ancrés les droits fondamentaux des citoyens, comme la liberté d'opinion et de rassemblement ou la liberté de culte. L'article 1 de la Loi fondamentale stipule que la dignité de l'homme est inaliénable. Par ces mots, une valeur particulière est accordée au respect de la personne, quatre ans après la fin du IIIe Reich.

Mit dem Bekenntnis zu den Werten des Grundgesetzes, die der deutschen Demokratie zugrunde liegen, sind verschiedene Erwartungen verbunden, die schon seit Jahren in Deutschland für Debatten sorgen. Es geht dabei um den so genannten Verfassungspatriotismus. Neben dem Beherrschen der Sprache wird zum Beispiel von Ausländern, die in Deutschland leben wollen, gefordert, dass sie im Namen des Zusammenhalts der Gesellschaft die verbindlichen Werte verinnerlichen sollen.

Se reconnaître en les valeurs de la Loi fondamentale, qui est le fondement de la démocratie allemande, implique que l'on satisfasse à plusieurs attentes qui font l'objet de débats en Allemagne depuis déjà quelques années. L'enjeu en est ce qu'on appelle le patriotisme constitutionnel. Outre la maîtrise de la langue, on exige par exemple des étrangers qui veulent vivre en Allemagne qu'au nom de la cohésion de la société, ils fassent leurs les valeurs que tous doivent respecter.

Das Bundesverfassungsgericht (BVerfG)

Das Bundesverfassungsgericht (BVerfG) ist ein wesentlicher Bestandteil der freiheitlich-demokratischen Grundordnung in der Bundesrepublik. Es feierte im September 2021 sein 70jähriges Jubiläum. Es hat seinen Sitz in Karlsruhe im südwestlichsten Winkel Deutschlands, also weit entfernt vom Machtzentrum Berlin. Die Verfassungsrichter sprachen sich selbst gegen einen Umzug in die Bundeshauptstadt aus. Dass das oberste Gericht des Landes nicht am Regierungssitz angesiedelt ist, war übrigens schon in der Weimarer Republik der Fall. Damals hatte der Staatsgerichtshof für das Deutsche Reich seinen Sitz im sächsischen Leipzig.

La Cour constitutionnelle fédérale

La Loi fondamentale est un élément essentiel de l'ordre démocratique en République fédérale. Elle a fêté son 70e anniversaire en septembre 2121. Son siège se situe à Karlsruhe, à l'extrême sud-est de l'Allemagne, autrement dit loin de Berlin, centre du pouvoir. Les juges de la Cour constitutionnelle ont eux-mêmes rejeté un déménagement dans la capitale fédérale. Le fait que la plus haute instance judiciaire du pays ne se trouve pas au même endroit que le siège du gouvernement n'est au demeurant pas un nouveauté. C'était déjà le cas sous la République de Weimar. À cette époque, la Cour de Justice d'État pour le Reich allemand avait son siège dans la ville saxonne de Leipzig

Die Kernaufgabe des Bundesverfassungsgerichts besteht darin, auf die Durchsetzung und Einhaltung der Grundrechte zu achten. Darum wird es oft als „Fels in der Brandung" bezeichnet. Seine Entscheidungen sind unanfechtbar. Die 16 Verfassungsrichter und Verfassungsrichterinnen werden jeweils zur Hälfte vom Bundestag und vom Bundesrat gewählt. Sie können bis zu zwölf Jahren im Amt bleiben. Ihre Amtszeit ist einmalig. Sie sollen prinzipiell politisch unabhängig sein.

Das Bundesverfassungsgericht ist in zwei Senate aufgeteilt, deren Richter nur auf Antrag hin tätig werden. Dabei darf jeder Bürger eine Verfassungsbeschwerde beim BVerfG einreichen, wenn er sich in seinen Grundrechten beeinträchtigt sieht. Die Bundesbürger machen von dieser Möglichkeit nicht selten Gebrauch. So hat das BVerfG jährlich zwischen 5000 und 6000 Verfahren zu bewältigen.

Das BVerfG sorgt auch dafür, dass die föderativen Grundsätze nicht verletzt werden. Damit ist die im Grundgesetz verankerte Kompetenzverteilung zwischen den Staatsorganen der Bundesrepublik gemeint. Aber es schützt auch den Staat vor Verfassungsfeinden und Gruppierungen, die die demokratische Grundordnung in Frage stellen. Es hat also manchmal über das Verbot von verfassungsfeindlichen extremistischen Parteien zu entscheiden. Dafür liefert das langwierige Verbotsverfahren gegen die rechtsextreme, nationalistisch gesinnte Nationaldemokratische Partei Deutschlands (NPD) in den Jahren 2001 bis 2017 ein Beispiel. Das Bundesverfassungsgericht kam hier letztlich zum Schluss, dass die Partei in ihrer Gesinnung zwar verfassungsfeindlich sei, dass sie allerdings keine konkrete Gefahr für die Demokratie darstelle.

La mission fondamentale de la Cour constitutionnelle est de veiller à la mise en œuvre et au respect des droits fondamentaux. De ce fait, elle est souvent qualifiée de « rocher dans la tempête ». Ses décisions sont souveraines et irrévocables. Les 16 juges de la Cour constitutionnelle sont nommés pour moitié par le Bundestag et par le Bundesrat. Leur mandat est au maximum de douze ans. Ils ne peuvent pas être reconduits. Ils sont censés par principe être indépendants politiquement.

La Cour constitutionnelle fédérale est divisée en deux chambres, dont les juges ne se mobilisent que s'ils sont saisis. En même temps, tout citoyen est en droit de faire un recours constitutionnel s'il s'estime lésé dans ses droits fondamentaux. Les citoyens allemands ont assez fréquemment recours à cette possibilité. En moyenne, la Cour constitutionnelle a entre 5 000 et 6 000 procédures à traiter.

La Cour constitutionnelle veille à ce que les principes fondamentaux du fédéralisme ne soient pas bafoués. Il faut entendre par là la répartition des compétences entre les organes étatiques de la République fédérale, une répartition ancrée dans la Loi fondamentale. Mais la Cour protège également l'État contre les adversaires de la constitution et contre les groupuscules qui mettent en question l'ordre démocratique. Elle doit donc parfois statuer sur l'interdiction de partis extrémistes hostiles à la constitution. La procédure de longue haleine en vue de l'interdiction du Parti National-Démocratique d'Allemagne (NDP, un parti nationaliste d'extrême-droite) entre 2001 et 2017 en fournit l'exemple. Dans cette affaire, la Cour constitutionnelle est finalement arrivée à la conclusion que les orientations politiques du parti étaient bel et bien hostiles à la constitution, mais qu'il ne représentait pas de danger concret pour la démocratie.

Das Bundesverfassungsgericht muss sich auch mit den Fragen befassen, mit denen sich die deutsche Gesellschaft auseinandersetzt. Dazu gehört die Diskussion um den Platz des Islam und anderer Religionsgemeinschaften in der Bundesrepublik. Im so genannten Kopftuchurteil (2003) befand das BVerfG, dass ein Kopftuchverbot am Arbeitsplatz für Beamte nicht verfassungswidrig sei. Das Urteil besagte allerdings auch, dass es nicht in den Befugnissen des Bundesverfassungsgerichts liege, ein solches Verbot durchzusetzen. Zu diesem Zweck solle ein entsprechendes Gesetz in jedem Bundesland erarbeitet werden. Infolgedessen verabschiedeten 8 von 16 Bundesländern ein solches Gesetz. Dieses Urteil wurde 2021 vom Europäischen Gerichtshof bestätigt.

La Cour constitutionnelle doit également se pencher sur les questions dont se préoccupe la société allemande. Au nombre de ces questions, il y a la place de l'islam et d'autres communautés religieuses en République fédérale. Dans ce que l'on a appelé le « jugement sur le foulard » (2003), la Cour a statué qu'une interdiction de porter le foulard sur leur lieu de travail pour les fonctionnaires n'était pas anticonstitutionnelle. Mais ce jugement établissait également qu'il n'était pas dans les prérogatives de la Cour constitutionnelle d'imposer une telle interdiction. À cet effet, il convenait selon elle que chaque Land élabore une loi traitant de la question. À la suite de ce jugement, 8 Länder sur 16 ont adopté une loi de ce type. Ce jugement a été entériné par la Cour de Justice de l'Union Européenne en 2021.

Schließlich kommt es auch vor, dass vor dem Bundesverfassungsgericht geklagt wird, damit es entscheidet, ob Initiativen in Brüssel mit dem Grundgesetz vereinbar sind. Das war zum Beispiel im März 2021 der Fall, als ein Urteil aus Karlsruhe die Ratifizierung des Konjunkturpakets ausgesetzt hat, mit dem die EU ihren Beitrag zur Bewältigung der wirtschaftlichen Folgen der Corona-Krise leisten will. Dieser Wiederaufbaufonds, von dem vor allem die südeuropäischen Länder profitieren sollen, bedeutet eine Vergemeinschaftung der Schulden, die das Bundesverfassungsgericht als verfassungswidrig erklärt hat.

Enfin, il arrive que la Cour constitutionnelle soit saisie pour arbitrer entre une initiative européenne et le droit allemand. C'est ce qui s'est produit en mars 2021, quand un jugement de Karlsruhe a imposé un moratoire à la ratification par l'Allemagne du plan de relance proposé par l'Union Européenne en réponse aux conséquences économiques de la pandémie de Covid-19. Ce plan de financement, dont bénéficient essentiellement les pays du Sud de l'EU, comprend une mutualisation partielle de la dette des États membres, qui a été jugée incompatible avec la Loi fondamentale.

Das Bundesverfassungsgericht hat in der jüngsten Vergangenheit immer wieder seinen Beitrag zu einer toleranteren und offeneren Gesellschaft im Land geleistet. 2002 verteidigte es die kurz zuvor eingeführte Lebenspartnerschaft gegen die vehementen Angriffe von CDU und CSU. 2010 sicherte das Gericht die steuerliche Gleichbehandlung der Lebenspartner, 2013 folgte die Forderung, auch ihnen das Ehegattensplitting zugutekommen zu lassen.

Au cours des dernières années, la Cour constitutionnelle fédérale n'a cessé de contribuer à rendre la société allemande plus tolérante et plus ouverte. Contre les attaques véhémentes de la CDU et de la CSU, elle a défendu en 2002 le partenariat d'union civile qu'on venait juste de légaliser. En 2010, la Cour a garanti l'équité de traitement fiscal des partenaires d'une union civile. En 2013, elle a poursuivi dans cette logique en exigeant qu'ils puissent

"Wir werden gut von Karlsruhe regiert", stellte der bekennende Homosexuelle Volker Beck von den Grünen damals zufrieden fest. 2017 stimmte der Bundestag dann mehrheitlich für die Ehe für alle. Die CSU verzichtete auf einen Gang nach Karlsruhe, da das Bundesverfassungsgericht die Gleichstellung Homosexueller zuvor stets vorangetrieben hatte.

également bénéficier du quotient conjugal. « Dans ses décisions, Karlsruhe prend soin de nous », constata avec satisfaction l'écologiste Volker Beck, homosexuel déclaré. En 2017, le Bundestag ratifia à la majorité le mariage pour tous. La CSU renonça à saisir Karlsruhe, car jusque là, la Cour constitutionnelle avait constamment promu l'égalité de droits pour les homosexuels.

Das Bundesverfassungsgericht greift nun auch in die Klimaschutzpolitik ein. Es hat das Klimaschutzgesetz aus dem Jahre 2019 zum Teil für verfassungswidrig erklärt. Sein Urteil verpflichtet den Staat, durch konkrete Maßnahmen die junge Generation zu schützen, damit die Freiheitsrechte der jüngeren Menschen in Zukunft durch Klimaschutzmaßnahmen nicht unverhältnismäßig eingeschränkt werden. Die Bundesregierung hat danach ein verschärftes Klimaschutzgesetz vorgelegt. Die CO_2-Emissionen sollen bis 2030 um 65% gesenkt werden und die Klimaneutralität soll bis 2045 erreicht werden. Ab 2022 soll ein Expertenteam alle zwei Jahre ein Gutachten vorlegen. Falls die Klimaziele nicht erreicht werden, soll sofort nachgebessert werden.

Aujourd'hui, la Cour constitutionnelle intervient également dans la politique de protection du climat. Elle a déclaré partiellement non conforme à la constitution la loi de protection climatique de 2019. Son jugement contraint l'État à protéger les jeunes générations par des mesures concrètes pour qu'à l'avenir les libertés des jeunes consacrées par le droit ne soient pas rognées de façon disproportionnée par des mesures de protection du climat. À la suite de ce jugement, le gouvernement fédéral a présenté unee version renforcée de la loi sur le climat. Les émissions de CO_2 doivent être abaissée de 65 % d'ici 2030 et la neutralité climatique doit être atteinte d'ici à 2045. À partir de 2022, une équipe d'experts doit présenter un rapport tous les deux ans. Dans le cas où les objectifs climatiques ne seraient pas atteints, des mesures doivent être immédiatement prises pour améliorer la situation.

Der Bundestag

Der Bundestag ist die Vertretung des ganzen deutschen Volkes. Seine vom Volk direkt gewählten Abgeordneten sind „nur ihrem Gewissen unterworfen" (Artikel 38 GG). Er ist das oberste Bundesorgan der Gesetzgebung. Der 20. Bundestag, der am 26. September 2021 gewählt wurde, zählt insgesamt 736 Mitglieder (vgl. DOSSIER 7). Mit 206 Sitzen ist die SPD stärkste politische Kraft. Die Union ist mit 197 Sitzen die zweitstärkste Fraktion. Bündnis 90/die Grünen und die FDP, die zwei Partner der SPD in der Ampel-Regierungskoalition, kommen jeweils auf 118 und 92 Sitze. Mit

Le Bundestag

Le Bundestag est la représentation de l'ensemble du peuple allemand. Ses députés, directement élus par le peuple, ne sont « soumis qu'à leur conscience » (Article 38 de la Loi fondamentale). C'est l'organe législatif suprême. Le 20e Bundestag, élu le 26 septembre 2021, compte au total 736 membres (cf. DOSSIER 7). Avec 206 sièges, le SPD en est la première force politique. L'Union forme le deuxième groupe parlementaire en nombre avec 197 sièges. Les Verts et le FDP, qui sont les deux partenaires du SPD dans la coalition « tricolore », ont respectivement 118 et 92 sièges.

82 Sitzen bildet die AfD auch eine Fraktion, sowie Die Linken mit ihren 39 Abgeordneten.

Avec ses 82 sièges, l'AfD (Alternative pour l'Allemagne) forme également un groupe parlementaire, tout comme Die Linke (La Gauche) avec ses 39 députés.

Die Bundestagsabgeordneten werden auf 4 Jahre gewählt. Es gilt ein allgemeines Wahlrecht für über 18-Jährige. Das Prinzip der geheimen Wahl soll die freie Wahlentscheidung gewährleisten. Im Bundestag sitzen zum einen direkt gewählte Abgeordnete (Erststimme, vgl. DOSSIER 7) und zum anderen Abgeordnete, die über Landeslisten gewählt werden (Zweitstimme). Im Laufe der Jahre ist die Anzahl der Bundestagsabgeordneten ständig gestiegen. Im 2017 gewählten 19. Bundestag gab es noch 709 Abgeordnete, 2021 waren sie schon 736 an der Zahl. Ein Vorstoß zur Begrenzung der Abgeordnetenzahl muss aber noch vom Bundesverfassungsgericht gebilligt werden.

Les députés au Bundestag sont élus pour 4 ans. Les élections se font au suffrage universel pour les personnes de plus de 18 ans. Le principe du scrutin secret est censé assurer la liberté de choix au moment de voter. Au Bundestag siègent d'une part des députés élus directement (première voix, cf. DOSSIER 7), et d'autre part des députés élus sur des listes présentées par les partis politiques dans chaque Land (seconde voix). Au fil des ans, le nombre de députés au Bundestag n'a cessé de croître. Au Bundestag élu en 2017, il y avait encore 709 députés ; en 2021, leur nombre était déjà de 736. Une démarche visant à limiter le nombre des députés est encore en attente de l'accord de la Cour constitutionnelle fédérale.

Zusätzlich zur Gesetzgebung sind die wichtigsten Aufgaben der Bundestagsabgeordneten die Wahl des Bundeskanzlers, der selbst meistens Mitglied des Bundestags ist. So wurde Olaf Scholz, der ein Direktmandat im Wahlkreis Potsdam erhalten hatte, 2021 mit 395 von 707 abgegebenen Stimmen zum Bundeskanzler gewählt.

En plus de leur travail de législateurs, les tâches les plus importantes des députés au Bundestag sont l'élection du chancelier, lequel est lui-même la plupart du temps membre du Bundestag. C'est ainsi qu'Olaf Scholz, qui avait obtenu un mandat direct dans la circonscription électorale de Potsdam, a été élu chancelier en 2021 avec 395 voix sur 707 suffrages exprimés.

Der Bundestag hat außerdem über den Bundeshaushalt zu beraten und ihm zuzustimmen. Er bewilligt die Auslandseinsätze der Bundeswehr und übt eine Kontrolle über die Bundesregierung aus. Dafür sind Fragestunden vorgesehen, in denen Kabinettsmitglieder sich den Fragen der Abgeordneten stellen. Im Bundestag gibt es 22 Ausschüsse. Jedes Ministerium wird in seiner Arbeit von einem Fachausschuss unterstützt. In ihm beraten Abgeordnete über Gesetzesvorhaben und legen sie dann dem entsprechenden Ministerium vor. In diesen Ausschüssen sind Politiker aus verschiedenen Parteien

Le Bundestag doit en outre examiner et approuver le budget fédéral. Il donne son accord aux interventions de la Bundeswehr à l'étranger et exerce un contrôle sur le gouvernement fédéral. À cet effet, des séances de questions sont prévues, pendant lesquelles les membres du gouvernement se soumettent aux questions des députés. Au Bundestag, il y a 22 commissions parlementaires. Chaque ministère est soutenu dans son travail par une commission spécialisée. Au sein de celle-ci, les députés examinent les projets de loi avant de les soumettre au ministère avec lequel ils sont en rapport. Dans ces commissions, des politiciens de diverses tendance

tätig, die so schon konsensfähige Lösungen anbieten können. Außerdem können auf Antrag der Bundestagsabgeordneten Untersuchungsausschüsse einberufen werden. Ein aktuelles Beispiel ist der Untersuchungsausschuss um den Finanzdienstleister Wirecard im Jahre 2020. Da wurde überprüft, inwiefern das Finanzministerium seine Aufsichtspflicht über die Firma Wirecard Bank AG vernachlässigt hatte, die etwa zwei Milliarden Euro unterschlagen und Millionen Kleinanleger um ihr Geld betrogen hatte.

collaborent, et peuvent ainsi proposer des solutions déjà consensuelles. Par ailleurs, les députés au Bundestag ont la possibilité de mettre en place des commissions d'investigation. La commission d'investigation qui a traité en 2020 des activités du prestataire de services financiers Wirecard en est un exemple tout à fait actuel. Elle a examiné dans quelle mesure le ministère des finances a négligé son devoir de surveillance de l'entreprise Wirecard, qui avait dissimulé l'absence de presque 2 milliards de trésorerie et abusé des millions de petits investisseurs.

Der Bundestag verfügt ferner über das konstruktive Misstrauensvotum. Nach Artikel 68 GG kann in einer laufenden Legislaturperiode eine Regierung gestürzt werden. So versuchte die von Rainer Barzel (CDU) geführte Opposition 1972 den damaligen Bundeskanzler Willy Brandt zu stürzen

Le Bundestag dispose de plus de l'outil de la motion de censure constructive. L'article 68 de la Loi fondamentale offre la possibilité de renverser un gouvernement au cours d'une législature. C'est de cette façon qu'en 1972 l'opposition menée par Rainer Barzel (CDU) a tenté de renverser le chancelier de l'époque, Willy Brandt (SPD).

Der Bundeskanzler kann aber auch seinerseits im Bundestag die Vertrauensfrage stellen. Es geht ihm dann darum, für umstrittene Fragen eine gespaltene Regierungsmehrheit hinter sich zu bringen. 2005 hatte der damalige Bundeskanzler Gerhard Schröder (SPD) nach Auflösungserscheinungen und Meinungsverschiedenheiten in der rot-grünen Koalition und einem Wahldebakel in der SPD-Hochburg Nordrhein-Westfalen die Vertrauensfrage gestellt. Er wurde abgewählt und machte so den Weg für vorgezogene Neuwahlen frei. In der Geschichte der Bundesrepublik wurden diese Instrumente insgesamt fünf Mal verwendet.

Mais le chancelier lui aussi peut poser la question de confiance au Bundestag. Dans ce cas, il s'agit pour lui de rassembler sur des questions controversées une majorité gouvernementale divisée. En 2005, le chancelier d'alors, Gerhard Schröder (SPD), avait posé la question de confiance après avoir senti que la coalition rouge-verte (SPD et Verts) menaçait de se déliter et avait des divergences de vues, et après une déroute électorale en Rhénanie du Nord-Westphalie, fief traditionnel du SPD.

Der Bundesrat

Der Bundesrat ist die „Vertretung der Länder". Durch dieses Verfassungsorgan nehmen die Bundesländer an der Gesetzgebung und der Verwaltung des Bundes teil.

Le Bundesrat

Le Bundesrat est la « Représentation des Länder fédérés ». Par le biais de cet organe constitutionnel, les Länder prennent part à l'élaboration des lois et à la gestion de l'État fédéral.

Die Vertreter des Bundesrates werden direkt von den Bundesländern entsandt und nicht vom Volk gewählt. Sie vertreten dort die Interessen des jeweiligen Bundeslandes. Je nach Bevölkerungszahl verfügt ein Bundesland über 3 bis 6 Sitze (Bremen: 3 Sitze / Bayern und Nordrhein-Westfalen jeweils 6 Sitze).

Les représentants au Bundesrat ne sont pas directement envoyés par les Bundesländer et ne sont pas élus par le peuple. Chacun y représente les intérêts de son Land. En fonction de sa population, un Bundesland dispose de 3 à 6 sièges (Brême : 3 sièges / Bavière et Rhénanie du Nord-Westphalie : 6 sièges).

Jedes Jahr am 1. November wird unter den Ministerpräsidenten turnusmäßig ein neuer Bundesratspräsident bestimmt. Der Präsident des Bundesrates dient außerdem als Stellvertreter des Bundespräsidenten.

Tous les ans le 1er novembre, un nouveau président du Bundesrat est choisi parmi les ministres-présidents selon un système d'alternance à tour de rôle. Par ailleurs, le président du Bundesrat fait office de remplaçant du président fédéral.

Sobald ein Gesetz die Kompetenzen der Länder berührt oder im Falle einer Verfassungsänderung, ist die Zustimmung des Bundesrates notwendig. So hat der Bundesrat im Dezember 2121 dem verschärften Infektionsschutzgesetz zugestimmt. Dadurch wurden die strengeren Maßnahmen im Kampf gegen das Corona-Virus vereinheitlicht. Wichtige Steuerreformen sind ohne die Zustimmung des Bundesrats unmöglich.

Dès qu'une loi touche aux compétences des Länder, ou dans le cas d'un amendement constitutionnel, l'approbation du Bundesrat est nécessaire. En décembre 2021, le Bundesrat a ainsi entériné la version renforcée de loi de protection contre les infections. Cela a permis une unification des mesures plus strictes de lutte contre le coronavirus.

Sollte ein vom Bundestag verabschiedetes Gesetz keine Mehrheit im Bundesrat finden, wird ein Vermittlungsausschuss eingesetzt. Hier suchen 16 Vertreter des Bundesrats und ebenso viele Abgeordnete des Bundestags nach einem Kompromiss. Diese vom Vermittlungsausschuss ausgearbeitete Lösung wird dann wieder dem Bundestag und dem Bundesrat zur Abstimmung vorgelegt.

Si une loi adoptée par le Bundestag ne trouve pas de majorité au Bundesrat, on met en place une commission de conciliation. Dans ce cadre, 16 représentants du Bundesrat et un nombre égal de députés du Bundestag cherchent à trouver un compromis. La solution élaborée par le travail de la commission de conciliation est ensuite soumise à nouveau au vote du Bundestag et du Bundesrat.

Falls es im Bundestag und im Bundesrat unterschiedliche Mehrheiten gibt, kann es vorkommen, dass der Bundesrat zum Blockade-Instrument wird. Durch die klaren Mehrheitsverhältnisse zu Zeiten der Großen Koalition arbeiteten aber in den letzten Jahren Bundestag und Bundesrat zumeist reibungslos zusammen.

Au cas où le Bundestag et le Bundesrat ont des majorités différentes, il peut arriver que le Bundesrat se transforme en instrument d'une politique de blocage. Mais ces dernières années, la grande coalition disposant d'une majorité claire, Bundestag et Bundesrat ont collaboré sans heurt.

Bundesregierung und Bundeskanzler

Die Bundesregierung ist die exekutive Gewalt in der Bundesrepublik Deutschland. Laut dem Grundgesetz besteht sie aus dem Bundeskanzler und aus den Bundesministern, die das so genannte „Kabinett" bilden.

Der Bundeskanzler hat die Richtlinienkompetenz für die Politik und ist für sie verantwortlich. Jeder Minister muss sich an die vom Kanzler bestimmten Richtlinien halten. Dem Bundeskanzler kommt bei Konflikten eine schlichtende Funktion zu. Im Kabinett werden die Entscheidungen mehrheitlich getroffen. Der Bundeskanzler muss sich vor dem Bundestag für die Politik seiner Regierung verantworten. Wegen der hervorragenden Stellung des Kanzlers spricht man in Deutschland auch von „Kanzlerdemokratie".

Das erste Kabinett von Olaf Scholz besteht aus 16 Ministern. Die SPD stellt 7 Minister, darunter mit Nancy Faeser die erste Frau in der Geschichte der Bundesrepublik an der Spitze des Ministeriums fürs Innere. Auf die Grünen kommen unter anderem das Ressort Wirtschaft und Klimaschutz und das Auswärtige Amt. Insgesamt stellen die Grünen 5 Minister. Der kleinste Koalitionspartner, die FDP, übernimmt 4 Ministerposten, darunter das Finanzministerium (vgl. DOSSIER 7).

Der Bundespräsident

Der Bundespräsident ist das Staatsoberhaupt der Bundesrepublik Deutschland. Er wird von der Bundesversammlung, die nur zu diesem Zweck zusammentritt, auf 5 Jahre gewählt. Er darf einmal wieder gewählt werden. In dieser Bundesversammlung kommen zum einen alle Abgeordneten des Bundestags zusammen. Außerdem entsenden die Bundesländer die gleiche Anzahl von Vertretern (Landtagsabgeordnete, Vertreter der Zivilbevölkerung, Kommunalpolitiker).

Gouvernement fédéral et chancelier

Le gouvernement fédéral est le pouvoir exécutif en République fédérale d'Allemagne. D'après la Loi fondamentale, il se compose du chancelier fédéral et des ministres fédéraux, qui forment ce que l'on nomme le « cabinet ».

Il est de la compétence du chancelier fédéral de fixer les lignes directrices de la politique, dont il assume la responsabilité. Chaque ministre est tenu de respecter les lignes directrices définies par le chancelier. En cas de conflits, il revient au chancelier de jouer un rôle d'arbitre. Au gouvernement, les décisions sont prises à la majorité. Le chancelier est responsable de la politique de son gouvernement devant le Bundestag. En raison de la position éminente du chancelier, on parle aussi en Allemagne de « démocratie chancelière ».

Le premier gouvernement d'Olaf Scholz comprend 16 ministres. Le SPD fourni 7 d'entre eux, parmi lesquels Nancy Faeser, première femme dans l'histoire de la République fédérale à occuper le poste de ministre de l'Intérieur. Les Verts ont reçu entre autres portefeuilles celui de l'Économie et de la protection du climat, et les Affaires étrangères. Ils ont au total 5 ministres. Le FDP, le plus petit partenaire de la coalition, a en charge 4 ministères, dont celui des Finances (cf. DOSSIER 7).

Le président fédéral

Le président fédéral est le chef de l'État allemand. Il est élu pour 5 ans par l'Assemblée fédérale, qui ne se réunit que dans ce but. Il peut être réélu une fois. Cette Assemblée fédérale rassemble d'une part tous les députés du Bundestag. À ces députés s'ajoute un nombre égal de représentants des Länder (députés des Landtage, représentants de la société civile, hommes politiques exerçant des responsabilités à l'échelle des communes). Leur nombre dépend de la population de chaque Bundesland et

Ihre Anzahl hängt von der Einwohnerzahl des Bundeslands ab und entspricht in ihrer Zusammensetzung den jeweiligen Mehrheitsverhältnissen im Landtag. Bei der vorletzten Bundespräsidentenwahl 2017 entsandte Bremen nur 11 Vertreter. Bei Bayern waren es hingegen 188, bei Nordrhein-Westfalen 273.

la composition des groupes se fait au pro rata de la représentation des partis dans chaque Landtag. Lors de l'avant-dernière élection du président fédéral, en 2017, Brême n'a envoyé que 11 représentants, contre 188 pour la Bavière et 273 pour la Rhénanie du Nord-Westphalie.

Der Bundespräsident vertritt die Bundesrepublik Deutschland nach innen und außen. Er hat vor allem eine repräsentative Funktion. Er ernennt auf Vorschlag des Bundestages den Bundeskanzler. Er ernennt und entlässt die Offiziere der Bundeswehr. Er dürfte gegebenenfalls auch den Bundestag auflösen und darf Begnadigungen aussprechen.

Le président fédéral représente la République fédérale d'Allemagne à l'intérieur et à l'extérieur. Il a essentiellement une fonction représentative. Il nomme le chancelier fédéral sur proposition du Bundestag. Il nomme et révoque les officiers de la Bundeswehr. Il peut aussi le cas écheant dissoudre le Bundestag et dispose du droit de grâce.

Als moralische Instanz steht der Bundespräsident über den Parteien. Sein Einfluss ist sehr stark von seiner Persönlichkeit abhängig. Richard von Weizsäcker (Amtszeit: 1984-1994) bezeichnete in seiner Rede vom 8. Mai 1985 das Ende des Zweiten Weltkrieges als „Befreiung" und Ende der Gewaltherrschaft. Er forderte somit die Deutschen zu einem verantwortungsbewussten Umgang mit der eigenen Geschichte auf.

En tant qu'instance morale, le président fédéral se situe au-dessus des partis. Son influence dépend très fortement de sa personnalité. Dans son discours du 8 mai 1985, Richard von Weizsäcker (en fonction de 1984 à 1994) a parlé de « libération » et de fin du règne de la violence pour caractériser la fin de la Deuxième Guerre mondiale. Par ces mots, il exhortait les Allemands à se confronter à leur propre histoire en acceptant leurs responsabilités.

Eine andere prägende Persönlichkeit war der ehemalige Pastor und Bürgerrechtler, aus der DDR stammende Joachim Gauck, der 2012 zum 11. Bundespräsidenten gewählt wurde. Am 70. Jahrestag der Auschwitz-Befreiung (27.1.2015) hielt er eine Gedenkrede vor dem Bundestag und sagte: „Es gibt keine deutsche Identität ohne Auschwitz". Er appellierte daran, Lehren aus der Geschichte zu ziehen und die Menschlichkeit zu schützen und zu bewahren. Damit verwies er auch auf die Frage der Flüchtlinge in der Bundesrepublik und rief dazu auf, sie vor Ausgrenzung zu schützen.

Autre personnalité marquante : Joachim Gauck, ancien pasteur et défenseur des droits de l'Homme, originaire de RDA, qui a été élu en 2012 11e Président fédéral. Le jour du 70e anniversaire de la libération d'Auschwitz (21.1.2105), il prononça un discours commémoratif devant le Bundestag et déclara : « Il n'y a pas d'identité allemande sans Auschwitz. » Il a appelé à tirer les leçons de l'histoire et à protéger et préserver le sens de l'humain. Par ces paroles, il pensait également à la question des réfugiés en République fédérale, enjoignant de les protéger contre la ségrégation.

Auf ihn folgte 2017 der ehemalige Außenminister Frank-Walter Steinmeier (SPD). Nach dem Scheitern der Sondierungsgespräche zur Bildung einer rot-schwarz-grünen Jamaika-Koalition im Herbst 2017, ergriff Steinmeier verfassungsgemäß die Initiative. Er tat alles, um eine Neuauflage der Großen Koalition zu ermöglichen und um Deutschland vor einer Verfassungskrise zu retten. Im Februar 2022 wurde er mit großer Mehrheit für eine zweite Amtszeit wiedergewählt.

En 2017, Frank-Walter Steinmeier (SPD), ancien ministre des Affaires étrangères, lui a succédé. Après l'échec des consultations entre partis dans le but de former une coalition « Jamaïque » entre le SPD, l'Union et les Verts, Steinmeier est intervenu sur la base des prérogatives que lui confère la constitution. Il a tout mis en œuvre pour rendre possible une réédition de la grande coalition et pour préserver l'Allemagne d'une crise constitutionnelle. En février 2022, il a été réélu pour un second mandat à une large majorité.

Der Umzug der Institutionen nach Berlin

Le déménagement des institutions pour Berlin

Am 20. Juni 1991 entschied der Deutsche Bundestag in Bonn, den Sitz von Regierung und Parlament wieder nach Berlin zu verlegen. Bonn bleibt aber weiterhin der Sitz von verschiedenen Bundesbehörden und Ministerien. Mit diesem Umzug sollte vor allen Dingen der Wiedervereinigung Rechnung getragen werden.

Le 20 juin 1991 à Bonn, le Bundestag décida de faire à nouveau de Berlin le siège du gouvernement et du Parlement. Bonn reste toutefois le siège de divers ministères et organismes fédéraux. Ce déménagement avait pour vocation principale de reconnaître pleinement l'importance de la réunification.

Im Mai 2001 wurde das neue Bundeskanzleramt als letztes Regierungsgebäude in der Bundeshauptstadt feierlich eingeweiht. Die Symbolik des Glases steht hier für Offenheit und Transparenz gegenüber den Bürgerinnen und Bürgern.

En mai 2001, la nouvelle Chancellerie a été le dernier bâtiment gouvernemental à être inauguré solennellement dans la capitale fédérale. La symbolique du verre y signifie l'ouverture et la transparence vis-à-vis des citoyens.

Der Bundesrat hat seinen Sitz im ehemaligen Preußischen Herrenhaus an der Leipziger Straße. Der Bundestag ist ins Reichstagsgebäude gezogen, das am Ende des 19. Jahrhunderts gebaut wurde. Auch hier soll die begehbare gläserne Kuppel die Transparenz der deutschen Demokratie symbolisieren.

Le Bundesrat siège dans le bâtiment de l'ancienne Chambre haute de Prusse Leipziger Straße. Le Bundestag a investi le bâtiment du Reichstag, édifié à la fin du XIXe siècle. Ici aussi, la coupole de verre que l'on peut visiter a pour vocation de symboliser la transparence de la démocratie allemande.

Im ehemaligen Todesstreifen zwischen Brandenburger Tor und Spree befinden sich nun Bundestag und Kanzleramt, Botschaften, Ministerien und Parteizentralen in unmittelbarer Nähe.

Là où s'étendait le « couloir de la mort », entre la Porte de Brandebourg et la Spree, voisinent maintenant le Bundestag et la Chancellerie, les ambassades, les ministères et les sièges des partis politiques.

Vocabulaire

ein Abgeordneter / eine Abgeordnete (adj. subst.)	*le député / la députée*
Abstimmung (die, en)	*la consultation éléctorale*
Amt (das, ¨er)	*la fonction*
Behörde (die, n)	*l'autorité, l'administration*
Beschwerde (die, n) (eine ~ ein/reichen)	*la plainte (déposer une plainte)*
Entlassung (die, en)	*le renvoi, le licenciement*
Entscheidung (die, en) (eine ~ treffen)	*la décision (prendre une décision)*
Gebäude (das, -)	*le bâtiment*
Gesetzgebung (die)	*la législation*
Gewalt (die, en)	*le pouvoir*
Grundgesetz (das)	*la Loi fondamentale*
Grundrecht (das, e)	*le droit fondamental*
Kanzler (der, -)	*le chancelier*
Meinungsverschiedenheit (die, en)	*la divergence d'opinion*
Mitglied (das, er)	*le membre*
Regierung (die, en)	*le gouvernement*
Richter (der, -)	*le juge*
Sitz (der, e)	*le siège*
Staatsoberhaupt (das, ¨er)	*le chef d'État*
Umformulierung (die, en)	*la reformulation*
Umzug (der, ¨e)	*le déménagement*
Verantwortung (die, en)	*la responsabilité*
Verfassung (die)	*la Constitution*
Verwaltung (die, en)	*l'administration*
Volk (das, ¨er)	*le peuple*
Wahlrecht (das)	*le droit de vote*
Wert (der, e)	*la valeur*
Willkür (die)	*l'arbitraire*
Zusammenhang (der, ¨e)	*le contexte, le rapport*
Zustimmung (die) (zu/stimmen + D)	*l'approbation, approuver*
verfassungswidrig	*anticonstitutionnel*
ab/stimmen (über + A / für + A)	*voter (sur / pour)*
achten (auf + A)	*veiller à*
auf/lösen	*dissoudre*
durch/setzen	*imposer*
ein/halten (ie, gehalten) (einen Termin / einen Vertrag)	*respecter / honorer (un rendez-vous / un contrat)*
in Kraft treten (a, e, tritt) (ist)	*entrer en vigueur*
jemandem etwas (A) übertragen (übertrug, a)	*confier quelque chose à quelqu'un*
etwas (A) übertragen (übertrug, a) (auf + A)	*transférer quelque chose à*
verabschieden	*adopter (une loi)*
verankern (in + D)	*ancrer dans*
vertreten (a, e, i)	*représenter*
wählen	*élire, voter*

Lexique en situation 5

- In diesem ländlichen Wahlkreis hat ein grüner Abgeordneter eine christlich-demokratische Abgeordnete abgelöst.
  Dans cette circonscription rurale, un député vert a remplacé une députée chrétienne-démocrate.

- Das Grundgesetz sieht vor, dass der Präsident des Bundesrates den Bundespräsidenten im Falle einer Verhinderung vertritt.
  La Loi Fondamentale stipule que le président du Bundesrat représente le président de la République en cas d'empêchement.

- Kaum hatte er sein Amt angetreten, da flog Staatspräsident Macron nach Berlin zu einem Treffen mit der Kanzlerin.
  Le président Macron était à peine entré en fonction qu'il prenait l'avion pour Berlin pour rencontrer la chancelière.

- 2021 hat die Deutsche Umwelthilfe, eine Nichtregierungsorganisation (NRO), eine Verfassungsbeschwerde gegen Sachsen und Sachsen-Anhalt wegen mangelhaften Klimaschutzes eingereicht.
  En 2021, la Deutsche Umwelthilfe, une ONG, a déposé une plainte contre la Saxe et la Saxe-Anhalt auprès de la Cour constitutionnelle pour insuffisance dans la protection climatique.

- Wer verstanden werden will, muss auf die Aussprache achten.
  Qui veut être compris doit faire attention à la prononciation.

- 2015 traf Bundeskanzlerin Merkel die Entscheidung, über eine Million Flüchtlinge im Land aufzunehmen.
  En 2015, la chancelière Merkel a pris la décision d'accueillir en Allemagne plus d'un million de réfugiés.

- In der Bundesrepublik versucht man immer, nach Meinungsverschiedenheiten einen Konsens zu finden.
  En République Fédérale, on essaie toujours de faire surgir un consensus à partir de divergences de vues.

- Nach dem Wahldebakel übernahm der Parteichef die Verantwortung und trat zurück.
  Après sa déroute électorale, le chef du parti a pris ses responsabilités et a démissionné.

- Die Polizei hat eine Demonstration von Impfgegnern aufgelöst.
  La police a dissous une manifestation d'opposants au vaccin.

- Der Redner stellte die Diskussion in den breiteren Zusammenhang mit der unmittelbaren Nachwendezeit.
  L'orateur a placé la discussion dans le contexte plus large de la période qui a immédiatement suivi la chute du Mur.

- Der Besuch des Weihnachtsmarkts ist ein Brauch, der in der Tradition fest verankert ist.
  La visite du marché de Noël est une coutume fermement ancrée dans la tradition.

- Die Auslandseinsätze der Bundeswehr unterliegen der Aufsicht des Bundestags.
Les interventions de la Bundeswehr à l'étranger sont soumises à la surveillance du Bundestag.
- Die Bundesregierung hat dem Projekt eines digitalen Impfnachweises zugestimmt.
Le gouvernement fédéral a approuvé le projet de certificat de vaccination (passe-sanitaire) numérique.
- Die Bundesregierung wird aufgefordert, ein Antidiskriminierungsgesetz zu verabschieden.
On exhorte le gouvernement à adopter une loi contre la discrimination.
- Klimaskeptiker leugnen die Verantwortung des Menschen für den Klimawandel.
Les climatosceptiques nient la responsabilité de l'homme dans le changement climatique.
- Seit 70 Jahren wacht das Bundesverfassungsgericht über die Einhaltung des Grundgesetzes.
Depuis soixante-dix ans, la Cour constitutionnelle fédérale veille sur le respect de la constitution.

Dossier 6

Der Föderalismus

Was bedeutet Föderalismus?

Im Staatsnamen „Bundesrepublik Deutschland" klingt die föderative, dezentralisierte Struktur des Staates an. Die Bundesrepublik, die bei der Wiedervereinigung diese föderale Basis beibehielt, setzt sich aus 16 Bundesländern zusammen: Zu den 11 Ländern der alten Bundesrepublik sind am 3. Oktober 1990, die 5 so genannten neuen Bundesländer hinzugekommen, die auf dem Gebiet der ehemaligen Deutschen Demokratischen Republik entstanden sind. Es wäre nicht richtig, die Bundesländer mit Provinzen im französischen Sinne zu vergleichen, denn es sind echte Staaten mit eigener Staatsgewalt. Ähnlich wie in der Schweiz oder in Österreich bilden sie einen Gesamtstaat (den Bund).

Jedes Bundesland ist einzigartig. Es hat nämlich seine eigene Verfassung, deren Grundsätze mit dem Grundgesetz übereinstimmen. Denn in der ganzen Bundesrepublik Deutschland gilt das Prinzip: „Bundesrecht bricht Landesrecht“. Strukturelle Ähnlichkeiten lassen sich daher leicht erkennen: Auf Landesebene spielen die Landtage die Rolle des Bundestages, wobei die Ministerpräsidenten an der Spitze der Landesregierungen stehen, ähnlich wie der Bundeskanzler die Bundesregierung anführt.

Le fédéralisme

Que signifie le fédéralisme ?

Dans le nom « République fédérale d'Allemagne » il est fait référence à la structure fédérale décentralisée de l'État. La République fédérale, qui a conservé cette base fédérale lors de la réunification, se compose de 16 Länder : aux 11 Länder de l'ancienne Allemagne de l'Ouest se sont rajoutés, le 3 octobre 1990, les 5 Länder créés sur le territoire de l'ex-République Démocratique Allemande, appelés les nouveaux Länder. Il ne serait pas juste de comparer les Länder avec des provinces au sens français du terme, car ce sont de véritables États dotés d'un pouvoir étatique propre. Comme en Suisse ou en Autriche, ils forment un État commun, le Bund (la Fédération).

Chaque Land a ses spécificités. Il possède en effet sa propre Constitution, dont les fondements sont en harmonie avec la Loi fondamentale. Car dans toute la République fédérale d'Allemagne, le droit fédéral l'emporte sur le droit des Länder. On peut de ce fait identifier des similitudes structurelles : À l'échelle des Länder, les Landtage (parlements de Land) jouent le rôle du Bundestag tandis que les ministres présidents dirigent les gouvernements des Länder, de la même façon que le chancelier est le chef du gouvernement fédéral.

Verteilung der Aufgaben zwischen Bund und Ländern

Der Föderalismus geht davon aus, dass es Unterschiede zwischen den Ländern gibt. Föderalistische Ordnungen beruhen in der Tat auf einer Aufgabenverteilung zwischen Bund und Ländern. Diese Zuständigkeiten sind genau definiert und voneinander getrennt. Der Bund ist für die Bereiche zuständig, die die Interessen aller deutschen Bürger betreffen und so einheitlich geregelt werden müssen. Die Verantwortung für die anderen Bereiche liegt in den Händen der Länder. Das entspricht so dem Subsidiaritätsprinzip in der EU. Der Föderalismus soll regionale Besonderheiten besser schützen, als es eine zentrale Regierungsgewalt tun könnte.

Im Grundgesetz wird zwischen „ausschließlicher Gesetzgebung des Bundes" und „konkurrierender Gesetzgebung des Bundes" unterschieden.

Ausschließliche Gesetzgebung bedeutet, dass es bestimmte Gesetzesbereiche gibt, über die der Bund allein verfügt. Es handelt sich um Verteidigung, auswärtige Angelegenheiten (d.h. die Außenpolitik), die Währung, Fragen des Eisenbahnverkehrs und des Luftverkehrs sowie die Bundessteuern, die direkt in die Kassen des Bundes fließen. In diesen Bereichen entscheidet die Bundesregierung allein und braucht nur die Zustimmung des Bundestags für gesetzliche Veränderungen, ohne Einzelinteressen der Länder zu berücksichtigen. Zum Beispiel entscheiden die Bundestagsabgeordneten über die Auslandseinsätze der Bundeswehr, die Gesetzesgewalt liegt hier also ausschließlich beim Bund.

Répartition des tâches entre Bund et Länder

Le fédéralisme part du principe qu'il existe des différences entre les Länder. Et les règles fédérales reposent effectivement sur une répartition des tâches entre Bund (État fédéral) et Länder (États fédérés). Ces compétences sont précisément définies et distinguées les unes des autres. Le Bund est en charge des domaines qui touchent aux intérêts de l'ensemble des citoyens allemands et qui de ce fait doivent être l'objet d'une réglementation uniforme. La responsabilité des autres domaines est entre les mains des Länder. Cela correspond ainsi au principe de subsidiarité qui existe dans l'Union européenne. Le fédéralisme a pour but de mieux protéger les particularités régionales que ne le ferait un pouvoir gouvernemental centralisé.

Dans Loi fondamentale, il est établi une distinction entre la « compétence législative exclusive du Bund » et la « compétence législative concurrente. »

La compétence législative exclusive veut dire qu'il y a des domaines particuliers de la législation sur lesquels seul le Bund peut statuer. Il s'agit de la défense, des affaires étrangères (c'est-à-dire de la politique étrangère), de la monnaie, des chemins de fer et du transport aérien, ainsi que des impôts fédéraux qui sont directement perçus par le Bund. Dans ces domaines, le gouvernement fédéral décide tout seul, il n'a besoin que de l'approbation du Bundestag pour les amendements de lois, sans prendre en considération les intérêts particuliers des Länder. Ce sont par exemple des députés du Bundestag qui décident des missions à l'étranger de la Bundeswehr, le pouvoir législatif étant donc sur ce point exclusivement entre les mains du Bund.

In anderen Bereichen, wo eine bundesweit einheitliche Gesetzgebung nicht nötig ist, liegt sie bei den Ländern, die hier ihre ganz spezifischen Interessen zur Geltung bringen können. Das gilt zum Beispiel für das Arbeitsrecht, Abfallbeseitigung oder Schifffahrt. Immer öfter müssen jedoch diese Fragen bundesweit einheitlich geregelt werden, sodass die Zuständigkeiten der Länder immer geringer werden. Die Länder verlieren so an Einfluss.

Dans d'autres domaines, où une législation unifiée à l'échelle de toute l'Allemagne n'est pas nécessaire, ce pouvoir est entre les mains des Länder, qui peuvent en faire usage pour mettre en valeur leurs intérêts propres. C'est le cas par exemple du droit du travail, de la gestion des déchets ou de la navigation fluviale. Toutefois, ces questions font de plus en plus souvent l'objet d'une réglementation unifiée à l'échelle de l'Allemagne, si bien que les prérogatives des Länder sont de plus en plus rognées. Les Länder perdent ainsi en influence.

Für andere Bereiche (wie zum Beispiel Jagd, Landschaftspflege, Raumordnung und Schulwesen) sind die Bundesländer allein zuständig. Die Kulturhoheit liegt ebenfalls in den Händen der Länder.

Les Länder ont une autorité exclusive sur d'autres domaines, comme la chasse, la conservation des sites naturels, l'aménagement du territoire et le système scolaire. La politique culturelle est également de la compétence des Länder.

Wesentliche Aspekte des Föderalismus

Aspects principaux du fédéralisme

Durch den Föderalismus und die mit ihm verbundene Verteilung der Macht zwischen Bund und Ländern soll Missbrauch verhindert werden. In einem Zentralstaat ist die Macht gebündelt, wie zum Beispiel in Frankreich, wo alle wichtigen Entscheidungen in Paris getroffen werden. In einem Bundesstaat wie Deutschland kommt hingegen den Ländern in vielen Bereichen eine Kontrollfunktion zu.

Le fédéralisme et la répartition du pouvoir entre État fédéral et États membres qui lui est associée a pour visée d'éviter l'abus de pouvoir. Dans un État centralisé, le pouvoir est concentré, comme en France par exemple, où toutes les décisions importantes sont prises à Paris. Dans un État fédéral comme l'Allemagne, en revanche, les Länder (États fédérés) peuvent exercer une mission de contrôle dans de nombreux domaines.

Eine solche senkrechte Gewaltenteilung soll für mehr Bürgernähe sorgen. Durch kürzere Wege zu den staatlichen Stellen soll der direkte Kontakt der Bürger zu Politikern und Behörden gefördert werden. Der Bürger kann die politischen Entscheidungen nicht nur alle vier Jahre anlässlich der Bundestagswahlen beeinflussen, sondern auch bei der Wahl des jeweiligen Landesparlaments.

Une telle répartition verticale des pouvoirs est censée permettre plus de proximité avec les citoyens. On réduit la distance avec les instances étatiques pour favoriser le contact direct des citoyens avec le personnel politique et les administrations. Le citoyen peut influer sur les décisions politiques non seulement tous les quatre ans à l'occasion des élections au Bundestag, mais aussi lors des élections au parlement de son Land.

Außerdem können politische Parteien in den Ländern Modelle für Reformen erproben, die dann bundesweit durchgeführt werden können. Die Parteien, die im Bundestag auf der Oppositionsbank sitzen, haben auch die Möglichkeit, in den Ländern Regierungsverantwortung und Regierungsfähigkeit an den Tag zu legen. In den Landtagen und den Landesregierungen kann sich das politische Personal bewähren und sich dann für Führungsaufgaben im Bund anbieten. So verfügten fast alle Bundeskanzler seit 1966 über eine Regierungserfahrung als Ministerpräsidenten in Ländern (Brandt, Kohl, Schröder oder auch Olaf Scholz als Erster Bürgermeister von Hamburg von 2011 bis 2018) oder Landesminister (Schmidt).

Dans les Länder, les partis politiques peuvent par ailleurs tester des modèles de réformes qui peuvent ensuite être appliquées à l'échelle de toute l'Allemagne. Les partis qui sont sur les bancs de l'opposition au Bundestag ont aussi la possibilité d'assumer des responsabilités gouvernementales dans les Länder, et de faire ainsi la preuve de leur capacité à gouverner. Au sein des parlements et des gouvernements des Länder, le personnel politique peut faire ses preuves avant de proposer ses services à des postes de direction au niveau du Bund. Ainsi, presque tous les chanceliers, depuis 1966 ont eu expérience gouvernementale en tant que ministres présidents de différents Länder (Brandt, Kohl, Schröder ou bien encore Olaf Scholz, qui fut Premier Bourgmestre de Hambourg de 2011 à 2018) ou en tant que de ministre au sein du gouvernement d'un Land (Schmidt).

Laut dem Grundgesetz sollen in allen Teilen Deutschlands vergleichbare Lebensbedingungen geschaffen werden. Um diese zu ermöglichen, gab es von 2005 bis 2019 den sogenannten Länderfinanzausgleich. Er legte fest, dass zum einen der Bund den ärmeren Ländern zu Hilfe kommen muss (vertikaler Ausgleich). Zum anderen sollten aber auch die reicheren, einkommensstärkeren Bundesländer die ärmeren, einkommensschwächeren Bundesländer im Prinzip der Solidarität unterstützen (horizontaler Ausgleich). Deutschland wurde somit in Geberländer (vor allem Bayern, Baden-Württemberg und Hessen) und Nehmerländer (vor allem Berlin und die neuen Länder) unterteilt. Das hat natürlich zu Spannungen zwischen den Ländern geführt. In Bayern fragte man sich zum Beispiel, warum bayrische Steuergelder das ausgabenfreudige Berlin subventionieren sollte. Deshalb wurde 2020 der Finanzkraftausgleich eingeführt. Der Bund unterstützt nun allein die ärmeren Länder. Die unterschiedlichen finanziellen Möglichkeiten der Länder werden anhand der

Selon la Loi fondamentale, il convient de créer des conditions de vie comparables dans toutes les régions de l'Allemagne. Pour que ces conditions adviennent, ce que l'on appelle le système de péréquation financière entre les Länder a été en vigueur entre 2005 et 2019. Il stipulait que d'une part l'État fédéral doit venir en aide aux Länder pauvres (péréquation verticale). Mais d'autre part, il incombait aussi aux Länder riches (aux revenus plus élevés) de soutenir financièrement les Länder moins riches, aux revenus moindres, conformément au principe de solidarité (péréquation horizontale). L'Allemagne a ainsi été divisée en Länder contributeurs (essentiellement la Bavière, le Bade-Wurtemberg et la Hesse) et en Länder bénéficiaires (essentiellement Berlin et les nouveaux Bundesländer). Cela a naturellement entraîné des tensions entre les Länder. En Bavière, on s'est demandé par exemple pourquoi l'argent du contribuable bavarois devrait servir à financer les folles dépenses de Berlin. Voilà pourquoi on a institué en 2020 la péréquation de capacité financière. Désormais, le Bund

Steueraufkommen der Länder pro Einwohner berechnet. Ungleichheiten gleicht der Bund dann durch eine unterschiedliche Verteilung der Umsatzsteuer aus. Für den Bund entsteht dadurch eine größere finanzielle Belastung.

est tout seul à soutenir financièrement les Länder pauvres. Les capacités financières des Länder sont calculées sur la base de leurs revenus fiscaux rapportés leur nombre d'habitants. Le Bund égalise ensuite les différences en répartissant de façon différenciée l'impôt sur le chiffre d'affaires. Cela entraîne une plus forte charge financière pour l'État fédéral.

Im ehemaligen Finanzausgleich wurde auch die Förderung Ostdeutschlands, der Aufbau Ost, bis Ende 2004, festgelegt. In den Solidarpakten I (1993 – 2001) und II (bis 2019), verpflichtete sich der Bund, in die neuen Länder für den Aufbau Ost insgesamt 156,5 Milliarden Euro fließen zu lassen. Die Lebensverhältnisse in Ost- und Westdeutschland sollten so angeglichen und die neuen Bundesländer wirtschaftlich auf einen vergleichbaren Stand mit den westlichen Bundesländern gebracht werden (vgl. Dossier 16).

Jusqu'à fin 2004, l'ancienne péréquation financière fixait aussi le montant de l'aide accordée à l'Allemagne de l'Est pour sa reconstruction. Par les Pactes de Solidarité I (1993-2001) et II (jusqu'en 2019), l'État fédéral s'était engagé à faire bénéficier les nouveaux Länder d'un total de 156,5 milliards d'euros pour la reconstruction de l'Est. On visait par ces mesures à harmoniser les conditions de vie à l'Est et à l'Ouest de l'Allemagne et à rapprocher les nouveaux Länder du niveau économique des Länder de l'Ouest (cf. Dossier 16).

Föderalismus bedeutet ansonsten mehr Vielfalt. So hat jedes Bundesland seinen eigenen Kultusminister, der zumeist gleichzeitig für Bildung und Kultur zuständig ist. Im Gegensatz zu Zentralstaaten wie Frankreich mit seiner Hauptstadt Paris gibt es in Deutschland in allen Bundesländern Kulturmetropolen, die mit Berlin wetteifern. Ein sehr gutes Beispiel dafür ist Hamburgs Elbphilharmonie. Seit ihrer Einweihung 2017 zog sie bereits 2,6 Millionen Besucher an und hat aus Hamburg eine der vielen Kulturhauptstädte Deutschlands gemacht.

Le fédéralisme, c'est sinon plus de diversité. Ainsi, chaque Bundesland a son propre « ministre des Cultes », qui est la plupart du temps également en charge de l'éducation et de la culture. À la différence d'États centralisés comme la France, avec Paris sa capitale, il y a dans tous les Bundesländer des villes avec une riche offre culturelle qui peuvent rivaliser avec Berlin. Hambourg en offre un excellent exemple, avec sa Philharmonie de l'Elbe. Depuis son inauguration en 2017, elle a déjà attiré 2,6 millions de visiteurs et fait de Hambourg l'une des nombreuses capitales culturelles allemandes.

Die Grenzen des Föderalismus

Der Föderalismus stößt aber manchmal an seine Grenzen. Der bundesstaatliche Aufbau ist in der Praxis oft von einer großen Komplexität, einfach weil es 17 Entscheidungszentren in der Bundesrepublik Deutschland gibt, 16 für die Bundesländer und einen für den Bund. Ein solches System können die Bürger oft nur schwer überschauen. Diese Komplexität bzw. dieser Mangel an Transparenz führt manchmal zu Kompetenzstreitigkeiten, insbesondere in den Finanzfragen.

Les limites du fédéralisme

Mais le fédéralisme atteint parfois ses limites. L'organisation fédérale de l'État est en pratique souvent d'une grande complexité, tout simplement parce qu'il y a en République fédérale 17 centres de décision, 16 pour les Länder et un pour le Bund. Il est souvent difficile pour les citoyens de se faire une vision d'ensemble d'un tel système. Cette complexité ou ce manque de transparence conduisent parfois à des conflits de compétence, en particulier en matière de finances.

Die Eigenständigkeit der Länder in gewissen Bereichen führt manchmal zu großen Unterschieden zwischen ihnen. Zum Beispiel kann für Schüler ein Umzug in ein anderes Bundesland für große Schwierigkeiten sorgen. Die Ferienzeiten und die Gesamtorganisation, wie manchmal auch die Lerninhalte sind ganz anders. Deshalb versucht seit Jahren die Kultusministerkonferenz, in der die sechzehn für Bildung zuständigen Minister regelmäßig zusammenkommen, die Programme so gut wie möglich zu vereinheitlichen.

L'autonomie des Länder dans certains domaines fait parfois naître de grandes disparités entre eux. Déménager dans un autre Land, par exemple, peut être pour un élève source de graves difficultés. Les dates des vacances et l'organisation générale de la scolarité, et parfois même les contenus des enseignements sont tout autres. C'est pourquoi la conférence des ministres des Cultes, réunissant régulièrement les seize ministres en charge de l'éducation, tente d'unifier les programmes autant que faire se peut.

Auch wenn ein bundesweites Zentralabitur, wie es sich die Deutschen mehrheitlich wünschen, noch in ferner Zukunft zu liegen scheint, werden die Aufgabenstellungen und Anforderungen bei der Abiturprüfung über die Landesgrenzen hinaus bereits bundesweit angeglichen. Die neue Ampel-Regierung möchte in Zukunft einen Bildungsgipfel einberufen, auf dem Bund, Länder und Kommunen, Wissenschaft und Zivilgesellschaft sich über neue Formen der Zusammenarbeit und über ambitionierte Bildungsziele verständigen.

Même si un baccalauréat centralisé pour toute l'Allemagne, tel que souhaite une majorité d'Allemands, ne semble pas encore susceptible d'être mis en place dans un avenir proche, les sujets donnés et les exigences du baccalauréat sont d'ores et déjà harmonisés sur l'ensemble du territoire allemand, abolissant les frontières entre les Länder. Le nouveau gouvernement « tricolore » souhaite à l'avenir convoquer un sommet sur l'éducation où l'État fédéral, les Länder, les communes, la communauté scientifique et la société civile élaboreront une position commune sur de nouvelles formes de collaboration et sur des objectifs exigeants en matière d'éducation.

Seit Ausbruch der Corona-Pandemie ringt die Bundesregierung mit den Ministerpräsidenten um möglichst einheitliche Maßnahmen im ganzen Land. Der Flickenteppich der von Bundesland zu Bundesland unterschiedlichen Regelungen hat lange wirksame Maßnahmen gebremst und ihrer Glaubwürdigkeit geschadet. Erst mit der Verabschiedung des erweiterten Infektionsgesetzes im September 2021 müssen die Bundesländer einheitlich 2G-Regelungen oder 3G-Regelungen umsetzen. Ab einer gewissen Auslastung der Intensivstationen gelten für alle dieselben Regeln, die auf Landesebene nur verschärft werden dürfen.

Depuis le début de la pandémie de coronavirus, le gouvernement fédéral s'efforce de travailler avec les ministres présidents afin d'établir des mesures aussi uniformes que possible dans l'ensemble du pays. La mosaïque des réglementations qui diffère selon les Länder a longtemps été un obstacle à l'application de mesures efficaces, tout en portant atteinte à leur crédibilité. Il a fallu attendre septembre 2021 et la ratification d'une version plus dure de la loi sur les infections pour que les Länder soient contraints d'en transposer uniformément les réglementations (2G : guéri ou vacciné – 3G : guéri, vacciné ou testé très récemment.) À partir d'un certain taux de saturation des urgences, les mêmes règles s'appliquent à tous, et ces règles ne peuvent être que renforcées au niveau des Länder.

Aufwändig ist auch das föderative System insofern, als Parlamente, Regierungen und Verwaltungen von Bund und Ländern bisweilen langwierige Verhandlungen miteinander führen müssen, um zu einheitlichen Lösungen zu gelangen.

Le système fédéral est également très chronophage dans la mesure où les parlements, les gouvernements et les administrations du Bund et des Länder sont parfois contraints de mener de longues et pénibles négociations afin de parvenir à des solutions unitaires.

Unterschiedliche Mehrheitsverhältnisse im Bundestag und im Bundesrat, der Vertretung der Länder, können dazu führen, dass wichtige Reformen blockiert werden. Weitreichende Steuerreformen sind nämlich nur möglich, wenn die Bundesregierung im Bundestag und Bundesrat über Mehrheiten verfügt oder wenn Bundestag und Bundesrat im Interesse aller zusammenarbeiten. Zudem verlängert die Zusammenarbeit oft den Entscheidungsprozess. So versuchen oft Bundes- und Landesminister eines besonderen Ressorts zusammenzutreffen, um möglichst schnell zu einheitlichen Maßnahmen zu kommen. Die bekannteste Fachkonferenz dieser Art ist die oben erwähnte Ständige Konferenz der Kultusminister.

Quand la couleur politique de la majorité n'est pas la même au Bundestag et au Bundesrat (la représentation des Länder), il peut se produire que des réformes importantes soient bloquées. Des réformes fiscales d'ampleur ne sont en effet possibles que quand le gouvernement fédéral dispose de majorités au Bundestag et au Bundesrat ou bien quand Bundestag et Bundesrat coopèrent dans le souci de l'intérêt général. À cela s'ajoute que la coopération ralentit souvent le processus décisionnel. Ainsi, les ministres en charge d'un même domaine au niveau fédéral et dans les Länder se rencontrent fréquemment pour parvenir à des mesures communes aussi vite que possible. La conférence de ce type la plus connue est la conférence permanente des ministres des Cultes dont il a été question plus haut.

Reformversuche

Seit 2003 wurden mehrmals Versuche unternommen, den Föderalismus in Deutschland zu reformiert. Das wichtigste Ziel war zunächst, die jeweiligen Kompetenzen klarer zu definieren. 2006 wurde so die Zahl der Gesetze, die die Zustimmung des Bundesrats brauchen, stark gesenkt. Heute gehen noch stark ein Drittel der Gesetze durch den Bundesrat. 2009 wurde dann die Schuldenbremse eingeführt, die den Ländern eine von der Konjunktur unabhängige Neuverschuldung verbietet und sie im Bund auf 0,35% des Bruttoinlandsprodukts begrenzt. Somit sollte verhindert werden, dass Bund und Länder dauerhaft über ihre Verhältnisse leben. 2020 wurde dann die Schuldenbremse vorübergehend ausgesetzt, damit die

Tentatives de réformes

Depuis 2003, on a entrepris à de nombreuses reprises de réformer le fédéralisme. Le but premier a d'abord été de définir plus clairement les prérogatives des uns et des autres. En 2006, on a ainsi fortement réduit le nombre des lois qui nécessitent l'approbation du Bundesrat. Aujourd'hui, un bon tiers des lois doivent passer devant le Bundesrat. En 2009, on a introduit le frein à la dette, qui interdit aux Länder de contracter de nouvelles dettes en fonction de la conjoncture et qui limite ces dettes au niveau fédéral à 0,35 % du PIB. L'idée était d'empêcher que le Bund et les Länder ne vivent durablement au-dessus de leurs moyens. En 2020, ce frein à la dette a été temporairement suspendu pour que les conséquences économiques de la crise du

wirtschaftlichen Folgen der Corona-Krise abgefangen werden konnten. In der Tat stellte die Bundesregierung ein 200 Milliarden hohes Konjunkturpaket auf, das sowohl der Wirtschaft als auch den Bürgern zu Hilfe kommen sollte.

Covid puissent être compensées. Et de fait, le gouvernement fédéral a mis en place un plan de soutien conjoncturel à hauteur de 200 milliards d'euros, lequel avait pour but de venir en aide tant à l'économie qu'aux citoyens.

Ein wichtiger Schritt war schon der oben angesprochene Finanzkraftausgleich, der den umstrittenen Finanzländerausgleich ersetzt hat. Denn Streitigkeiten zwischen den Ländern hatten in der Vergangenheit bis zu Klagen am Bundesverfassungsgericht geführt.

La péréquation de capacités financières dont il a été question plus haut et qui s'est substituée à la péréquation financière entre les Länder, très contestée, avait déjà été une initiative importante sur la voie des réformes. Car en prise à des différends, les Länder avaient parfois été dans le passé jusqu'à interjeter auprès de la Cour constitutionnelle fédérale.

2019 wurde dann dem Staat im Rahmen der Abschaffung des Länderfinanzausgleichs erlaubt, durch direkte Investitionen in die Zuständigkeiten der Länder einzugreifen und vor allem einkommensschwächeren Ländern zu Hilfe zu kommen. Dennoch ist die Beziehung zwischen Bund und Ländern auch heute noch oft angespannt. So haben sich mehrere Bundesländer aus Angst davor, dass der Bund erneut in ihre Zuständigkeiten eingreift, zunächst gegen den Digitalpakt gewehrt, der ab 2020 mit fünf Milliarden Euro die Digitalisierung der Schulen vorantreiben sollte. Die Machtinteressen der Landesfürsten schienen hier also wichtiger zu sein als die Interessen der Schüler.

En 2019, dans le cadre de l'abolition de la péréquation financière entre les Länder, l'État fédéral avait déjà eu l'autorisation d'intervenir dans les prérogatives des Länder par le biais d'investissements directs, et de venir en aide principalement aux Länder aux plus faibles revenus. Cependant, la relation entre Bund et Länder est aujourd'hui encore souvent tendue. C'est ainsi que, de peur que l'État fédéral n'intervienne à nouveau dans leurs prérogatives, plusieurs Länder ont commencé par s'opposer au pacte digital qui, doté de cinq milliards d'euros, était censé accélérer la digitalisation des écoles à partir de 2020. Voilà comment, à ce qu'il a pu sembler, les appétits de pouvoir des barons locaux ont pu l'emporter sur l'intérêt des élèves.

Der deutsche Föderalismus und die EU

Le fédéralisme allemand et l'UE

Trotz aller Schwierigkeiten ist der Föderalismus aus der Bundesrepublik nicht wegzudenken. Er hat es seit 1949 erlaubt, die Identität der einzelnen Länder zu stärken. Er war auch ein Bruch mit dem gleichgeschalteten Nazi-Deutschland und hat seinen Beitrag zur Entstehung einer wehrhaften Demokratie in Deutschland geleistet. In der Bundesrepublik werden

En dépit de toutes ces difficultés, il est impossible d'imaginer la République fédérale sans fédéralisme. Depuis 1949, il a permis de renforcer l'identité de chacun des Länder. Il signifie également une rupture avec l'Allemagne hitlérienne mise au pas, et il a apporté sa contribution à la naissance d'une démocratie viable en Allemagne. En République fédérale, le fédéralisme permet

dank des Föderalismus die Interessen der Länder mit denen des Bundes eng verbunden. Einerseits fordert das Grundgesetz vergleichbare Lebensverhältnisse in allen Teilen Deutschlands und wahrt andererseits die regionalen Interessen, die jedoch nie auf Kosten des Gesamtstaats gehen dürfen.

Der Föderalismus ermöglicht also die Identifizierung der Bürger mit Bund und Land. Er bereitete die Deutschen aber auch auf das zusammenwachsende Europa vor. In der EU werden ja auch Zuständigkeiten nach Brüssel verlagert, ohne dass dadurch die Identität der einzelnen Mitgliedsstaaten in Frage gestellt wird. Sowohl auf Bundes- als auch auf Landesebenen gibt es kaum noch Aufgabenfelder, die nicht in irgendeiner Form durch europäisches Regieren beeinflusst werden.

Die Tatsache, dass im Laufe der Jahrzehnte immer mehr Kompetenzen an die EU übergeben worden sind, die früher von Bund, Ländern und Gemeinden wahrgenommen worden sind, hatte natürlich auch Folgen für den Föderalismus in Deutschland. Direkt betroffen sind die Bundesländer, wenn Kompetenzen etwa im Umweltschutz oder in der Agrarpolitik an die an die EU weitergegeben werden, bei denen sie zuvor ein Mitspracherecht hatten. Die Bundesländer können dann nur noch über ihre Beteiligung im Bundesrat Einfluss auf die Entscheidungen nehmen. Der Artikel 23 des Grundgesetzes legt daher fest, dass die Bundesländer frühzeitig durch die Bundesregierung über Vorhaben der EU unterrichtet werden müssen. Die Bundesländer sollen dann auch an den Verhandlungen teilnehmen, wo die Verhandlungsposition Deutschlands festgelegt werden. In den Fragen Rundfunk, schulische Bildung und Kultur wird vom Bundesrat ein Vertreter gewählt, der die Interessen der Bundesländer direkt im

une étroite union des intérêts des Länder et de ceux de l'État fédéral. D'un côté, la Loi fondamentale exige que les conditions de vie soient comparables quelle que soit la région d'Allemagne, de l'autre, elle préserve les intérêts régionaux, lesquels ne doivent jamais être poursuivis s'ils sont une charge financière pour l'État pris dans son ensemble.

Le fédéralisme rend donc possible l'identification des citoyens avec l'État fédéral comme avec leur Bundesland. Mais il a également préparé les Allemands à une Europe qui s'est soudée. Et de toute façon, il y a dans l'UE également des transferts de prérogatives vers Bruxelles sans que l'identité des États membres ne soit remise en cause. Aussi bien au niveau du Bund qu'à celui des Länder, il n'existe presque plus de domaines de compétences qui ne soient influencés sous une forme ou une autre par le mode de gouvernance européen.

Le fait qu'au cours des décennies, de plus en plus de compétences qu'exerçaient auparavant l'État fédéral, les Länder et les communes aient été transférées à l'UE a eu bien évidemment aussi des conséquences sur le fédéralisme en Allemagne. Les Länder sont directement touchés quand ils abandonnent à l'UE des compétences dans le domaine de la protection de l'environnement ou de la politique agricole, par exemple et que pour ces domaines ils avaient auparavant une voix consultative. La seule possibilité qu'il reste alors aux Länder est d'influer sur les décisions par le biais de leur participation au Bundesrat. L'article 23 de la Loi fondamentale stipule de ce fait que le gouvernement fédéral doit informer très en amont les Bundesländer des projets de l'UE. Dans ce cas, les Bundesländer doivent eux aussi participer aux négociations où la position de l'Allemagne doit être précisée. Sur le sujet des médias télévisuels et radiophoniques, de la formation scolaire et de la culture, un représentant est

Ministerrat in Brüssel vertritt. Um vor Ort dann auch präsent zu sein, haben die Bundesländer in Brüssel jeweils ihr eigenes Informationsbüro eingerichtet. Sie wollen somit eine beratende Funktion übernehmen oder auch auf die Entscheidungen Einfluss nehmen. Darüber hinaus ermöglicht es das Grundgesetz den Bundesländern, in Grenzregionen mit ihren Nachbarn ganz besonders enge Beziehungen zu pflegen. Zum Beispiel investieren Baden-Württemberg und das Elsass gemeinsam in Schlüsselbranchen wie künstliche Intelligenz oder Robotik. So entsteht an den deutschen Grenzen ein Föderalismus, der über die Staatsgrenzen hinausgeht.

élu par le Bundesrat pour faire valoir directement les intérêts des Bundesländer auprès du conseil des ministres européens à Bruxelles. Pour être également présents sur place, les Bundesländer ont chacun leur propre bureau d'information à Bruxelles. Ils entendent par là assurer une fonction de conseil voire peser sur les décisions. En outre, la Loi fondamentale permet aux Bundesländer de tisser des relations particulièrement étroites avec leurs voisins dans les régions frontalières. L'Alsace et le Bade-Wurtemberg font par exemple des investissements communs dans des secteurs clé comme l'intelligence artificielle ou la robotique.

Im Rahmen der Terrorismuswelle: eine Neuordnung der Sicherheitsbehörden?

Ausgangspunkt der Debatte ist das Versagen der Sicherheitsbehörden im Fall Anris Amris beim Anschlag auf den Berliner Weihnachtsmarkt am 19. Dezember 2016. Der damalige Bundesinnenminister Thomas De Maizières, CDU, legte dann Vorschläge vor, um einen starken, krisenfesten Staat zu bekommen. Der Bund brauche eine Steuerungskompetenz über alle Sicherheitsbehörden, um ein zentrales operatives Krisenmanagement leisten zu können. Die Zuständigkeiten seien zu zersplittert oder beschränkt. Aus Mangel an einer übergeordneten Entscheidungs- und Koordinierungsinstanz sei die deutsche Bevölkerung in extreme Gefahrenlagen geraten. So sprach der Bundesminister von einer strukturellen Antwort und wollte die 16 Landesämter für Verfassungsschutz abschaffen, die für Informationsbeschaffung und –sammlung zuständig sind. Dagegen wollte er, dass das BKA (Bundeskriminalamt) eine Zentralstellung erhält.

Une réorganisation des autorités de sécurité dans le cadre de la vague terroriste ?

Le débat a pour origine l'incompétence des services de sécurité dans l'affaire Anris Amris, lors de l'attentat perpétré contre le marché de Noël de Berlin le 19 décembre 2016. Le ministre fédéral de l'Intérieur de l'époque, Thomas de Maizières (CDU) a fait alors des propositions pour parvenir à un État fort, à même de résister aux crises. Il a déclaré que le Bund a besoin d'une autorité compétente pour coordonner tous les services de sécurité, dans le but d'assurer une gestion des crises centralisée et opérationnelle. Les compétences sont selon lui trop morcelées ou réduites. C'est parce qu'il a manqué une instance de décision et de coordination supervisant l'ensemble que la population allemande s'est retrouvée dans des situations de danger extrême. Le ministre a ainsi envisagé une réponse structurelle et visant à supprimer les 16 offices de protection de la Constitution des Länder (sécurité du territoire) qui ont pour mission de produire et de collecter l'information. En contrepartie, il voulait qu'une cellule centralisée soit créée au sein du BKA (office fédéral de la police criminelle).

Beide Vorschläge sind auf den Widerstand der Bundesländer gestoßen und wurden über alle Parteigrenzen hinweg verworfen. Es sei ein Frontalangriff auf das föderative Prinzip der Bundesrepublik, wobei die Zentralisierung der Sicherheitsbehörden zu schweren Mammutbehörden ohne Wirksamkeit führe.

Ces deux propositions se sont heurtées à la résistance des Bundesländer et ont été rejetées quelle que soit l'appartenance politique, pour les raisons suivantes : on les a considérées comme une atteinte au principe fédéraliste fondateur de la République fédérale, alors qu'en même temps, la centralisation des services de sécurité aurait abouti à des monstres bureaucratiques sans aucune efficacité.

Vocabulaire

Angelegenheit, (die, en)	*l'affaire*
Aufgabe, (die, n)	*la tâche, la mission*
Bereich, (der, e)	*le domaine*
Bürgernähe (die)	*la proximité, l'écoute du citoyen*
Entwicklung, (die, en)	*le développement, l'évolution*
Haushalt (der, e)	*le budget*
Konsens (der, e)	*le consensus*
Mehrheit (die, en)	*la majorité*
Missbrauch, (der, ¨e)	*l'abus*
Ressort, (das, s)	*le domaine de compétence*
Schulwesen (das)	*le système scolaire*
Streitigkeit, (die, en, surtout au pluriel)	*la querelle, le conflit*
Verhandlung, (die, en)	*la négociation*
Verteilung, (die, en)	*la répartition, la distribution*
Vielfalt, (die)	*la diversité*
außerdem	*en outre*
ehemalig	*ancien*
eigenständig	*autonome*
gegenseitig	*mutuel*
so genannt	*prétendu, soi-disant/ que l'on nomme*
zugleich	*en même temps*
zwangsläufig	*inévitable, obligatoire*
an/stehen (and, anden)	*être en suspens, se profiler, être prévu*
zum Ausdruck bringen, (achte, acht)	*exprimer*
aus/gehen (ing, angen, ist, von + D)	*partir de*
begünstigen	*favoriser, privilégier*
behandeln	*traiter*
bei/tragen, (u, a, zu + D)	*contribuer à*
bestehen (and, anden, aus + D)	*se composer de*
sich bewähren	*faire ses preuves*
ein/schränken	*limiter, réduire*
entsprechen, (a, o, i, + D)	*correspondre à*
sich erweisen, (erwies, hat sich erwiesen als)	*se révéler, s'avérer*
fördern	*encourager, favoriser*
Gebrauch machen (von + D)	*faire usage de*
hindern (an + D)	*empêcher de*
gerecht werden (u, o, ist, + D)	*rendre justice à, apprécier à sa juste valeur*
übertragen (übertrug, hat übertragen) auf + A	*déléguer, confier, transmettre*
zur Urne schreiten, (itt, itten, ist)	*aller voter*
veranschaulichen	*illustrer*
vor/bereiten (auf + A)	*préparer à*

Lexique en situation 6

- Die Verhandlungsführer haben ihre Genugtuung offen zum Ausdruck gebracht.
  Les négociateurs en chef ont ouvertement exprimé leur satisfaction.
- Man geht davon aus, dass eine Föderalismusreform noch in dieser Legislaturperiode in die Wege geleitet wird.
  On part du principe qu'une réforme du fédéralisme sera mise sur les rails encore au cours de cette législature.
- Die Verbreitung von Fake News trägt dazu bei, das Vertrauen in die Rechtsstaatlichkeit zu erschüttern.
  La diffusion de fake news contribue à ébranler la confiance en l'État de droit.
- Dein Vorschlag entspricht ganz meinen Wünschen.
  Ta proposition correspond tout à fait à mes désirs.
- Die Petition besteht aus einer Vielzahl von zusammenhanglosen Forderungen.
  La pétition est composée d'une multiplicité de revendications sans rapport les unes avec les autres.
- Diese Stiftungen fördern die kontroversen Debatten zwischen Bürgern.
  Ces fondations encouragent les débats contradictoires entre les citoyens.
- Das Klimapaket der Bundesregierung wurde den Anforderungen der Jugend nicht gerecht.
  Le pacte pour le climat du gouvernement fédéral n'a pas été à la hauteur des exigences de la jeunesse.
- Bereitet sich die größte Volkswirtschaft der EU effizient auf den Klimawandel vor?
  La première économie de l'UE se prépare-t-elle efficacement au changement climatique ?
- Ihr Optimismus überträgt sich auf ihre Umgebung.
  Son optimisme se transmet à son entourage.
- Die Suche nach Konsens ist eine Grundlage der demokratischen Grundordnung in der Bundesrepublik.
  La recherche d'un consensus est un des fondements de l'ordre démocratique en République Fédérale.
- Die Koalitionsbildung nach der letzten Bundestagswahl erwies sich als relativ unkompliziert.
  La formation d'une coalition après les dernières élections au Bundestag s'est avérée relativement facile.
- In einem föderalistischen Staat müssen die Bundesländer zwangsläufig Kompromisse eingehen.
  Dans un État fédéral, les États membres doivent nécessairement trouver des compromis.
- Gemäß der Regel der schwarzen Null muss der Bundeshaushalt ausgeglichen sein.
  En fonction de la règle du « zéro déficit », le budget fédéral doit nécessairement être à l'équilibre.

- Zwischen unionsgeführten und SPD-geführten Bundesländern kommt es im Bundesrat häufig zu Streitigkeiten.
  Les Länder dirigés par les Chrétiens démocrates et les Länder dirigés par le SPD entrent souvent en conflit au Bundesrat.
- Die Covid19-Pandemie hat gezeigt, dass das Gesundheitssystem etwas reformbedürftig ist.
  L'épidémie de Covid-19 a montré que le système de santé nécessitait quelques réformes.
- Zur Einhaltung der Klimaziele stehen schwierige Entscheidungen an.
  Pour honorer les objectifs climatiques, des décisions difficiles sont prévues / à l'ordre du jour.
- In dieser Sache wurde von einem Eilverfahren Gebrauch gemacht.
  Dans cette affaire on a fait usage d'une procédure accélérée.
- Auf Grund der Covid19-Schutzmaßnahmen wurden die meisten EU-Bürger mehrere Monate lang am Reisen gehindert.
  Les mesures de protection contre la Covid19 ont empêché la plupart des citoyens del'UE de voyager pendant plusieurs mois.

Dossier 7

Die politischen Parteien

Das Wahlsystem

In der Bundesrepublik wird nach einem „personalisierten Verhältniswahlrecht" gewählt. Es handelt sich um eine Mischung aus Mehrheitswahl (Erststimme) und Verhältniswahl (Zweitstimme). Jeder Wähler hat zwei Stimmen. Mit der ersten Stimme bestimmt er den Kandidaten seines Wahlkreises, dem eine relative Mehrheit reicht, um in den Bundestag einzuziehen. Auf diese Weise werden die Hälfte der Sitze im Bundestag, die sogenannten Direktmandate, vergeben. Die entscheidende Stimme ist allerdings die Zweitstimme, denn mit ihr entscheidet der Bürger über die Zusammensetzung des Bundestags. Wenn eine Partei 40% der Zweitstimmen bekommt, bekommt sie vierzig Prozent der Sitze. Das sind einerseits die in den Wahlkreisen errungenen Direktmandate. Andererseits stellen die Parteien in den Bundesländern Listen auf, über die die restlichen Abgeordneten dann in den Bundestag einziehen. Sollte eine Partei in einem Bundesland mehr Direktmandate bekommen, als ihr Mandate zustehen, dann werden sogenannte Überhangmandate vergeben. Bei den Bundestagswahlen 2021 bekam die CSU in Bayern 31,7% der Stimmen. Sie hat 45 Direktmandate in den Wahlkreisen errungen, während ihr nach dem Verhältniswahlrecht nur 34 Sitze zustanden. Sie bekam so 11 Überhangsmandate. Damit die endgültige Anzahl der Abgeordneten dann auch dem Ergebnis der Bundestagswahl entspricht, bekommen die anderen Partei Ausgleichsmandate. So entsendet Bayern jetzt auch statt 92 Abgeordneten 117 Abgeordnete in den Bundestag.

Les partis politiques

Le système électoral

En République fédérale, on vote selon un « droit de suffrage proportionnel personnalisé ». Il s'agit d'un mélange de scrutin majoritaire (1re voix) et de scrutin proportionnel (2de voix). Chaque électeur dispose de deux voix. Avec la 1re, il se prononce pour le candidat de sa circonscription, qui n'a besoin que d'une majorité relative pour obtenir un siège au Bundestag. C'est de cette manière, grâce à ce qu'on appelle les mandats directs, qu'est attribuée la moitié des sièges au Bundestag La seconde voix est cependant déterminante car elle permet au citoyen de décider de la composition du Bundestag. Un parti qui obtient par exemple 40 % des secondes voix a droit à 40 % des sièges au parlement. Cela représente d'une part les mandats directs qu'un parti a remportés dans les circonscriptions. D'autre part, dans les Länder, les partis établissent des listes par le biais desquelles les autres députés décrochent leur siège au parlement. Si un parti obtient plus de mandats directs que le scrutin majoritaire ne le lui accorderait, il obtient ce qu'on appelle des mandats excédentaires. Lors des élections législatives de 2021, la CSU a obtenu 31,7 % des voix en Bavière. Elle a remporté 45 mandats directs dans les circonscriptions, tandis que, selon le scrutin proportionnel, elle n'avait droit qu'à 34 sièges. Cela lui a valu 11 mandats excédentaires. Pour que le nombre de députés corresponde au final au résultat des élections, les autres partis ont droit aux mandats compensatoires. Ainsi, la Bavière envoie 117 députés au Bundestag, au lieu des 92 auxquels elle aurait droit normalement.

Um in den Bundestag einzuziehen, braucht eine Partei mindestens 5 Prozent der Stimmen. Diese 5-Prozent-Hürde soll verhindern, dass zu viele Parteien im Bundestag eine effiziente Regierungsarbeit unmöglich machen. Von der 5%- Sperrklausel sind allerdings Parteien ausgenommen, die mindestens drei Direktmandate bekommen. Die Stärke der Fraktion entspricht dann der Anzahl der Zweitstimmen. Ein Minderheitswahlrecht besteht für den Südschleswigen Wählerverband (SSW) in Schleswig-Holstein. Als Partei der dänischen nationalen Minderheit unterliegt der SSW nicht der 5%-Sperrklausel. Dank dieser Sonderregelung ist im neuen Bundestag ein Abgeordneter der SSW vertreten.

Pour pouvoir faire partie du Bundestag, un parti doit obtenir au moins 5 % des voix. Cette clause des 5 % doit empêcher que la présence au Bundestag d'un trop grand nombre de partis empêche que le gouvernement ne travaille efficacement. La clause des 5 % ne s'applique cependant pas à des partis qui remportent au moins trois mandats directs. Dans ce cas, le nombre de députés que compte le groupe parlementaire correspond au nombre de secondes voix que le parti a obtenues. Il existe un code électoral pour les minorités s'appliquant à l'Union des électeurs du Sud-Schleswig (SSW). En tant que parti de la minorité danoise, le SSW n'est pas soumis à la clause des 5 %. Grâce à ce régime spécial, un député du SSW est actuellement représenté au parlement nouvellement élu.

In den letzten zwanzig Jahren ist die Anzahl der Bundestagesabgeordneten von 602 (2002) auf 736 (2021) gestiegen. Deshalb soll das Wahlrecht reformiert werden. Geplant ist, ab 2025 die Anzahl der Wahlkreise von heute 299 auf 280 zu senken. Außerdem sollen weniger Überhangmandate verteilt werden. Das Bundesverfassungsgesetz muss diesen Plänen allerdings noch zustimmen.

Au cours des vingt dernières, le nombre de députés au parlement fédéral a augmenté de 602 députés en 2002 à 721 en 2021. C'est la raison pour laquelle une réforme du droit électoral est envisagée. Il est prévu de ramener à partir de 2025 le nombre de circonscriptions de 299 aujourd'hui à 280. Par ailleurs, il est question d'attribuer moins de mandats excédentaires. La Cour de Justice constitutionnelle doit encore donner son feu vert à ces projets de réforme.

Die im Bundestag vertretenen Parteien

Les partis représentés au Bundestag

Seit den ersten gesamtdeutschen Wahlen 1990 sind im Deutschen Bundestag sechs Parteien vertreten: die Christlich-Demokratische Union Deutschlands (CDU), die Sozialdemokratische Partei Deutschlands (SPD), die Freie Demokratische Partei (FDP), die Christlich-Soziale Union (CSU), Die Linke und das Bündnis90/Die Grünen. Die FDP scheiterte bei den Bundestagswahlen 2013 an der 5-Prozent-Hürde und war zum ersten Mal seit 1949 nicht im Bundestag vertreten. Im September 2017 zog sie wieder in den Bundestag ein. Zum ersten Mal in der deutschen Nachkriegsgeschichte erreichte

Depuis les premières élections dans l'Allemagne réunifiée en 1990, six partis sont représentés au Bundestag : la CDU (Union chrétienne-démocrate), le SPD (Parti social-démocrate), le FDP (Parti libéral-démocrate), la CSU (Union chrétienne-sociale), Die Linke (le Parti de la gauche radicale) et Bündnis 90/Die Grünen. Lors des élections législatives de 2013, le FDP n'a pas réussi à franchir la barre des 5 % et, pour la première fois depuis 1949, les libéraux n'ont pas été représentés au Bundestag. Ils y ont fait leur retour en septembre 2017. La même année, pour la

im selben Jahr 2017 eine rechtspopulistische Partei, die AfD, den Einzug in den Bundestag. 2021 scheitert die Linke mit 4,7% der Stimmen an der 5%-Sperrklausel. Sie ist allerdings dank der drei Direktmandate, die sie in Berlin und in Sachsen erzielt hat, mit 39 Sitzen im Bundestag vertreten.

première fois dans l'histoire de la RFA, l'AfD, un parti populiste de droite, a fait son entrée au Bundestag pour la première fois de l'histoire allemande d'après-guerre. En 2021, le Parti de la gauche radicale (die Linke) n'a pas obtenu les 5 pour cent requis pour entrer au parlement. Il envoie toutefois 39 députés au Bundestag grâce aux trois mandats directs qu'il a obtenus à Berlin et en Saxe.

SPD, CDU, CSU und FDP wurden zwischen 1945 und 1947 in den westlichen Ländern gegründet. Diese vier Parteien haben in den fast acht Jahrzehnten seit ihrer Gründung alle einmal miteinander koaliert oder sie saßen auf der Oppositionsbank. Auf Bundesebene verstehen sie sich alle als Volksparteien, die nicht bloß verschiedene Interessengruppen vertreten, sondern in allen Schichten der Bevölkerung angesiedelt sind. Ihre unterschiedlichen Flügel spiegeln die Breite der Ansichten, die einer Volkspartei eigen sind, wider.

Le SPD, la CDU, la CSU et le FDP ont été fondés entre 1945 et 1947 dans les Länder de l'Ouest. Au cours des presque huit décennies qui se sont écoulées depuis leur fondation, ces quatre partis ont tous constitué une coalition gouvernementale l'un avec l'autre ou ont connu les bancs de l'opposition. Au niveau national, ils se considèrent comme des partis de masse, qui ne font pas que représenter divers groupes d'intérêt, mais sont ancrés dans toutes les couches de la population. Leurs différentes ailes reflètent l'éventail des points de vue propres à un parti de masse.

Die CDU

Die Christlich-Demokratische Union Deutschlands versteht sich heute wie zum Zeitpunkt ihrer Gründung als christlich geprägte Volkspartei. Dieses Selbstverständnis findet in der Präambel des Grundsatzprogramms 2007 seinen Niederschlag. Da blickt die Partei auf das Jahr 1945 zurück, in dem sie als Neugründung entstand, wo „katholische und evangelische Christen, Frauen und Männer aus allen Regionen und Schichten" zusammenkamen. Obwohl die CDU ursprünglich aus der 1870 gegründeten, mehrheitlich katholischen Deutschen Zentrumspartei hervorgegangen ist, hat sie erst als überkonfessionelle Kraft das politische Leben der Bundesrepublik entscheidend mitgeprägt. Somit hat sie auch den überwiegend katholischen Süden und Westen Deutschlands mit dem protestantischen Bürgertum des Nordens versöhnt. Die Stammwählerschaft

La CDU

L'Union Chrétienne-Démocrate Allemande se conçoit aujourd'hui, comme au moment de sa fondation, en tant que parti de masse imprégné par le christianisme. Cette identité se retrouve dans le préambule du programme fondamental du parti de 2007. Le parti s'y remémore l'année 1945, où il est né comme une recréation où « chrétiens catholiques et protestants, femmes et hommes de toutes les régions et de toutes les couches de la société » se sont rassemblés. Bien qu'elle soit issue à l'origine du parti du centre allemand (Deutsche Zentrumpartei) fondé en 1870 et majoritairement catholique, ce n'est qu'une fois devenue force supra-confessionnelle que la CDU a marqué de façon déterminante la vie politique de la République fédérale. De la sorte, elle a réconcilié le sud et l'ouest majoritairement catholiques avec la bourgeoisie protestante du nord.

der CDU ist allerdings über die alten gesellschaftlichen Kräfte Großbürgertum, christlich-konservative Beamtenschaft und Militär hinausgewachsen. Sie stützt sich auch auf breite Kreise der Mittelschicht wie die Selbstständigen und die Bauern.

Sa base électorale s'est au demeurant élargie au-delà des forces sociales traditionnelles (grande bourgeoisie, fonctionnaires chrétiens conservateurs, armée). Elle s'appuie aussi sur de larges cercles de la classe moyenne, comme les indépendants et les paysans.

Die CDU hatte lange kein wirkliches Parteiprogramm. Da die Partei von 1949 bis 1966 mit Konrad Adenauer und dann auch Ludwig Erhard den Bundeskanzler stellte, verhielt sie sich treu als „Kanzlerpartei", welche die Beschlüsse der Exekutive mittrug. Erst 1978 erarbeitete die CDU ihr erstes Grundsatzprogramm, in dem sie sich mit der Sozialen Marktwirtschaft auseinandersetzte und nach einer gerechteren Verteilung der Einkommen strebte.

Longtemps, la CDU n'a pas eu un vrai programme. Dans la mesure où, de 1949 à 1966, avec Adenauer puis Ludwig Erhard, le chancelier était issu du parti, le parti lui-même s'est fidèlement comporté comme « parti du chancelier » endossant les décisions de l'exécutif. Il faudra attendre 1978 pour que la CDU élabore son propre programme, où elle se confrontera à l'économie sociale de marché et aspirera à une répartition plus juste des revenus.

Nach Jahren der Verdrängung auf die Oppositionsbänke schaffte die CDU 1982 den politischen Machtwechsel. Helmut Kohl, der seit 1973 Parteivorsitzender war, wurde neuer Bundeskanzler. Als Vater der Wiedervereinigung hat er sich seinen Platz in den Geschichtsbüchern gesichert. Doch Ende 1999 holte ihn die Parteispendenaffäre ein. Bei dieser Affäre handelte es sich um Geldspenden in Millionenhöhe und schwarze Kassen zur Finanzierung der Partei. Helmut Kohl weigerte sich, die Namen der Spender zu nennen, und verstieß so gegen das Gesetz. Seine Nachfolgerin an der Partei- und Staatsspitze wurde sein politisches Ziehkind Angela Merkel. Sie übernahm 2000 den Parteivorsitz und bezeichnete ihre Partei als „Volkspartei der Mitte", die „mitten im Leben" stehe. Gerade dieser Mittelkurs wurde ihr ab 2015 vorgeworfen.

Après des années où elle a été refoulée sur les bancs de l'opposition, la CDU est parvenue à inverser la donne et revenir au pouvoir en 1982. Helmut Kohl, chef du parti depuis 1973, est devenu le nouveau chancelier. En tant que père de la réunification, il s'est assuré sa place dans les manuels d'histoire. Mais fin 1999, il a été rattrapé par l'affaire des caisses noires du parti. Il s'agissait dans cette affaire de dons à hauteur de millions de DM et de financements occultes du parti. Helmut Kohl s'est refusé à donner le nom des contributeurs et a ainsi enfreint la loi. Celle qui lui a succédé fut sa protégée en politique, Angela Merkel. Elle prit la tête de la CDU en 2000, et caractérisa son parti comme un « parti de masse au centre », situé « au beau milieu de la vie ». C'est précisément cette ligne centriste qui lui a été reprochée à partir de 2015.

Nach dem verheerenden Abschneiden der CDU bei den Bundestagswahlen 2021 ist in der Partei ein Richtungsstreit ausgebrochen. Viele CDU-Politiker fordern eine Rückkehr zu konservativen Grundwerten, von denen sich die Partei durch Merkels Flüchtlingspolitik, die Homoehe

Après le résultat désastreux obtenu par la CDU lors des élections législatives en 2021, des controverses concernant la direction à prendre ont éclaté dans le parti. Nombreux sont ceux qui exigent un retour aux valeurs conservatrices fondamentales dont le parti s'est, à leur avis, trop éloigné en

und die Aussetzung der Wehrpflicht zu weit entfernt hat. Außerdem wird der Kanzlerkandidat Armin Laschet, ehemaliger Ministerpräsident von Nordrhein-Westfalen, für die Wahlniederlage verantwortlich gemacht. Er hatte von den Spitzengremien der Union gegen den Willen der Basis den Vorzug vor Markus Söder, dem bayrischen Ministerpräsidenten, erhalten. Ihm war es nie gelungen, die Deutschen zu überzeugen. Umfragen zufolge fanden ihn nur 12% der Deutschen sympathisch oder glaubwürdig. Nur jeder vierte Deutsche wünschte ihn sich als Kanzler. Die geringe Unterstützung von Angela Merkel wie auch die ständigen Angriffe von Markus Söder erschwerten zudem seinen Wahlkampf. Ganz bitter für die CDU war auch, dass Parteigrößen wie Peter Altmeier (Bundeswirtschaftsminister) oder Annegret Kramp-Karrenbauer (ehemalige Parteivorsitzende und Bundesverteidigungsministerin) ihre Direktmandate verloren haben. Sie fordern alle eine Erneuerung der Partei und eine Neuausrichtung ihrer Politik.

raison de la politique migratoire menée par Merkel, du mariage pour tous et la suspension du service militaire obligatoire. Par ailleurs, on rend Armin Laschet, le candidat de l'Union au poste de chancelier (ancien chef de gouvernement en Rhénanie du Nord-Westphalie), responsable de la défaite. Il avait été désigné par les comités directeurs de l'Union au détriment de Markus Söder, chef de gouvernement en Bavière. Laschet n'a jamais réussi à convaincre les Allemands. Selon des sondages, seulement 12 % des Allemands l'ont trouvé sympathique ou crédible, et seulement un Allemand sur quatre a souhaité le voir occuper le poste de chancelier. Le soutien timide de la part d'Angela Merkel tout comme les attaques incessantes de Markus Söder lui ont en plus compliqué la tâche. Ce qui est très dur pour la CDU, c'est que des personnalités importantes du parti comme le ministre des Finances Peter Altmeier et la ministre de la Défense Annegret Kramp-Karrenbauer ont perdu leur mandat direct et donc leur siège. Ils exigent tous un renouvèlement du parti tout comme une nouvelle orientation politique de celui-ci.

Wie die SPD muss auch die CDU einen ständigen Schwund ihrer Mitgliederzahl hinnehmen. Von knapp 790 000 im Jahre 1990 ist die Zahl der CDU-Mitglieder 2019 auf 400 000 gesunken (Quelle: Destatis).

De même que le SPD, la CDU est impuissante face à l'érosion constante du nombre de ses adhérents. Ils étaient un peu moins de 790 000 en 1990, ils ne sont plus que 400 000 en 2019 (source : Destatis).

Die CSU

Die Christlich-Soziale Union (CSU) geht aus der Tradition der Bayerischen Volkspartei (BVP) hervor. Diese hatte sich 1918 aus Protest gegen zentralstaatliche Pläne der katholischen Zentrumspartei abgespalten und wurde 1933 nach der Machtergreifung durch die Nationalsozialisten gleichgeschaltet. Die CSU wurde 1945 als ausschließlich in Bayern aktive Partei gegründet. Sie macht sich stark für Bayerns „Eigenständigkeit". Doch anders als die kleine Bayernpartei (BV) verfolgt sie keine separatistischen Ziele. Die CSU ist in Bayern die politisch klar dominierende Kraft.

La CSU

L'Union Chrétienne-Sociale (la CSU) émane de la tradition du Parti Populaire Bavarois (BVP). Ce parti s'était dissocié du parti catholique Zentrum en 1918 pour protester contre les projets centralisateurs de l'État, et a été mis au pas en 1933 après la prise du pouvoir par le NSDAP. La CSU a été fondée en 1945 en tant que parti actif exclusivement en Bavière. Elle défend « l'autonomie » de la Bavière. Mais à la différence du petit Parti Bavarois (BV), elle n'a pas de visées séparatistes. La CSU est en Bavière la force politique clairement dominante.

Die „christliche Werteorientierung" ist in ihrem Grundsatzprogramm festgeschrieben, und die CSU wird dementsprechend oft als konservativ eingestuft. Sie ist wirtschaftlich liberal, zugleich aber auch um „sozialen Zusammenhalt" bemüht. Auf Bundesebene arbeitet die CSU trotz mancher Meinungsverschiedenheiten eng mit der CDU zusammen. Man spricht deshalb von „Union", um die beiden Parteien zu bezeichnen. Sie teilen sich auch ihre Einflusssphäre auf: Die CSU tritt so bei Bundestagswahlen nur in Bayern an, die CDU hingegen stellt in allen Bundesländern außer in Bayern Landeslisten auf. Die CSU muss also mehr als 5 Prozent der Stimmen bekommen oder 3 Direktmandate erzielen, um im Bundestag vertreten zu sein, wo beide Parteien eine gemeinsame Fraktion bilden.

Ses « valeurs imprégnées de christianisme » sont inscrites dans le programme du parti, lequel est par conséquent jugé conservateur. La CSU est libérale en économie, mais s'efforce en même temps de garantir la « cohésion sociale ». Sur le plan national, la CSU travaille main dans la main avec la CDU, malgré certaines divergences de vues. C'est la raison pour laquelle on parle de « l'Union » pour qualifier les deux partis. Ils répartissent aussi leurs sphères d'influence : Lors des élections législatives, la CSU ne présente des candidats qu'en Bavière ; la CDU, au contraire, présente des listes dans tous les Länder sauf en Bavière. La CSU doit donc obtenir plus de 5 % des voix ou décrocher 3 mandats directs pour faire partie du Bundestag, où les deux partis forment un seul groupe parlementaire.

In Wertefragen sieht die CSU sich konservativer und in Wirtschaftsfragen sozialer als die Schwesterpartei CDU.

Sur la question des valeurs, la CSU se considère comme plus conservatrice que la CDU, alors que sur les questions économiques, elle a une approche plus sociale.

Edmund Stoiber, der von 1999 bis 2007 Vorsitzender der CSU war, hat das Profil seiner Partei geprägt. Dieses Profil vereinigte in sich die Verteidigung des bayrischen Partikularismus mit der des deutschen Föderalismus innerhalb eines verstärkt zusammenwachsenden Europas. Die CSU steht einer weiteren Vertiefung der EU skeptisch gegenüber. Im Januar 2002 setzte Edmund Stoiber sich gegenüber Angela Merkel als gemeinsamer Kanzlerkandidat der Union für die Bundestagswahl 2002 durch.

Edmund Stoiber, président du parti de 1999 à 2007, en a marqué le profil. Ce profil unissait la défense du particularisme bavarois à celle du fédéralisme allemand à l'intérieur d'une Europe qui connaît une intégration accrue. La CSU a une position sceptique sur l'approfondissement de la construction européenne. En janvier 2002, Edmund Stoiber s'est imposé face à Angela Merkel comme candidat commun de l'Union à la Chancellerie pour les élections au Bundestag de 2002.

Von 2008 bis 2019 war Horst Seehofer CSU-Vorsitzender. Mit ihm konnte die CSU bei den Bayern-Landtagswahlen im September 2013 auf 48,7% der Stimmen kommen (absolute Mehrheit der Sitze), so dass die Christsozialen von 2013 bis 2018 allein regieren durften. Auf Horst Seehofer folgte 2019 Markus Söder, der vor der Bundestagswahl 2021 als Kanzlerkandidat der Union im Rennen war.

De 2008 à 2019, Horst Seehofer a été le président de la CSU. Sous sa direction, la CSU a pu obtenir 48,7 % des voix (majorité absolue de sièges) lors des élections au Landtag de Bavière en septembre 2013, si bien que la CSU a pu gouverner seule de 2013 à 2018. En 2019, Markus Söder a succédé à Horst Seehofer. Söder a été longtemps en lice pour représenter la CDU / CSU aux élections législatives 2021.

An manchen Punkten zeigen sich Gegensätze mit der CDU. Die von der CSU geforderte Obergrenze für Flüchtlinge stieß sowohl bei den Grünen und der FDP als auch in der Schwesterpartei auf Widerstand. Schon vor der Bundestagswahl 2017 hatte Horst Seehofer diesbezüglich den Druck auf Kanzlerin Merkel erhöht und eine Kursänderung in der Asylpolitik gefordert. Er warnte vor Rückwirkungen einer zu großzügigen Flüchtlingspolitik auf die Finanzbarkeit staatlicher Aufgaben und auf die Leistungsfähigkeit der Verwaltung.

Sur certains points, des clivages sont apparus avec la CDU. La CSU réclame une limite quantifiée à l'accueil des réfugiés, et cette revendication s'est heurtée à la résistance tant des Verts et du FDP que du parti frère, la CDU. Sur ce point, Horst Seehofer avait accru la pression sur la chancelière dès avant les élections 2017, exigeant un changement de politique pour les demandeurs d'asile. Il a mis en garde contre les effets qu'une politique trop généreuse envers les réfugiés aurait sur capacité financière de l'État pour s'acquitter de ses tâches et sur l'efficacité de l'administration.

Bei der Bundestagswahl 2021 errang die CSU zwar 45 von 46 Direktmandaten, sie erzielte aber mit 31,5% der Stimmen das schlechteste Ergebnis seit der Gründung der Bundesrepublik. Der Parteivorsitzende Markus Söder wurde in den eigenen Reihen sehr stark kritisiert. Viele werfen ihm seine mangelnde Unterstützung für den Spitzenkandidaten der Union Armin Laschet vor. Dadurch habe er der Union insgesamt geschadet.

Lors des élections législatives de 2021, la CSU a certes remporté 45 mandats directs sur 46, elle a cependant fait son plus mauvais score depuis la création de la RFA en 1949, avec 31,5 % des voix. Dans ses propres rangs, le chef de la CSU, Markus Söder, a été vivement critiqué. On lui reproche de ne pas avoir soutenu suffisamment la tête de liste de l'Union, Armin Laschet. De ce fait, il aurait porté préjudice à l'Union dans son ensemble.

Die FDP

Ende 1948 schlossen sich die zersplitterten liberalen Kräfte Westdeutschlands zu einer neuen Partei, der FDP, zusammen. Die FDP verstand sich zunächst als Partner der CDU/CSU. Von daher kamen die konservativen, nationalliberalen Elemente stark zur Geltung, was in erster Linie die mittelständischen Unternehmer und die Landwirte ansprach.

Das Ende der Koalition mit der Union 1966 hatte zur Folge, dass die Bundes-FDP sich zunehmend linksliberalen Positionen anzunähern begann. Erst auf dieser Grundlage konnte 1969 die sozialliberale Koalition mit der SPD zustande kommen. Die Wählerschaft der FDP wandelte sich. Von da an war sie eher unter Freiberuflern wie Ärzten und Rechtsanwälten angesiedelt. Bis zum heutigen Tage ist die FDP darauf bedacht, die Eingriffe des Staates in das Leben des Einzelnen so weit wie möglich zu beschränken.

Le FDP

Fin 1948, les forces libérales morcelées de l'Ouest se sont rassemblées en un nouveau parti, le FDP. Le FDP s'est d'abord conçu comme le partenaire de la CDU/CSU. Cela a entraîné une mise en avant des éléments conservateurs et national-libéraux parlant essentiellement aux entrepreneurs et aux agriculteurs de la classe moyenne.

La fin de la coalition avec l'Union en 1966 a eu pour conséquence, à l'échelon national, un début de rapprochement du FDP avec des positions libérales de gauche. Sur cette base seulement, la coalition social-libérale avec le SPD a pu voir le jour en 1969. Ce processus a entraîné une restructuration de l'électorat du FDP. À partir de ce moment-là, le parti a plutôt trouvé son ancrage dans les professions libérales, comme les médecins et les avocats. Aujourd'hui encore, le FDP est soucieux de limiter autant que faire se peut l'intervention de l'État dans la vie de l'individu.

Über Jahrzehnte war die FDP ein potenzieller Koalitionspartner für die CDU und für die SPD. Sie verschaffte entweder der einen oder der anderen Partei eine Mehrheit, war also das Zünglein an der Waage. Von 1969 bis 1982 regierte sie mit der SPD, während sie mit der CDU/CSU von 1982 bis 1998 die Regierungsgeschäfte führte. 1990 fusionierten dann die FDP und die Ost-FDP, die in den Wendejahren im Osten entstanden war.

Pendant des décennies, le FDP a été un partenaire potentiel de la CDU mais aussi du SPD pour former une coalition. Il procurait une majorité à l'un ou l'autre de ces partis et a donc fait pencher la balance. De 1969 à 1982, il a gouverné avec le SPD alors qu'il a été aux affaires avec la CDU/CSU de 1982 à 1998. En 1990, il a fusionné avec le FDP de l'Est qui avait été fondé pendant le grand tournant des année 89/90.

2009 (14,6%) erzielte die FDP das beste Ergebnis ihrer Geschichte und durfte wieder mitregieren. Nach dem Debakel bei den Bundestagswahlen 2013 (die FDP bekam damals nur 4,8% der Stimmen) wurde Christian Lindner FDP-Vorsitzender.

Fort du meilleur score de son histoire aux élections au Bundestag de 2009 (14,6 %), il a pu de nouveau participer au gouvernement. Après la déroute lors des élections législatives de 2013 (le FDP a obtenu à l'époque seulement 4,8 % des voix), Christian Lindner est devenu président du parti.

Mit Lindner gelang der FDP der Wiedereinzug in den Bundestag. Die Partei erzielte 10,3% der Stimmen im September 2017. Dabei verpasste sie das vorgegebene Ziel, dritte Kraft hinter Union und SPD zu werden. Lindner nahm an den Sondierungsgesprächen zur Bildung einer „Jamaika-Koalition" teil, im November 2017 verkündete er jedoch das Scheitern der Verhandlungen und postete auf Twitter: „Es ist besser, nicht zu regieren, als falsch zu regieren." 2021 bestätigte die FDP mit 11,5% der Stimmen das gute Ergebnis von 2017. Sie nahm Koalitionsverhandlungen auf, um mit der SPD und den Grünen unter Olaf Scholz eine sogenannte Ampelkoalition zu bilden. Im Laufe dieser Verhandlungen mussten allerdings viele Hindernisse aus dem Weg geräumt werden. Die FDP lehnt Steuererhöhungen ab. Außerdem stellt sie sich gegen höhere Staatsschulden. Hier gab es also sehr große Meinungsverschiedenheiten zwischen den Verhandlungspartnern. Die Grünen, wie auch die SPD, wollten einen Teil der Investitionen in Klimaschutz und Modernisierung des Landes durch die Erhebung einer Reichensteuer finanzieren. Trotzdem sind die Koalitionsgespräche

Avec Lindner, le FDP a réussi à entrer à nouveau au Bundestag. Le parti a rassemblé 10,3 % des voix en septembre 2017. Mais il a manqué son objectif de devenir la 3e force politique après l'Union et le SPD. Lindner a pris part aux entretiens préliminaires en vue de former une coalition « Jamaïque », mais en novembre 2017, il a annoncé l'échec des négociations en postant sur Twitter : « Mieux vaut ne pas gouverner que mal gouverner ». En 2021, le FDP a réitéré le bon résultat de 2017 en obtenant 11,5 % des voix. Il s'est engagé dans des négociations avec le SPD et les Verts en vue de former une coalition dite « feu tricolore » sous le chancelier Olaf Scholz (SPD). Au cours de ces négociations, un certain nombre d'obstacles ont dû être écartés. Le FDP refuse toute augmentation d'impôt tout comme un nouvel endettement de l'État. Dans ces domaines, il y avait de grandes divergences de vue entre les trois partis lors des négociations. Les Verts, tout comme le SPD, voulaient financer en partie les investissements dans la protection du climat et la modernisation du pays par la création d'un impôt sur la fortune. Les pourparlers ont toutefois abouti. À l'inverse de

zum Abschluss gekommen. Im Gegensatz zu 2017 wollte die FDP diesmal wieder regieren. Sie konnte es sich auch nicht mehr erlauben, noch einmal für das Scheitern der Verhandlungen verantwortlich gemacht zu werden und so eine Regierungsbildung verhindert zu haben.

2017, le FDP voulait participer au gouvernement. Du reste, il ne pouvait se permettre d'endosser pour la deuxième fois consécutive la responsabilité d'avoir fait échouer les négociations et d'avoir empêché la formation d'un gouvernement.

Die SPD

Die SPD hat eine lange Geschichte. Sie wurde 1863 als Arbeiterpartei von Ferdinand Lassalle gegründet und trägt seit 1890 diesen Namen. 1933 wurde sie vom Hitler-Regime verboten. Bei ihrer Wiedergründung nach 1945 waren ihre Hauptziele, die Grundlagen des Nationalsozialismus zu zerstören, den Kapitalismus zu bekämpfen und die Industrie zu sozialisieren. Doch mit dem „Godesberger Programm" hat sich die SPD 1959 mit einem Parteiprogramm versehen, dessen Hauptmerkmal der Verzicht auf die klassenkämpferische Ideologie zugunsten eines demokratischen Sozialismus ist. Die Partei schwor der marxistischen Dialektik ab und bekannte sich zur Sozialen Marktwirtschaft und zur Westintegration. Sie wollte damit ihre Wählerbasis auf die Angestellten erweitern und vollzog eine Wandlung zur modernen Volkspartei mit reformistischem Ansatz.

1966 gehörte die SPD zum ersten Mal im Rahmen der Großen Koalition zu der Bundesregierung. 1969 stellte sie mit Willy Brandt zum ersten Mal den Bundeskanzler. In diese Jahre fällt die Politik der Annäherung an die Sowjetunion und an die DDR („Ostpolitik"). Aber 1974 nach dem Rücktritt Willy Brandts auf Grund einer Spionageaffäre geriet die Partei in eine Krise. Die SPD ging 1982 in die Opposition, und gelangte erst 1998 mit Gerhard Schröder wieder an die Macht.

Wenn man von der Bundestagswahl 2013 absieht, ging es der SPD seit dem Wahlerfolg 1998 (40,9%) in der Wählergunst bergab. 2002 war sie unter die 40%-Grenze gerutscht

Le SPD

Le SPD a une longue histoire. Il a été fondé par Ferdinand Lassalle en 1863 comme parti ouvrier et porte ce nom depuis 1890. En 1933, il a été interdit par le régime hitlérien. Lors de sa refondation après 1945, il voulait surtout détruire les fondements du national-socialisme, combattre le capitalisme et nationaliser l'industrie. Mais avec le « Programme de Godesberg », le SPD s'est doté en 1959 d'un programme dont l'élément le plus caractéristique est la renonciation à l'idéologie de la lutte des classes en faveur d'un socialisme démocratique. Le parti s'est défait de la dialectique marxiste et s'est converti à l'économie sociale de marché et à l'intégration à l'Ouest. Ce faisant, il voulait élargir sa base électorale aux employés en accomplissant sa mutation en parti de masse moderne mu par des visées réformatrices.

En 1966, le SPD a fait partie pour la première fois du gouvernement fédéral dans le cadre de la grande coalition. En 1969, Willy Brandt est devenu le premier chancelier social-démocrate de la RFA. C'est dans ses années que se situe la politique de rapprochement avec l'Union Soviétique et la RDA. Mais après la démission de Willy Brandt pour une affaire d'espionnage en 1974, le parti a traversé une crise. Le SPD est allé dans l'opposition en 1982, ne retrouvant le pouvoir qu'en 1998 avec Gerhard Schröder.

Si l'on fait abstraction des élections au Bundestag de 2013, le SPD a subi une érosion constante de son électorat depuis son succès de 1998 (40,9 %). En 2002, il

(38,2%). Bei der Bundestagswahl 2017 fuhr sie das schlechteste Ergebnis ihrer Geschichte ein. Ihr Stimmenanteil lag nur knapp über 20%. Grund für diesen Abstieg ist der Unmut vieler Stammwähler, die sich durch die Politik der „Agenda 2010" um das soziale Engagement der ehemaligen Arbeiterpartei gebracht fühlen. Selbst wenn 2015 unter Arbeitsministerin Andrea Nahles (SPD) ein flächendeckender Mindestlohn eingeführt wurde, haben lange Jahre des Mitregierens in der Großen Koalition und eine mit der Union geführte Politik der Mitte die Grenzen zwischen den großen Volksparteien eher verwischt. Davon profitieren vor allem die Protestparteien. Der seit Anfang der 80er anhaltende Mitgliederschwund beschleunigt sich: 1990 gab es 943 000 Mitglieder, 2019 waren es nur noch 420 000.

est passé sous la barre des 40 % (38,2 %). Lors des élections de 2017, il a enregistré le pire résultat de son histoire en rassemblant tout juste un peu plus de 20 % des voix. La raison de cette chute est le mécontentement de nombreux électeurs de sa base traditionnelle, qui ont vu disparaître l'engagement social de l'ancien parti ouvrier sous les coups de la politique de « l'Agenda 2010 ». Même si un salaire minimum pour l'ensemble de l'Allemagne a été mis en place en 2015 à l'initiative d'Andrea Nahles, ministre SPD du travail, de nombreuses années de grande coalition et une politique centriste menée avec la CDU/CSU ont plutôt effacé les frontières entre les grands partis de masse. Ce sont surtout les partis protestataires qui en profitent. Depuis le début des années 80, la désertion des adhérents s'accélère. En 1990, le SPD comptait 943 000 membres. En 2019, ils n'étaient plus que 420 000.

Bei der Bundestagswahl 2021 hat die SPD den Abwärtstrend zunächst einmal gestoppt. Die SPD wurde mit 25,7% der Stimmen die stärkste Partei und durfte mit Olaf Scholz den neuen Bundeskanzler stellen. Ausschlaggebend war zum einen die Persönlichkeit von Olaf Scholz, der als pragmatischer Politiker der Mitte viele CDU/CSU-Wähler überzeugt hat. Zum anderen hat er mit seinem Versprechen, den Mindestlohn auf 12 Euro zu erhöhen, viele Wähler im Osten für sich gewonnen. In den nächsten vier Jahren wird es für ihn darum gehen, auch den linken Flügel der Partei hinter sich zu bekommen, der das Ende von der von dem ehemaligen Bundeskanzler Schröder bestimmten politischen und wirtschaftlichen Linie fordert, und der aus der SPD wieder eine echte Linkspartei machen möchte.

Lors des élections législatives de 2021, le SPD a arrêté cette spirale vers le bas. En obtenant 25,7 % des voix, le SPD est arrivé en tête et a pu emporter le poste de nouveau chancelier, avec Olaf Scholz. Ce qui a été déterminant, c'est d'abord la personnalité d'Olaf Scholz qui, en tant que centriste pragmatique, a su convaincre de nombreux électeurs de la CDU/CSU. Par ailleurs, avec sa promesse d'augmenter le salaire minimum à 12 euros, il a gagné l'adhésion de nombreux électeurs à l'Est. Dans les quatre années à venir, il devra obtenir le soutien de l'aile gauche du SPD qui demande que le parti mette fin définitivement à la ligne politique et économique définie par l'ancien chancelier Schröder et qui souhaite que le parti redevienne un vrai parti de gauche.

Bei der Regierungsbildung war die SPD auf Koalitionspartner angewiesen. Scholz konnte die FDP und die Grünen zu einer gemeinsamen Regierungsarbeit gewinnen. So ist zum ersten Mal in der Geschichte der BRD eine Koalition aus drei sehr unterschiedlichen Parteien an der Regierung.

Pour gouverner, le SPD a dû trouver des partenaires pour former une coalition. Scholz est parvenu à convaincre le FDP et les Verts de s'engager dans un gouvernement avec le SPD. C'est ainsi que, pour la première fois dans l'histoire de la RFA, une coalition de trois partis forme le gouvernement.

Bündnis90/Die Grünen

Die Partei „Die Grünen" wurde 1980 auf einem Parteitag in Karlsruhe gegründet und zog im selben Jahr in den Stuttgarter Landtag ein. Die Partei verstand sich zunächst als politisch organisierte Form der Umweltschutzbewegung und war zunächst aus den Reihen der Atomkraftgegner und der pazifistischen Protestgruppen hervorgegangen. Bei den Bundestagswahlen 1990 scheiterten die Grünen allerdings an der Fünfprozentklausel. Nach dieser Wahlniederlage kam es zu einer Annäherung mit der Liste „Bündnis 90", einer Ost-Partei, zu der sich ehemalige Bürgerrechtler 1991 zusammengeschlossen hatten. Die Parteien „Bündnis 90" und „Die Grünen" vereinten sich im Mai 1993 offiziell unter dem Namen „Bündnis90/Die Grünen" und konnten gleich ihren ersten großen Erfolg auf Bundesebene verbuchen und wurden schon 1994 in den Bundestag gewählt. 1998 bildeten sie mit der SPD die Regierungskoalition unter Bundeskanzler Schröder, wobei der grüne Außenminister Joschka Fischer Vize-Kanzler wurde. Die Partei besteht noch immer aus zwei rivalisierenden Gruppen, die im parteiinternen Sprachgebrauch als „Fundis" (Fundamentalisten) und „Realos" (Realisten) bezeichnet werden. Erstere sehen es auf eine grundlegende Veränderung der Industriegesellschaft ab. Sie standen ursprünglich der traditionellen Parteipolitik skeptisch gegenüber. Die pragmatischeren „Realos" haben sich früh zu einer Regierungsbeteiligung bereit erklärt und bevorzugen den Weg der Reformen zum Schutz der natürlichen Lebensgrundlagen. Die Grünen wollen anders Politik betreiben, auch in Personalfragen. In den Anfangsjahren herrschte bei den Grünen das Prinzip der Rotation der Mandatsträger nach einer Dauer von jeweils 2 Jahren. Heute noch halten sie am Prinzip einer zweiköpfigen Parteispitze fest. Ende Januar 2022 traten Ricarda Lang und Omid Nouripour die Nachfolge von Annalena Baerbock und Robert Habeck als Parteivorsitzende an.

Bündnis90/Die Grünen

Le parti des « Verts » a été fondé au niveau national en 1980 lors d'un congrès à Karlsruhe, et la même année, il est rentré au Landtag de Stuttgart. Le parti s'est d'abord pensé comme la forme organisée politiquement du mouvement de protection de l'environnement, et avait émergé à l'origine des rangs des opposants à l'énergie nucléaire et des groupes de protestation pacifistes. Mais lors des élections au Bundestag en 1990, les Verts n'ont pas franchi la barrière des 5 %. Après cette défaite électorale, ils se sont rapprochés de la liste Bündnis90, un parti de l'Est issu du mouvement est-allemand de défense des droits civiques. Les deux partis Bündnis90 et les « Verts » ont officiellement fusionné en mai 1993 sous le nom de Bündnis90/Die Grünen et ont pu enregistrer dans la foulée leur premier succès au niveau national et entrer dès 1994 au Bundestag. En 1998, ils ont formé la coalition gouvernementale avec le SPD sous la direction du chancelier Schröder, le ministre vert des Affaires étrangères, Joschka Fischer devenant vice-chancelier. Ce parti se divise aujourd'hui encore en deux groupes concurrents que, dans le langage propre au parti, l'on qualifie de « Fundis » (fondamentalistes) et de « Realos » (réalistes). Les premiers visent une modification radicale de la société industrielle. À l'origine, ils étaient sceptiques vis-à-vis de la politique des partis traditionnelle. Les « Realos », plus pragmatiques, ont accepté tôt de participer à des gouvernements et ont privilégié la voie des réformes afin de préserver la nature comme fondement de notre vie à tous. Les Verts veulent faire de la politique autrement, pour les questions de personnel aussi. Dans leurs premières années, les Verts tenaient au principe de la rotation des mandats après une durée de deux ans à chaque fois. Aujourd'hui, ils sont fidèles au principe d'une direction bicéphale. Fin janvier 2022, Ricarda Lang et Omid Nouripour ont pris la succession d'Annalena Baerbock et de Robert Habeck à la tête du parti.

Bei der Bundestagswahl 2021 erzielten die Grünen mit 14,6% der Stimmen das beste Ergebnis in ihrer Geschichte und sind nun die drittstärkste politische Kraft im Land. In Umfragen waren sie bis weit in den Sommer noch vor den großen Volksparteien gelegen. Pannen im Wahlkampf und die mangelnde politische Erfahrung ihrer Spitzenkandidatin Annalena Baerbock erklären das schließlich von vielen Grünen als durchschnittlich empfundene Wahlergebnis. Besonders erfolgreich waren die Grünen aber bei den Jungwählern. Hier bekamen sie 23 Prozent der Stimmen. Außerdem waren sie in den Großstädten im Westen besonders erfolgreich, während sie in ländlichen Gebieten und im Osten eher durchschnittlich abschnitten.

Lors des élections législatives de 2021, les Verts ont obtenu le meilleur résultat de leur histoire et sont maintenant la troisième force politique du pays. Une bonne partie de l'été, les sondages les avaient donnés en tête des intentions de vote même devant les partis de masse. Des pannes pendant la campagne électorale et le manque d'expérience politique de leur tête de liste Annalena Baerbock expliquent ce résultat, qui a déçu un bon nombre de Verts. Mais ils ont particulièrement séduit les jeunes électeurs. 23 % d'entre eux ont voté pour les Verts. Par ailleurs, ils ont fait leurs meilleurs scores dans les grandes villes à l'Ouest tandis qu'ils ont trouvé moins d'adhésion dans des régions rurales et à l'Est.

Die PDS – Die Linke

Le PDS et Le Parti de la gauche radicale

Die PDS trat die Nachfolge der früheren DDR-Staatspartei, der Sozialistischen Einheitspartei Deutschlands (SED), an. Nach der Wiedervereinigung blieb sie den Grundideen des Sozialismus treu. Obwohl manche Politiker der PDS ehemalige SED-Partei-Kader waren und häufig mit Stasi-Vorwürfen belastet waren, nahm die PDS jedoch weitgehend Abstand vom durch Jahre der Parteidiktatur diskreditierten Sozialismus marxistisch-leninistischer Prägung. Der reine Kapitalismus gab jedoch nach wie vor das Feindbild ab.

Le PDS a pris la succession de l'ancien parti d'État de RDA, le SED (parti socialiste unifié d'Allemagne). Après la réunification, il est resté fidèle aux idées fondamentales du socialisme. Bien que certains dirigeants politiques du PDS aient été des cadres de la SED et qu'ait souvent pesé sur eux l'accusation de collaboration avec la Stasi, le PDS a dans une large mesure pris ses distances avec le socialisme de type marxiste-léniniste, discrédité par des années de dictature du parti. Le capitalisme pur est resté cependant l'ennemi à combattre.

Die PDS konnte im Westen keine wirkliche Wählerschaft finden. Sie blieb eine Ost-Partei. Ihre Wahlerfolge hat sie in den fünf neuen Ländern erzielt, sodass sie bei der Bundestagswahl 1994 auf Grund von vier Direktmandaten in Berlin den Einzug in den Bundestag schaffte. 1998 schaffte sie den Sprung über die Fünf-Prozent-Hürde, was ihr dann 2002 nicht mehr gelang.

À l'Ouest, le PDS n'a pas pu trouver véritablement son électorat. Il est resté un parti de l'Est. Il a obtenu ses succès électoraux dans les cinq nouveaux Länder de sorte qu'il est parvenu à entrer au Bundestag lors des élections au Bundestag de 1994 grâce à quatre mandats directs obtenus à Berlin. En 1998, il a réussi à franchir la barrière des 5 % ce qu'il n'est plus parvenu à faire en 2002.

Die PDS schloss sich 2007 mit der Wahlalternative Arbeit und soziale Gerechtigkeit (WASG) zur Linken zusammen. Sie erhoffte sich davon, sich auch im Westen dauerhaft etablieren zu können. Gleichberechtigte Vorsitzende sind seit 2021 Susanne Hennig-Wellsow und Janine Wissler. Die Partei setzt sich für einen demokratischen Sozialismus ein, strebt nach einer gleichzeitig demokratischen Marktwirtschaft, die stark sozial ausgerichtet ist. Leitidee der Partei ist die „Unterordnung der Wirtschaft unter die solidarische Entwicklung und den Erhalt der Natur", so das Parteiprogramm. „Die Linke" setzt sich also für einen sozial-ökologischen Umbau zu nachhaltiger Entwicklung ein und bekämpft das profitorientierte Wachstum. Aber der Partei droht zurzeit eine Spaltung, weil sie sich darauf nicht wirklich verständigen kann, wie linke Politik im Zeitalter von Migrationsdruck und Globalisierung aussehen soll: offen und internationalistisch oder eher abschottend und nationalistisch?

Le PDS a fusionné en 2007 avec le WASG pour fonder le parti « Parti de gauche ». Il espérait pouvoir s'établir durablement à l'Ouest aussi. Ses deux co-présidents sont depuis 2021 Susanne Henning-Wellsow et Janine Wissler. Le parti s'engage pour un socialisme démocratique tout en aspirant à une économie de marché démocratique avec une forte dimension sociale. Dans son programme, l'idée forte du parti est « la soumission de l'économie à un développement solidaire et à la préservation de la nature ». Die Linke milite donc pour une transformation sociale et écologique servant un développement durable, et combat la croissance exclusivement tournée vers le profit. Mais actuellement, le parti est menacé de scission parce qu'il n'arrive pas véritablement à une position commune sur ce que doit être une politique de gauche à l'ère de la pression migratoire et de la mondialisation : ouverte et internationaliste, ou plutôt protectionniste et nationaliste ?

Bei der Bundestagswahl 2021 musste die Linke starke Stimmeneinbußen hinnehmen und bekam gerade einmal 4,7 Prozent der Stimmen. Sie ist dank ihrer drei Direktmandate noch im Bundestag vertreten. Die Linke ist noch auf der Suche nach Erklärungen für dieses Debakel. Den Spitzenkandidaten der Linken, Janine Wissler und Dietmar Bartsch, wird der Vorwurf gemacht, sich der SPD zu sehr angebiedert zu haben. In der Tat waren sie von grundlegenden Forderungen, wie dem Austritt aus der Nato abgerückt, um eine rot-rot-grüne Mehrheit im Bundestag zu ermöglichen. Das wiederum hat dazu geführt, dass sie 600 000 Stimmen an die SPD verloren hat.

Lors des élections législatives de 2021, le Parti de gauche a subi une forte érosion de son électorat et a obtenu tout juste 4,7 % des voix. Le parti est encore représenté au Bundestag grâce aux trois mandants directs qu'il a remportés. Le parti de gauche est toujours à la recherche d'explications pour cette débâcle. On reproche à ses têtes de liste, Janine Wissler et Dietmar Bartsch de s'être montrés trop serviles auprès du SPD. En effet, ils s'étaient éloignés de revendications de base comme la sortie de l'Allemagne de l'Otan pour rendre possible une coalition avec le SPD et les Verts, ce qui a fait que le parti a perdu 600 000 voix au profit du SPD.

Die AfD

Die Alternative für Deutschland wurde im Februar 2013 als eurokritische deutsche Partei mit 3 Parteisprechern (Bernd Lucke, Frauke Petry und Konrad Adam) gegründet. Zum ersten Mal stellte sie sich bei der Bundestagswahl 2013 (4,7%) und der Landtagswahl in Hessen (4%) zur Wahl. Zwar misslang der Einzug in den Bundestag, aber von da an erlebte die Partei einen raschen Aufstieg. Bei der Wahl des Europäischen Parlaments im Mai 2014 erhielt sie mit 7,1% 7 Abgeordnete. Sie überbot bei den Landtagswahlen im Spätsommer 2014 ihren Erfolg. Sie erreichte in Brandenburg und Thüringen über 10% der Stimmen, und lag in Sachsen knapp darunter.

Nach diesen Wahlerfolgen zeichnete sich aber ein Richtungsstreit innerhalb der Partei immer klarer ab. Der rechte Flügel um Frauke Petry suchte Gespräche mit der PEGIDA-Protestbewegung und meinte, dass die AfD die politische Unzufriedenheit der PEGIDA-Anhänger aufgreifen müsse. Im Gegensatz dazu hielt Bernd Lucke diese Bewegung für zu ausländer- und islamfeindlich. PEGIDA wurde also zum Katalysator der Konflikte und es kam zu einer wachsenden Rivalität um Führung und Ausrichtung der Partei. Daran sei erinnert, dass die aus Dresden ausgehende PEGIDA-Bewegung (Patriotische Europäer gegen die Islamisierung des Abendlandes) seit Ende 2014 regelmäßig Demonstrationen gegen die Einwanderungs- und Asylpolitik Deutschlands und Europas veranstaltet.

Auf dem Essener Parteitag Anfang Juli 2015 kandidierten beide um das Amt des Ersten Sprechers. Lucke fand in der Partei keine Mehrheit mehr, und Petry wurde mit rund 60% der Stimmen gewählt, zusammen mit dem Landesvorsitzenden von Baden-Württemberg Jörg Meuthen. Diese klare Niederlage für den gemäßigten Flügel führte zum Rücktritt von Lucke und zu mehr als 2 000 Austritten.

L'AfD (Alternative pour l'Allemagne)

L'Alternative pour l'Allemagne a été fondée en février 2013 comme parti eurocritique, avec trois porte-paroles (Bernd Lucke, Frauke Petry et Konrad Adam). Il s'est présenté pour la première fois aux élections au Bundestag de septembre 2013 (4,7 %) et aux élections régionales en Hesse (4 %). Même s'il n'a pas réussi à rentrer au Bundestag à cette occasion, le parti a connu depuis une rapide ascension. Lors des élections au Parlement européen de mai 2014, il a obtenu 7,1 % des voix et 7 députés. Lors des élections aux parlements des Länder à la fin de l'été 2014, il a encore poussé son avantage. Au Brandebourg et en Thuringe, il a réuni plus de 10 % des voix, et en Saxe, il s'est situé juste en dessous de cette barre.

Après ces succès électoraux, le parti a été marqué par des querelles internes de plus en plus violentes portant sur son orientation politique. L'aile droite, autour de Frauke Petry, a cherché à établir des contacts avec le mouvement de protestation PEGIDA, avec l'idée qu'il fallait que l'AfD se fasse le relai du mécontentement politique des partisans de PEGIDA. À l'inverse, Bernd Lucke jugeait que le mouvement était trop xénophobe et islamophobe. PEGIDA a donc été une pomme de discorde, et les rivalités pour la direction et l'orientation politique du parti se sont accentuées. Pour mémoire, le mouvement PEGIDA (acronyme allemand de « Patriotes européens contre l'islamisation de l'occident ») organise régulièrement depuis fin 2014 des manifestations contre la politique allemande et européenne d'immigration et d'accueil des demandeurs d'asile.

Lors du congrès d'Essen début juillet 2015, Petry et Lucke ont tous les deux été candidats au poste de premier porte-parole. Lucke a été privé de majorité au sein du parti, et Petry a été élue avec environ 60 % des voix, ainsi que le président de la branche du Bade-Wurtemberg, Jörg Meuthen. Après cette défaite sans appel de l'aile modérée, Lucke a démissionné, 2000 militants ont quitté le parti.

Aber nach dieser Austrittswelle profitierte die Partei von der Flüchtlingsdebatte und gewann die Stimmen der Deutschen, die mit Merkels Flüchtlingspolitik unzufrieden waren. Während bei den ersten Wahlkampagnen das Thema Eurokrise vorgeherrscht hatte, bescherte die Flüchtlingskrise der AfD ein neues politisches Großthema, einen Dauerbrenner. Die Partei definierte sich von nun an als „Stimme des Volkes" (Björn Höcke, AfD-Politiker, in der ARD).

Mais après cette vague de départs, le parti a tiré profit du débat sur les réfugiés et s'est acquis les voix des Allemands insatisfaits de la politique d'A. Merkel en ce domaine. Alors que pendant les premières campagnes électorales, la crise de l'euro avait été le thème dominant, la crise des réfugiés a fourni à l'AfD une nouvelle grande cause politique et un thème à marteler constamment. Dès lors, le parti s'est défini comme « la voix du peuple » (déclaration de Björn Höcke, membre de l'AfD, au média public ARD*).*

2017 zog die AfD dann mit 12,6% der Stimmen in den Bundestag ein und wurde auf Anhieb die drittstärkste Partei im Bundestag und Oppositionsführerin vor den Grünen und der Linken. Im November 2017 zog sich dann Frauke Petry aufgrund der zunehmenden Radikalisierung der Partei zurück. Sie gründete erfolglos eine neue Partei „Die Blauen". Im Herbst 2021 trat aus ähnlichen Gründen auch ihr Nachfolger Jörg Meuthen als Parteivorsitzender zurück. In der Partei scheint sich der rechtsradikale Flügel um Björn Höcke und Tino Chrupalla durchzusetzen. Verbale Ausrutscher wie der von Björn Höcke, der das Denkmal für „die getöteten Juden" als „Denkmal der Schande" bezeichnete, scheinen der Anziehungskraft der Partei keinen Abbruch zu tun. Auch die Tatsache, dass der sogenannte „Flügel", der rechte Flügel der Partei, verboten wurde und dass der Verfassungsschutz damit gedroht hat, die ganze Partei zu überwachen, hat die AfD kaum Wähler gekostet. Sie ist heute in allen sechzehn Landtagen vertreten und ist auch mit 10,3% der Stimmen wieder in den Bundestag eingezogen. Besonders auffällig sind die Erfolge im Osten. Dort ist die AfD mit 21,4% der Stimmen zweitstärkste Kraft hinter der SPD. In Sachsen errang sie 10 von 14 Direktmandaten und wurde, wie in Thüringen, die stärkste Partei.

En 2017 l'AfD a obtenu 12,6 % des voix et fait son entrée au Bundestag, devenant d'emblée la première force dans l'opposition devant les Verts et le Parti de gauche. Ensuite, en novembre 2017, Frauke Petry s'est retirée en raison de la radicalisation de plus en plus grande du parti. Elle a fondé sans succès un nouveau parti « Le Parti Bleu ». En automne 2021, son successeur Jörg Meuthen a démissionné pour à peu près les mêmes raisons. Dans le parti, l'aile d'extrême-droite autour de Björn Höcke et Tino Chrupalla semble prendre les commandes. Des dérapages verbaux comme celui de Björn Höcke qui a qualifié le Mémorial aux juifs assassinés d'Europe de « mémorial de la honte » ne semblent en rien entamer l'attractivité du parti. Même le fait que « l'Aile », l'aile droite du parti, ait été interdite et que l'Office fédéral de protection de la constitution ait menacé de surveiller les activités de l'ensemble du parti n'a pas dissuadé les électeurs de l'AfD. Il est aujourd'hui représenté dans les seize parlements régionaux et fait à nouveau partie du Bundestag avec 10,3 % des voix. L'Est se distingue par les succès qu'y remporte l'AfD ; avec 21,4 % des voix, il y est la deuxième force politique. En Saxe, il a remporté dix mandats directs sur 14 et est devenu, comme en Thuringe, la première force politique du Land.

Wie lässt sich also erklären, dass die AfD sich in der Parteienlandschaft Deutschlands etabliert hat? Die Partei hat in beträchtlichem Ausmaße die unzufriedenen Wähler der anderen etablierten Parteien ausgesaugt. Ein hoher Anteil der AfD-Wähler gesteht, aus Enttäuschung über die Altparteien für die AfD gestimmt zu haben. Die AfD kann also klar als rechtspopulistisch charakterisiert werden. Ihr Antreten ist auch eine Kampfansage gegen die etablierten Parteien, die Bundesregierung und die Europäische Union.

Eigentlich geht es bei der AfD darum, einen geplanten Effekt durch Provokation zu erzielen. Im Strategiepapier der Partei (das Anfang 2017 dem SWR vorgelegt wurde) wird behauptet, es sei wichtiger, „den Finger in die Wunde der Altparteien zu legen, als sich in einer Expertendiskussion um Lösungsvorschläge zu verheddern". Also positioniert sich die Partei als Tabubrecherin und Protestpartei, die polarisieren und spalten will. Sie rückt Kernthemen wie Migration, Asyl, nationale Identität und Islam in den Fokus, und klammert damit die Konfliktthemen wie Sozial- oder Arbeitsmarktpolitik, die Lösungskompetenz erfordern, aus.

Die AfD ist die deutsche Partei mit der größten Präsenz in den sozialen Medien. Für die Rechtspopulisten sind nicht nur der Umgang mit Online-Kanälen, sondern auch der Stil und die Frequenz der Postings ein Garant für konstante Reichweite und Sichtbarkeit. Nach dem Wahlsieg von Donald Trump in den USA hat die AfD neben Facebook auch Twitter benutzt. Sowohl der Partei-Account als auch die persönlichen Accounts von Parteigrößen wie Björn Höcke erfreuen sich großer Beliebtheit. Nicht die Anzahl der Interaktionen ist entscheidend, sondern wie prominent die Tweets in den anderen Medien zitiert werden — im Internet, im Fernsehen und in Zeitungen.

Comment expliquer alors que l'AfD fasse aujourd'hui partie intégrante du paysage politique allemand ? Le parti a absorbé un pourcentage important des mécontents des autres partis. Une forte proportion d'électeurs de l'AfD reconnaît avoir voté pour ce parti par déception à l'égard des partis traditionnels. On peut donc clairement caractériser l'AfD comme un parti populiste de droite. Sa façon de se présenter est une déclaration de guerre aux partis politiques établis, au gouvernement fédéral et à l'Union Européenne.

En réalité, les provocations de l'AfD visent à produire des effets calculés. Dans le schéma stratégique du parti (dont le média public SWR *a eu connaissance début 2017), il est affirmé qu'il est plus important de « remuer le couteau dans la plaie des partis traditionnels là où ça fait mal plutôt que de s'embourber dans un débat d'experts sur des propositions de solution ». Le parti se positionne donc comme briseur de tabous et parti de protestation qui cherche à polariser et à diviser. Il braque les projecteurs sur des thèmes comme l'immigration, les demandeurs d'asile, l'identité nationale et l'islam, et met entre parenthèses les sujets conflictuels qui nécessitent des compétences pour trouver des solutions (comme la politique sociale ou la politique du marché du travail).*

L'AfD est le parti allemand qui a la plus forte présence dans les médias sociaux. La garantie d'une visibilité et d'une efficacité constantes passe, pour les populistes de droite, non seulement par l'usage des canaux en ligne, mais aussi par le style et la fréquence des posts. Après la victoire de Donald Trump aux États-Unis, l'AfD s'est également mise à utiliser Twitter en plus de Facebook. Le compte du parti ou les comptes personnels de grandes figures du parti, comme Björn Höcke, jouissent d'une grande popularité. Ce n'est pas le nombre d'interactions qui compte, mais avec quel degré de notoriété les tweets sont cités dans les autres médias (internet, télévision, presse).

Der wiederauflebende Rechtsextremismus

Die rechtsextreme Szene in Deutschland wird heute als sowohl gefährlich als auch gewalttätig betrachtet. Die Extremisten am rechten Rand des Parteienspektrums haben sich schon in den 60er Jahren etabliert. 1964 wurde eine „Nationaldemokratische Partei Deutschlands" (NPD) gegründet. Ein Jahr später, bei der Bundestagswahl 1965, erzielte sie 2% der Stimmen. Mit dem zunehmenden Wohlstand in den Jahren des Wirtschaftswunders verlor die Partei allmählich an Attraktivität und verschwand fast vollständig von der politischen Landschaft. Aber das rechtsradikale Gedankengut lebte fort. 1983 wurde eine neue Partei, die „Republikaner" gegründet, die von denselben rassistischen Parolen Gebrauch machte wie die NPD. Vor dem Hintergrund eines Anstiegs der Asylbewerberzahlen bis zur Änderung des Asylrechts 1993 konnte sie einige Erfolge verbuchen.

Nach ihrer Fusion mit der DVU (Deutsche Volksunion) spielt wiederum die NPD eine aktive Rolle am rechtsextremen Rand des politischen Spektrums. Rein zahlenmäßig ist die NDP zwar eine sehr kleine Partei, die 2020 3500 Mitglieder zählte und bei der Bundestagswahl 2021 0,1% der Stimmen erzielte. Sie ist vor allem im Osten verankert, wo sie 2006 den Einzug in den Landtag Mecklenburg-Vorpommerns schaffte. In wirtschaftlich maroden Gegenden ist aber das rechtsradikale Potential bei den jungen Wählern hoch. Rechtsradikales Gedankengut hat die Jugendkultur der Skinheads unterwandert. Gewaltverherrlichung und Gewaltbereitschaft gegen Ausländer treten verstärkt zum Vorschein, was die NPD nicht daran hindert, sich oft zum Anwalt des kleinen Mannes und der sozial Ausgegrenzten zu machen.

La résurgence de l'extrémisme de droite

Les milieux d'extrême droite en Allemagne sont considérés aujourd'hui comme étant dangereux et violents à la fois. Les extrémistes à droite du spectre politique se sont établis dès les années 60. En 1964, un « Parti National Démocratique Allemand » (NPD) fut fondé. Un an plus tard, lors des élections au Bundestag de 1965, il a obtenu 2 % des voix. Avec le bien-être matériel croissant pendant les années du Miracle économique, ce parti a peu à peu perdu de son attractivité et a presque complètement disparu du paysage politique. Mais la pensée d'extrême droite a continué d'exister. En 1983, un nouveau parti, « Les Républicains », a été fondé, et s'est emparé des mêmes slogans racistes que le NPD. Dans le contexte de l'augmentation du nombre des demandeurs d'asile jusqu'à la modification de la législation sur le droit d'asile en 1993, il a été en mesure d'engranger quelques succès.

Après sa fusion avec le DVU (« Union du peuple allemand »), le NPD joue de nouveau un rôle actif à l'extrême droite du spectre politique. D'un point de vue purement numérique, le NPD est un tout petit parti, qui comptait 3500 membres en 2020 et a obtenu 0,1 % des voix aux élections au Bundestag de 2021. Il est pour l'essentiel implanté à l'Est, où en 2006 il a réussi à rentrer au Landtag de Mecklembourg-Poméranie occidentale. Mais dans des régions à l'économie délabrée, l'extrême droite a un potentiel élevé chez les jeunes électeurs. La pensée d'extrême droite a infiltré la culture de la jeunesse chez les skinheads. Glorification de la violence, et disposition à passer à l'acte sont de plus en plus visibles, ce qui n'empêche pas le NDP de se faire souvent l'avocat des petites gens et des exclus de la société.

Die rechtsradikale Szene wird als Bedrohung der demokratischen Ordnung empfunden. Bundestag, Bundesrat und Bundesregierung reichten schon 2001 bei dem Bundesverfassungsgericht einen Verbotsantrag gegen die NPD ein. 2003 wurde das Verfahren vom Bundesverfassungsgericht wegen der großen Zahl von V-Leuten des Verfassungsschutzes in den Führungsgremien der NPD eingestellt. 2009 bereiteten einige Bundesländer eine erneute Klage auf Verfassungswidrigkeit vor. Im Januar 2017 befand das Bundesverfassungsgericht, dass die NPD zwar verfassungsfeindliche Ziele verfolge, dass sie aber nicht über das Potenzial verfüge, die Demokratie ernsthaft zu gefährden. Als Reaktion auf dieses milde Urteil beschloss der Bundestag im Juni 2017, die Möglichkeit eines Verbots der Finanzierung für verfassungsfeindliche Parteien einzuführen.

La mouvance active d'extrême droite est perçue comme une menace pour l'ordre démocratique. Dès 2001, Bundestag, Bundesrat et gouvernement fédéral ont déposé une requête auprès de la Cour constitutionnelle visant à interdire le NPD. En 2003, la procédure a été annulée en raison de l'infiltration des instances dirigeantes du parti par un nombre important d'agents des services de protection de la Constitution. En 2009, quelques Länder ont préparé une nouvelle plainte contre le NPD pour agissements anticonstitutionnels. En 2017, le Tribunal constitutionnel a statué que le NPD avait bien des visées contraires à la constitution, mais qu'il ne disposait pas du potentiel suffisant pour la mettre sérieusement en danger. En réaction à la clémence de ce jugement, le Bundestag a décidé d'introduire la possibilité d'interdire le financement des partis qui agissent contre la constitution.

Der rechte Terror stellt in Deutschland tatsächlich eine Gefahr dar. Der Nationalsozialistische Untergrund (NSU) ermordete zwischen 2000 und 2007 neun Menschen türkischer und griechischer Abstammung und verübte 43 Mordversuche. In Hanau tötete ein Rechtsradikaler im Februar 2020 9 Menschen. In Halle versuchte im Oktober 2019 ein junger Mann, aus ähnlichen Beweggründen einen Anschlag auf eine Synagoge zu begehen, und tötete zwei Menschen. Insgesamt zählte die Polizei 2020 8000 von Neonazis und anderen Rechtsradikalen begangene Delikte.

Le terrorisme de droite constitue effectivement un danger en Allemagne. Entre 2000 et 2007, le Groupe national-socialiste souterrain (NSU) a tué 9 personnes d'origine turque et grecque et a fait 43 tentatives de meurtre. À Hanau, en février 2020, un extrémiste de droite a tué 9 personnes. À Halle, un jeune a, en octobre 2019, essayé de perpétrer un attentat contre une synagogue et a tué 2 personnes. En 2020, la police allemande a comptabilisé au total 8 000 délits commis par des néonazis ou des extrémistes de droite.

Der Linksextremismus

In der Bundesrepublik richten sich linksextremistische Gruppen nach der marxistisch-leninistischen Weltanschauung aus oder übernehmen anarchistische Theorien. Linksextremisten zielen darauf ab, die bestehende Staats- und Gesellschaftsordnung abzuschaffen und werden deswegen vom Verfassungsschutz überwacht. Am aktivsten sind globalisierungskritische Bewegungen und militante Autonome, die oft gewaltbereit sind. Während des G20-Gipfels im Sommer 2017 in Hamburg kam es zu gewalttätigen Demonstrationen und Ausschreitungen.

L'extrémisme de gauche

En République Fédérale, les groupuscules d'extrémistes de gauche ont une ligne politique marquée par l'idéologie marxiste-léniniste ou adoptent des théories anarchistes. Les extrémistes de gauche ont pour but d'abolir l'ordre social et étatique existant et sont pour cette raison surveillés par les services de sécurité du territoire. Les plus actifs sont les mouvements altermondialistes et les militants autonomes, qui ont souvent recours à la violence. Pendant le sommet du G20 à Hambourg à l'été 2017, on a assisté à des manifestations et à des débordements violents.

Die Kommunistische Partei Deutschlands wurde 1956 verboten und liefert neben der 1952 verbotenen Sozialistischen Reichspartei, die sich als Nachfolgeorganisation der NSDAP verstand, das einzige Beispiel für ein Parteiverbot in der Geschichte der Bundesrepublik. In der politischen Landschaft sind die 1968 gegründete DKP, Deutsche Kommunistische Partei (DKP, 2017: 3 500 Mitglieder) oder die Marxistisch-leninistische Partei Deutschlands (2014: 1 800 Mitglieder) eher Randerscheinungen.

Le Parti communiste d'Allemagne (KPD) a été interdit en 1956, et, avec le Parti Socialiste du Reich, qui se concevait comme un prolongement du parti national-socialiste et a été interdit en 1952, il fournit le seul exemple d'une interdiction de parti dans l'histoire de la République fédérale. Dans le paysage politique, le DKP (Parti communiste allemand, 3500 membres en 2017) ou le Parti marxiste-léniniste d'Allemagne (1 800 membres en 2014) sont des phénomènes marginaux.

Sonstige Parteien

Die Piratenpartei Deutschland wurde 2006 in Berlin nach dem Vorbild der schwedischen „Piratpartiet" gegründet. Bei der Wahl zum Abgeordnetenhaus von Berlin 2011 zog sie mit 8,9 Prozent der Stimmen erstmals in ein Landesparlament ein. 2012 schafften die Piraten den Einzug in drei weitere Landtage (Nordrhein-Westfalen, Saarland, Schleswig-Holstein). Bei der Bundestagswahl 2013 vereinigten sie 2,2% der Stimmen auf sich, konnten die 5%-Hürde also nicht überschreiten. Bei der Bundestagswahl 2021 ist ihr Stimmenanteil auf 0,4% gesunken. Sie sind in keinem Landtag mehr vertreten. Grund für diesen Abstieg dürfte ihre Wahrnehmung als reine Interessenvertretungspartei sein. Die Piraten sind nämlich libertär gesinnt und lehnen grundsätzlich jegliche Form der Überwachungsgesellschaft ab. Sie sind eine Erscheinung der Informationsgesellschaft, fordern als „Digital Natives" Transparenz und Freiheit im Netz und machen sich für die Basisdemokratie stark.

Les autres partis

Le Parti Pirate allemand a été fondé en 2006 à Berlin, selon le modèle du parti suédois « Piratpartiet ». Lors des élections au Parlement berlinois de 2011, il est entré pour la première fois dans un Landtag, avec un score de 8,9 %. En 2012, les Pirates ont réussi à rentrer dans trois autres parlements régionaux (Rhénanie du Nord-Westphalie, Sarre et Schleswig-Holstein). Lors des élections au Bundestag de 2013, les Pirates ont obtenu 2,2 % des voix, et ne sont donc pas parvenus à franchir la barre des 5 %. Aux élections au Bundestag de 2021, leur score s'est réduit à 0,4 %. Ils ne sont plus représentés dans aucun Landtag. La raison de cette déchéance tient sans doute au fait qu'on les perçoit comme un parti représentant des intérêts particuliers. De fait, les Pirates ont une idéologie libertaire et rejettent fondamentalement toute forme de société de surveillance. C'est un phénomène lié à la société de l'information, en tant que « Digital Natives », ils revendiquent transparence et liberté de l'internet et militent pour une démocratie de la base.

Das Ergebnis der Bundestagswahl 2021 hat gezeigt, dass die Zeit der großen Volksparteien vorbei zu sein scheint. Noch in den Siebzigern versammelten Union und SPD gut 90 Prozent der Wähler hinter sich, heute ist es kaum mehr die Hälfte der Wählerschaft. Die Bundesrepublik

Le résultat des élections législatives de 2021 a montré que l'époque des grands partis de masse semble être révolue. Dans les années soixante-dix encore, l'Union et le SPD rassemblaient plus de 90 % des électeurs, aujourd'hui on arrive tout juste à un peu plus que la moitié de l'électorat. La

ist so demokratischer geworden. Es wird allerdings in Zukunft in dieser zersplitterten Parteienlandschaft immer schwieriger sein, regierungsfähige Mehrheiten zu finden. Zum ersten Mal in der Geschichte der Bundesrepublik sind drei sehr unterschiedliche Parteien an der Regierung.

Sie werden das politische Leben in Deutschland erneuern und neu beleben. Sie setzen der großen Koalition ein Ende, die seit 2005 zur Regel geworden war. Es wird sich in den nächsten vier Jahren aber zeigen müssen, ob solche Koalitionen auch andauern können und ob sie eine politische Stabilität gewährleisten, um welche die europäischen Nachbarn Deutschland immer beneidet haben.

Auf Olaf Scholz, der am 08.12. 2021 mit den Stimmen der SPD, der Grünen und der FDP zum neuen Bundeskanzler gewählt worden ist, kommen große Aufgaben zu. Er braucht eine starke und zuverlässige Mehrheit, um diese bewältigen zu können. Ihm wird der große Spagat zwischen sozialdemokratischen Forderungen nach mehr sozialer Gerechtigkeit und dem Vertrauen der Liberalen auf die Selbstregulierung der Wirtschaft durch freie Märkte gelingen müssen. Hinzu kommt der Anspruch der Grünen, Deutschland durch einen schnellstmöglichen Kohleausstieg und den Verzicht auf Brennungsmotoren in der Automobilindustrie so schnell wie möglich klimaneutral zu machen. Ein von dem Vorsitzenden der Grünen, Robert Habeck, geführtes Superministerium für Wirtschaft und Klima soll in Zukunft Bereiche zusammenführen, die bisher als gegensätzlich galten. Der FDP-Vorsitzende Christian Lindner soll als Finanzminister dafür sorgen, dass die Umsetzung ambitionierter Pläne, wie der Bau von 400 000 Wohnungen pro Jahr oder eine schnell eingeleitete Verkehrswende, finanzierbar bleiben. Ob der im Koalitionsvertrag versprochene Aufbruch dann auch tatsächlich gelingt, wird sich in den nächsten vier Jahren zeigen.

République fédérale est ainsi devenue plus démocratique. Toutefois, dans ce paysage politique éclaté, il sera à l'avenir plus difficile de trouver des majorités stables, capables de gouverner. Pour la première fois dans l'histoire de la RFA, trois partis de bord très différent sont au gouvernement.

Ils vont renouveler la vie politique du pays et lui donner un nouvel élan. Ils mettent un terme aux grandes coalitions qui, depuis 2005, étaient devenues la règle. Au cours de ces quatre années, ces partis devront fournir la preuve que ce genre de coalition peut durer et qu'il peut garantir cette stabilité politique que les voisins européens de l'Allemagne lui ont toujours enviée.

La tâche d'Olaf Scholz, qui a été élu chancelier le 8 décembre 2021 avec les voix du SPD, des Verts et du FDP, s'annonce ardue. Il a besoin d'une majorité forte et fiable pour pouvoir faire face à toutes les tâches qui l'attendent. Il devra réussir le grand écart entre les revendications des sociaux-démocrates de plus de justice sociale et la confiance que font les libéraux à la capacité des marchés à se réguler tout seuls. À cela se rajoute la volonté qu'affichent les Verts d'arriver le plus tôt possible à un niveau zéro d'émissions de CO_2 *grâce à une sortie rapide du charbon et l'interdiction des moteurs à combustion dans l'industrie automobile. Un très grand ministère de l'économie et de la protection du climat, avec à sa tête le président des Verts Robert Habeck, doit à l'avenir réunir deux domaines qui ont toujours été considérés comme contradictoires. Le président du FDP, Christian Lindner, en charge quant à lui du ministère des Finances, doit veiller à ce que des projets ambitieux, comme la construction de 400 000 appartements par an ou comme une transition rapide vers un nouveau modèle dans le domaine des transports, restent réalisables sur le plan financier. On verra dans les années à venir si ce nouveau départ promis dans l'accord de coalition se transposera dans les faits.*

Vocabulaire

Bürgertum, (das)	*la bourgeoisie*
Christdemokrat, (der, masc. faible)	*le chrétien-démocrate*
Ebene, (die, n), auf der Ebene (+ G)	*le niveau, au niveau de*
Flügel, (der, -)	*l'aile*
Machtwechsel, (der, -)	*le changement de pouvoir*
Mehrheitswahl, (die)	*le scrutin majoritaire*
Partei, (die, en)	*le parti*
Rücktritt, (der, e)	*la démission*
Sozialdemokrat, (der, masc. faible)	*le social-démocrate*
Sozialist, (der, masc. faible)	*le socialiste, le communiste*
Schicht, (die, en)	*la couche*
Stimme, (die, n)	*la voix*
Verhältniswahl, (die)	*le scrutin proportionnel*
Vorsitzende, (der/die, adj. subst.)	*le président (d'un parti)*
Vorwurf, (der, ¨e)	*le reproche*
allmählich	*progressivement, peu à peu*
ausschließlich	*exclusivement*
erheblich	*considérable*
innerhalb, (+ G)	*à l'intérieur de*
jedoch	*cependant*
vollständig	*pleinement, complètement*
zunächst	*d'abord*
zunehmend	*croissant, de plus en plus*
ab/schaffen	*abolir, supprimer*
auf/geben, (a, e)	*abandonner*
sich auseinander/setzen (mit + D)	*se quereller, être en conflit avec*
belasten (mit + D)	*accabler de*
ein/holen	*rattraper*
entstehen, (entstand, ist entstanden)	*naître, être fondé*
erschüttern	*ébranler, secouer*
zur Folge haben	*avoir pour conséquence*
gegenüber/stehen, (and, anden, + D)	*être confronté, s'opposer à*
geraten, (geriet, ist geraten, in + A)	*se trouver pris dans*
gründen	*fonder, créer*
kennzeichnen	*caractériser*
scheitern, (an + D, ist)	*échouer*
sich stützen, (auf + A)	*s'appuyer sur*
um/benennen (annte, annt)	*rebaptiser*
verdrängen	*refouler, évincer, repousser*
verzichten (auf + A)	*renoncer à*
sich wandeln, (in + A, zu + D)	*changer, se transformer*
wider/spiegeln	*refléter*

Lexique en situation 7

- Im Laufe der Jahre hat sich dieses Land zu einem zuverlässigen Partner gewandelt.
  Au fil des ans, le pays s'est transformé en un partenaire fiable.
- Diese Reformen sind nur auf europäischer Ebene möglich.
  Ces réformes ne sont possibles qu'à un niveau européen.
- Trotz all der Schwierigkeiten, auf die er gestoßen ist, wollte er nie aufgeben.
  Malgré toutes les difficultés qu'il a rencontrées, il n'a jamais voulu abandonner.
- Ihm wird der Vorwurf gemacht, dass er nicht in der Lage war, die jungen Wähler zu mobilisieren.
  On lui fait le reproche de ne pas avoir été capable de mobiliser les jeunes électeurs.
- Bei einer Wahl zählt jede Stimme.
  Dans une élection, chaque voix compte.
- In Frankreich sank die Wohnsteuer, bevor sie vollständig abgeschafft wurde.
  En France, la taxe d'habitation a baissé avant d'être complètement supprimée.
- In dieser Partei gibt es mehrere Flügel mit sehr unterschiedlichen politischen Ausrichtungen.
  Dans ce parti, il existe plusieurs ailes avec des orientations politiques divergentes.
- Er ist an seinen eigenen Zweifeln gescheitert.
  Il a échoué à cause de ses propres doutes.
- Die Grünen stützen sich vor allem auf eine junge Wählerschaft in den großen Städten.
  Les Verts s'appuient surtout sur un électorat jeune dans les grandes villes.
- Vor ein paar Jahren ist der Betrieb meines Vaters plötzlich in eine Krise geraten.
  Il y a quelques années, l'entreprise de mon père s'est trouvée subitement prise dans une crise.
- Die FDP wurde ein paar Jahre nach dem Krieg gegründet.
  Le FDP a été fondé quelques années après la guerre.
- Er hat die Probleme in seiner Kindheit leider verdrängt.
  Il a malheureusement refoulé les problèmes de son enfance.
- Dieses Steuerparadies ist mitten in Europa entstanden.
  Ce paradis fiscal est né en plein milieu de l'Europe.
- Die Gründung der AfD und ihr Einzug in den Bundestag hatten eine Zersplitterung der Parteienlandschaft zur Folge.
  La fondation de l'AfD et son entrée au Bundestag ont eu pour conséquence un éclatement du paysage politique.
- Diese beiden Politiker standen sich vor der Wahl mehrmals gegenüber.
  Ces deux hommes politiques se sont confrontés à plusieurs reprises avant les élections.

Dossier 8

Die Wirtschaft

Gesamtkennzeichnung

Die Stärken der deutschen Wirtschaft

Die deutsche Volkswirtschaft ist bei weitem die größte Volkswirtschaft in der Europäischen Union. Laut Destatis-Statistik für das Jahr 2020 belief sich der Anteil Deutschlands am Bruttoinlandsprodukt der EU auf 25%. Die Bundesrepublik kommt für 29% des BIP in der Eurozone auf.

Ein besonderes Merkmal für die deutsche Volkswirtschaft ist die noch erhebliche Bedeutung des sekundären Wirtschaftssektors. Industrie und verarbeitendes Gewerbe beschäftigten 2019 rund 24% der Erwerbstätigen. Schwergewichte der deutschen Industrie sind nach wie vor die Montanindustrie, der Maschinenbau und die Automobilindustrie.

Absolute Spitzenreiter sind ohne jeglichen Zweifel die Hersteller von Luxusautos BMW und Daimler-Chrysler, aber natürlich auch VW, mit Zentrale im niedersächsischen Wolfsburg. Volkswagen gehört mit 650 000 Beschäftigten weltweit zu den zehn größten Konzernen der Welt. Die drittgrößte Wirtschaftsbranche ist die Chemieindustrie. Ein Viertel der europäischen chemischen Erzeugnisse werden durch die deutschen Chemiegiganten am Rhein (BASF in Ludwigshafen, Bayer in Leverkusen, Henkel in Düsseldorf) und im „chemischen Dreieck" hergestellt. Zu erwähnen ist auch die Hightech-Industrie, mit besonderem Schwerpunkt in der optischen Industrie um den vor über 150 Jahren gegründeten Zeiss-Konzern in Jena.

L'économie

Caractérisation d'ensemble

Les atouts de l'économie allemande

L'économie allemande est de loin la plus grande économie de l'Union européenne. Les statistiques de Destatis pour l'année 2020 établissaient que le Produit Intérieur Brut de l'Allemagne représentait 25 % du PIB de l'UE à vingt-sept. La République fédérale fournit 29 % du PIB de la zone Euro.

L'économie allemande se distingue par l'importance encore grande du secteur secondaire. En 2019, l'industrie et le secteur de la transformation employaient 24 % des actifs. Les points forts de l'industrie allemande sont aujourd'hui comme hier l'industrie métallurgique, la construction mécanique et l'industrie automobile.

Les champions toutes catégories sont sans conteste les fabricants d'automobiles de luxe BMW et Daimler-Chrysler, mais bien sûr aussi Volkswagen, dont le siège est à Wolfsburg en Basse-Saxe. Avec 650 000 employés répartis dans le monde entier, Volkswagen fait partie des dix plus grands groupes mondiaux. L'industrie chimique est le numéro 3 de l'industrie allemande. Un quart des produits chimiques européens sont fabriqués par les géants allemands de la chimie le long du Rhin (BASF à Ludwigshafen, Bayer à Leverkusen, Henkel à Düsseldorf) et dans le « triangle de la chimie ». Il convient de mentionner également l'industrie technologie de pointe, avec une place particulière pour l'industrie optique autour du groupe Zeiss de Jena, fondé il y a plus de 150 ans.

Obwohl der Anteil der Industrie am BIP – wie in allen hoch entwickelten Ländern – tendenziell zurückgeht, bleiben die deutschen industriellen Erzeugnisse Exporthits. Die Ausfuhr von Industriegütern trägt zum erheblichen Überschuss im deutschen Außenhandel bei. Nur der Exportriese China konnte ab 2009 der Bundesrepublik den Titel des Exportweltmeisters streitig machen. Allerdings hat Deutschland den weltgrößten Exportüberschuss zu verzeichnen.

Bien que la part de l'industrie dans le PIB ait tendance à régresser (comme dans tous les pays développés), les produits industriels allemands sont toujours des succès à l'exportation. Les exportations allemandes de produits manufacturés contribuent au vaste excédent du commerce extérieur allemand. Seul le géant chinois put, à partir de 2009, contester à la République fédérale son titre de champion du monde des exportations. Il reste que c'est l'Allemagne qui enregistre le plus grand excédent commercial.

In einer Welt der wirtschaftlichen Turbulenzen bleibt die Bundesrepublik ein reiches, hoch entwickeltes Land. Ein Bruttoeinkommen pro Kopf von über 41 200 Euro (Stand 2020) sichert den Deutschen einen der höchsten Lebensstandards der Welt. Dabei bestehen trotz zunehmender Angleichung Unterschiede zwischen Ost und West, und die Schere zwischen Nord und Süd öffnet sich (vgl. Dossier 17).

Dans un monde qui traverse des turbulences économiques, la République fédérale demeure un pays riche et très développé. Un revenu brut par habitant de plus 41 200 euros (2020) assure aux Allemands l'un des plus hauts niveaux de vie du monde. Malgré une dynamique de rattrapage, des disparités demeurent entre l'Est et l'Ouest, et l'écart se creuse entre Sud et Nord (cf. Dossier 17).

Ziel dieses Kapitels soll es im Folgenden sein, einen Rückblick auf die Entstehung des deutschen Modells und auf die unter Kanzler Schröder durchgeführten Reformen zu machen. Dann soll auf die deutsche Handhabung der Finanz- und Eurokrise 2008 eingegangen werden. Abschließend werden die Folgen der Corona-Krise und die deutsche Wirtschaftskonjunktur zum Zeitpunkt der Veröffentlichung der 6. Ausgabe dieser Dossiers untersucht.

L'objectif de ce chapitre dans les pages qui suivent sera d'offrir un panorama rétrospectif de la genèse du modèle allemand et des réformes mises en œuvre sous le chancelier Schröder. Puis on se penchera sur la gestion allemande de la crise financière et de la crise de l'euro de 2008. Pour conclure, l'on examinera les conséquences de la crise sanitaire de la Covid-19 et la conjoncture économique allemande au moment de la publication de la 6e édition de ces Dossiers.

Rückblick: Die Entstehung des deutschen Wirtschaftsmodells

Un regard rétrospectif sur la genèse du modèle économique allemand

Ludwig Erhard und der rheinische Kapitalismus

Ludwig Erhard et le capitalisme rhénan

Das Bekenntnis der Deutschen zur Marktwirtschaft erfolgt noch vor der Gründung eines neuen deutschen Staates. Deswegen gilt der Liberalismus (= die Marktwirtschaft) als Eckstein beim Wiederaufbau Deutschlands.

La conversion des Allemands à l'économie de marché a lieu avant la fondation d'un nouvel État allemand. Pour cette raison, le libéralisme (= l'économie de marché) a valeur de pierre angulaire dans la reconstruction de l'Allemagne.

Den Grundstein legt Ludwig Erhard in einer Rede vor der 14. Vollversammlung des Wirtschaftsrates in der Bizone (der britisch-amerikanischen Besatzungszone) im April 1948 (vgl. Dossier 3). Da spricht er sich für eine Einschränkung der Rolle des Staates in der Wirtschaft aus. Dies entspricht einem Bruch mit der damals vorherrschenden keynesschen Wirtschaftspolitik in Westeuropa.

La première pierre de l'édifice est posée par Ludwig Erhard dans un discours prononcé devant la 14e assemblée plénière du conseil économique de la bizone (la zone d'occupation anglo-américaine) en avril 1948 (cf. Dossier 3). Il s'y prononce en faveur d'une limitation du rôle de l'État en économie. Cela correspond à une rupture avec la politique économique keynésienne qui domine alors en Europe de l'Ouest.

Der Staat soll also auf die Lenkung des Wirtschaftslebens verzichten. Er überlässt sie den Marktkräften: das bedeutet insbesondere den Verzicht auf eine Preiskontrolle zu Gunsten des freien Spiels der Marktkräfte. Der Staat versteht sich als Garant der wirtschaftlichen Freiheit. Der Schutz des Wettbewerbs durch den Staat ist die Grundlehre des „Ordnungsliberalismus", dessen Hauptvertreter der österreichische Ökonom und Nobelpreisträger Friedrich August von Hayek war.

L'État doit renoncer à diriger l'économie. Il laisse faire les forces du marché : cela implique en particulier de renoncer au contrôle des prix au bénéfice des libres forces du marché. L'État se conçoit comme le garant de la liberté économique. La protection de la concurrence par l'État est la thèse fondamentale de « l'ordolibéralisme », dont le représentant principal fut l'économiste autrichien Friedrich August von Hayek, prix Nobel d'économie.

Freiheit im Wirtschaftsbereich wird also der Schaffung eines Rechtsstaats vorausgeschickt. Das Wirtschaftswachstum wird sozusagen zur Grundlage für die Entstehung eines freien demokratischen Staates, wo jeder sich am Schaffen von Wachstum und Reichtum beteiligen kann. Diese wirtschaftliche Konsensbildung soll als Mauer gegen einen Rückfall in den Nationalsozialismus wirken.

La liberté économique advient donc avant la création d'un État de droit. La croissance économique devient pour ainsi dire le fondement permettant l'avènement d'un État démocratique libre où chacun peut prendre part à la création de la croissance et de la richesse. Cette production économique du consensus est investie d'une fonction de rempart contre une rechute dans le national-socialisme.

Rasch schließen sich die politischen Parteien als „Partner" diesem System an. Als erste erklären die Christdemokraten ihr Einverständnis mit Erhards Doktrin, gefolgt von den Gewerkschaften. Ganz entscheidend ist die Bekehrung der Sozialdemokraten. Sie erfolgt 1959 auf dem Parteitag von Bad Godesberg. Zusammen mit der Anerkennung des Privateigentums der Produktionsstrukturen verzichtet die deutsche Sozialdemokratie auf den Klassenkampf und auf die Verstaatlichung der Produktionsmittel. Sie bekennt sich zum Prinzip einer „sozialen Marktwirtschaft", wo

Les partis politiques adhèrent rapidement à ce système, et en deviennent les partenaires. Les chrétiens-démocrates ont été les premiers à exprimer leur accord avec la doctrine Erhard, suivis par les syndicats. La conversion des sociaux-démocrates est d'une importance capitale. Elle a lieu en 1959 au congrès de Bad Godesberg. La social-démocratie allemande reconnaît la propriété privée des structures de production. Elle renonce en même temps à la lutte des classes et à la nationalisation des moyens de production. Elle endosse le principe d'une « économie sociale de

eine gerechte Gesellschaftsordnung unter der Bedingung eines wahren wirtschaftlichen Wettbewerbs gewährleistet werden soll.

marché », où une véritable concurrence économique est la condition de la justice sociale.

Im Rahmen des Marshall-Plans werden der wieder aufblühenden Industrie Geldmittel zur Verfügung gestellt. Die Stärke der deutschen Wirtschaft liegt von nun an im Bereich der Schwerindustrie und des Maschinenbaus. Einen weiteren Grund für Nationalstolz liefert rasch die deutsche Währung, die Deutsche Mark (DM). Das Gespenst der Inflation, wie sie Deutschland in den 20er Jahren und später noch nach dem Zweiten Weltkrieg erlebt hat, ging noch lange in allen Köpfen um. So sehen die Deutschen in der stabilen Währung die Voraussetzung für den Wohlstand. Aufgabe der Deutschen Zentralbank, der Bundesbank, ist es, die Preisstabilität und die damit verbundene Stabilität der DM zu sichern. Es entsteht eine Art „DM-Patriotismus", der dem „Verfassungspatriotismus" an Bedeutung gleichkommt. Die Deutschen sind stolz auf ihre Währung, die als harte Währung unter den Anlegern weltweit gefragt ist. Dies erklärt, dass Deutschland nur ungern von der DM Abschied nimmt, als am 1. Januar 1999 der Euro als offizielle Währung in der Euro-Zone eingeführt wird, wie es der Vertrag von Maastricht vorsieht.

Dans le cadre du plan Marshall, des moyens financiers sont mis à la disposition de l'industrie renaissante. Désormais, la force de l'économie allemande tiendra à l'industrie lourde et à la construction mécanique. La monnaie allemande, le deutschemark (DM), sera bientôt une raison supplémentaire d'être fier de son pays. Le spectre de l'inflation qu'a connue l'Allemagne dans les années 1920, puis après la guerre, hante encore les esprits. C'est pourquoi les Allemands conçoivent la stabilité monétaire comme la condition nécessaire au bien-être matériel. La mission de la banque centrale allemande, la Bundesbank, est de garantir la stabilité des prix, et donc de la monnaie. On voit naître une sorte de « patriotisme du mark », qui revêt une importance égale au « patriotisme de la constitution ». Les Allemands sont fiers de leur monnaie, une monnaie forte très prisée des investisseurs du monde entier. C'est la raison pour laquelle les Allemands ont du mal à dire adieu au mark quand, le 1er janvier 1999, l'euro est introduit comme monnaie officielle de la zone euro, comme le stipule le traité de Maastricht.

Was ist (war) unter „deutschem Modell" zu verstehen?

Que faut (fallait)-il entendre par « modèle allemand » ?

Im Wesentlichen beruht das „deutsche Modell" auf zwei Prinzipien: einerseits der stabilen Struktur im Kapital der Unternehmen und andererseits der Konsenssuche mit den Arbeitnehmern über die unternehmerischen Ziele. Dazu kommt noch – und zwar wie in vielen großen Staaten West- oder Nordeuropas – der Wohlstand, den hohe, staatlich gesicherte Sozialleistungen gewährleisten.

Le « modèle allemand » repose sur deux principes : d'un côté la stabilité dans la structure du capital des entreprises, et de l'autre la recherche d'un consensus avec les salariés sur les grandes orientations de l'entreprise. À cela s'ajoute – mais comme dans nombre de grands pays d'Europe de l'Ouest ou du Nord – la prospérité offerte par un haut niveau de prestations sociales garanties par l'État.

Kennzeichnend für den „rheinischen Kapitalismus" ist die Kapitalstruktur. Sie gilt sowohl für die großen Konzerne als auch für die Unternehmen des „Mittelstands",

Ce qui caractérise en propre le « capitalisme rhénan », c'est la structure du capital. On la retrouve aussi bien dans les grands groupes que pour les « PME »,

die das Rückgrat der deutschen Wirtschaft bilden. Zum Mittelstand gehören alle Unternehmen aus Industrie, Handwerk, Handel und Dienstleistungssektor, die unter 500 Mitarbeiter zählen. Sie werden heute oft mit der Abkürzung KMU (kleine und mittlere Unternehmen) bezeichnet. 2018 gab es über 3,45 Mittelstandsbetriebe in Deutschland. Sie tragen zur Wertschöpfung von über 35% des BIP bei. Über 58% der Erwerbstätigen sind im Mittelstand beschäftigt. Die mittelständischen Betriebe leisten den größten Beitrag zur Berufsausbildung im Rahmen des Dualen Systems (vgl. Dossier 11). Sie exportieren den Großteil ihrer Produktion in andere Länder der EU oder in die USA und nach Japan und China und sind nicht selten Weltmarktführer.

qui constituent l'épine dorsale de l'économie allemande. Font partie des petites et moyennes entreprises toutes les entreprises industrielles, artisanales, commerciales et de services qui comptent moins de 500 salariés. La langue allemande les désigne aujourd'hui fréquemment par l'abréviation KMU. En 2018, il y avait plus de 3,45 millions de PME. Elles produisent 35 % du PIB. Plus de 58 % des actifs travaillent dans une PME. Ce sont les PME qui contribuent le plus à l'offre de formation professionnelle dans le cadre du système dual (cf. Dossier 11). Elles exportent la plus grosse partie de leur production dans d'autres pays de l'UE ou aux USA et au Japon et en Chine, et il n'est pas rare qu'elles soient leader sur leur marché.

Im rheinischen Kapitalismus ist das Kapital der Unternehmen stabil, sodass man von einer „Festung Deutschland" sprechen konnte. Banken und Versicherungsgesellschaften sind – oft durch gekreuzte Kapitalanteile oder Überkreuzbeteiligungen – als feste Großanleger am Kapital beteiligt. Der Hauptteil des Kapitals befindet sich aber in den Händen des Unternehmers selbst oder in denen einer einzelnen Familie, und dies nicht selten von Generation zu Generation. Vielmehr als an hohen Renditen sind Banken und Versicherungen an der Rückzahlung der Kredite interessiert. So kann auch ein Teil des Profits den Arbeitnehmern zugute kommen.

Dans le capitalisme rhénan, le capital des entreprises est stable, de sorte qu'on a pu parler d'une « forteresse allemande ». Les banques et les compagnies d'assurances sont associées au capital en tant que gros investisseurs, souvent par le biais de participations croisées. La plus grosse part du capital se trouve entre les mains du chef d'entreprise lui-même, ou entre celles d'une seule famille, et ce souvent de génération en génération. Les banques et les assurances visent moins un rendement élevé de leurs investissements que le remboursement des crédits souscrits. De cette façon, une part des profits peut revenir aux salariés.

Zur Sicherung des sozialen Friedens gehört im „deutschem Modell" auch das in allen Branchen geltende Mitbestimmungsrecht der Arbeitnehmer. Die Mitbestimmung ist im Betriebsverfassungsgesetz verankert und gilt für alle Betriebe, welche die Rechtsform einer Kapitalgesellschaft haben und mehr als 5 Arbeitnehmer beschäftigen. Da muss es im Betrieb einen Betriebsrat geben, in dessen Rahmen die Vertreter der Belegschaft jeder Änderung der Betriebsorganisation

Le maintien de la paix sociale passe, dans le « modèle allemand », également par le droit de cogestion des salariés, qui vaut pour tous les secteurs d'activité. La cogestion est garantie par la constitution et s'applique à toutes les entreprises ayant le statut juridique d'une société de capitaux et employant plus de 5 salariés. Dans ce cas, elle doit être dotée d'un comité d'entreprise où les représentants du personnel doivent approuver toute modification

und jedem neuen Schritt in der Betriebsentwicklung zustimmen müssen, bevor diese verwirklicht werden können.

de l'organisation de l'entreprise et toute nouvelle démarche dans son évolution avant qu'elles ne puissent être mises en œuvre.

Ein weiteres Merkmal für die Arbeitsorganisation in Deutschland sind die Tarifverhandlungen. Die deutschen Tarifpartner suchen über alle Wege, mögliche Konflikte zu entschärfen. Nur selten kommt es zu Warnstreiks. Zum „deutschen Modell" gehören also regelmäßige Tarifrunden, wo die Tarifpartner über Lohnerhöhungen, Arbeitszeiten und soziale Fragen verhandeln. In den „fetten" Jahren verhelfen die Tarifrunden den deutschen Arbeitnehmern oft dazu, Anteil am Wirtschaftswachstum zu haben. Umgekehrt können sie in Krisenzeiten auch zur Mäßigung der Lohnerhöhungen beitragen, wenn es als Gegenleistung darum geht, Arbeitsplätze zu sichern. Die Entstehung von „Branchengewerkschaften", die die Interessen einzelner Berufe wie Lokführer oder Piloten vertreten, hat allerdings in den letzten Jahren das Prinzip der Tarifeinheit in Frage gestellt und zu mehr Streiks geführt.

L'organisation du travail en Allemagne a une autre caractéristique : les négociations salariales par branche. Les partenaires sociaux cherchent par tous les moyens à désamorcer les conflits. Les grèves (d'avertissement) sont rares. Des négociations salariales par branche sur une base régulière sont donc constituantes du « modèle allemand ». Les partenaires sociaux y discutent d'augmentations de salaire, du temps de travail et de questions sociales. Ces négociations salariales permettent souvent aux salariés d'avoir leur part des fruits du surcroît de croissance les bonnes années. À l'inverse, elles permettent aussi en temps de crise de modérer la hausse des salaires, quand en contrepartie on peut garantir les emplois. Ces dernières années, la création d'organisations syndicales défendant les intérêts de métiers spécifiques comme les pilotes d'avion ou les conducteurs de train a toutefois remis en question le principe de l'unité de négociation et a conduit à une augmentation du nombre des grèves.

Eine Grundlage für die Tarifverhandlungen bildet der am 1. Januar 2015 bundesweit eingeführte gesetzliche Mindestlohn, den 2021 über 6,5 Millionen Beschäftigte bekommen.

La mise en place généralisée d'un salaire minimum le 1er janvier 2015 fournit une base de discussion pour les négociations salariales par branche. En 2021, plus de 6,5 millions d'actifs touchent le salaire minimum.

Die Erwerbstätigen sind in noch relativ hohem Grade in Gewerkschaften organisiert. Die Gewerkschaften, deren größte Dachorganisation der Deutsche Gewerkschaftsbund (DGB) ist, haben sich einem Reformprozess unterzogen. Im März 2001 haben sich beispielsweise fünf Gewerkschaften zu „ver.di" zusammengeschlossen. ver.di vertritt die Arbeitnehmer in rund 1 000 Berufen des Dienstleistungssektors und stellt über ein Drittel aller DGB-Mitglieder (ein weiteres Drittel stellt die mächtige IG Metall). Aber

Les actifs sont pour un nombre encore non négligeable membres d'un syndicat. Regroupés pour la plupart au sein du DGB (fédération des syndicats allemands), les syndicats se sont soumis à une évolution. L'exemple le plus récent en est fourni par la fusion en mars 2001, par exemple, cinq syndicats se sont fédérés pour former « ver.di ». « Ver.di » représente les salariés dans presque mille professions du secteur des services et fournit plus d'un tiers des membres du DGB (un autre tiers étant fourni par le puissant syndicat de la métallurgie

wie in allen Ländern Westeuropas leiden die Gewerkschaften seit der Beschäftigungskrise am Anfang der 90er Jahre unter einem drastischen Mitgliederschwund: zählte der DGB 1995 noch über 9,3 Millionen Mitglieder, so waren diese 2020 nur noch rund 5,8 Mio. an der Zahl. Die Arbeitgeber verfügen über eine eigene Organisation, den Deutschen Arbeitgeberverband.

IG Metall). Mais comme dans tous les pays d'Europe de l'Ouest, les syndicats sont affectés depuis la crise de l'emploi du début des années 1990 par une fonte de leurs effectifs : en 1995, le DGB comptait encore 9,3 millions de membres, tandis qu'en 2020, il n'en avait plus que 5,8 millions. Les patrons disposent de leur propre organisation, « l'Association du patronat allemand ».

Die Schockwirkung der Wiedervereinigung und die Einführung des Euro

Le choc de la réunification et l'introduction de l'euro

Helmut Kohls Geschenk an die Bevölkerung im Osten, nämlich der Tauschkurs der Ostmark eins zu eins gegen die DM (zwei zu eins für die Unternehmen. Siehe dazu Dossier 17), hatte verheerende Folgen für die ostdeutschen Produktionsstrukturen. Von einem Tag auf den anderen verteuerten sich die ostdeutschen Erzeugnisse. Dazu kam, dass die Ostdeutschen selbst nur noch Westprodukte konsumieren wollten.

Helmut Kohl avait fait un cadeau à la population de l'Est en changeant 1 contre 1 le mark-est contre le DM (et 2 contre 1 pour les entreprises. Voir à ce sujet le Dossier 17). Or ce cadeau a eu des conséquences dévastatrices pour les structures de production de l'Est. Du jour au lendemain, les produits est-allemands se sont retrouvés trop chers. En plus de cela, les Allemands de l'Est eux-mêmes n'avaient plus qu'une seule envie : consommer des produits de l'Ouest.

Die marode Wirtschaftsstruktur des Ostens brach zusammen (vgl. Dossier 17). Die Arbeitslosigkeit erreichte eine nie gekannte Höhe. Die ostdeutschen Erzeugnisse brauchten Jahre, um wieder wettbewerbsfähig zu werden. Dafür war eine Mäßigung der Lohnentwicklung nötig, die sich negativ auf die Inlandsnachfrage ausgewirkt hat. Zu hohe Zinssätze schreckten in den Jahren nach der Wiedervereinigung die Investoren ab.

La structure économique bien mal en point de l'Est s'est effondrée (cf. Dossier 17). Le chômage a enregistré des niveaux records. Les produits est-allemands ont mis des années à être de nouveau compétitifs. Il a fallu pour cela une modération salariale qui a eu des conséquences négatives sur la demande intérieure. Dans les années qui ont suivi la réunification, des taux d'intérêt trop élevés ont dissuadé les investisseurs.

Als zweiter, damit verbundener Faktor kommt der Tauschkurs der DM gegen den Euro hinzu. Dieser schon 1987 im Europäischen Währungssystem festgelegte Kurs erwies sich als zu hoch und nur für die deutschen Touristen günstig, die einen Teil ihres Geldes im Ausland ausgeben. Aber die deutschen Konsum- und Industriegüter wurden auf dem internationalen Markt auf einmal zu teuer, sodass auch im Westen Deutschlands durch so gut wie

Le second facteur, lié au premier, est le taux de change du mark contre l'euro. Ce taux (fixé dès 1987 dans le cadre du système monétaire européen) s'est avéré trop élevé, favorisant uniquement les touristes allemands qui dépensent une partie de leur argent à l'étranger. Mais les biens de consommations et les biens industriels allemands sont d'un seul coup devenus trop chers sur le marché international, de sorte qu'à l'Ouest aussi, il a fallu regagner

blockierte Löhne Wettbewerbsfähigkeit zurückgewonnen werden musste. Zu diesem Zweck versuchten die Bundesregierungen unter Kanzler Kohl und dann auch Kanzler Schröder, die Lohnnebenkosten zu senken. Aber wenn man eine zu starke Anhebung der Sozialbeiträge verhindern wollte, musste man Einschnitte in den Sozialstaat vornehmen. Das führte dann auch zu einer Stagnation der Einkommen der Haushalte und der Binnennachfrage. Das deutsche Modell geriet in eine Krise.

en compétitivité par un quasi blocage des salaires. Dans cette perspective, les gouvernements Kohl et Schröder ont tenté d'abaisser le coût du travail. Pour limiter une hausse trop importante des cotisations sociales, il fallait tailler dans les prestations sociales. Et cela a provoqué une stagnation des revenus des ménages et de la demande intérieure. Le modèle allemand était entré dans une crise.

Schröders Strukturreformen: die Agenda 2010

Die „Agenda 2010" ist ein Sammelbegriff für die Strukturreformen der rot-grünen Bundesregierung unter Kanzler Schröder. Sie umfasst umfangreiche Bereiche der Wirtschaft und der Gesellschaft mit dem Ziel, das Wachstum zu fördern und den Standort Deutschland zu verteidigen, unter anderem durch eine Sanierung der Staatsfinanzen. Schwerpunkte der Agenda 2010 sind der Arbeitsmarkt, die Gesundheit und die Renten.

Les réformes structurelles de Schröder : l'Agenda 2010

Par ce terme, on entend l'ensemble des réformes structurelles entreprises par le gouvernement social-démocrate et vert du chancelier Schröder. Elles s'appliquent à de nombreux secteurs de l'économie et de la société, dans le but de soutenir la croissance et de défendre la compétitivité (donc l'emploi) en Allemagne, par le biais entre autres choses d'un assainissement des finances publiques. Les points centraux sont le marché du travail, la santé et les retraites.

Maßnahmen zur Belebung des Arbeitsmarkts: Die Hartz-Reform

Initiator der Reform ist Peter Hartz, der lange Jahre Personalchef bei VW war. Bundeskanzler Schröder ernannte ihn zum Vorsitzenden einer Kommission zur Reform des Arbeitsmarkts. P. Hartz ging von der Feststellung aus, dass zu wenig gemacht wurde, um Arbeitslose wieder auf den Arbeitsmarkt zu bringen. Er wollte die Gründung von Klein- bzw. Einzelunternehmen durch Arbeitslose begünstigen und schuf zu diesem Zweck das Konzept der „Ich-AG" („Ich-Aktiengesellschaft"), nach dem unter Bezug einer staatlichen Förderung ehemalige Arbeitslose sich selbstständig machen sollten. Doch 2011 wurde die Zahlung dieser staatlichen Unterstützung eingestellt. Zu diesem Zeitpunkt waren 6% der Erwerbstätigen in einer „Ich-AG" beschäftigt.

Mesures visant à dynamiser le marché du travail : la réforme Hartz

À l'origine de cette réforme, il y a Peter Hartz, qui fut longtemps DRH chez Volkswagen. Le chancelier Schröder l'a nommé à la tête d'une commission de réforme du marché du travail. P. Hartz est parti de la constatation que trop peu de choses étaient faites pour permettre aux chômeurs de se réinsérer sur le marché du travail. Voulant favoriser la création de petites entreprises par des chômeurs, il a imaginé le concept de « Ich-AG » (« micro-entreprise individuelle ») qui était censé permettre à d'anciens chômeurs de se constituer en travailleurs indépendants grâce à un soutien de l'État. Mais en 2011, le versement de cette aide financière de l'État fut supprimé. À cette date, 6 % des actifs étaient employés dans une « Ich-AG ».

Langzeitarbeitslosen soll durch „Personal-Service-Agenturen" (PSA) geholfen werden. Es sind Vermittlungsstellen beim Arbeitsamt, die die Langzeitarbeitslosen beraten und in gewisser Hinsicht wie Zeitarbeitsfirmen arbeiten.

Pour venir en aide aux chômeurs de longue durée, on a mis en place des « Agences de service personnel » (PSA). Ce sont des agences de placement sises auprès de l'agence pour l'emploi, qui conseillent les chômeurs de longue durée et fonctionnent d'une certaine façon comme des agences d'intérim.

Zur Förderung der wenig qualifizierten Arbeitskräfte wurden bei Einkommen bis zu 850 Euro im Monat die Sozialbeiträge gesenkt. Die Bundesagentur für Arbeit (Nürnberg) wurde in einen öffentlichen Vermittlungsdienst umgestaltet: Der Staat versteht sich nicht mehr ausschließlich als Auszahler von Sozialleistungen, sondern in erster Linie als Vermittler von Arbeit. Diese Initiative führte allerdings, so die kritischen Stimmen, zur Entwicklung einer Vielzahl von „geringfügig Beschäftigten", die sich mit einem 450-Euro-Job begnügen müssen.

Pour encourager le travail de la main-d'œuvre peu qualifiée, les cotisations sociales ont été abaissées pour les revenus de moins de 850 euros par mois. L'Agence Fédérale du Travail (Nuremberg) a été transformée en un service public de l'emploi : l'État ne se conçoit plus exclusivement comme l'instance de versement des prestations sociales, mais essentiellement comme un accès au travail. Pour ses détracteurs, cette initiative a conduit au développement d'un grand nombre de personnes exerçant un « mini job », qui doivent se contenter d'un emploi rémunéré 450 euros.

Bei der letzten Stufe der Hartz-Reform (Hartz IV) wurde die Bezugsdauer des Arbeitslosengelds auf 12 Monate gekürzt. Arbeitslosengeld und Sozialhilfe wurden für Langzeitarbeitslose (d. h. für Arbeitssuchende, die schon seit über einem Jahr ohne Beschäftigung sind) zusammengelegt. So sollte Druck auf die Arbeitslosen ausgeübt werden. Obwohl diese Maßnahme seither sehr stark aufgelockert wurde, steht Hartz IV heute noch für soziale Härte. In der Tat zählt ein reiches Land wie Deutschland 2021 fast 4 Millionen Hartz-IV-Empfänger. Zu ihnen gehören auch all diejenigen, die von ihrem Lohn nicht leben können und somit von Arbeitsarmut getroffen werden.

Lors de la dernière phase de la réforme Hartz (Hartz-IV), la durée d'indemnisation du chômage a été ramenée à 12 mois. On a fusionné l'allocation-chômage et les aides sociales pour les chômeurs de longue durée (c'est-à-dire pour les personnes en recherche d'emploi qui sont depuis plus d'un an sans emploi). On a voulu ainsi faire pression sur les chômeurs. Même si cette mesure a été assouplie depuis, Hartz-IV est encore aujourd'hui synonyme d'injustices sociales. En effet, un pays riche comme l'Allemagne compte en 2021 presque 4 millions de personnes qui touchent Hartz-IV. En font également partie tous ceux qui ne peuvent vivre de leurs salaires et qui tombent ainsi dans la catégorie des travailleurs pauvres.

Am Rande der Hartz-Reform wurden steuerliche Maßnahmen getroffen, in der Hoffnung, betriebsfreundliche Rahmenbedingungen zu schaffen und somit dem Trend zur Verlagerung entgegenzuwirken. So wurde beispielsweise die Körperschaftssteuer von 25 auf 15 Prozent

En marge de la réforme Hartz, des mesures fiscales ont été prises dans l'espoir de créer un contexte favorable aux entreprises et de lutter contre la tendance à délocaliser. On a par exemple abaissé le taux de l'impôt sur le bénéfice des sociétés de 25 à 15 %. Autre mesure « favorable aux

gesenkt. Eine weitere „betriebsfreundliche" Maßnahme, wodurch die Flexibilität auf dem Arbeitsmarkt gefördert werden soll, ist die Lockerung des Kündigungsschutzes für Betriebe mit bis zu 10 Arbeitnehmern (Kleinbetriebsklausel).

entreprises » destinée à soutenir le marché du travail : l'assouplissement de la protection contre le licenciement pour les entreprises employant jusqu'à 10 salariés (clause petite entreprise).

Maßnahmen zur Sanierung der Staatsfinanzen bis zur Finanzkrise 2008

In den Jahren unmittelbar vor der Finanzkrise und noch 2008 hatte die Bundesrepublik kein Staatsdefizit zu melden. Somit erfüllte sie die im Maastrichter „Stabilitäts- und Wachstumspakt" festgeschriebenen Kriterien. Die Sanierung der Staatsfinanzen bis 2009 erfolgte auf der Grundlage folgender Reformen:

Mesures d'assainissement des finances publiques jusqu'à la crise financière de 2008

Dans les années qui ont immédiatement précédé la crise financière et en 2008 encore, la République fédérale n'avait pas de déficit public. Elle honorait de la sorte les critères inscrits dans le « pacte de stabilité et de croissance » de Maastricht. L'assainissement des finances publiques jusqu'en 2009 s'est opéré sur la base des réformes suivantes :

Krankenkassenreform

Die Krankenkassenreform wurde 2003 im Rahmen der Agenda 2010 verabschiedet und trat am 1.1.2004 in Kraft. Wesentlich war bei dieser Reform die Einführung einer Praxisgebühr von 10 Euro pro Quartal im Falle eines Arztbesuchs. Sie entfiel gänzlich 2013. Bei allen Arzneimitteln müssen die meisten Patienten je nach Medikament bis zu 10% des Preises dazuzahlen. Zur Entlastung der Staatskassen wurde auch die Besteuerung des Tabaks erhöht. Das Finanzministerium wollte verhindern, dass durch eine Anhebung der Krankenkassenbeiträge die Lohnnebenkosten für die Unternehmen weiter ansteigen, was sich auf die Wettbewerbsfähigkeit negativ ausgewirkt hätte.

Réforme des caisses d'assurance-maladie

La Réforme des caisses d'assurance-maladie a été adoptée en 2003 dans le cadre de l'Agenda 2010 et est entrée en vigueur au 1er janvier 2004. L'essentiel dans cette réforme est la mise en place d'un ticket modérateur de 10 euros par trimestre en cas de consultation médicale. Elle fut supprimée en 2013. 10 % du prix des médicaments ont été déremboursés pour la plupart des patients. Pour alléger les charges qui pèsent sur les finances de l'État, on a augmenté la fiscalité sur le tabac. Le ministère des finances voulait éviter qu'une hausse de des cotisations d'assurance-maladie ne fasse grimper encore davantage le coût du travail pour les entreprises, ce qui aurait eu des conséquences négatives sur la compétitivité.

Die (ungenügende?) Rentenreform

Dem Altersvermögensgesetz gemäß beruht das deutsche Rentensystem auf drei Säulen.

Der Großteil der ausgezahlten Renten ist durch die Umverteilungsrente (d. h. die staatlich gesicherte „gesetzliche

Une (insuffisante ?) réforme des retraites

La loi sur les retraites stipule que le système des retraites repose en Allemagne sur trois piliers.

La partie la plus grande des retraites versées l'est dans le cadre du système par répartition (« l'assurance-retraite » légale

Rentenversicherung") gewährleistet. Da kommen die Erwerbstätigen durch ihre Beiträge für die Renten der Ruheständler auf.

garantie par l'État). Dans ce système, ce sont les actifs qui alimentent les caisses de versement par leurs cotisations.

Um die Staatskassen zu entlasten, werden die Arbeitnehmer dazu ermutigt, auf zusätzliche Formen der Altersvorsorge zurückzugreifen. Als zweite Säule im Rentensystem besteht die Betriebsrente. Im Rahmen der „betrieblichen Altersvorsorge" werden heute 5% der Renten ausgezahlt. Als dritte Säule gilt die so genannte „Riesterrente". Es handelt sich dabei um eine steuerbegünstigte private und freiwillige Altersvorsorge: Der Arbeitnehmer soll sich ein eigenes Rentenkapital ersparen. Die Riesterrente – genannt nach dem Namen des ehemaligen Arbeitsministers Walter Riester – wird zudem durch einen staatlichen Fonds teilweise gefördert.

Pour ne pas trop peser sur les caisses de l'État, les salariés sont encouragés à recourir à des formes supplémentaires d'assurance-vieillesse. Le second pilier du système allemand est la retraite d'entreprise. 5 % du total des retraites versées le sont dans le cadre de « l'assurance-vieillesse des entreprises ». Le troisième pilier est constitué par ce qu'on appelle la « retraite Riester ». Il s'agit d'une assurance-vieillesse privée et volontaire, soutenue par des allègements fiscaux. Le salarié doit se constituer par l'épargne un capital retraite propre. La retraite Riester (du nom d'un ancien ministre du travail, Walter Riester) est par ailleurs partiellement subventionnée par un fonds d'État.

Die Alterung der Bevölkerung und Schwankungen der Konjunktur gefährden jedoch dieses Modell. Selbst bei einer Anhebung des Rentenantrittsalters auf 67 Jahre bis 2029 könnte der Beitrag zur Rentenversicherung pro Arbeitnehmer von heute 9 Prozent bis 2050 auf über 12 Prozent steigen. Immer mehr Rentner sind heute schon in Deutschland von Altersarmut bedroht. Die Armutsgefährdungsquote der Rentner ist seit 2009 von 9% auf 14% 2021 gestiegen.

Toutefois, vieillissement de la population et variations conjoncturelles mettent à mal ce modèle. Même avec un relèvement à 67 ans de l'âge légal de départ à la retraite à l'horizon 2029, les cotisations au régime de retraite pourraient augmenter d'ici 2050 des 9 % actuels à plus de 12 %. De plus en plus de retraités sont d'ores et déjà menacés de vivre leur vieillesse dans la pauvreté. Le risque de pauvreté des retraités est passé de 9 % en 2006 à 14 % en 2021.

Zu den erwogenen Lösungen gehört das Umsteigen auf die Kapitalrente. Damit wäre die Riesterrente für alle Arbeitnehmer verbindlich. Das befürworten die „5 Weisen" – das heißt die Mitglieder des unabhängigen Sachverständigenrats, der im Auftrag der Bundesregierung die Wirtschaftslage begutachtet.

Parmi les solutions envisagées, il y a le basculement vers la retraite par capitalisation. Cela rendrait la retraite Riester obligatoire pour tous les salariés. C'est ce que préconisent les « 5 Sages », c'est-à-dire les membres du conseil d'experts indépendants qui rédigent un rapport sur la situation économique à la demande du gouvernement fédéral.

Deutschland und die Finanzkrise 2008

L'Allemagne et la crise financière de 2008

Mitte September 2008 platzte in den USA die Finanzblase endgültig. Rasch schwappte die Krise von den Vereinigten Staaten nach Europa über, um dort auch Deutschland zu erreichen.

Mi-septembre 2008, la bulle financière américaine a définitivement éclaté. Partie des États-Unis, la crise a très vite gagné l'Europe, pour atteindre également l'Allemagne.

Die deutschen Geldinstitute gerieten in Not, denn sie hatten massiv in den USA Bankforderungen gekauft, die sich als faul herausstellten. In einer Situation des allgemeinen Vertrauensverlustes gewährten die Banken zunächst einmal einander, dann aber auch den Firmen keine Kredite mehr. Es entstand eine Kreditklemme zu einer Zeit, in der eine schwache Exportkonjunktur den Mittelstand hart traf. Firmen stellten ihre Investitionen ein. Und die Binnennachfrage (die Konsumneigung der Privathaushalte) ließ auch nach, weil in Krisenzeiten die Sparneigung immer besonders groß ist.

La situation des institutions financières allemandes est devenue très difficile, car elles avaient massivement acheté des actifs américains, qui se sont révélés toxiques. Dans une situation de perte généralisée de confiance, les banques ont cessé de s'accorder des crédits d'abord entre elles, puis d'en accorder aux entreprises. Il est apparu une situation de restriction du crédit à un moment où une baisse des exportations frappait durement les PME. Les entreprises ont cessé d'investir. La demande intérieure (la consommation des ménages) a elle aussi fléchi, car en période de crise, la propension à l'épargne est toujours particulièrement grande.

Zusammen mit den anderen Staaten der Eurozone bemühte sich die Bundesregierung durch Konjunkturpakete darum, möglichst schnell das Vertrauen der Wirtschaftsakteure wieder herzustellen. Sie verhalf manchen Banken dazu, ihre faulen Bankforderungen loszuwerden. Absoluten Vorrang in Deutschland hatte allerdings der Versuch, einen zu hohen Anstieg der Arbeitslosigkeit um jeden Preis zu vermeiden.

Avec les autres États de la zone euro, le gouvernement fédéral s'est efforcé de rétablir au plus vite la confiance des acteurs économiques par des plans de relance. Il a aidé certaines banques à se débarrasser de leurs actifs toxiques. Mais la priorité allemande a été de tenter d'éviter à tout prix une hausse trop forte du chômage.

Aus Angst vor einer großen Entlassungswelle wurde vorbeugend die Kurzarbeit (d. h. eine vorübergehende Kürzung der monatlichen Arbeitszeit) mit öffentlichen Geldern gefördert. Ferner unterstützte die Bundesregierung die Nachfrage nach Autos bis Ende Dezember 2009 durch die Einführung einer Abwrackprämie in Höhe von 2 500 Euro.

Par crainte d'une vague importante de licenciements, on a favorisé à titre préventif le chômage partiel (une réduction temporaire de la durée mensuelle du travail) en le soutenant par des fonds publics. En plus de cela, le gouvernement fédéral a directement soutenu la demande automobile jusqu'à fin décembre 2009 par l'instauration d'une prime à la casse d'un montant de 2 500 euros.

Die Erholung der Wirtschaft

Le rétablissement de l'économie

Diese Politik hat sich als wirksam erwiesen. Abgesehen vom Banksektor, der von schlechten Investitionen in den Vereinigten Staaten und in Randstaaten der Euro-Zone noch immer in Mitleidenschaft gezogen ist, hat die deutsche Wirtschaft die Krise gut überstanden. Maßnahmen der Arbeitsumverteilung bzw. der Weiterbildung konnten den Arbeitsmarkt auch in Zeiten der flauen Konjunktur vor einem großen Einbruch schützen.

Cette politique a porté ses fruits. En dehors du secteur bancaire qui souffre encore de ses mauvais investissements aux États-Unis et dans la périphérie de la zone euro, l'économie allemande a bien résisté à la crise. Les mesures de partage du travail ou de formation continue ont permis à l'emploi de ne pas s'effondrer avec le ralentissement de l'économie.

Als die Vereinigten Staaten und das übrige Europa noch in der Krise steckten, war es Deutschlands Glück, dass eine starke Nachfrage an Investitionsgütern vor allem aus China seiner Wirtschaft zugute kam. Werkzeugmaschinen, die von einem besonders wettbewerbsfähigen Mittelstand hergestellt werden, sorgen für über 70% der deutschen Ausfuhren nach China. Die Großkonzerne Siemens, Bosch und die Luxusautomobilindustrie kämpften sich durch die Krise. Der Exportgigant Deutschland konnte einen hohen Überschuss der Zahlungsbilanz verbuchen.

Quand les États-Unis et le reste de l'Europe étaient encore en crise, la chance de l'Allemagne aura été d'avoir massivement profité d'une forte demande en biens d'équipement essentiellement en provenance de Chine. Les machines-outils produites par un Mittelstand allemand particulièrement compétitif constituent plus de 70 % des exportations allemandes vers la Chine. À cela s'ajoutent les bonnes performances des géants Siemens, Bosch et l'industrie automobile de luxe. L'Allemagne, championne des exportations, a été en mesure d'engranger un important excédent de sa balance des paiements.

Wirtschaftsriese Deutschland: ein Koloss auf tönernen Füßen?

Le géant économique allemand : un colosse aux pieds d'argile ?

Was den Handelsüberschuss angeht, so rangiert die Bundesrepublik auf Platz 1, noch vor China. Chinas wirtschaftliche Aufholjagd wäre nicht ohne die deutsche Spitzentechnologie und den deutschen Maschinenbau möglich gewesen.

L'excédent commercial allemand place la République fédérale au premier rang mondial, devant la Chine. Le rattrapage économique de la Chine n'aurait pas été possible sans la technologie de pointe et sans la construction mécanique allemandes.

Der Bundeshaushalt verbuchte noch 2019 einen Rekordüberschuss, den höchsten seit der Wiedervereinigung. Seit dem Inkrafttreten der verfassungsmäßigen Schuldenbremse 2011 bemüht sich der Staat, seine Schulden abzubauen. Die Staatsverschuldungsquote sank jahrelang ständig. 2019 betrug sie 59% des BIP – was den Kriterien des Stabilitäts- und Wachstumspaktes, der die öffentliche Verschuldung auf einen Höchstwert von 60% des BIP begrenzt, entsprach. Zugleich sank die Arbeitslosigkeit ständig und erreichte 2019 ihren niedrigsten Stand seit der Wiedervereinigung. Die Corona-Krise änderte die Lage schlagartig. Die Wirtschaft erlebte ihren größten Einbruch seit dem Zweiten Weltkrieg. Das Land musste sich erneut stark verschulden, um den Folgen der Pandemie entgegenzuwirken. 2021 befanden sich Millionen Deutsche in Kurzarbeit, die Zahl der Langzeitarbeitslosen stieg stark an. Die langfristigen wirtschaftlichen Auswirkungen der Pandemie sind heute noch nicht abzusehen.

En 2019 encore, le budget fédéral a engrangé un excédent record, le plus haut depuis la réunification. Depuis l'entrée en vigueur en 2011 du frein à la dette inscrit dans la Constitution, l'État s'emploie à réduire son endettement. Le taux d'endettement public n'a cessé de baisser. En 2019, il s'établissait à 59 % du PIB, ce qui respectait les critères du pacte de stabilité et de croissance. Ce dernier fixe 60 % le taux maximal d'endettement public. En même temps, le chômage n'a cessé de baisser et a atteint en 2019 son niveau le plus bas depuis la réunification. La crise liée au coronavirus a changé la donne du jour au lendemain. L'économie a subi son plus grand choc depuis la Deuxième Guerre mondiale. Le pays a dû à nouveau lourdement s'endetter pour contrecarrer les conséquences de la pandémie. En 2021, des millions d'Allemands se sont retrouvés au chômage technique, le nombre de chômeurs de longue durée a fortement augmenté. On ne peut à ce jour prévoir les conséquences économiques à long terme de la pandémie.

Sicher ist jedoch, dass die deutsche Wirtschaft vor großen Herausforderungen steht. Es wird für Deutschland in Zukunft darum gehen, seine Spitzenstellung auf dem Weltmarkt zu behaupten. Die Digitalisierung muss vorangetrieben werden. Die Elektromobilität bringt tiefgreifende Veränderungen für die Automobilindustrie mit sich. Zudem muss die Forschung in Zukunftsbranchen wie der künstlichen Intelligenz noch stärker gefördert werden. Schließlich könnten sich fehlende Investitionen in Bildung und in Infrastrukturen in Zukunft als nachteilig erweisen. All diese Veränderungen dürfen die Menschen allerdings nicht überfordern. In Deutschland ist im letzten Jahrzehnt die Zahl der prekären Arbeitsplätze stark gestiegen, was den sozialen Frieden auf Dauer gefährden könnte und zum Teil den Erfolg der rechtspopulistischen AfD erklärt. Deutschland ist und bleibt jedoch ein attraktiver Wirtschaftsstandort. Die Entscheidung Teslas, in Brandenburg eine Fabrik zu bauen und tausende Arbeitsplätze zu schaffen, ist genauso ein Beweis dafür, wie das Forschungszentrum, das Siemens in Berlin errichtet hat.

Ce qui est sûr cependant, c'est que l'économie allemande se trouve face à de nombreux défis. Il s'agira à l'avenir pour l'Allemagne de défendre sa position de leader sur le marché mondial. La digitalisation doit être accélérée. L'électromobilité provoque des changements en profondeur pour l'industrie automobile. Il faut en outre, davantage subventionner la recherche dans des secteurs d'avenir comme l'intelligence artificielle. Enfin, le manque d'investissement dans l'éducation et les infrastructures peut s'avérer à terme un handicap. Mais tous ces changements ne doivent pas se faire au détriment des hommes et des femmes. Au cours de la dernière décennie, le nombre d'emplois précaires a fortement augmenté en Allemagne, ce qui pourrait mettre à mal la paix sociale et ce qui explique en partie le succès du parti populiste de droite, l'AfD. L'Allemagne est et restera toutefois un lieu de production attractif. La décision de Tesla de construire une usine dans le Brandebourg et de créer des milliers d'emplois en est la preuve, tout comme le centre de recherches que Siemens a installé à Berlin.

Vocabulaire

Anleger (der, -)	*l'investisseur*
Arbeitgeber (der, -)	*le patron*
Arbeitnehmer (der, -)	*le salarié*
Arbeitskräfte (die, plur.)	*la main-d'œuvre*
Arbeitslosenquote (die)	*le taux de chômage*
Außenhandel (der)	*le commerce extérieur*
Betrieb (der, e)	*l'entreprise*
Bruttoinlandsprodukt (das, e)	*le PIB*
Dienstleistungen (die)	*les services*
Einkommen (das)	*le revenu*
Erzeugnis (das, e)	*le produit*
Gewerkschaft (die, en)	*le syndicat*
Handwerk (das)	*l'artisanat*
Haushaltsdefizit (das, e)	*le déficit budgétaire*
Konjunktur (die)	*la conjoncture*
Konzern (der, e)	*le grand groupe*
Langzeitarbeitslosigkeit (die)	*le chômage de longue durée*
Lebensstandard (der)	*le niveau de vie*
Lohnnebenkosten (die, Plural)	*les cotisations patronales*
Maschinenbau (der)	*la construction mécanique*
Mitbestimmung (die)	*la cogestion*
Mittelstand (der)	*les PME ou la classe moyenne*
Nachfrage (die) / Angebot (das, e)	*la demande / l'offre*
soziale Marktwirtschaft (die)	*l'économie sociale de marché*
Sozialleistung (die)	*la prestation sociale*
Tarifverhandlung (die)	*la négociation salariale*
Überschuss (der, ¨e)	*l'excédent*
Verschuldung (die)	*l'endettement*
Verstaatlichung (die)	*la nationalisation*
Volkswirtschaft (die, en)	*l'économie (d'un pays)*
Wachstum (das)	*la croissance*
Währung (die)	*la monnaie*
Wettbewerbsfähigkeit (die)	*la compétitivité*
Zinsen (die, Plural)	*les intérêts / taux d'intérêt*
drastisch	*draconien, drastique*
durchschnittlich	*moyen*
erheblich	*grand, important*
erwerbstätig	*dans la vie active*
flau	*morose*
gerecht	*juste*
gering	*faible, de peu d'ampleur*
marode	*en difficulté, en mauvais état*
verheerend	*dévastateur*
(an der Börse) Geld an/legen	*investir de l'argent (en bourse)*
sich aus/wirken auf + A	*avoir des conséquences sur*
blühen	*prospérer*
ein Produkt her/stellen	*fabriquer, produire*
schaffen (schuf, hat geschaffen)	*créer*
sinken (a, ist gesunken)	*baisser (intransitif, phénomène spontané)*
steigen (stieg, ist gestiegen)	*monter (intransitif, phénomène spontané)*
verhandeln	*négocier*
verlagern	*délocaliser*

Lexique en situation 8

- Dieser Konzern hat einen Teil seiner Produktion in den Osten verlagert.
  Ce grand groupe a délocalisé une partie de sa production à l'Est.
- In den letzten Jahren blühte die deutsche Wirtschaft.
  L'économie allemande a prospéré ces dernières années.
- Diese Krise hat verheerende Auswirkungen auf die Konjunktur.
  Cette crise a des répercussions désastreuses sur la conjoncture.
- Die letzten Tarifverhandlungen sind gescheitert.
  Les dernières négociations tarifaires ont échoué.
- Um die Wettbewerbsfähigkeit des Landes zu gewährleisten, müssen die Infrastrukturen verbessert werden.
  Pour garantir la compétitivité du pays, il faut améliorer les infrastructures.
- Die Arbeitslosenrate ist im Laufe der letzten Monate stark gestiegen / gesunken.
  Le taux de chômage a fortement augmenté / baissé au cours des derniers mois.
- In der ehemaligen DDR wurden die Betriebe verstaatlicht.
  En ex-RDA, les entreprises ont été nationalisées.
- Die deutschen Sportler haben bei den letzten Olympischen Spielen durchschnittlich abgeschnitten.
  Lors des derniers Jeux olympiques, les sportifs allemands ont obtenu des résultats moyens.
- Die Gewerkschaften haben immer weniger Mitglieder.
  Les syndicats ont de moins en moins de membres.
- Ich habe diese Entscheidung nicht sehr gerecht gefunden.
  Je n'ai pas trouvé cette décision très juste.
- In den letzten Jahren erzielte Deutschland sehr hohe Außenhandelsüberschüsse.
  Ces dernières années, l'Allemagne a réalisé de forts excédents extérieurs.
- Im Handwerk werden jedes Jahr sehr viele Arbeitsplätze geschaffen.
  Dans l'artisanat, on crée tous les ans de très nombreux emplois.
- Die europäischen Länder sind alle ohne Ausnahme hoch verschuldet.
  Les pays européens sont tous sans exception lourdement endettés.
- Niemand weiß, wie sich diese Steuererhöhung auf die Konjunktur auswirkt.
  Personne ne connaît les répercussions de cette augmentation d'impôts sur la conjoncture.
- Der Mittelstand ist eine wesentliche Stütze der deutschen Wirtschaft.
  Les PME sont un pilier essentiel de l'économie allemande.
- Aufgrund der niedrigen Zinsen wissen viele Deutsche nicht, wie sie ihr Geld anlegen sollen.
  En raison des taux d'intérêt bas, de nombreux Allemands ne savent pas comment placer leur argent.

Dossier 9

Bevölkerung

Mit rund 83,2 Millionen Einwohnern (Stand Jahresende 2021) ist Deutschland der bevölkerungsreichste Staat der Europäischen Union. Nach dem Brexit machen die Deutschen nun knapp über 18,5% der Bevölkerung der EU-27 aus.

Bevölkerungsdichte

Mit einer Bevölkerungsdichte von 237 Menschen pro km² (2018) ist Deutschland ein dicht besiedeltes Land. Doch es lassen sich regionale Unterschiede ausmachen. Das norddeutsche Tiefland, manche Gebirgsgegenden Bayerns sind spärlich besiedelt. In den Ostländern ist die Bevölkerungsdichte nicht so groß wie im Westen. Im Osten gibt es vergleichsweise wenig Großstädte. Die Bundesländer Mecklenburg-Vorpommern und Brandenburg sind meistenteils ländliche Gegenden.

Die Deutschen leben zu über 77% in Städten, d. h. in Gemeinden ab 2 000 Einw. Dennoch gibt es keine deutsche Metropole, die sich mit Paris oder London messen könnte. Berlin, die Bundeshauptstadt und bevölkerungsreichste Stadt Deutschlands, zählt nur 3,65 Millionen Einwohner. Damit liegt es immerhin weit vor den Metropolen Hamburg (1,84 Mio.), München (1,47 Mio.) und Köln (1 Mio).

Große Ballungsgebiete kennzeichnen die deutsche Landschaft. In solchen Gebieten gehen die Städte, zumeist ehemalige Industriestädte, deren Bevölkerung im 19. Jahrhundert sprunghaft gewachsen war, ohne deutlich spürbare Abgrenzung ineinander über. Das wohl bevölkerungsdichteste dieser Ballungsgebiete ist das Ruhrgebiet: Im größten europäischen Industriegebiet, das sich von Duisburg am

Population

Avec ses 83,2 millions d'habitants (situation fin 2021), l'Allemagne est l'État le plus peuplé de l'Union Européenne. Après le Brexit, les Allemands représentent maintenant un peu plus de 18,5 % de la population de l'UE à 27.

Densité de la population

Une population de 237 habitants au km² (2018) fait de l'Allemagne un pays densément peuplé. Mais cette densité présente des disparités selon les régions. La grande plaine du Nord et certaines régions montagneuses de Bavière sont faiblement peuplées. La densité des Länder de l'Est est inférieure à celle de l'Ouest. L'Est compte comparativement peu de grandes villes. Le Mecklembourg-Poméranie occidentale et le Brandebourg sont essentiellement ruraux.

Les Allemands vivent à plus de 77 % dans des villes, c'est-à-dire dans des communes de plus de 2000 habitants. Pourtant, il n'existe pas en Allemagne de grand ensemble urbain comparable à Paris ou Londres. Berlin, la première agglomération du pays, ne compte que 3,65 M d'habitants. Cela place malgré tout Berlin loin devant Hambourg (1,84 M.), Munich (1,47 M.) et Cologne (1 M.).

Le paysage allemand est caractérisé par de grandes aires urbaines. Dans ces conurbations composées pour l'essentiel d'anciennes villes industrielles dont la population a crû de façon vertigineuse au XIXe siècle, le tissu urbain est continu et l'on passe insensiblement d'une ville à l'autre. L'exemple le plus célèbre de conurbation est sans doute la région de la Ruhr : la plus vaste région industrielle d'Europe s'étend de

Rhein über Essen und Bochum bis Dortmund erstreckt, leben über 5 Millionen Menschen. Andere Ballungsgebiete haben sich um Köln-Bonn am Rhein, um Frankfurt am Main und um Stuttgart am Neckar gebildet.

Duisburg (sur le Rhin) à Essen et de Bochum à Dortmund. Plus de 5 millions d'habitants y vivent. L'ensemble formé par Cologne et Bonn, le long du Rhin, Francfort-sur-le-Main mais aussi Stuttgart (sur le Neckar) offrent d'autres exemples de ce genre de conurbations.

Altersaufbau und demographischer Wandel

Von 2003 bis 2011 hatte die Bundesrepublik einen Rückgang ihrer Bevölkerung zu verzeichnen. Seit 2012 hat sich diese Tendenz umgekehrt. Die Einwohnerzahl steigt wieder leicht an. Doch auf längere Sicht bleibt die Zukunftsprognose düster. Die Bevölkerungswissenschaftler gehen davon aus, dass je nach Zustrom der Zuwanderer und selbst bei starkem Anstieg der Geburtenrate die Bevölkerung Deutschlands auf 67,6 bzw. 73,1 Mio. im Jahre 2060 zurückgehen wird. Dabei verläuft der demographische Wandel nicht überall gleich. Es gibt auch Wachstumsregionen wie Bayern oder Baden-Württemberg. Zu den Schrumpfungsregionen zählen außer den Ländern im Osten das Saarland im Westen.

Dieser Rückgang geht mit einer Alterung der Bevölkerung einher. Heute schon leben in der Bundesrepublik mehr Bürger und Bürgerinnen, die über 65 Jahre alt sind, als unter18-Jährige. Allein diese Zahlen lassen ein besorgniserregendes demographisches Problem deutlich erkennen. Die seit den 70er Jahren ständig zurückgehende Geburtenrate (Tiefststand: 1,24 im Jahre 1994) hat sich zwar etwas erholt und lag 2020 bei 1,5 Kindern pro Frau im gebärfähigen Alter. Zur Erhaltung der Bevölkerungszahl wäre aber ein Gleichgewichtswert von 2,1 Kindern per Frau erforderlich. Gleichzeitig ist die Lebenserwartung weiter gestiegen. Für Neugeborene im Jahr 2018 erreicht sie bei Frauen 83,3 Jahre und bei Männern 78,6 Jahre. 2019 kamen auf 100 Menschen im Erwerbsalter (zwischen 20 und 65 Jahren)

Pyramide des âges et changement démographique

De 2003 à 2011, le chiffre de la population allemande était en recul. Depuis 2012, cette tendance s'est inversée. La population augmente de nouveau légèrement. Mais sur le long terme, les pronostics d'avenir restent sombres. Les démographes estiment qu'en fonction de l'importance de l'afflux d'immigrants, et même avec une augmentation spectaculaire du taux de natalité, la population allemande passera à 67,6 ou à 73,1 millions en 2060, selon le scénario. Au demeurant, ce changement démographique ne s'effectue pas partout de la même façon. Il a des régions où la population croît, comme la Bavière et le Bade-Wurtemberg. Au nombre des régions où la population baisse, il faut compter, hormis les Länder de l'Est, la Sarre à l'Ouest.

Ce recul s'accompagne d'un vieillissement de la population. Il y a aujourd'hui déjà en République fédérale plus de gens âgés de plus de 65 ans que de jeunes de moins de 18 ans. Ces chiffres à eux seuls permettent d'identifier clairement un problème démographique. Le taux de natalité, en recul constant depuis les années 1970 et qui avait atteint en 1994 avec 1,24 sa valeur la plus basse, s'est légèrement rétabli et s'élevait en 2020 à 1,5 enfant par femme en âge de procréer. Or pour que le chiffre de la population se maintienne, il faudrait 2,1 enfants par femme. En même temps, l'espérance de vie a augmenté. Pour les enfants nés en 2018, elle atteint 83,3 ans pour les femmes et 78,6 ans pour les hommes. En 2019, il y avait 36 retraités pour 100 individus en âge d'exercer un travail (entre 20

36 Menschen im Rentenalter. Ohne massive Zuwanderung oder beträchtliche Erholung der Geburtenrate könnte dieser Altenquotient bis 2060 auf 65 steigen.

Es fehlen noch passende Antworten auf die Frage, wie die Geburtenrate erhöht werden kann. 2018 waren 20% der 40- bis 49jährigen Frauen kinderlos. Besonders bei Frauen mit einem Hochschulabschluss bleibt der Nachwuchs relativ häufig aus. Um diesem Phänomen entgegenzuwirken, hat man zum „gebärfreudigen" Nachbarland Frankreich hinübergeschaut, wo Kind und Beruf sich besser vereinbaren lassen. Zusätzlich zum Kindergeld und zu Steuerbegünstigungen wie dem Kinderfreibetrag wurde 2007 auf die Initiative der damaligen Familienministerin Ursula von der Leyen (CDU) hin das Elterngeld eingeführt. Etwas vereinfacht erklärt wird diese Unterstützung in Höhe von 65% des Nettoeinkommens einem Elternteil bis zu 12 Monaten ausbezahlt (Basiselterngeld). Durch diese Abfederung der Gehaltseinbuße sollen auch die Väter dazu ermutigt werden, ihren Teil des Erziehungsurlaubs zu übernehmen. Damit die Eltern nicht zu lange aus dem Berufsleben aussteigen, wird zudem das Angebot an Kinderbetreuungsanstalten und Ganztagsschulen erweitert.

Deutschland als Zuwanderungsland

Im Auftrag der Bundesregierung wird jährlich ein „Migrationsbericht" erstellt. Diesem Bericht zufolge ist für den Zeitraum 1991-2019 ein positiver Zuwanderungssaldo von 7,4 Millionen Menschen zu verzeichnen. 2020 lag der Anteil der Ausländer an der Gesamtbevölkerung bei 12,7%. Rund 26% der Bevölkerung hat einen Migrationshintergrund – das heißt mindestens einen zugewanderten Eltern- bzw. Großelternteil.

Deutschland als Migrationsland ist also schon lange Tatsache. Im Laufe der Jahrzehnte haben sich allerdings

et 65 ans). Sans immigration massive ou rétablissement spectaculaire du taux de fertilité, ce quotient pourrait passer à 65 d'ici 2060.

Il manque encore des réponses adéquates à la question de savoir comment faire progresser le taux de natalité. En 2018, 20 % des femmes entre 40 et 49 ans n'avaient pas d'enfant. L'absence de descendance est un phénomène fréquent en particulier chez les femmes diplômées. Pour lutter contre ce phénomène, on a regardé du côté du voisin français, qui fait figure de « champion de la natalité » et où il est plus facile de concilier vie professionnelle et enfant. En plus de l'allocation-enfant et d'allègements fiscaux comme l'abattement pour enfant à charge, on a introduit en 2007 une allocation parentale, à l'initiative de la ministre de la Famille à cette date, Ursula von der Leyen (CDU). Globalement, cette allocation d'un montant de 65 % du revenu net est payée à l'un ou l'autre des parents jusqu'à une durée de 12 mois (allocation de base). En amortissant de la sorte la perte de salaire, on entend inciter les pères à prendre eux aussi en charge leur part du congé parental. Et pour que les parents ne restent pas trop longtemps hors de la vie active, on étoffe l'offre en places de crèche ou en écoles où les cours ont lieu sur l'ensemble de la journée.

L'Allemagne comme terre d'immigration

À la demande du gouvernement fédéral, il est établi chaque année un « rapport sur les migrations ». D'après ce rapport, le pays a enregistré un solde migratoire positif de 7,4 M pour la période 1991-2019. En 2020, les étrangers constituaient 12,7 % de la population allemande. 26 % des Allemands sont issus de l'immigration (c'est-à-dire qu'au moins un des parents ou grands-parents a immigré).

Que l'Allemagne soit une terre de migration est un fait établi depuis longtemps. Mais au fil des décennies, la provenance

geographische Herkunft und Motivation der Zugewanderten erheblich geändert. Auch die Bleibeperspektiven unterscheiden sich je nach Herkunft und Staatsangehörigkeit. Es lassen sich pauschal drei „Immigrationsschübe" unterscheiden.

Zuwanderung auf Grund des Abstammungsprinzips

Die heutige Bundesrepublik nahm unmittelbar nach Ende des Zweiten Weltkriegs Deutschstämmige aus den nach 1945 abgetretenen Gebieten auf. Zuerst kamen die Vertriebenen aus Schlesien, Ostpreußen und dem Sudentenland. Dann hat die BRD Übersiedler aus der DDR aufgenommen. Von 1949 bis zum Mauerbau im Jahre 1961 schätzt man auf 4 Millionen die Zahl derer, die – meistens als willkommene qualifizierte Arbeitskräfte – beim westdeutschen Wirtschaftswunder mitgeholfen haben.

Nach der Öffnung des Eisernen Vorhangs 1989 haben sich die so genannten „Spätaussiedler" auf den Weg in die Bundesrepublik gemacht. Damit sind Nachkommen von deutschen Siedlern gemeint, also Deutschstämmige aus Osteuropa (Ungarn, Rumänien) oder aus seit dem 18. Jahrhundert deutsch besiedelten Gebieten der ehemaligen Sowjetunion (Russlanddeutsche der Russischen Föderation und aus Kasachstan). Sie erhofften sich von der Rückkehr in die deutsche Heimat vor allem einen viel besseren Lebensstandard. Das deutsche Staatsbürgerschaftsrecht spricht den Aussiedlern automatisch die deutsche Staatsbürgerschaft zu, im Namen des Abstammungsprinzips. Trotzdem fiel es den Spätaussiedlern meistens schwer, sich in die deutsche Gesellschaft zu integrieren. Sie verfügten nämlich oft über geringe Kenntnisse der deutschen Sprache. Heute sind sie über 3,2 Mio. in der Bundesrepublik. Die Zahl der Aufnahmeanträge ist in den letzten Jahren allerdings sehr stark gesunken.

géographique et la motivation des immigrés ont profondément changé. Les chances de pouvoir rester en Allemagne varient elles aussi en fonction de l'origine et de la nationalité. Globalement, on peut distinguer trois « vagues d'immigration ».

Immigration sur la base du critère de nationalité allemande

Immédiatement après la fin de la Seconde guerre mondiale, l'actuelle République fédérale a accueilli des Allemands de souche venant des territoires cédés après 1945. Il y a eu d'abord les réfugiés allemands expulsés de Silésie, de Prusse orientale et des Sudètes. Puis la RFA a accueilli les transfuges de RDA. Entre 1949 et la construction du mur de Berlin en 1961, on estime à 4 millions le chiffre de ceux qui ont contribué au miracle économique à l'Ouest en fournissant la plupart du temps une main-d'œuvre qualifiée fort bienvenue.

Après l'ouverture du Rideau de fer en 1989, ce furent ceux que l'on nomme les « expatriés tardifs » qui gagnèrent l'Allemagne. Par le terme de « Spätaussiedler », il faut entendre les Allemands de souche descendant des colons allemands installés en Europe de l'Est (Hongrie, Roumanie) ou dans des territoires de l'ex-URSS (Allemands de Russie de la Fédération Russe ou du Kazakhstan), où le peuplement allemand remonte au XVIIIe siècle. Ils nourrissaient du retour dans la patrie surtout l'espoir d'y voir leur niveau de vie s'améliorer notablement. Le code de la nationalité allemand leur reconnaît automatiquement la nationalité allemande, au nom du droit du sang. Malgré cela, il leur a été la plupart du temps difficile de s'intégrer dans la société allemande, car leurs connaissances de la langue allemande étaient souvent lacunaires. Ils sont désormais plus de 3,2 millions en Allemagne. Le chiffre des nouvelles demandes d'accueil a toutefois nettement chuté ces dernières années.

Erwerbszuwanderung

Wie alle Industrienationen Westeuropas war die Bundesrepublik in den Jahren 1960-70 auf Arbeitskräfte aus dem Ausland angewiesen, weil das Wirtschaftswachstum immer mehr Arbeiter in der Baubranche und in der Industrie erforderte. So kamen aus der Türkei, aus Jugoslawien, Italien und Griechenland Millionen solcher Gastarbeiter, wie sie damals genannt wurden. Das waren ursprünglich Männer, die Frau und Kinder in der Heimat zurückließen, um durch ihre Arbeit in Deutschland den Lebensunterhalt der Familie zu sichern. Doch viele machten von der Möglichkeit des Familiennachzugs Gebrauch und haben sich inzwischen in Deutschland etabliert. So lebten 2020 rund 1,46 Mio. Türken in der Bundesrepublik.

Immigration économique

Comme tous les grands pays industrialisés d'Europe de l'Ouest dans les années 1960-1970, la République fédérale a dû recourir à la main-d'œuvre étrangère car la croissance économique requérait de plus en plus de bras dans le bâtiment et l'industrie. C'est ainsi qu'ont afflué de Turquie, de Yougoslavie, d'Italie et de Grèce des millions de « travailleurs invités », pour reprendre le terme employé à cette époque. Il s'agissait à l'origine d'hommes qui laissaient femme et enfants dans leur pays d'origine pour assurer la subsistance de leur famille en travaillant en Allemagne. Or nombre d'entre eux a fait usage de la possibilité du regroupement familial, et se sont établis en Allemagne. C'est ainsi qu'en 2020, il y avait en République fédérale quelque 1,46 millions de Turcs.

Heute machen die europäischen Zuwanderer Jahr für Jahr zwei Drittel der gesamten Zuwanderung aus. Bei ihnen ist aber der Saldo aus Zu- und Auswanderung negativ. Es gibt mehr Europäer, die Deutschland verlassen, als solche, die nach Deutschland ziehen. Nach dem Fall der Mauer und der Einführung der Freizügigkeit für Bürger der osteuropäischen Mitgliedstaaten der EU sind Zuwanderer aus Polen und Rumänien gekommen. Die Zahl der in Deutschland lebenden Polen belief sich 2020 auf über 865 000. Allerdings bleiben nicht alle nach Deutschland Zugewanderten langfristig auf deutschem Boden. Dies gilt insbesondere für die Saisonarbeiter, die zur Spargel- oder Erdbeerenrente die Oder passieren.

Aujourd'hui, les immigrés européens constituent année après années les deux tiers de l'immigration totale. Mais pour eux, le solde migratoire est négatif. Ils sont plus nombreux à quitter l'Allemagne qu'à s'y installer. Après la chute du Mur et la mise en place de la liberté de circulation pour les citoyens des pays de l'Est de l'Europe membres de l'Union, des immigrés polonais et roumains sont arrivés. En 2020, plus de 865 000 Polonais vivaient en Allemagne. Mais tous les immigrés ne restent pas durablement sur le territoire allemand. Cela vaut particulièrement pour les travailleurs saisonniers qui franchissent l'Oder pour la récolte des asperges ou des fraises.

Wunschziel Nr. 1 für Asylbewerber

Asylbewerber und Flüchtlinge (seit kurzem hat sich auch die Bezeichnung „Geflüchtete" im Sprachgebrauch durchgesetzt) werden durch militärische Konflikte oder politische Verfolgung im Heimatland in die Flucht getrieben. Nach

Destination numéro 1 des demandeurs d'asile

Les demandeurs d'asile et les réfugiés (où les personnes « ayant fui », selon un usage qui s'est imposé depuis peu dans la langue) sont poussés à fuir leur pays natal par des conflits militaires ou des persécutions politiques. Après les conflits qui ont

den Konflikten auf dem Balkan, im Irak sorgen nun der Bürgerkrieg in Syrien, die Situation am Horn von Afrika, die Rückkehr der Taliban in Afghanistan und der Krieg in der Ukraine für neue Flüchtlingswellen. Da bleibt die Bundesrepublik das Wunschziel der meisten Asylbewerber.

affecté les Balkans et l'Irak, c'est maintenant la guerre civile en Syrie, la situation dans la Corne de l'Afrique, le retour des Talibans en Afghanistan, et la guerre en Ukraine qui produisent de nouvelles vagues de réfugiés. La destination privilégiée de la plupart des demandeurs d'asile reste la République fédérale.

Im Sommer 2015 überraschte Bundeskanzlerin Merkel ihre Mitbürger und ihre Partner in der EU durch ihre im Alleingang getroffene Entscheidung, die Grenzen zu öffnen und alle dort auf Einlass wartenden Flüchtlinge im Land aufzunehmen. 2015 erreichte somit die Flüchtlingswelle einen historischen Höchststand. Die Flüchtlinge wurden zum Teil mit Blumensträußen am Ankunftsbahnhof willkommen geheißen. Viele Bundesbürger bekennen sich zu einer deutschen „Willkommenskultur" und engagieren sich ehrenamtlich für die Integration der Flüchtlinge und Asylbewerber. Negative Reaktionen waren zwar eine Minderheit, dafür aber oft gewalttätig: Aufnahmeeinrichtungen für Asylanten wurden und werden immer noch in Brand gesteckt, fremdenfeindliche Überfälle auf Migranten nehmen zu. Nicht alle Deutschen waren von Kanzlerin Merkels Motto „Wir schaffen das" überzeugt.

L'été 2015, la chancelière Merkel a surpris ses concitoyens et ses partenaires de l'Union Européenne en faisant cavalier seul et en décidant d'ouvrir les frontières et d'accueillir en Allemagne tous les réfugiés qui attendaient de pouvoir rentrer dans le pays. La vague de réfugiés a atteint de ce fait un record historique en 2015. En partie, les réfugiés ont été accueillis à leur gare d'arrivée avec des bouquets de fleurs. Nombreux sont les Allemands qui adhèrent à une « culture de l'accueil » allemande et s'engagent bénévolement pour l'intégration des réfugiés et demandeurs d'asile. Les réactions négatives ont été minoritaires, mais souvent violentes : des structures d'accueil pour demandeurs d'asile ont été et sont toujours incendiées, les agressions racistes contre des migrants augmentent. Les Allemands n'ont pas tous été convaincus par le « Nous y arriverons » de la chancelière Merkel.

Verwaltungsmäßig war die Bearbeitung von 1,1 Mio. Aufnahmeanträgen von Flüchtlingen und Asylbewerbern eine Leistung ohne Gleichen in der EU. Schon 1992 hatte Deutschland rund 80% aller Asylbewerber aufgenommen, die in der EU Zuflucht finden wollten. Das stellt die Bundesrepublik vor große Herausforderungen. Es muss für Unterkunft, Verpflegung und Bearbeitung der Asylanträge durch die zuständige Behörde gesorgt werden. Wenn das Bleiberecht anerkannt ist, stellt sich die Frage der Arbeitsgenehmigung und der Anerkennung der eventuellen Hochschul- und Bildungsabschlüsse.

Administrativement, le traitement de 1,1 million de demandes d'accueil émanant de demandeurs d'asile et de réfugiés fut une tâche sans équivalent dans l'UE. En 1992 déjà, l'Allemagne avait accueilli presque 80 % de tous les demandeurs d'asile désireux de se réfugier dans l'Union. Cela place l'Allemagne face à de grands défis. Il faut assurer l'hébergement, la nourriture et le traitement des demandes d'asile par l'administration compétente. Si le droit de séjour est accordé, se pose alors la question du permis de travail et de la reconnaissance des éventuels diplômes d'enseignement supérieur ou de formation.

Flüchtlinge, deren Antrag nicht genehmigt wird, sollen in ihr Herkunftsland abgeschoben werden, solange dieses als sicher gilt. Die Bundesregierung fördert außerdem die freiwillige Rückkehr von humanitären Migranten in als sicher eingestufte Staaten durch das Programm „Perspektive Heimat". Im Rahmen dieses Programms werden Hilfen zur Existenzgründung im Herkunftsland geleistet.

Les réfugiés dont la demande est rejetée sont censés être expulsés dans leur pays d'origine à partir du moment où celui-ci est considéré comme sûr. Par ailleurs, le gouvernement fédéral soutient le retour volontaire d'immigrés humanitaires dans des états considérés comme sûrs par le programme « Perspective retour au pays natal ». Dans le cadre de ce programme, des aides sont fournies pour assurer les bases de leur existence dans leur pays d'origine.

Das deutsche Staatsbürgerschaftsrecht

Le Code allemand de la nationalité

Vor diesem vielfältigen Hintergrund musste sich auch die Gesetzgebung mit dem Thema Migration befassen.

Dem Abstammungsprinzip (Jus sanguinis) nach konnten deutschstämmige Aussiedler automatisch die deutsche Staatsbürgerschaft erhalten, während auf deutschem Boden geborene Kinder von ausländischen Arbeitsimmigranten keinen Anspruch auf einen deutschen Pass hatten. Dem setzte 2000 eine die Integration fördernde Änderung des Staatsbürgerschaftsrechts ein Ende. Sie trägt dem Jus soli (Geburtsortsprinzip) Rechnung, welches vorsieht, dass in Deutschland geborene Kinder, deren ausländische Eltern sich schon über 8 Jahre rechtmäßig in Deutschland aufhalten, bei der Geburt die deutsche Staatsangehörigkeit erhalten. Eine erneute Änderung des Staatsangehörigkeitsgesetzes erkennt seit 2014 die doppelte Staatsangehörigkeit, d. h. den dauerhaften Besitz eines zweiten Passes für in Deutschland aufgewachsene Kinder ausländischer Eltern an. Früher war sie nur bis zum 23. Lebensjahr möglich.

Sur cet arrière-plan très diversifié, il était inévitable que le législateur se penche lui aussi sur la question de l'immigration.

En fonction du droit du sang, la nationalité allemande était octroyée automatiquement aux Allemands de souche nés hors d'Allemagne, alors que le droit à un passeport allemand était refusé aux enfants nés en Allemagne de parents immigrés économiques. La modification du code de la nationalité visant à faciliter l'intégration, intervenue en 2000, met fin à cette situation. Elle intègre pleinement le droit du sol, lequel stipule que les enfants nés en Allemagne dont les parents étrangers résident légalement dans le pays depuis au moins 8 ans reçoivent la nationalité allemande à la naissance. Depuis 2014, un nouvel amendement du code de la nationalité reconnaît la double nationalité c'est-à-dire la possession durable d'un second passeport pour les enfants nés en Allemagne de parents étrangers. Auparavant, elle n'était possible que jusqu'à l'âge de 23 ans.

Zuwanderungsgesetz und Integrationsgesetz

La loi sur l'immigration et la loi sur l'intégration

Angesichts einer alternden Bevölkerung kommt man in Deutschland nicht um die Frage herum, wie die verhältnismäßig immer weniger werdenden Erwerbstätigen

Confrontée au vieillissement de sa population, l'Allemagne ne peut pas éluder la question de savoir comment le nombre proportionnellement constamment

für die Renten der immer zahlreicher werdenden Bundesbürger mit über 65 Jahren werden aufkommen können. Was die Bevölkerungsentwicklung angeht, legt das Statistische Bundesamt mit Blick auf 2060 Varianten vor, die die Migration als Fakt anerkennen und das Ausmaß des Bevölkerungsrückgangs vom Wanderungssaldo abhängig macht.

décroissant d'actifs peut subvenir aux retraites du nombre constamment croissant de personnes de plus de 65 ans. Pour ce qui est de l'évolution de la démographie, l'office fédéral des statistiques soumet à l'horizon 2060 des variantes qui entérinent le fait de l'immigration et font dépendre l'ampleur de la régression de la population du solde migratoire.

Am 1. Januar 2005 konnte nach einem Kompromiss der rot-grünen Bundesregierung und der Opposition und nach langen Debatten in Bundestag und Bundesrat das Zuwanderungsgesetz in Kraft treten. Das Gesetz sieht eine Förderung der Integration durch Sprachkurse und durch eine Einführung in das Rechtssystem der Bundesrepublik vor. Es sorgt auch für die Gewährleistung der öffentlichen Sicherheit. Es sieht nämlich die Möglichkeit der Überwachung und eventuell auch der Abschiebung staatsfeindlicher Gruppierungen und Menschen vor. Diese Maßnahme ist nicht nur auf potenzielle Terroristen gemünzt. Sie gilt auch den so genannten „Schleusern", die illegale Zuwanderer ins Land bringen, und den „Hasspredigern", die in den Moscheen zu Gewalttaten gegen vermeintliche Feinde des Islams aufrufen.

Après de longs débats au Bundestag et au Bundesrat, la loi sur l'immigration a pu entrer en vigueur le 1.1.2005, sur la base d'un compromis entre le gouvernement fédéral, mené par sociaux-démocrates et Verts, et l'opposition. Cette loi prévoit une incitation à l'intégration par le biais de cours de langue et d'une initiation au système juridique de la République fédérale. Elle permet aussi d'assurer la sécurité publique. Elle prévoit en effet la possibilité d'une surveillance et le cas échéant de l'expulsion de groupuscules et d'individus qui menacent la sécurité de l'État. Cette mesure ne vise pas seulement d'éventuels terroristes. Elle s'applique aussi aux « passeurs » qui font rentrer illégalement des immigrants dans le pays, et aux « prédicateurs de la haine », qui, dans les mosquées, incitent à la violence contre de supposés ennemis de l'islam.

Wer sich zur freiheitlichen demokratischen Grundordnung bekennt, seinen Lebensunterhalt und den seiner Angehörigen decken kann und über ausreichende Kenntnisse der deutschen Sprache verfügt, kann nach Ablegen eines Einbürgerungstests eingebürgert werden. Seit 2005 wurden über 1 770 000 Menschen eingebürgert.

Toute personne qui adhère aux principes fondamentaux de la démocratie libérale, qui peut subvenir à ses besoins et à ceux de sa famille et possède une connaissance suffisante de la langue allemande peut, après avoir passé un test de naturalisation, obtenir la nationalité allemande. Depuis 2005, plus de 1 770 000 personnes ont obtenu la nationalité allemande.

Als Reaktion auf die so genannte „Flüchtlingskrise" des Sommers 2015 wurde 2016 ein Integrationsgesetz erlassen zur Regelung der Unterstützung der Flüchtlinge und zu ihrer Eingliederung in den Arbeitsmarkt. Dagegen erschwert das Asylgesetz vom Februar 2016 den Familiennachzug. Die Debatte um dieses

En réaction à ce qu'on a appelé la « crise des réfugiés » de l'été 2015, une loi sur l'intégration a été promulguée en 2016, dans le but de réguler l'aide aux réfugiés et d'aider à leur intégration dans le marché du travail. Dans un mouvement contraire, la loi sur les demandeurs d'asile de février 2016 rend plus difficile le rapprochement familial. Les débats qui ont entouré l'élaboration de cette loi ont

Gesetz sorgte für einen Streit zwischen der Union und der SPD.

provoqué une crise entre les chrétiens-démocrates et sociaux-démocrates.

Wenn man von den Anhängerkreisen der AfD absieht, herrscht jedoch Konsens darüber, dass man die Immigration nicht wegdenken kann, sondern dass man sie steuern und Zuwanderern Möglichkeiten der Integration bieten soll.

Si l'on fait abstraction des partisans de l'AfD, il y a néanmoins consensus sur le fait qu'on ne peut pas faire comme si l'immigration n'était pas une réalité, et qu'il faut l'encadrer et offrir aux immigrants des possibilités d'intégration.

Die Migrationsdebatte Willkommenskultur und Leitkultur

Le débat sur l'immigration, la culture de l'accueil et la culture de référence

Die Ausländerpolitik ist ein kontroverses Thema. Grüne und Anhänger der Linkspartei verteidigen meistens eine offene Willkommenskultur. Im rechtskonservativen Lager hingegen sind schon lange mehrheitlich ablehnende Töne zu hören. Als Reaktion auf eine Initiative von Bundeskanzler Schröder zur erleichterten Einwanderung von indischen IT-Fachleuten hatte ein CDU-Politiker 2000 „Kinder statt Inder" gefordert. Parteien wie die AfD, aber auch die bayrische CSU machen mit dem Begriff „Obergrenze" für die Zuwanderung Wahlkampf. Und während im Sommer 2015 viele Bundesbürger die anreisenden Flüchtlinge mit Blumen begrüßten, vermehrten sich vor allem im Osten Deutschlands Gewalttaten gegen Flüchtlingsheime.

La politique vis-à-vis des étrangers est un sujet clivant. Les Verts et les partisans du parti de gauche Linkspartei sont la plupart du temps favorables à une politique d'accueil et d'intégration généreuse. La droite conservatrice y est en revanche depuis longtemps majoritairement hostile. En réaction à une initiative du chancelier Schröder qui voulait faciliter l'immigration d'informaticiens indiens, un homme politique de la CDU avait fait valoir en 2000 qu'il fallait faire des enfants, et pas importer des Indiens. Des partis comme l'AfD, mais aussi la CSU bavaroise, font campagne avec des idées comme une « valeur limite » à ne pas dépasser en matière d'immigration. Et tandis qu'à l'été 2015, de nombreux Allemands accueillaient avec fleurs les réfugiés arrivant en Allemagne, le nombre d'actes de violence à l'encontre des foyers de réfugiés augmentait, particulièrement à l'Est.

Immer wieder taucht der Begriff Leitkultur im politischen Diskurs auf, wobei – bei aller Verschwommenheit – im Generalfall vom Zuwanderer mehr verlangt ist als einfach das Bekenntnis zur freiheitlichen demokratischen Grundordnung (vgl. Dossier 16).

Dans le discours politique, on voit sans cesse resurgir le concept de « culture de référence », ce qui, malgré le flou de ce concept, s'accompagne d'exigences vis-à-vis des immigrés qui dépassent la simple adhésion aux principes de la démocratie libérale (cf. Dossier 16).

(Neue) Formen des Zusammenlebens

(Nouvelles) formes de vie commune

Ein 2019 durchgeführter Mikrozensus zeigt, dass die Lebensformen in der Bundesrepublik recht bunte Formen annehmen. Die Alleinlebenden machen ein Fünftel der Gesamtbevölkerung aus. Sie sind allerdings doppelt so wenig wie die

Un mini-recensement effectué en 2019 montre qu'en Allemagne, la vie prend des formes on ne peut plus variées. Les personnes vivant seules constituent un cinquième de la population totale. Leur chiffre est cependant inférieur de moitié à

Menschen, die als Ehepaar leben. Je höher der Bildungsgrad, umso größer die Neigung, eine nicht eheliche Lebensgemeinschaft zu bilden. Im Oktober 2017 wurden die ersten gleichgeschlechtlichen Ehen – die so genannte Homo-Ehe bzw. Ehe für alle – geschlossen, nachdem eine plötzliche Kehrtwendung der Kanzlerin Ende Juni 2017 eine Abstimmung darüber im Bundestag möglich gemacht hatte. Von 630 Mitgliedern des Bundestags hatten 393 für das Recht auf Eheschließung für Personen gleichen Geschlechts gestimmt, darunter 75 Abgeordenete der CDU/CSU. Die Kanzlerin enthielt sich der Stimme.

celui des personnes vivant en couple marié. Plus le niveau d'éducation est élevé, plus la tendance à vivre en union libre est grande. En octobre 2017, les premiers mariages entre personnes du même sexe (« mariage homo » ou « mariage pour tous ») ont été conclus, après qu'une volte-face subite de la chancelière fin juin 2017 avait rendu possible un vote au Bundestag sur ce sujet. Sur 630 membres du Bundestag, 393 (dont 75 députés CDU/CSU) se sont prononcés en faveur du droit des personnes de même sexe à se marier. La chancelière s'est abstenue.

Vocabulaire

Arbeitskräfte (pluriel)	*la main-d'œuvre*
Asylbewerber (der, -)	*le demandeur d'asile*
Ausländer (der, -)	*l'étranger*
Aussiedler (der, -)	*l'émigrant (de souche allemande)*
Ballungsgebiet (das, e)	*l'agglomération*
Bevölkerung (die)	*la population*
Bürgerkrieg (der, e)	*la guerre civile*
ein Deutschstämmiger (adj. subst.)	*un Allemand de souche*
Einwohner (der, -)	*l'habitant*
Flüchtling (der, e)	*le réfugié*
Gastarbeiter (der, -)	*le travailleur « invité » (= immigré)*
Geburt (die, en)	*la naissance*
Lebenserwartung (die)	*l'espérance de vie*
Nachkomme (der, n, n)	*le descendant*
Pass (der, ¨e)	*le passeport*
Prognose (die, n)	*le pronostic*
Rate (die, n)	*le taux (inflation, croissance)*
Staatsbürgerschaftsrecht (das)	*le code de la nationalité*
Übersiedler (der, -)	*le transfuge*
Unterschied (der, e)	*la différence*
Türke (der n, n)	*le Turc*
ein Vertriebener (adj. subst.)	*expulsé*
Ziel (das, e)	*le but, l'objectif*
Zuwanderer (der, -)	*l'immigré*
besorgniserregend	*inquiétant*
deutlich	*clair, net*
düster	*sombre (sens figuré)*
im Vergleich (zu + D)	*en comparaison avec*
immerhin (adverbe)	*malgré tout, cependant*
umso+comparatif…, als	*d'autant plus… que*
vergleichsweise (adverbe)	*comparativement*
wesentlich	*essentiel, pour l'essentiel*
zahlreich	*nombreux, abondant*
ähneln (+ D)	*ressembler à*
liegen (a, e) (bei + D)	*s'élever à (introduit une valeur*
schätzen (auf + A)	*estimer à*
vertreiben (ie, ie)	*expulser*
vor/sehen (a, e, ie)	*stipuler (dans le cas d'une loi), prévoir*
zählen	*compter*

Lexique en situation 9

- Der Aufstieg Deutschlands hat dem Marshall-Plan viel zu verdanken
  L'ascension de l'Allemagne doit beaucoup au plan Marshall.
- Die Zahl der in Deutschland lebenden Polen wird auf über 850 000 geschätzt.
  On estime le nombre de Polonais vivant en Allemagne à plus de 850 000.
- Die Lage vieler Flüchtlinge ist umso prekärer, als es ihnen an allem fehlt.
  La situation de nombreux réfugiés est d'autant plus précaire qu'ils manquent de tout.
- Ich erhoffe mir von der Regierung, dass sie mehr für die Integration der Asylbewerber tut.
  J'attends du gouvernement qu'il fasse plus pour l'intégration des demandeurs d'asile.
- In Sachen Migration lassen sich große Meinungsunterschiede ausmachen.
  Sur le sujet de la migration, on peut déceler de grandes divergences de vues.
- Was die Aufnahme von Flüchtlingen betrifft, kann sich kein EU-Land mit Deutschland messen.
  En ce qui concerne l'accueil de réfugiés, aucun pays de l'Union européenne ne peut se mesurer à l'Allemagne.
- Jedes Kind unter 5 hat im Prinzip Anspruch auf einen Kindergartenplatz.
  Tout enfant de moins de 5 ans a droit en principe à une place de jardin d'enfant.
- Die Eltern können nicht immer für das Studium ihrer Kinder aufkommen.
  Les parents ne peuvent pas toujours prendre en charge les études de leurs enfants.
- Menschenhändler haben Asylbewerber aus Afrika in die Bundesrepublik geschleust.
  Des trafiquants esclavagistes ont fait passer clandestinement des demandeurs d'asile africains en Allemagne.
- 1989 ist sie mit ihren Eltern nach Deutschland übergesiedelt.
  Elle est venue s'installer en Allemagne avec ses parents en 1989.
- Manche EU-Bürger fürchteten sich vor einem Zustrom von Billigarbeitern aus Osteuropa.
  Certains citoyens de l'UE redoutaient un afflux massif de main-d'œuvre bon marché en provenance des pays de l'Est.
- Natürlich blieben Proteste gegen diese Maßnahmen nicht aus.
  Bien, les protestations contre ces mesures n'ont pas manqué.
- Niemand darf wegen seiner sexuellen Orientierung aus der Gesellschaft ausgeschlossen werden.
  Personne ne doit être exclu de la société en raison de son orientation sexuelle.
- Rückblickend erweisen sich die 60er Jahre als „fette Jahre".
  Rétrospectivement, les années 60 s'avèrent avoir été des années de vaches grasses.
- Es fällt einem schwer, das Ausmaß des Elends zu erfassen.
  On a du mal à appréhender l'ampleur de la misère.

Dossier 10

Religionsgemeinschaften in Deutschland

Im Vergleich zum streng laizistischen Frankreich ist Deutschland ein Land, in dem Glaube und Kirchen eine derart große Rolle spielen, dass die Trennung von Staat und Kirche nicht immer offensichtlich ist. Sieht man doch prominente Politiker zu öffentlichen Anlässen Bibelverse vorlesen und eine der großen Volksparteien das Wort „christlich" im Namen führen. Selbst die SPD eröffnet ihre Parteitage mit einem ökumenischen Gottesdienst. Etwa 73% der Deutschen kennzeichnen sich als konfessionell gebunden.

Kirchen und Staat

Kirche und Staat sind schon seit der Weimarer Verfassung von 1919 rechtlich getrennt, was einfach heißt, dass es keine deutsche Staatskirche gibt. Die freie Religionsausübung und die Freiheit des Glaubens sind in der Verfassung (Artikel 4 des Grundgesetzes) verankert. Aber im Gegensatz zur Weimarer Verfassung ist das Grundgesetz keine laizistische Verfassung. In der Präambel des Grundgesetzes wird an die Verantwortung der Deutschen „vor Gott und den Menschen" erinnert. Zwar ist damit nicht nur das Christentum gemeint: In religiösen Dingen ist der Staat verfassungsgemäß verpflichtet, sich neutral zu verhalten. Aber durch die staatliche Anerkennung von „etablierten Religionen" ist dennoch das Verhältnis zwischen christlichen Kirchen und Staat sehr eng.

Als „etablierte Religionen" gelten die Evangelische Kirche in Deutschland (EKD), die römisch-katholische Kirche und die jüdische Glaubensgemeinschaft. Das gewährt

L'Allemagne et la religion

À la différence de la France, pays strictement laïque, l'Allemagne est une terre où la foi et les Églises jouent un rôle tellement grand que la séparation entre Église et État n'y est pas toujours manifeste. Que dire d'un pays où des hommes politiques de premier plan donnent lecture de versets de la Bible lors de manifestations publiques et où l'un des grands partis de masse se réclame du christianisme jusque dans son nom ? Même le SPD ouvre ses congrès par un service religieux œcuménique. Environ 73 % des Allemands déclarent appartenir à une communauté religieuse.

Église et État

La constitution de Weimar de 1919 établit déjà la séparation juridique de l'Église et de l'État, ce par quoi il faut tout simplement entendre qu'il n'y a pas de religion d'État en Allemagne. La liberté de culte et la liberté de confession sont inscrites dans la constitution (article 4 de la Loi fondamentale). Mais à la différence de la constitution de Weimar, la Loi fondamentale n'est pas une constitution laïque. Dans son préambule, il est rappelé la responsabilité des Allemands « devant Dieu et les hommes ». Il ne s'agit cependant pas d'une allusion exclusive au christianisme : l'État est tenu par la constitution à un comportement neutre dans le domaine religieux. Mais la reconnaissance par l'État de « religions établies » implique cependant l'existence de relations très étroites entre Églises et État.

Sont considérées comme « religions établies » l'Église luthérienne (EKD), l'Église catholique et la communauté juive. Cela confère à ces trois religions le statut

diesen drei Religionen den Rechtsstatus einer „Körperschaft des öffentlichen Rechts", womit wichtige Privilegien verbunden sind. Das Hauptprivileg ist wohl der Erhalt der so genannten „Kirchensteuer", die der Staat für diese Religionsgemeinschaften bei Steuerzahlern erhebt, die diesen Religionen angehören. Nur wer beim Standesamt offiziell seinen Austritt erklärt oder sich schon immer als konfessionslos bezeichnet hat, kann die Kirchensteuer umgehen. Der Austritt muss durch einen Verwaltungsakt vollzogen werden. Der Kirchensteuer-Satz liegt durchschnittlich bei 9 Prozent der Einkommenssteuer.

juridique de « personne morale de droit public », et de ce fait un certain nombre de privilèges importants. Le principal privilège est sans doute le bénéfice de ce qu'on appelle « l'impôt d'Église », prélevé par l'État pour ces trois religions auprès des contribuables qui s'en déclarent membres. Seul le fait de déclarer officiellement son abandon de la religion auprès de l'état-civil ou d'avoir de tout temps déclaré être « sans confession », permet d'échapper à cet impôt. Cette décision doit nécessairement être entérinée par un acte administratif. « L'impôt d'Église » s'élève en moyenne à 9 % de l'impôt sur le revenu.

Ein weiteres Privileg ist das im Grundgesetz festgeschriebene Recht, an staatlichen Schulen Religionsunterricht anzubieten. Der Religionsunterricht ist ordentliches Schulfach. Über die Teilnahme am Religionsunterricht entscheiden aber allein die Erziehungsberechtigten. Schließlich gibt es auch für die drei etablierten Religionen die Möglichkeit, über Vertreter in den Räten der öffentlich-rechtlichen Rundfunksender zu verfügen.

Autre privilège : le droit inscrit dans la constitution d'offrir des cours d'éducation religieuse dans les établissements scolaires publics. Le cours d'éducation religieuse est une matière scolaire obligatoire. Mais la participation de l'élève à ce cours est du ressort exclusif de ses responsables légaux. Enfin, les trois religions établies ont également de la possibilité de disposer de représentants au sein des conseils de surveillance des radios publiques.

Die christlichen Kirchen

Trotz eines nicht geringen Rückgangs der Zahl der Kirchenmitglieder gab es 2019 rund 20,7 Millionen evangelische Protestanten und etwa 22,6 Millionen Katholiken. Rein zahlenmäßig machten im selben Jahr die Katholiken, die Protestanten und die Orthodoxen zusammen etwa 55 Prozent der Bevölkerung aus. Das bedeutet nicht, dass alle regelmäßige Kirchgänger sind. Meistens besuchen die Leute die Kirche nur zu besonderen Anlässen. (Taufen, Hochzeiten und Beerdigungen) sowie an den wichtigen christlichen Feiertagen (zu Ostern oder Weihnachten).

Les Églises chrétiennes

Malgré un recul non négligeable du nombre de membres de ces Églises, on comptait en 2019 environ 20,7 millions de protestants et quelque 22,6 millions de catholiques. D'un point de vue strictement statistique, catholiques, protestants et chrétiens orthodoxes constituaient cette même année environ 55 % de la population. Cela ne veut pas dire que tous sont des pratiquants réguliers. La plupart du temps, on ne va à l'église qu'à des occasions particulières (baptêmes, mariages, enterrements) ainsi que lors des fêtes chrétiennes importantes (Pâques, Noël).

Die Last der Kirchensteuer und die Missbrauchsskandale in der katholischen Kirche erklären zum großen Teil die massenhaften Kirchenaustritte der letzten Jahre (jährlich bis über 540 000

Le montant élevé de « l'impôt d'Église » et les scandales d'abus sexuels dans l'Église catholique expliquent pour une large part le nombre important de décisions officielles de « quitter » l'Église survenues ces dernières

Austritte in schweren Krisenjahren, von 2013 bis 2019 nie unter 350 000). Jeder Kirchenaustritt bedeutet natürlich eine Einkommenseinbuße, worunter die von den Kirchen geleistete Sozialhilfe in erster Linie zu leiden hat.

années (jusqu'à 540 000 abandons par an au plus fort de la crise, jamais moins de 350 000 entre 2013 et 2019). Chaque fois que quelqu'un décide de « quitter » l'Église, cela entraîne naturellement une baisse de revenus, ce dont souffrent avant tout celles des œuvres sociales qui incombent aux Églises.

Deutschland – die Geburtsstätte der Reformation – ist seit dem 16. Jahrhundert konfessionell gespalten. Der Norden, der Osten und die Gegend um Stuttgart (Württemberg) sind überwiegend evangelischen Glaubens. Im Westen (Rheinland und Westfalen) und im Süden (Hessen, Franken und vor allem Bayern) ist die Bevölkerung mehrheitlich katholisch. Die neuen Bundesländer sind zwar traditionell evangelisch, aber 40 Jahre DDR haben dort auch Spuren hinterlassen: Wer im atheistischen kommunistischen Staat aufgewachsen ist, ist nach der Wende oft konfessionslos geblieben. Ökumenische Annäherungsversuche streben eine Überwindung der konfessionellen Spaltung des Landes an. Erst vor kurzem sind sich die beiden Konfessionen in der zentralen Frage der Rechtfertigungslehre einig geworden (vgl. Dossier 2, Luther).

Depuis le xvie siècle, l'Allemagne, terre d'origine de la Réforme, est divisée du point de vue religieux. Le Nord, l'Est et la région de Stuttgart (Wurtemberg) sont majoritairement protestants. L'Ouest (la Rhénanie) et le Sud (la Hesse, la Franconie et surtout la Bavière) ont une population majoritairement catholique. Les nouveaux Länder ont beau être de tradition protestante, 40 années de RDA y ont aussi laissé des traces : les gens qui ont grandi au sein d'un État communiste athée sont restés sans confession après la chute du Mur. Des tentatives de rapprochement œcuménique s'efforcent de surmonter la partition confessionnelle de l'Allemagne. Les deux Églises ont seulement récemment trouvé un accord sur la question centrale de la doctrine de la justification (cf. Luther, Dossier 2).

Während die evangelisch-lutherische Kirche Frauen in kirchlichen Ämtern fördert – von 2009 bis 2010 war die Bischöfin von Deutschlands bevölkerungsreichstem evangelischem Bistum (Hannover) Ratsvorsitzende der EKD –, bedauert die katholische Kirche einen Mangel an Priestern und vor allem an Nachwuchs auch in den Ordensklöstern. Dazu kommt, dass sie sich in ihrer sozialen Hilfsarbeit durch Eingriffe des Vatikans behindert sieht. So hat Papst Johannes Paul II. unnachgiebig den Rücktritt der katholischen Kirche aus der Schwangerenkonfliktberatung verlangt (vgl. Dossier 12). Nach dem päpstlichen Verbot dürfen die katholischen Berater den zur straffreien Abtreibung erforderlichen Schein nicht mehr ausstellen. Das hat zu Verstimmungen und Protesten bei der

L'Église luthérienne encourage la présence des femmes dans l'exercice de fonctions religieuses : de 2009 à 2010, c'est une femme, déjà à la tête de l'évêché protestant le plus peuplé d'Allemagne (Hanovre), qui a exercé la présidence de l'EKD. En revanche, l'Église catholique souffre d'un manque de prêtres et surtout de relève dans les ordres religieux. À cela vient s'ajouter un autre problème : elle se voit entravée dans ses œuvres sociales par des interventions du Vatican. C'est ainsi qu'un Jean-Paul II inflexible a exigé que l'Église catholique se retire des centres de planning familial (cf. Dossier 12). À la suite de l'interdiction papale, les conseillers catholiques n'ont plus le droit d'émettre l'attestation nécessaire en Allemagne pour pouvoir avorter sans être en infraction. Cette rigueur a entraîné

öffentlichen Meinung im Land geführt. Auf Grund des konservativen Kurses des Vatikans in gesellschaftlichen Fragen hatten sich manche Katholiken – vor allem Mitglieder von Laienbewegungen – 2005 über die Wahl des deutschen Kardinals Joseph Ratzinger zum Nachfolger von Johannes Paul II. kritisch geäußert. Die Mehrheit der deutschen Katholiken erhoffte sich aber Rückenwind von Benedikt XVI., dem ersten deutschen Papst seit 480 Jahren. Doch die Rehabilitierung der traditionell-konservativen Pius-Bruderschaft, welcher der Holocaust-Leugner Williamson angehört, durch Benedikt XVI. hat vielmehr eine neue Welle der Kirchenaustritte ausgelöst, der die Wahl des argentinischen Kardinals Jorge Mario Bergoglio im März 2013 zum Nachfolger Benedikts XVI. (Papst Franziskus) kein Ende zu setzen vermochte.

désaccords et protestations dans l'opinion publique allemande. La ligne de pensée conservatrice du Vatican pour ce qui est des questions de société explique pourquoi bon nombre de catholiques (essentiellement les membres d'associations laïques) ont eu des réactions critiques après l'élection du cardinal allemand Joseph Ratzinger en 2005 comme successeur de Jean-Paul II. Mais la majorité des catholiques espérait tirer profit de la nomination de Benoît XVI, le premier pape allemand en 480 ans. Or la réhabilitation par Benoît XVI (aujourd'hui pape émérite) de la congrégation intégriste de la Fraternité saint Pie X, à laquelle appartient le négationniste Williamson, a déclenché une nouvelle vague d'abandon de cette appartenance confessionnelle, à laquelle l'élection du cardinal argentin Jorge Mario Bergoglio, devenu Pape François en mars 2013, n'a pas pu mettre un terme.

Unter den katholischen Geistlichen und Laien gibt es nämlich große Meinungsverschiedenheiten, wobei die Position der katholischen Kirche bei der Aufklärung von Kindesmissbrauchsfällen wohl der größte Zankapfel ist. Viele werfen der Kirche vor, dem Schutz der Institution den Vorrang vor den Menschen zu geben.

Les rangs du clergé et des laïcs catholiques sont en effet profondément divisés, la principale pomme de discorde étant la position de l'église catholique vis-à-vis de de l'élucidation des cas d'abus sexuels dont ont été victimes des enfants. Nombreux sont ceux qui reprochent à l'Église de privilégier la protection de l'institution et de sacrifier les êtres humains.

Weitere Konfliktfelder sind außerdem der Platz der Frau in der Kirche und die Dogmen der katholischen Kirche bezüglich der Ehe. Weil sie der Meinung sind, dass die Kirche mit der Entwicklung der Gesellschaft nicht Schritt hält, haben über 3 000 Priester und Theologen im Frühjahr 2021 die Initiative #liebegewinnt ins Leben gerufen, um Segensgottesdienste für gleichgeschlechtliche Paare veranstalten zu können.

Mais il y a d'autres sujets conflictuels, comme la place de la femme dans l'Église et les dogmes de celle-ci sur la question du mariage. Estimant que l'Église n'accompagne pas assez l'évolution de la société, plus de 3 000 prêtres et théologiens ont fondé au printemps le collectif #liebegewint (l'amour l'emporte) pour pouvoir assurer des bénédictions pour les couples de même sexe.

Juden in Deutschland

Einer Statistik der Hebrew University of Jerusalem nach zählte die Bundesrepublik 2019 etwa 225 000 jüdische Mitbürger. Durch die Zuwanderung von Juden aus der

Les juifs en Allemagne

Selon une statistique l'Université hébraïque de Jérusalem, il y avait en 2019 environ 225 000 citoyens allemands de confession juive. L'immigration de juifs en

ehemaligen Sowjetunion nahm die Zahl der in Deutschland lebenden Juden erheblich zu. 2016 zählten die 105 jüdischen Gemeinden in Deutschland etwa 98 000 Mitglieder. Dazu kommen circa 90 000 Juden ohne Gemeindezugehörigkeit. Selbst wenn sich diese Zahlen im Vergleich zu den über 500 000 Juden, die Deutschland 1933 zählte, noch bescheiden ausnehmen, scheint die jüdische Religion auf deutschem Boden wieder neu aufzuleben.

provenance de l'ex-URSS a permis un accroissement considérable du nombre des juifs vivant en Allemagne. En 2016, les quelque 105 communautés juives en Allemagne totalisaient environ 98 000 membres. Il faut rajouter à ce chiffre les quelque 90 000 juifs qui ne sont pas membres d'une communauté. La religion juive semble connaître un renouveau sur le sol allemand, même si ces chiffres sont modestes en regard des plus de 500 000 juifs que l'Allemagne comptait en 1933.

2021 feiert man „1700 Jahre jüdischen Lebens in Deutschland": Seit dem Jahr 321 nach Christi Geburt ist die Anwesenheit der Juden in Deutschland dokumentiert (nach einer Urkunde vom römischen Kaiser Konstantin, die den Kölner Juden Rechte gewährte). Lange verfügten die deutschen Juden aber nur über eingeschränkte und jederzeit widerrufliche Rechte. Noch 1825 hatte sich Heinrich Heine zum Christentum bekehrt, mit der (enttäuschten) Hoffnung, eine Professorenstelle an der Universität zu erhalten. Erst 1872 unter Fürst Bismarck erhielten sie die formale Gleichberechtigung.

En 2021, on célèbre « 1 700 ans de vie juive en Allemagne » : la présence juive en Allemagne est attestée depuis 321 après J.-C. (d'après un acte de l'empereur romain Constantin octroyant des droits aux juifs de Cologne). Mais les droits des juifs ont longtemps été restreints et révocables à tout instant. En 1825 encore, Heinrich Heine s'était converti au christianisme dans l'espoir (déçu) d'obtenir une chaire à l'université. Il a fallu attendre 1872 et Bismarck pour que s'instaure formellement l'égalité des droits.

Das Judentum ist heute eine der drei etablierten Religionsgemeinschaften in Deutschland und genießt somit alle Privilegien, die auch den etablierten christlichen Kirchen zustehen. Der Wiederaufbau der Oranienburger Synagoge in Berlin wurde als Anzeichen der Versöhnung der Juden mit Deutschland interpretiert. Auch die Entscheidung des 2007 verstorbenen Mäzens Heinz Berggruen, seine umfangreiche Sammlung moderner Kunstwerke dem Land Berlin zu vererben, zeugt davon. Berggruen wurde 1914 in Berlin geboren, musste aber 1936 ins amerikanische Exil, um der Verfolgung durch das NS-Regime zu entgehen. Als weiteres Zeichen für den Aufbruch jüdischen Lebens in Deutschland gilt die erstmalige Ernennung eines Militärrabbiners für die Bundeswehr im Sommer 2021.

Le judaïsme est aujourd'hui l'une des trois religions établies et jouit à ce titre de tous les privilèges accordés également aux religions chrétiennes établies. La reconstruction de la grande synagogue de Berlin (Oranienburgerstraße) a été interprétée comme le signe de la réconciliation des juifs avec l'Allemagne, comme en témoigne également la décision du mécène Heinz Berggruen, mort en 2007, de léguer à Berlin sa vaste collection d'art moderne. Berggruen est né en 1914 à Berlin, mais a dû fuir en Amérique en 1936 pour échapper aux persécutions nazies. La première nomination d'un rabbin aux armées auprès de la Bundeswehr à l'été 2021 doit également être interprétée comme un signe du dynamisme de la vie juive en Allemagne.

Die Dachorganisation der jüdischen Gemeinden ist der Zentralrat der Juden

L'organe central des juifs allemands est le Conseil central des juifs d'Allemagne

in Deutschland. Um das Ansehen des Zentralrates in der Öffentlichkeit hat sich sein ehemaliger Vorsitzender Ignatz Bubis verdient gemacht. Keiner hätte es gewagt, dem 1999 verstorbenen Bubis ein Mitspracherecht in allen ethischen und sozialen Fragen zu bestreiten. Als der Schriftsteller Martin Walser 1998 in seiner Friedenspreis-Rede Auschwitz als „Moralkeule" bezeichnete, reagierte Bubis heftig, indem er von „geistiger Brandstiftung" sprach. Heute muss der Vorsitzende des Zentralrats Josef Schuster (Ende der Amtszeit: 2022) immer häufiger antisemitische Ausschreitungen beklagen. Allein zwischen 2019 und 2020 nahmen antisemitische Straftaten um mehr als 15% zu. Bei propalästinensischen Kundgebungen wird nicht selten die israelische Flagge verbrannt.

(consistoire). S'il jouit d'une grande considération dans l'opinion publique, c'est grâce à son ex-président Ignatz Bubis. Nul n'aurait osé contester à Bubis, décédé en 1999, le droit d'intervenir sur toutes les grandes questions éthiques et sociales. Lorsque dans un discours tenu en 1998 à l'occasion de la remise du prix de la Paix, l'écrivain Martin Walser a parlé d'Auschwitz comme d'une « massue morale », Bubis a violemment réagi en le qualifiant « d'intellectuel incendiaire ». Aujourd'hui, le président du Conseil central, Josef Schuster (dont le mandat arrivera à échéance en 2022) a de plus en plus souvent à déplorer des violences antisémites. Rien qu'entre 2019 et 2020, le nombre d'actes criminels antisémites a augmenté de plus de 15%. Il n'est pas rare qu'on brûle le drapeau israélien lors de manifestations pro-palestiniennes.

Was die Rechtsextremen angeht, so begnügen sie sich nicht mehr damit, antisemitische Parolen und Hassbotschaften zu verbreiten. Die Gewaltbereitschaft eskaliert. Am 9. Oktober 2019, auf den der jüdische Feiertag Jom Kippur fiel, wurde ein Anschlag auf die Synagoge der Stadt Halle verübt, bei dem zwei Menschen ums Leben kamen.

Quant à l'extrême-droite, elle ne se contente plus de répandre une rhétorique antisémite et des messages haineux. La propension à recourir à des actes violents est de plus en plus grande. Le 9 octobre 2019, jour de la fête juive de Yom Kippour, un attentat a été perpétré contre la synagogue de Halle, coûtant la vie à deux personnes.

Das wirft unter anderem die Frage der Erinnerungskultur auf. Das lange tabu gebliebene Thema des Leidens der Deutschen im Krieg verdrängt bei manchen die Erinnerung an das Übel, das den Juden zugefügt wurde. Angesichts der schwindenden Zahl der Holocaust-Überlebenden einerseits und der wachsenden Zahl derjenigen andererseits, die als „Nachgeborene" nicht mehr für die Schuld des „Tätervolkes" einstehen wollen, stellt sich über 75 Jahre nach der Befreiung des Konzentrationslagers Auschwitz durch die Rote Armee am 27.1.1945 die Frage nach der Form, die das Gedenken des Holocaust annehmen kann bzw. soll.

Cela pose entre autres choses la question du devoir de mémoire. Chez certaines personnes, la question de la souffrance des Allemands pendant la guerre, longtemps considérée comme un tabou, relègue à l'arrière-plan le souvenir des atrocités infligées aux juifs. Au vu du nombre sans cesse déclinant des survivants d'une part, et d'autre part du nombre croissant de ceux qui, nés après les faits, ne veulent plus prendre en charge la faute d'un « peuple de bourreaux », la question de la façon de commémorer l'holocauste se pose, plus de 75 ans après la libération du camp d'Auschwitz par l'Armée rouge le 27.1.1945.

Der Islam in Deutschland

Laut einer Statistik des Bundesministeriums des Innern leben zwischen 4,4 und 4,7 Muslime in der Bundesrepublik. Der Islam ist somit die drittgrößte religiöse Gemeinschaft in Deutschland. Die in Deutschland lebenden Muslime sind noch mehrheitlich türkischstämmige Sunniten, die so genannten „Gastarbeiter", die ab den 60er Jahren nach Deutschland eingewandert waren, und ihre Nachkommen. Die Mehrheit der Flüchtlinge, die in den letzten Jahren einen Antrag auf Bleiberecht in Deutschland gestellt haben, stammt aus dem muslimischen Nahen Osten. Sie ist aber in dieser Statistik nicht gänzlich erfasst.

Langsam ist der Islam aus dem Status einer „Hinterhof-Religion" herausgewachsen, d. h. einer Religion, deren Kultstätten öfters kaum sichtbar, in den Hinterhöfen der großstädtischen Mietskasernen zu finden waren. In allen deutschen Metropolen ist der Bau von Großmoscheen schon vollzogen. Insgesamt zählt die Bundesrepublik rund 2 350 Moscheen, von denen 900 von der Türkisch Islamischen Union der Anstalt für Religion (türkisch abgekürzt „ditib") geleitet sind. Eine bemerkenstwerte Ausnahme bildet die Ibn-Rushd-Goethe Moschee in Berlin, die 2017 eröffnet wurde und an deren Spitze eine Frauenrechtlerin als Imamin steht. Der Islam ist also auf dem Weg zu einer größeren Anerkennung und Sichtbarkeit. Er verfügt jedoch nicht über den rechtlichen Status einer „etablierten" Glaubensgemeinschaft. Das Streben nach einer einheitlichen Vertretung der Muslime in Deutschland, die der erste Schritt zur Anerkennung als „etablierte Religion" wäre, wird durch die Vielfalt der konfessionellen Strömungen erschwert. Die 2006 vom ehemaligen Bundesinnenminister Wolfgang Schäuble (CDU) ins Leben gerufene Deutsche Islamkonferenz (DIK) nimmt sich nun für jede Legislaturperiode ein bestimmtes Arbeitsprogramm vor, unter

L'islam en Allemagne

Des statistiques du ministère fédéral de l'Intérieur établissent le nombre de musulmans vivant en Allemagne entre 4,4 et 4,7 millions. Cela fait de l'islam numériquement la troisième communauté religieuse d'Allemagne. Les musulmans vivant en Allemagne sont encore en majorité des sunnites d'origine turque, ceux qu'on a appelé les « travailleurs invités », immigrés venus en Allemagne à partir des années 1960, et leurs descendants. La majorité des réfugiés qui ont déposé ces dernières années une demande de permis de séjour en Allemagne proviennent du Moyen Orient musulman. Mais leur nombre n'est pas complètement pris en compte par ces statistiques.

L'islam a lentement émergé de son statut de « religion d'arrière-cour », c'est-à-dire de religion dont les lieux de culte étaient souvent peu visibles, cachés dans les arrière-cours des vieux immeubles insalubres des grandes villes. Dans toutes les grandes villes d'Allemagne, la construction de grandes mosquées est achevée. Au total, la République fédérale en compte quelque 2 350 mosquées, qui pour 900 d'entre elles sont régies par la « ditib » (union des institutions religieuses islamiques turques). La mosquée Ibn-Rouchd-Goethe de Berlin est une exception à signaler : elle a été inaugurée en 2017 et l'imam en est une femme, spécialiste du droit des femmes. L'islam est donc sur la voie d'une reconnaissance et d'une visibilité plus grandes. Il ne dispose cependant pas du statut juridique de « religion établie ». Les efforts visant à parvenir à une représentation unique des musulmans d'Allemagne, qui serait le premier pas vers la reconnaissance en tant que « religion établie », sont entravés par la pluralité de ses courants religieux. La Conférence allemande de l'Islam (DIK), mise en place en 2006 sous l'égide de Wolfgang Schäuble, alors ministre de l'intérieur (chrétien démocrate), se donne désormais pour chaque législature un programme de travail précis, supervisé

Aufsicht der Bundesregierung. Die Konferenz setzt sich für den Dialog zwischen Staat und Muslimen ein und arbeitet unter anderem daran, dass der Islam als reguläres Schulfach (in deutscher Sprache) an öffentlichen Schulen eingeführt werden kann.

par le gouvernement fédéral. Cette conférence œuvre au dialogue entre l'État et les musulmans et travaille entre autres choses à la possibilité d'introduire l'islam comme matière scolaire normale (enseignée en allemand) dans les écoles publiques.

Das größte Hindernis für die Integration der Muslime in die deutsche Gesellschaft dürfte aber die islamistischen Gruppierungen und die Angst vor Angriffen durch Dschihadisten sein. Schon 2001 wollte Metin Kaplan einen verbotenen „Kalifatsstaat" auf deutschem Boden errichten. Auch die nachgewiesene Teilnahme von islamistischen Studenten, welche die Universität in Hamburg besuchten, an den Anschlägen auf die Twin Towers in New York am 11.9.2001 hat der Anerkennung des Islams in Deutschland Abbruch getan. Deutschland ist nicht von der Terrorgefahr verschont. Zum Anschlag auf den Berliner Weihnachtsmarkt im Dezember 2016 hat sich der dschihadistische Islamische Staat (IS) bekannt. Über 1 000 deutsche Islamisten haben sich als IS-Kämpfer am Bürgerkrieg in Syrien beteiligt.

Mais le plus grand obstacle à l'intégration des musulmans dans la société allemande tient sans doute aux groupuscules islamistes et à la crainte d'attaques de djihadistes. En 2001 déjà, Metin Kaplan voulait ériger illégalement un « califat » sur le sol allemand. La participation avérée d'étudiants islamistes de l'université de Hambourg aux attentats du 11.9.2001 contre les Twin Towers de New York a causé du tort à la reconnaissance de l'islam en Allemagne. Et l'Allemagne elle-même n'est pas épargnée par la menace terroriste. L'État Islamique (IS, djihadiste) a revendiqué l'attentat de décembre 2016 contre le marché de Noël de Berlin. Plus de mille islamistes allemands ont pris part à la guerre civile en Syrie comme combattants de l'État Islamique.

Die Diskussion um den Platz des Islam in Deutschland ist noch nicht abgeschlossen. Nach wie vor pochen viele Politiker und Politikerinnen im christlich-konservativen Lager darauf, man möge sich zu jüdisch-christlichen Wurzeln als Grundlage für die Identität Europas bekennen, was de facto den Islam als nicht zugehörig zur europäischen Kultur einstuft. Rechtsextreme Angriffe auf Muslime und Moscheen nehmen zu. Und in der öffentlichen Debatte um das Verhältnis von Staat und Religion geht es fast ausschließlich um den Platz des Islams in einem säkularisierten, bekenntnisneutralen Staat.

Le débat sur la place de l'islam en Allemagne n'est pas clos. De nombreux hommes et femmes politiques issus de la droite chrétienne continuent de revendiquer que l'on se réfère aux racines judéo-chrétiennes comme socle de l'identité de l'Europe, ce qui catégorise de facto l'islam comme ne faisant pas partie de la culture européenne. Les actes criminels contre des musulmans et des mosquées sont en augmentation. Et dans le débat public sur le rapport de l'État et de la religion, il est aujourd'hui presque exclusivement question de la place de l'islam dans un État sécularisé et confessionnellement neutre.

Die Kirchen im sozial-karitativen Bereich, in der Politik und im Alltag

Les Églises dans le domaine socio-caritatif, en politique et dans la vie quotidienne

Vieles von dem, wofür in Frankreich der Staat sorgt, wird in Deutschland durch die Kirchen gewährleistet. Staat und

Ce qu'en France l'État prend en charge dans bien des cas, est souvent assuré en Allemagne par les Églises. Églises et État

Kirchen arbeiten im Rahmen von sozialen Wohlfahrtsprogrammen zusammen. Im Rahmen der Islamkonferenz ist die Bundesregierung darum bemüht, die drittgrößte Religionsgemeinschaft Deutschland in dieses Netz einzubinden. Der Deutsche Caritasverband (katholische Kirche), das Diakonische Werk (evangelisch-lutherische Kirche), die Zentralwohlfahrtsstelle der Juden in Deutschland verwalten Kindergärten für die noch nicht schulpflichtigen Kinder. Altersheime und Pflegeheime für die Bedürftigen sind oft kirchliche Einrichtungen. Die Kirchen bieten Hauspflegedienste für Behinderte an und spielen auch eine wesentliche Rolle im Alltag der Frauen durch die Familienplanungseinrichtungen und Beratungsstellen für Schwangere. Sie entlasten den Staat durch die Aufgaben, die sie in der Aufnahme und Beratung von Flüchtlingen und Asylbewerbern erfüllen.

collaborent dans le cadre de programmes de bienfaisance. Dans le cadre de la conférence de l'islam, le gouvernement fédéral s'efforce d'inclure la troisième communauté religieuse d'Allemagne dans ce réseau. L'association « Caritas » pour l'Église catholique, les œuvres des diaconesses pour l'Église luthérienne et l'organisation centrale de bienfaisance des juifs allemands administrent des crèches pour les enfants qui n'ont pas encore atteint l'âge où l'école est obligatoire. Foyers de personnes âgées, centres de soin pour les gens dans le besoin sont souvent des institutions religieuses. Les Églises assurent des soins à domicile pour les handicapés et jouent également un rôle important dans la vie quotidienne des femmes par le biais d'organismes de planning familial et de centres de conseil pour les femmes enceintes. Elles soulagent l'État en prenant à leur charge certaines tâches d'accueil et de conseil auprès des réfugiés et des demandeurs d'asile.

Dazu kommt noch ihr Engagement in der Entwicklungshilfepolitik im hilfsbedürftigen Ausland.

À cela vient s'ajouter leur engagement dans l'aide au développement pour les pays étrangers qui ont besoin d'assistance.

Die Bedeutung der Kirchen in Deutschland lässt sich auch daran ermessen, dass eine der großen Volksparteien sich offen zum Christentum bekennt. Die Christlich-Demokratische Union (CDU) wurde zusammen von Protestanten und Katholiken gegründet. Auch in der DDR spielte die Kirche eine wichtige Rolle bei der friedlichen Revolution, die zum Fall des SED-Regimes führte. Vor den „Montagsdemonstrationen" auf offener Straße versammelten sich die Gegner des Regimes in der Leipziger Nikolaikirche. Seit den bitteren Erfahrungen der NS-Diktatur und des Kommunismus herrscht Konsens darüber, dass die Kirchen eine Gegenmacht zum totalitären Staat sein können. Es gibt in Deutschland ein ständiges Bedürfnis nach einer Werteorientierung, zu der die Kirchen wesentlich beitragen – wie zum Beispiel in der Diskussion um die Bioethik.

Le fait que l'un des grands partis de masse allemands se réclame ouvertement du christianisme prouve également à quel point la religion est importante en Allemagne. L'Union des Chrétiens-démocrates (CDU) a été fondée communément par des protestants et des catholiques. En RDA aussi, l'Église a pu jouer un grand rôle dans la révolution pacifique qui a mené à la chute du régime communiste. Avant de descendre dans la rue pour les « manifestations du lundi », les opposants au régime se réunissaient dans l'Église Saint Nicolas de Leipzig. Depuis les expériences cruelles de la dictature nazie et du communisme, on s'accorde sur le fait que les Églises peuvent être un contre-pouvoir face à un État totalitaire. Il y a en Allemagne un besoin constant en points de repère, et les Églises y subviennent pour une bonne part, comme le montre le débat sur la bioéthique.

Nicht alle Bundesländer verhalten sich bekenntnisneutral: So beschloss der überwiegend katholische Freistaat Bayern, dass in allen Klassenräumen der staatlichen Schulen ein Kreuz hängen sollte. Das Bundesverfassungsgericht erklärte 1995 diesen Beschluss für illegal. In Bayern rief das so genannte Kruzifix-Urteil des Bundesverfassungsgerichts Empörung bei den Katholiken hervor. In den Schulräumen hängt weiterhin ein Kruzifix, das auf Wunsch der Eltern oder der Schüler abgehängt werden kann. Dagegen zeigte die öffentliche Meinung bundesweit kaum Verständnis, als eine muslimische Lehrerin aus Baden-Württemberg eine Klage beim BVG einreichte, weil dieses Land das Tragen des Kopftuchs im Unterricht nicht zulassen wollte. Der „Fall Ludin" beschäftigte die Medien zwischen 1997 und 2003. In der Hälfte der Bundesländer wurde im Zuge dieser Debatte ein Gesetz verabschiedet, das das Tragen des Kopftuchs im öffentlichen Dienst untersagt. Korrigierend befand das Karlsruher Bundesverfassungsgericht 2015, dass ein pauschales Kopftuchverbot für Lehrer nicht mit der Religionsfreiheit zu vereinbaren ist. Über die religiöse Frage hinaus ging es dabei um das Selbstverständnis Deutschlands als „Multikulti"-Gesellschaft, oder umgekehrt um die Behauptung einer „Leitkultur", die sich die Zuwanderer anzueignen hätten.

Tous les Länder ne sont pas neutres en matière religieuse : ainsi, le Land de Bavière à majorité catholique a-t-il décidé qu'un crucifix devait être apposé dans toutes les salles de classe de ses écoles publiques. En 1995, la Cour constitutionnelle de Karlsruhe a statué dans un jugement que cette décision était illégale. En Bavière, ce que l'on a nommé le « jugement crucifix » de la Cour constitutionnelle a été accueilli avec indignation par les catholiques. Mais il y a toujours un crucifix dans les salles de classe, lequel peut être décroché à la demande des parents ou des élèves. En revanche, l'opinion publique a fait preuve de peu de compréhension quand une professeure musulmane de Bade-Wurtemberg a déposé une plainte auprès de la cour parce que ce Land ne lui permettait pas de porter le voile en cours. Le « cas Ludin » a été abondamment discuté dans les médias entre 1997 et 2003. Dans la foulée de ce débat, la moitié des Länder ont adopté une loi interdisant le port du voile dans la fonction publique. Mesure corrigée par un jugement du Tribunal constitutionnel de Karlsruhe en 2015 déclarant que l'interdiction généralisée du port du voile pour les enseignants n'est pas compatible avec la liberté de religion. Par-delà la question religieuse, le véritable enjeu était celui de l'identité de l'Allemagne : société multiculturelle, ou au contraire pays affirmant une culture de référence que les immigrés doivent assimiler ?

Umstritten ist die Behandlung der alternativen Formen der Religiosität durch den deutschen Staat. Eine Sekte wie Scientology wird beispielsweise nicht als Kirche, sondern als rein kommerzielles Unternehmen betrachtet. Bis jetzt weicht die Bundesrepublik dem Druck der Vereinigten Staaten nicht, wo Scientology über einflussreiche Verfechter verfügt.

La façon dont l'État allemand traite les formes alternatives de religiosité est controversée. Il ne considère pas une secte comme la scientologie, par exemple, en tant que religion, mais comme une entreprise purement commerciale. Et l'Allemagne ne cède toujours pas aux pressions des États-Unis, où la scientologie dispose de défenseurs influents.

Vocabulaire

Abtreibung (die) (ab/treiben)	*l'avortement (avorter)*
Anhänger (der, -)	*le partisan, l'adepte*
Anlass (der, ¨e)	*le prétexte, le mobile*
Ansehen (das)	*la considération*
Beerdigung (die, en)	*l'enterrement*
ein Behinderter (adj. subst.)	*un handicapé*
Christ (der, en, en)	*le chrétien*
Christentum (das)	*le christianisme*
freie Religionsausübung (die)	*la liberté de culte*
Glaube (der, n, ns)	*la foi, la religion, la croyance*
Gleichberechtigung (die)	*l'égalité en droit*
Gottesdienst (der, e)	*le service religieux, la messe*
Jude (der, n, n) (die Jüdin)	*le juif (la juive)*
Katholik (der, en, en)	*le catholique*
Kirchgänger (der, -)	*le pratiquant*
Kloster (das, ¨)	*le couvent, le monastère*
Kultstätte (die, n)	*le lieu de culte*
Laie (der, n, n)	*le laïc*
Moschee (die, n)	*la mosquée*
Muslim (der, e)	*le musulman*
Papst (der, ¨e)	*le pape*
Privileg (das, ien)	*le privilège*
Protestant (der, n, n)	*le protestant*
Reformation (die)	*la Réforme*
Staatskirche (die)	*la religion d'État*
Steuerzahler (der, -)	*le contribuable*
Synagoge (die, n)	*la synagogue*
Urteil (das, e) (ein ~ fällen)	*le jugement (porter un jugement)*
evangelisch	*protestant*
jüdisch	*juif*
laizistisch	*laïque*
muslimisch	*musulman*
ökumenisch	*œcuménique*
über + A… hinaus	*par-delà*
überwiegend	*majoritaire, dominant*
umstritten	*controversé*
aus/treten (a, e, tritt) (ist)	*quitter, sortir de*
besuchen	*rendre visite, mais aussi fréquenter (école, université, église)*
gedenken (achte, acht) (+ G)	*commémorer*
genießen (oss, ossen)	*jouir de*
überwinden (a, u)	*surmonter*
verpflichtet sein, etw. zu tun	*être obligé de faire qqch*

Lexique en situation 10

- Die Macht des Glaubens / eine Glaubensfrage
  La puissance de la foi / une question de foi
- Über die konfessionelle Spaltung hinaus
  Par-delà la partition confessionnelle
- Beim Gottesdienst gedachte man des Verstorbenen [G].
  Pendant la messe, on a célébré la mémoire du défunt.
- Jeder vierte Deutsche gehört keiner Kirche an.
  Un Allemand sur quatre n'appartient à aucune confession.
- Luther hat es gewagt, der Autorität des Papstes zu trotzen.
  Luther a osé défier l'autorité du pape.
- Im Grundgesetz ist die Gleichberechtigung der Glaubensbekenntnisse anerkannt.
  La Loi fondamentale reconnaît l'égalité en droit des confessions religieuses.
- Das Tragen von religiösen Symbolen in der Schule steht zur Debatte.
  Le port de symboles religieux à l'école fait l'objet d'un débat.
- Die Frage des Kopftuchs hat eine Debatte über die religiöse Toleranz entfacht.
  La question du voile a déclenché un débat sur la tolérance en matière de religion.
- Die Bürger sind sich über die Notwendigkeit einer Verfassung nicht einig.
  Il n'y a pas d'accord parmi les citoyens sur la nécessité d'une constitution.
- Bei diesem Projekt hatte ich allerlei Schwierigkeiten zu überwinden.
  Dans ce projet, j'ai eu à surmonter toutes sortes de difficultés.
- Das Kind wurde auf den Namen „Peter" getauft.
  L'enfant a été baptisé (du nom de) Pierre.
- Dieser Einwand tut der [D] Gültigkeit seiner Argumentation keinen Abbruch.
  Cette objection n'entame en rien la validité de ses arguments.
- Der Autor nimmt sich [D] die Wahl eines deutschen Papstes zum Anlass, um seine Überlegungen über das Verhältnis von Staat und Kirche zu äußern.
  L'auteur prend prétexte de l'élection d'un pape allemand pour exprimer ses réflexions sur le rapport de l'Église et de l'État.
- Das Frauenpriestertum bleibt ein umstrittenes Thema.
  Le sacerdoce des femmes demeure un sujet controversé.

DIE BUNDESLÄNDER
Landeshauptstadt
DÄNEMARK
Ostsee
Nordsee
Kiel
SCHLESWIG-
HOLSTEIN
Rostock
Schwerin
MECKLENBURG-
VORPOMMERN
HAMBURG
Hamburg
Emden
Bremerhaven
BREMEN
Bremen
NIEDERSACHSEN
BRANDENBURG
POLEN
SACHSEN-
ANHALT
BERLIN
Berlin
Potsdam
Hannover
Magdeburg
NIEDERLANDE
NORDRHEIN-WESTFALEN
Halle
Düsseldorf
Leipzig
SACHSEN
Erfurt
Dresden
Köln
Bonn
BELGIEN
HESSEN
Suhl
THÜRINGEN
Chemnitz
Wiesbaden
Frankfurt
RHEINLAND-
PFALZ
Mainz
LUX.
TSCHECHISCHE
REPUBLIK
SAARLAND
Nürnberg
Saarbrücken
Regensburg
Stuttgart
BAYERN
FRANKREICH
BADEN-
WÜRTTEMBERG
Augsburg
München
ÖSTERREICH
Freiburg
SCHWEIZ

Dossier 11

Das Bildungs- und Schulwesen

Gemäß der Kompetenzverteilung zwischen Bund und Ländern, die in Art. 30 und 70 des Grundgesetzes festgeschrieben ist, liegt das Bildungswesen im Hoheitsgebiet der Länder. Es gibt zwar ein Bundesministerium für Bildung und Forschung, aber dieses kann nur Vorgaben erarbeiten, und es steht den Bundesländern frei, diese Vorgaben in die eigene Gesetzgebung umzusetzen oder nicht. Anders als in Frankreich gibt es also keine Zentralstelle zur Verwaltung der Bildungseinrichtungen und zur Bestimmung der Lehrinhalte. In jedem Bundesland gehört der Bildungsbereich und dessen Finanzierung zu den Zuständigkeiten des Kultusministers. Die Bundesländer entscheiden auch über die Ausbildung der Lehrer, die zum Großteil den Status von Beamten haben. Damit aber die Lehrinhalte von einem Land zum anderen nicht allzu große Unterschiede aufweisen, trifft die Ständige Konferenz der Kultusminister der Länder (KMK) zusammen. Der Bund kann am Neubau von Hochschulen und an der Förderung von Forschung mit überregionaler Bedeutung mitwirken (Art. 91 GG). Im „Hochschulrahmengesetz" regelt der Bund außerdem die Aufgaben und die Organisation der Universitäten.

Le système éducatif

Conformément aux articles 30 et 70 de la Loi fondamentale, qui répartissent les compétences entre Bund et Länder, le système de formation est du ressort des Länder. Il y a certes un ministère fédéral de la Formation et de la recherche, mais il ne peut qu'élaborer un cahier des charges que les Länder peuvent transposer ou non, selon leur gré, dans leur propre législation. À la différence de la France, il n'y a donc aucune institution centrale pour administrer les institutions d'enseignement et pour fixer les contenus des enseignements. C'est du ministre de l'Éducation de chaque Land que dépend le domaine de la formation et son financement. Les Länder sont souverains quant à la formation des enseignants, qui ont pour la plupart le statut de fonctionnaires. Mais pour que le contenu des enseignements ne diffère pas trop d'un Land à l'autre, les « ministres des cultes » (= ministres de l'Éducation, en charge également des cultes) des Länder se réunissent au sein d'une conférence permanente (KMK). L'administration fédérale (Bund) peut participer à la construction de nouveaux bâtiments universitaires ou soutenir la recherche de niveau national (article 91 de la Loi fondamentale). Par la « loi-cadre sur l'enseignement supérieur », le Bund réglemente également les missions et l'organisation des universités.

Das deutsche Bildungssystem erholt sich langsam vom so genannten „Pisa-Schock". In der alle drei Jahre von der OECD durchgeführten Pisa-Studie schneidet Deutschland in Mathematik und Lesekompetenz stets recht mittelmäßig ab. Objektiv betrachtet hängen die deutschen

Le système éducatif allemand se remet doucement de ce que l'on a appelé le « choc » déclenché par l'étude PISA. Dans cette étude menée tous les trois ans sous l'égide de l'OCDE, l'Allemagne obtient régulièrement des résultats moyens. Objectivement, les résultats de l'Allemagne sont liés au fait

Ergebnisse damit zusammen, dass die Schüler vor allem im Fach Deutsch getestet werden.

que le critère retenu pour l'étude est principalement la maîtrise de l'allemand.

Da manche Kinder in Deutschland erst spät eingeschult werden und Deutsch manchmal nicht die Muttersprache der Grundschüler ist, lässt die Beherrschung der deutschen Sprache öfter zu wünschen übrig. Durch die Flüchtlingskrise ist die Zahl der Schüler, die nicht die nötigen Sprachkenntnisse mitbringen, um dem Unterricht zu folgen, stark gestiegen. Laut OECD-Bericht ist eine richtige Chancengleichheit zwischen Jungen und Mädchen weiterhin nicht gewährleistet. Der soziale Hintergrund bestimmt in erheblichem Maße die Schulleistungen. Der jährlich veröffentlichte Bildungsbericht der Bundesregierung setzt sich immer wieder mit der Frage auseinander, wie der Zusammenhang zwischen sozialer Herkunft und Bildungserfolg aufgebrochen werden könne.

L'âge tardif de la scolarisation pour certains enfants, et le fait que l'allemand ne soit pas toujours la langue maternelle des élèves de l'école primaire ont assez souvent pour effet une maîtrise insuffisante de la langue allemande. Du fait de la crise migratoire, le nombre d'élèves qui ne maîtrisent pas suffisamment la langue pour suivre les cours a fortement augmenté. D'après le rapport de l'OCDE, il n'y a encore pas vraiment égalité des chances entre garçons et filles. L'origine sociale détermine massivement les résultats scolaires. Le rapport sur le système scolaire publié tous les ans par le gouvernement fédéral se penche régulièrement sur la question de savoir comment échapper à la corrélation entre origine sociale et chances de réussite scolaire.

Um diesen Ungleichheiten entgegenzuwirken, wird das Ganztagsangebot in Ganztagsschulen ausgebaut. In OECD-Ländern, wo Kinder die Ganztagsbetreuung in Anspruch nehmen, ist die Beherrschung der Grundkompetenzen größer. 2019 waren knapp 70% der Schulen Ganztagsschulen. Auch die unionsgeführten Länder, die ursprünglich eher gegen dieses Schulmodell waren, haben umgedacht. Aber für die eher schlechten Ergebnisse des deutschen Bildungssystems gibt es auch wirtschaftliche Gründe: Der Anteil des BIPs, der in Deutschland für Bildung ausgegeben wird, verhältnismäßig niedrig. Im Vergleich zur Sekundarstufe und zu den Hochschulen kommt die Primarstufe zu kurz.

Pour remédier à ces inégalités, on augmente le nombre des écoles fonctionnant toute la journée. Dans les pays de l'OCDE où les enfants sont scolarisés toute la journée, la maîtrise des compétences de base est plus grande. En 2019, un peu moins de 70 % des écoles offraient cours et activités toute la journée. Les Länder gouvernés par une majorité chrétienne-démocrate, qui étaient à l'origine plutôt contre ce modèle d'école, ont eux aussi révisé leur position. Mais ces résultats plutôt médiocres s'expliquent également par des raisons économiques : la part du PIB consacrée à l'éducation est plutôt faible en Allemagne. L'enseignement primaire est défavorisé par rapport à l'enseignement secondaire et supérieur.

Der Schulbesuch ist nämlich erst ab dem sechsten Lebensjahr Pflicht. Er ist gebührenfrei. Zu knapp 90% sind die deutschen Schulen staatliche Einrichtungen.

En effet, la scolarité n'est obligatoire qu'à partir de 6 ans. Elle est gratuite. 90 % des établissements d'enseignement allemands sont publics.

Der Elementarbereich

L'enseignement élémentaire

Der Kindergarten

Le jardin d'enfant

Traditionell herrschte Konsens darüber, dass Kinder erst mit 5 schulreif sind. Bis zum

Le consensus traditionnel était que le bon âge pour aller à l'école était cinq ans.

5. Lebensjahr war es Aufgabe der Mutter, das Kind daheim vollzeitig zu betreuen. Die Situation hat sich sehr geändert. In Elementarbereich sind die größten Erfolge zu verbuchen. Erziehungsurlaub und Erziehungsgeld, auf die sowohl Mütter als auch Väter Anspruch haben, sorgen für eine bessere Vereinbarkeit von Beruf und Familie. Das Angebot für Kinder unter 3 Jahren wird ständig ausgebaut, wobei regionale Unterschiede das Bild bestimmen. Im Osten besuchen über 50% der Kinder unter 3 Jahren eine Krippe. Im Westen, wo noch Engpässe in der Krippen- bzw. Kita-Betreuung bestehen, belief sich die Statistik 2019 auf knapp 30%.

Jusqu'à ce que l'enfant ait cinq ans, sa prise en charge au foyer et à temps complet incombait à la mère. Cette situation a beaucoup évolué. C'est dans le secteur de l'enseignement élémentaire que l'on enregistre les plus grands succès. Congé parental d'éducation et allocation éducative, accessibles tant aux mères qu'aux pères, font en sorte que vie professionnelle et famille deviennent davantage compatibles. L'offre en direction des enfants de moins de trois ans ne cesse de croître, même si les différences entre les régions sont marquées. À l'Est, plus de la moitié des enfants de moins de trois ans vont à la crèche. À l'Ouest, où le manque de place en crèche ou centre d'accueil de jour se fait encore sentir, ce chiffre était d'un peu moins de 30 % en 2019.

Ab dem dritten Lebensjahr können die Kinder einen Kindergarten besuchen. Ein Kindergarten ist keine Pflichtschule, sondern eher eine Kinderbetreuungsanstalt, wo nicht Lehrer/innen, sondern Erzieher/innen arbeiten. Die Eltern müssen meistens selbst für den Kindergartenplatz zahlen. 2020 besuchten über 90% der Kinder im Alter von 3 bis 6 Jahren einen Kindergarten.

Pour les enfants partir de trois ans, il existe la possibilité d'aller au jardin d'enfants. Un jardin d'enfants n'est pas une école obligatoire, mais plutôt un lieu de garde où travaillent non pas des enseignant.e.s, mais des éducateurs. La plupart du temps, les parents doivent prendre en charge eux-mêmes les frais de jardin d'enfants. En 2020, 90 % des enfants entre trois et six ans allaient au jardin d'enfants.

Der Primarbereich

L'enseignement primaire

Die Grundschule

L'école primaire

Die für alle Kinder verpflichtende Grundschule dauert vier Jahre. In Berlin und Brandenburg gehen die Kinder sechs Jahre auf die Grundschule. Anders als die französische „école primaire" ist die Grundschule in der Regel keine „Ganztagsschule": Der Schulbesuch begrenzt sich zumeist auf den Vormittag. Nachdem festgestellt wurde, dass die OECD-Länder mit Ganztagsschulen bei der Pisa-Studie besser abgeschnitten hatten als Deutschland, wird nun in den meisten Bundesländern versucht, auch am Nachmittag Schulbetreuung bzw. Bildungsaktivitäten anzubieten. Die Lehrinhalte der Grundschule sind zum Teil umstritten. Lehrervereine verlangen bundesweit eine Rückkehr zu

L'école primaire obligatoire a une durée de 4 ans. À Berlin et au Brandebourg, elle comporte six classes. À la différence du modèle français d'école primaire, les cours n'y sont pas assurés toute la journée : les enfants ne vont à l'école le plus souvent que le matin. Après avoir constaté que les pays de l'OCDE où les enfants vont à l'école toute la journée s'en sortent mieux que l'Allemagne dans l'étude PISA, la plupart des Länder essaient de proposer un encadrement ou des activités l'après-midi aussi. Les contenus des enseignements primaires font partiellement l'objet de contestations. Dans toute l'Allemagne, des associations d'enseignants réclament qu'on en revienne

den Kernaufgaben der Schule, nämlich zum Erlernen von Schreiben, Lesen und Rechnen.

aux missions fondamentales de l'école : apprendre à lire, écrire et compter.

Am Ende jedes Schuljahres erhalten die Schüler ein Zeugnis, das über die Versetzung in die nächste Klasse entscheidet. Die deutsche Notenskala geht von 1 (sehr gut) bis 6 (ungenügend). Am Ende der Grundschule findet ein wichtiges Ausleseverfahren statt: Jeder Schüler bekommt eine „schriftliche Empfehlung" vom Lehrer, die über das Lernprofil des Schülers Rechenschaft gibt. Auf Grund dieses Lern- und Leistungsprofils wird der Schüler in einen der drei Schultypen der Sekundarstufe verwiesen. Laut OECD ist diese frühe Sortierung der Kinder sozial ungerecht. Sie bremst den sozialen Aufstieg der Kinder aus einkommensschwachen Familien und der Kinder mit Migrationshintergrund.

À la fin de chaque année scolaire, les élèves reçoivent un bulletin qui détermine le passage dans la classe supérieure. Les notes vont de 1 (très bien) à 6 (insuffisant). À la fin de la scolarité primaire, il y a un processus de sélection très important : chaque élève reçoit de la part de son instituteur une « recommandation écrite » qui rend compte de ses aptitudes. Sur la base de ces aptitudes et des résultats, l'élève est orienté vers l'un des trois types d'établissements d'enseignement secondaire. Selon l'OCDE, cette sélection précoce des enfants est socialement injuste. Elle entrave l'ascension sociale des enfants issus de milieux défavorisés ou de l'immigration.

Der Sekundarbereich

Ab der 5. Klasse wechseln die Schüler in die Sekundarstufe, mindestens bis zum Ablauf der allgemeinen Pflichtschulzeit von 9 Jahren (10 Jahren in Berlin, Brandenburg, Thüringen und Nordrhein-Westfalen – 12 Jahren in Bremen und Niedersachsen).

L'enseignement secondaire

Au niveau de la cinquième année de scolarisation, les élèves passent dans l'enseignement secondaire et y restent jusqu'à la fin de la scolarité obligatoire, d'une durée de 9 ans (10 ans à Berlin, dans le Brandebourg, en Thuringe et en Rhénanie du Nord-Westphalie – 12 ans à Brême et en Basse-Saxe).

Innerhalb des Sekundarbereichs lassen sich vier Hauptarten von weiterführenden Schulen unterscheiden. Laut einer 2019 veröffentlichten KMK-Statistik verteilen sich die Schüler zu 7% auf die Hauptschule, zu 17% auf die Realschule, zu 40% auf das Gymnasium und zu 15% auf die integrierte Gesamtschule. Die Zuweisung zu einer Hauptschule, einer Realschule oder einem Gymnasium ist entscheidend, denn nicht alle Schüler werden nach Abschluss der Sekundarstufe eine Hochschule besuchen können. Nur diejenigen, die sich als „theoretisch begabt" erwiesen haben, werden später auf die Uni gehen können. Für die „praktisch begabten" Schüler, welche die Hauptschule absolvieren, ist das nicht möglich. Das bedeutet konkret,

L'enseignement secondaire comprend quatre filières principales distinctes. Selon des statistiques de la Conférence des ministres des cultes (en charge de l'éducation) pour l'année 2019, 7 % des élèves fréquentaient une Hauptschule, 17 % une Realschule, 40 % le lycée, et 15 % un établissement intégrant les filières précédentes (Gesamtschule). L'orientation vers une « Hauptschule », une « Realschule » ou un « Gymnasium » est déterminante, car tous les élèves, à l'issue du secondaire, ne seront pas admis à l'université. Seuls ceux qui auront fait leurs preuves dans les matières « théoriques » pourront ensuite poursuivre leurs études à l'université. Cela n'est pas possible pour les élèves qui ont des dispositions « pratiques » et auront fréquenté

dass die deutschen Schüler schon mit zehn Jahren getrennte Wege gehen. In manchen traditionell SPD-geführten Ländern – zum Beispiel in Berlin – hat man versucht, diese frühe Trennung aufzuheben und eine „Gesamtschule" nach dem Modell des französischen „collège unique" einzuführen. Die Gesamtschule ermöglicht theoretisch eine gewisse Durchlässigkeit zwischen den verschiedenen Lehrgängen. Aber unter den Besserverdienenden stehen die meisten Eltern diesen Gesamtschulen skeptisch gegenüber. In ihren Augen fördert die Gesamtschule im Vergleich zum Gymnasium die Schulleistung nicht genug, was die Chancen auf ein erfolgreiches Universitätsstudium aus ihrer Sicht verringert.

la « Hauptschule ». Concrètement, cela signifie que dès l'âge de 10 ans, les élèves suivent des voies différentes. Dans certains Länder traditionnellement à gauche, comme Berlin, on a essayé de supprimer cette partition précoce en mettant en place une « école globale » (Gesamtschule) d'après le modèle français du « collège unique ». La Gesamtschule permet en théorie une certaine porosité entre les filières. Mais elles n'ont pas bonne réputation dans les milieux sociaux les plus aisés. La plupart des parents de ces milieux pensent qu'elles ne poussent pas assez les élèves, ce qui réduirait les chances de mener à bien ensuite des études universitaires.

Die Hauptschule ist also die am wenigsten anspruchsvolle Schule, was die theoretischen Schulfächer betrifft. Sie dauert meistens 5 Jahre. Die Kinder aus einkommensschwachen Familien sind an den Hauptschulen übermäßig vertreten. Nach Abschluss der Hauptschule können die Schüler in die Berufsausbildung gehen. In Deutschland wurde das Modell der dualen Berufsausbildung entwickelt: Die Schüler absolvieren mit staatlicher Unterstützung die berufliche Ausbildung in einem Betrieb, während sie gleichzeitig am allgemeinbildenden Unterricht an der Schule teilnehmen. Durch dieses Modell soll der Bedarf der Betriebe an geschulten Fachkräften gedeckt werden. So haben die Betriebe Vorrang bei der Bestimmung der Lerninhalte.

La « Hauptschule » est donc la filière la moins exigeante en ce qui concerne les matières théoriques. La plupart du temps, elle dure cinq ans. Les enfants des milieux défavorisés sont surreprésentés dans les « Hauptschulen ». À la fin de la scolarité dans une « Hauptschule », les élèves peuvent suivre une formation professionnelle. C'est en Allemagne qu'on a mis au point le modèle de la formation duale : grâce à un financement public, les élèves effectuent leur formation professionnelle dans une entreprise tandis qu'ils continuent de recevoir un enseignement général dans un établissement scolaire. Ce modèle a pour but de couvrir les besoins des entreprises en main-d'œuvre qualifiée. Les entreprises ont donc un avis prépondérant dans le choix des contenus d'enseignement.

Anspruchsvoller als die Hauptschule ist die Realschule, die 6 Jahre dauert. Die Realschule ist im Grunde genommen eine Mischform aus Hauptschule und Gymnasium. Nach Realschulabschluss ist der Besuch einer Technischen Hochschule möglich.

La « Realschule », d'une durée de 6 ans, est plus exigeante que la « Hauptschule ». En réalité, cette « Realschule » est un hybride de « Hauptschule » et de « Gymnasium ». À l'issue de la « Realschule », il est possible d'entrer dans une université technique.

Die Schulzeit am Gymnasium dauert je nach Bundesland acht oder neun Jahre. Die deutschen Gymnasiasten können

La scolarité au lycée (« Gymnasium ») dure huit ou neuf ans selon le Land. Les lycéens allemands disposent d'une plus

die Zusammensetzung der Kurse freier gestalten als die französischen. Natürlich gibt es Grundkurse, d. h. Pflichtfächer wie Deutsch, Mathematik oder die erste Fremdsprache. Aber zusätzlich dazu wählt der Schüler am Ende der 10. Klasse zwei oder drei „Leistungskurse" frei. Der Religionsunterricht ist gemäß Artikel 7 des Grundgesetzes auch an staatlichen Schulen ordentliches Schulfach (vgl. Dossier 10). Diese Unterrichtsstruktur spiegelt sich im Abitur wider, das in einer drei- bzw. zweijährigen Bewertung der schulischen Leistungen in allen Pflichtfächern und in zwei Leistungskursen besteht. Die Prüfungsthemen werden von den Lehrern selbst vorgeschlagen. Allerdings geht seit einigen Jahren in den meisten Bundesländern der Trend in Richtung Zentralabitur. 2017 wurden gemeinsame (d. h. bundesweit geltende) Abiturstandards in einzelnen Pflichtfächern wie Deutsch oder aber Mathematik eingeführt. Das Abitur ist die Berechtigung zum Hochschulbesuch. Bei einigen beliebten Studiengängen wie die Medizin erfolgt die Immatrikulation an der Universität jedoch nach einem Wahlverfahren, bei dem der beim Abitur erzielte Durchschnitt als Kriterium gilt (Numerus clausus).

grande liberté que les Français dans le choix des enseignements suivis. Il y a bien sûr des matières de tronc commun, c'est-à-dire des matières obligatoires, comme l'allemand, les mathématiques ou une langue vivante. Mais en plus de ces matières, l'élève choisit librement deux ans avant le bac deux ou trois cours sous forme d'options renforcées. L'article 7 de la Constitution stipule que les cours d'éducation religieuse sont une matière comme les autres y compris dans les établissements publics (cf. Dossier 10). Cette structure de cours se retrouve au niveau du baccalauréat, qui consiste en une évaluation sur deux ou trois ans des résultats scolaires dans toutes les matières de tronc commun et dans deux options. Ce sont les professeurs eux-mêmes qui choisissent les sujets d'examen. Depuis quelques années, la tendance dans la plupart des Länder est cependant au baccalauréat centralisé. En 2017, des normes communes à tous les Länder (donc valables sur l'ensemble du territoire allemand) ont été instaurées pour certaines matières obligatoires comme l'allemand ou les mathématiques. Le baccalauréat donne le droit d'accéder à l'université. Mais pour certaines filières courues comme la médecine, l'inscription à l'université est le résultat d'un processus sélectif sur la base de la moyenne obtenue au baccalauréat (numerus clausus).

Das Hochschulwesen

Im Bereich der Sekundarschulen waltet die Kulturhoheit der Länder. Die Universitäten werden zwar durch die Länder finanziert, aber mit dem 2007 zum letzten Mal geänderten Hochschulrahmengesetz stehen sie auch unter Aufsicht des Bundes und insbesondere des Bundesministeriums für Bildung und Forschung. Das Hochschulrahmengesetz regelt zum Beispiel die Studienzeit, die bis zum ersten berufsqualifizierenden Abschluss höchstens 4 Jahre betragen darf. Die Studiendauer für Hochschulstudenten ist in Deutschland sehr lang. Durchschnittlich beträgt sie über 7 Jahre. Die letzte Änderung

L'enseignement supérieur

L'enseignement secondaire est placé sous la tutelle des Länder. Les universités sont financées par les Länder, mais la loi-cadre sur l'enseignement supérieur, amendée pour la dernière fois en 2007, les place également sous l'autorité de surveillance de l'État fédéral, et en particulier du ministère fédéral de la Formation et de la recherche. Cette loi-cadre règlemente par exemple la durée des études, qui ne peut excéder 4 ans jusqu'à l'obtention du premier diplôme exploitable professionnellement. En Allemagne, les étudiants font de très longues études. La durée moyenne

des Hochschulrahmengesetzes strebt folglich eine Verkürzung der Studienzeit an. Die Länder sind es aber, die darüber entscheiden, wie viel Erstsemestler eine Universität aufnehmen muss. Der Bund sorgt nur dafür, dass die Zulassung zur Universität unabhängig von der Landeszugehörigkeit bleibt. Der Bund beaufsichtigt zudem die Umsetzung des europäischen „ECTS" (European Credits Transfer System), die mit der gesamteuropäischen Anerkennung der Hochschulstudiengänge einhergeht. Diesem System nach ist auch in Deutschland der Bachelor- oder Bakkalaureusgrad die erste Abschlussstufe. Sie muss nach mindestens 3 und höchstens 4 Jahren absolviert werden. Anschließend kommt der Magister- oder Mastergrad, die Zwischenstufe zur Doktorarbeit.

des études est de plus de 7 ans. Le dernier amendement de la loi-cadre sur l'enseignement supérieur tente en conséquence de réduire la durée des études. Mais ce sont les Länder qui décident du nombre d'étudiants qu'une université doit admettre en première année. Le Bund se contente de vérifier que l'accès à l'université soit indépendant de la domiciliation dans le Land considéré. De plus, le Bund contrôle la transposition du système européen « LMD », qui accompagne la reconnaissance dans toute l'Europe des cursus universitaires. Dans ce système, le premier diplôme est en Allemagne la licence (« Bachelorgrad »). Elle doit être obtenue en un minimum de 3 et un maximum de 4 ans. Puis vient la maîtrise, étape intermédiaire avant le doctorat.

Nachdem 6 unionsgeführte Länder eine Klage gegen das Verbot von Studiengebühren eingereicht hatten, sprach sich im Januar 2005 das Bundesverfassungsgericht für die Aufhebung dieses Verbots aus. Es steht nun den Ländern frei, Gebühren für Erststudiengänge zu erheben. Die Entscheidung treffen nicht die Universitäten, sondern die Länderregierungen. So waren in Bayern Gebühren von 500 € pro Semester erhoben worden. Doch ein Volksbegehren gegen Studiengebühren im Januar 2013 zwang den bayrischen Landtag dazu, diese abzuschaffen. Auch in Baden-Württemberg hat sich das Konzept eines gebührenfreien Studiums wieder durchgesetzt. Dagegen erheben manche Bundesländer Gebühren für Langzeit- bzw. Bummelstudierende.

À l'issue d'une plainte déposée par 6 Länder (gouvernés par la droite) contre l'interdiction des frais de scolarité, la Cour constitutionnelle s'est prononcée en janvier 2005 en faveur de la suspension de cette interdiction. Les Länder ont désormais toute latitude pour rendre payant l'accès à l'université dès la première année. La décision incombe non pas aux universités, mais les gouvernements des Länder. C'est ainsi que la Bavière a perçu des droits d'inscription de 500 € par semestre. Or en janvier 2013, un référendum d'initiative populaire contre l'université payante a contraint le parlement de Bavière à supprimer ces frais. Même en Bade-Wurtemberg, l'idée de la gratuité des études supérieures s'est de nouveau imposée. En revanche, certains Länder prélèvent des droits pour les étudiants qui font des études longues ou qui font traîner leurs études en longueur.

Um Jugendlichen aus einkommensschwachen Familien den Zugang zur Bildung (Schule und Universität) zu ermöglichen, wurde 1971 das Bundesausbildungsförderungsgesetz (BaföG) verabschiedet. Gemäß der Neufassung des BaföG-Gesetzes wurde zum

Pour permettre aux jeunes de milieu modeste d'aller à l'université, il a été promulgué en 1971 une loi fédérale instaurant des bourses d'étude (BaföG). En fonction de l'amendement à la loi Bafög en date du 1.10.2020, le montant maximal en a été porté à 861 euros mensuels. Le BaföG n'est une

1.10.2020 der Höchstbetrag auf monatlich 861 Euro aufgewertet. Das BaföG ist nur zur Hälfte ein Stipendium. Die andere Hälfte ist ein zinsloses Darlehen, das nach Universitätsabschluss zurückzuzahlen ist. 2020 zählte man rund 660 000 BaföG-Empfänger.

bourse que pour moitié. 50 % de la somme allouée est un prêt à taux 0 remboursable à la fin des études universitaires. En 2020, on dénombrait 660 000 bénéficiaires du BaföG.

Die Wahl der Universität steht dem Abiturienten nicht völlig frei. Die Aufnahme in die eine oder die andere Universität hängt oft vom Numerus clausus ab. Je gefragter die Universität, desto höher der zur Aufnahme erforderliche Mindestdurchschnitt beim Abitur. So müssen manche Jugendliche nicht selten mehrere Jahre auf einen Studienplatz im gewünschten Fachbereich warten. Das hat das Bundesverfassungsgericht im Dezember 2017 erkannt. Das BVG befand, dass die zu langen Wartezeiten auf einen Studienplatz und das zu große Gewicht der Abiturnoten im Ausleseverfahren teilweise gegen das Grundrecht „auf gleiche Teilhabe am staatlichen Studienangebot" verstoße. So können nun Bewerber einen Eignungstest ablegen, der neben der Abiturnote bei der Auswahl der Studenten berücksichtigt wird. Nicht nur das Fach Medizin ist davon betroffen.

Les bacheliers ne sont pas entièrement libres de choisir leur université. L'accès à l'université dépend souvent d'un « numerus clausus », une barre d'admission. Plus l'université est demandée, plus la moyenne au baccalauréat exigée pour entrer est élevée. Il n'est ainsi pas rare que des jeunes attendent plusieurs années avant de pouvoir s'inscrire dans la discipline de leur choix. La Cour constitutionnelle fédérale a reconnu ce fait en décembre 2017. Dans un jugement, elle a posé que les trop longues périodes d'attente et le poids trop important des notes du baccalauréat dans le processus de sélection contrevenaient partiellement au droit fondamental à une « égalité des chances de profiter de l'offre publique de formation supérieure ». Ainsi, des candidats peuvent passer un test d'aptitude dont le résultat, en plus de la note obtenue au baccalauréat, est pris en compte lors de la sélection des candidats. La médecine n'est pas la seule discipline concernée.

Selbst wenn ein leichter Rückgang der Studentenzahl zu verzeichnen ist, gibt es heute immer noch generell weniger Studienplätze als Bewerber. Der Mangel an Studienplätzen sowie die sich verschlechternden Lernbedingungen an deutschen Universitäten (z. B. überfüllte Hörsäle und Seminare) führten in den letzten Jahren zu ständigen Protesten und Demonstrationen gegen den als unzureichend empfundenen Etat der Hochschulen.

Même si l'on constate un léger recul du nombre des étudiants, il y a aujourd'hui encore globalement deux fois plus de candidats que de places. Le manque de places à l'université ainsi que la dégradation des conditions d'études dans les universités allemandes (par ex. les amphithéâtres combles, les travaux dirigés surpeuplés) ont ces dernières années régulièrement entraîné des protestations et des manifestations contre les dotations budgétaires des universités, jugées insuffisantes.

Die deutsche Hochschullandschaft ist recht bunt. Die ehrwürdigen Universitäten der deutschen Philosophen und Philologen bestehen noch und sind über das klassische Modell der vier Fakultäten (Theologie,

L'enseignement supérieur allemand présente des aspects très diversifiés. Les vénérables universités des philosophes et des philologues allemands sont toujours là et ont évolué par rapport au modèle

Philosophie, Jura und Medizin) hinausgewachsen. Die 1386 gegründete Universität Heidelberg gehört immerhin zu den besten fünf deutschen juristischen Fakultäten. Nach der Wiedervereinigung konnte die Humboldt-Universität Berlin ihre Führungsposition in den Geisteswissenschaften und in der Medizin zurückgewinnen. Es gibt aber auch eine Vielzahl von Neugründungen aus den 60er und 70er Jahren – vor allem im Ruhrgebiet (Bielefeld 1969, Essen 1972) – die mit den traditionellen Universitäten Tübingen, Freiburg, Marburg, Göttingen oder Jena mithalten können. Um im Wettbewerb mit den großen Universitäten der USA und Großbritanniens bestehen zu können, rief die Bundesregierung 2005 ein Förderprogramm ins Leben, das eine erhöhte Finanzierung von Eliteuniversitäten mit ausgezeichneten Forschungsprojekten für 5 Jahre vorsieht. Im Rahmen der „Exzellenzstrategie" – so heißt nun dieses Programm – müssen sich die Universitäten, die Teilhabe am Programm haben wollen, jedes fünfte Jahr der Begutachtung ihrer Forschungsprojekte neu stellen.

classique des 4 facultés (théologie, philosophie, droit et médecine). L'université d'Heidelberg, fondée en 1386, reste néanmoins dans les cinq premières universités pour le droit. Après la réunification, la Humboldt de Berlin a retrouvé sa position dominante dans le domaine des sciences humaines et de la médecine. Mais il y a aussi tout un ensemble d'universités plus récentes (fondées dans les années 1960 et 1970), essentiellement dans la Ruhr (Bielefeld 1969, Essen 1972), qui sont tout à fait capables de soutenir la comparaison avec les universités traditionnelles de Tübingen, Fribourg-en-Brisgau, Marbourg, Göttingen, ou Iéna. Pour tenir face à la concurrence des grandes universités américaines ou britanniques, le gouvernement fédéral a créé en 2005 un programme d'aide prévoyant pendant 5 ans un financement accru d'universités d'élite sur la base de l'excellence de leurs projets de recherche. Dans le cadre de la « stratégie de l'excellence » (pour reprendre le nom actuel de ce programme), les universités qui veulent bénéficier de ce programme doivent resoumettre à examen leurs projets de recherche tous les 5 ans.

Eine Besonderheit des deutschen Hochschulsystems ist die Bedeutung der Fachhochschulen. Laut Statistischem Bundesamt sind über die Hälfte der deutschen Studenten an einer Fachhochschule immatrikuliert. Dort kann man sich z. B. zum Diplomingenieur ausbilden lassen. Nach Abschluss einer Fachhochschule ist die Beförderung in eine Technische Hochschule möglich.

L'importance des instituts techniques universitaires est une particularité de l'enseignement supérieur en Allemagne. Selon l'Institut fédéral de la statistique, plus de la moitié des étudiants fréquentent un établissement de ce genre. On peut y suivre une formation d'ingénieur, par exemple. Les diplômés de ces instituts peuvent ensuite poursuivre leurs études dans une université technique.

Im Geiste der Europäischen Integration spielt die Zusammenarbeit mit Universitäten in den Nachbarländern eine immer größere Rolle. Im Rahmen des Erasmus-Programms ist es möglich, einige Semester an einer Universität im Ausland zu verbringen. Integrationsvorbild ist das Netz, welches die Universitäten Freiburg, Straßburg und Basel gebildet haben. In diesem Gebiet am Oberrhein können die Studenten im

Dans le sens de l'intégration européenne, la collaboration avec les universités des pays voisins joue un rôle de plus en plus important. Dans le cadre du programme Erasmus, il est possible de passer un semestre dans une université étrangère. Le réseau formé par les universités de Fribourg, Strasbourg et Bâle (Suisse) fait figure de modèle de ce genre d'intégration. Dans cette région du Rhin supérieur, les étudiants d'une même

jeweiligen Fachbereich je nach Interesse die Vorlesungen dieser drei Universitäten besuchen. Zu nennen ist auch die Europa-Universität Viadrina in Frankfurt an der Oder, welche die Vorteile ihrer Grenzlage nutzt, um zum Nachbarland Polen Brücken zu schlagen. Doch im Wettbewerb mit internationalen Spitzenuniversitäten wie Harvard sind selbst die führenden deutschen Hochschulen trotz der „Exzellenzstrategie" noch zu wenig attraktiv.

filière peuvent à leur guise suivre les cours de l'une ou l'autre de ces universités. Il faut également mentionner l'Europa-Universität Viadrina de Francfort sur l'Oder, qui tire profit de sa position frontalière pour établir des ponts avec le voisin polonais. Mais comparées à l'élite des universités internationales, comme Harvard, même les meilleures universités allemandes manquent encore d'atouts, malgré la « stratégie de l'excellence ».

Im Verlauf des Berufslebens gibt es auch für Berufstätige die Möglichkeit, sich weiterzubilden. Im Prinzip kann jeder seine Kenntnisse und beruflichen Qualifikationen auf den neuesten Stand bringen. Ziel der Weiterbildung ist auch der berufliche Aufstieg. Für die Allgemeinbildung für Erwachsene sind die Abendkurse der Volkshochschule zuständig.

Ceux qui sont déjà dans la vie active ont également la possibilité de poursuivre leur formation au cours de leur vie professionnelle. Tout le monde a ainsi la possibilité de se mettre à niveau tant du point de vue théorique que pratique. Cette formation continue a pour but de permettre une évolution dans les carrières. Pour ce qui concerne la culture générale, les « universités populaires » offrent aux adultes des cours du soir.

Die Rechtschreibreform

Am 1 August 2005 trat eine Rechtschreibreform in Kraft, die zunächst eine heftige Polemik ausgelöst hat. Die Kritiker warfen ihr vor, dass sie das Schriftbild der deutschen Sprache verändert und zum Teil auch das Leseverständnis erschwert. Mittlerweile haben sich die neuen Regeln durchgesetzt. Heute steht zum Beispiel ein Doppel-S nach einem Vokal, der kurz ausgesprochen wird (dass / muss / der Hass / der Fluss), während das „ß" nach einem langen Vokal beibehalten wird (das Maß / der Fuß).

La réforme de l'orthographe

Le 1er août 2005 est entrée en vigueur une réforme de l'orthographe qui dans un premier temps a déclenché une forte polémique. Ses détracteurs lui reprochaient d'altérer la typographie de la langue, voire d'en rendre la compréhension plus difficile. Mais maintenant, les nouvelles règles se sont imposées. Aujourd'hui, on écrit notamment un mot avec « ss » après une voyelle brève et on garde le « ß » après une voyelle longue.

Vocabulaire

Abitur (das)	*le baccalauréat*
Abiturient (der, n, n)	*le bachelier*
Allgemeinbildung (die)	*la culture générale*
Aufgabe (die, n)	*la tâche*
Ausbildung (die)	*la formation (professionnelle)*
Auslese (die, n)	*la sélection*
Bewerber (der, -)	*le candidat*
Bildung (die)	*la formation, l'acquisition d'une culture*
Einrichtung (die, en)	*l'institution*
erwachsen (ein Erwachsener)	*adulte (un adulte)*
Etat (der)	*le budget*
Fachkraft (die, ¨e)	*la main-d'œuvre qualifiée, spécialisée*
Forschung (die)	*la recherche*
Fremdsprache (die, n)	*la langue étrangère*
Gebühr (die, en)	*le tarif, les frais*
Gegensatz (der, ¨e)	*le contraire*
Geisteswissenschaft (die, en)	*la science humaine*
Gymnasium (das, en)	*le lycée*
Hoheit (die)	*l'autorité légale*
Hörsaal (der, -säle)	*l'amphithéâtre*
Immatrikulation (die)	*l'inscription*
ein Jugendlicher (adj. subst.)	*un jeune*
Kenntnis (die, e)	*la connaissance*
Kultusminister (der, -)	*le ministre de l'Éducation et des Cultes d'un Land*
Leistung (die)	*le résultat scolaire, la performance*
Netz (das, e)	*le réseau*
Schulfach (das, ¨er)	*la matière, la discipline*
Stipendium (das, en)	*la bourse*
Studiengang (¨e)	*le cursus*
Verwaltung (die)	*l'administration*
Vorgabe (die, n)	*le cahier des charges*
Wissenschaft (die, en)	*la science*
Zeugnis (das, e)	*le bulletin (dans un autre contexte : le témoignage)*
anspruchsvoll	*exigeant*
etwas (A) beherrschen	*maîtriser quelque chose*
sein Studium ab/schließen (oss, ossen)	*terminer ses études (avec un diplôme)*
betreuen	*s'occuper de qn, prendre qn en charge*
sich immatrikulieren (an + D)	*s'inscrire à (l'université)*
rechnen	*compter*
studieren	*faire des études supérieures*
weiter / bilden (sich)	*suivre une formation continue*
widmen (sich ~ + D)	*consacrer (se consacrer à)*

Lexique en situation 11

- In Deutschland herrscht seit Jahren ein großer Mangel an Fachkräften.
  Il existe en Allemagne depuis des années une grande pénurie de main d'œuvre qualifiée.
- Ich frage mich, wann diese Reformen endlich umgesetzt werden!
  Je me demande quand ces réformes seront enfin mises en pratique !
- Jahrelang hat sie sich ausschließlich ihrem Studium gewidmet.
  Pendant des années, elle s'est exclusivement consacrée à ses études.
- Der Staat muss in den nächsten Jahren viel mehr in die Forschung investieren.
  L'État doit, dans les années à venir, beaucoup plus investir dans la recherche.
- Dieser Jugendliche betreut am Nachmittag Kinder aus einem bildungsfernen Milieu.
  L'après-midi, ce jeune s'occupe d'enfants qui, de par leur situation sociale, n'ont pas accès à l'éducation.
- Sie hat beschlossen, nach dem Abitur Geisteswissenschaften zu studieren.
  Elle a décidé de faire des études de sciences humaines après le baccalauréat.
- Nachdem sie mehrere Jahre in Österreich verbracht hat, beherrscht sie die deutsche Sprache perfekt.
  Après avoir passé plusieurs années en Autriche, elle maîtrise parfaitement la langue allemande.
- Immer mehr Gymnasiasten lernen Englisch als erste Fremdsprache.
  De plus en plus de lycéens apprennent l'anglais en première langue étrangère.
- Sie hat ihr Studium erst nach der Geburt ihres zweiten Sohnes abgeschlossen.
  Elle n'a fini ses études qu'après la naissance de son deuxième fils.
- Er ist sehr stolz darauf, unter zahlreichern Bewerbern ausgewählt worden zu sein.
  Il est très fier d'avoir été sélectionné parmi de nombreux candidats.
- Im Gymnasium hatte mein Sohn nur sehr anspruchsvolle Lehrer.
  Au lycée, mon fils n'avait que des professeurs très exigeants.
- Sie würde gern ein paar Semester im Ausland studieren.
  Elle aimerait beaucoup étudier quelques semestres à l'étranger.
- Sie hat diesen Studiengang gewählt, weil sie später in einer Verwaltung arbeiten möchte.
  Elle a choisi ce cursus parce qu'elle veut travailler plus tard dans une administration.
- Die Studenten beklagen sich über ihre schlechten Arbeitsbedingungen in überfüllten Hörsälen.
  Les étudiants se plaignent de leurs mauvaises conditions de travail dans des amphithéâtres bondés.
- Trotz seiner Bemühungen konnte er die Vorlagen der Universität nicht erfüllen.
  Malgré ses efforts, il n'a pas pu remplir le cahier des charges / honorer les exigences de l'université.

Dossier 12

Die Frau in der deutschen Gesellschaft und die Kämpfe um Gleichstellung

Frauenfrage im Rückblick

Während die Französinnen bis 1944 warten mussten, um über das uneingeschränkte allgemeine Wahlrecht verfügen zu können, wurde in Deutschland das allgemeine und gleiche Wahlrecht für beide Geschlechter schon am 12. November 1918 eingeführt. Dies gilt als Anerkennung der Leistung der Frauen im Ersten Weltkrieg. Sie waren unter anderem zur Arbeit in der Rüstungsindustrie gezwungen. Dieses allgemeine Wahlrecht für beide Geschlechter wurde dann 1919 in der Weimarer Verfassung verankert. Doch bis spät ins 20. Jahrhundert hatte das traditionelle Frauenbild mit seinen vorgegebenen Lebenszielen, nämlich Ehe und Familie, noch Bestand.

Die Frau im Nationalsozialismus

Dem nationalsozialistischen Frauenbild lag ein traditionelles Mutterbild zugrunde. Für die Ideologen des Nationalsozialismus war das Heim der bevorzugte Lebensbereich der Frau. Propagandaminister Goebbels hielt es für „die wunderbarste Aufgabe, die sie erfüllen kann, [...] ihrem Land und Volk Kinder zu schenken". Solche gebärfreudigen „deutschblütigen" Mütter erhielten das Ehrenkreuz der Deutschen Mutter („Mutterkreuz") mit der Aufschrift „Das Kind adelt die Mutter".

Das änderte sich allerdings mit dem Krieg. Das Paradigma der Frau als „Heimchen am Herd" war nicht mehr gewünscht. Die Frauen hatten nun Arbeitsplätze von Männern

La femme dans la société allemande et les combats pour l'égalité

Brève rétrospective de la question de la femme

Alors que les Françaises ont dû attendre jusqu'en 1944 pour pouvoir disposer du suffrage universel dans son exercice illimité, l'Allemagne introduisait dès le 12 novembre 1918 le droit de vote général et égalitaire entre les deux sexes. On considère cela comme la reconnaissance de ce que les femmes ont dû accomplir pendant la Première guerre mondiale. Elles avaient été contraintes entre autres choses de travailler dans l'industrie de l'armement. En 1919, ce suffrage universel a ensuite été ancré dans la Constitution de Weimar. Mais jusque tard au xxe siècle, l'image traditionnelle de la femme, avec les du mariage et de la famille qu'on leur fixait, est restée en vigueur.

La femme sous le national-socialisme

L'image national-socialiste de la femme avait comme fondement un modèle traditionnel de la mère. Pour les idéologues du national-socialisme, le domaine privilégié de la vie de la femme était son foyer. Goebbels, ministre de la propagande, considérait que « la tâche la plus merveilleuse qu'elle puisse accomplir [était] d'offrir des enfants à son pays et à son peuple ». Ces mères « de sang allemand » mettant au monde de nombreux enfants recevaient la croix du mérite où figurait l'inscription « L'enfant anoblit la mère ».

Mais cela changea avec la guerre. Fini le paradigme de la femme comme « brave petite ménagère ». Il fallait désormais que les femmes occupent les emplois

einzunehmen, die im Krieg waren. Auch nach den Bombardierungen der deutschen Städte und beim Wiederaufbau ab 1945 übernahmen die „Trümmerfrauen" die Hauptlast der Arbeit. Sie entfernten die Trümmer aus den in Schutt und Asche liegenden Städten. Da viele Ehemänner und Väter im Krieg gefallen waren, lastete bei der Erziehung der Kinder die Verantwortung fast ausschließlich auf den verwitweten Müttern. Sie hatten allein für den Lebensunterhalt zu sorgen.

laissés vacants par les hommes partis à la guerre. Après les bombardements des villes allemandes et lors de la reconstruction à partir de 1945 aussi, ce sont les femmes qui ont pris en charge la plus grosse partie du travail. Elles ont déblayé les décombres dans les villes en ruines. Dans la mesure où beaucoup d'époux et de pères étaient morts à la guerre, les responsabilités dans l'éducation des enfants ont pesé presque exclusivement sur les mères restées veuves. Elles devaient trouver à elles seules de quoi nourrir leur famille.

Die westdeutsche Frau in den Jahren des Wirtschaftswunders

Doch mit dem Wiederaufbau kehrte die traditionelle Rollenverteilung zurück. Die Frau hatte sich erneut um die Familie zu kümmern. Wer als Frau berufstätig war, galt nicht selten als „Rabenmutter". Der Ehemann war es, der in einer anständigen Familie das Geld für den Lebensunterhalt heranschaffte. Dafür hatte die Gattin ganz Hausfrau und Mutter zu sein. In der Schule sorgte der Hauswirtschaftsunterricht dafür, dass die Mädchen auf ihre spätere Rolle als Hausfrauen und Mütter vorbereitet waren. Noch 1980 machten Frauen nur 36% aller Studierenden aus.

La femme ouest-allemande pendant le Miracle économique

Mais avec la reconstruction, l'attribution traditionnelle des rôles reprit ses droits. La femme était de nouveau renvoyée à ses obligations familiales. Quand une femme avait un métier, il n'était pas rare qu'elle passe pour une mère indigne. C'est au mari qu'il revenait d'aller gagner l'argent nécessaire à la subsistance de sa famille. En contrepartie, l'épouse se devait d'être totalement femme au foyer et mère. À l'école, les cours d'enseignement ménager garantissaient que les jeunes filles soient préparées à leur futur rôle de femme au foyer et de mère. En 1980 encore, les femmes ne constituaient que 36% de l'ensemble des étudiants.

Die Frau in der DDR

In der DDR war schon 1950 ein Gesetz über die Rechte der Frau in Kraft getreten, das die Gleichberechtigung von Frauen und Männern vorsah. Die Emanzipation der Frau galt als Voraussetzung für den Aufbau des Sozialismus. Die Erwerbstätigkeit der Frauen wurde gefördert. Walter Ulbricht, erster Staats- und Parteichef, soll 1962 gesagt haben: „Wir können den Sozialismus nicht nur mit Friseusen aufbauen."

La femme en RDA

En RDA, une Loi sur les droits des femmes était entrée en vigueur dès 1950, posant l'égalité des droits entre hommes et femmes. L'émancipation de la femme était considérée comme la condition indispensable de l'édification du socialisme. On soutint l'activité professionnelle des femmes. On rapporte que Walter Ulbricht, premier chef de l'État et du parti, a déclaré en 1962 : « Nous ne pouvons pas construire le communisme rien qu'avec des coiffeuses ».

Frauen übten tatsächlich bislang Männern vorbehaltene Berufe aus. Sie standen an der Werkbank, waren Kranführerinnen, Agrartechnikerinnen, um nur ein paar Beispiele zu nennen. Aber die Erziehung der Kinder fiel weiterhin meistens auf sie. Um sie zu entlasten, wurden ein Schwangerschafts- und ein Wochenurlaub eingeführt. Krippen, Kindergärten und Kinderwochenheime standen landesweit zur Verfügung. Daher war die Erwerbstätigkeit der Frauen in der DDR sehr hoch. In den 80er Jahren lag sie bei 90 Prozent. Nach der Wende gingen viele dieser Errungenschaften verloren, was schnell Unmut aufkommen ließ.

Les femmes exerçaient de fait des métiers jusque là réservés aux hommes. Elles étaient à l'établi à l'usine, grutières, agronomes, pour ne prendre que quelques exemples. Mais la plupart du temps, elles étaient toujours en charge de l'éducation des enfants. Pour alléger leur charge, on créa le congé de maternité et le congé hebdomadaire. Dans tout le pays, il y avait à disposition des crèches, des jardins d'enfants et des foyers d'accueil de moyenne durée pour les enfants. D'où le fort taux d'emploi des femmes en RDA. Dans les années 1980, il atteignait 90 %. Après la Réunification, nombre de ces acquis a été perdu, ce qui a rapidement suscité le mécontentement.

Frauenbewegung in Westdeutschland

Das Erste Gleichberechtigungsgesetz trat erst 1957 in Kraft, um dem Grundgesetz Rechnung zu tragen. Da heiß es nämlich: „Männer und Frauen sind gleichberechtigt." Mit diesem Gesetz brauchte die Frau die Zustimmung ihres Ehemannes nicht mehr, wenn sie erwerbstätig sein wollte. In der 68er Bewegung gehörten die Gleichheit der Entlohnung für Mann und Frau bei gleicher Arbeit neben der Anti-Baby-Pille und dem Recht auf Abtreibung zu den Forderungen der Protestierenden.

In den 70er Jahren wandelte sich das Frauenbild zunehmend. Selbst wenn Frauen in der Politik noch wenig vertreten waren (der Frauenanteil im Bundestag 1972-1976 lag bei nur 5,8% der Abgeordneten), wurde beispielsweise Annemarie Rengers (SPD, 2008 verstorben) 1972 als erste Frau zur Bundestagspräsidentin gewählt. Feministinnen stellten die Geschlechterordnung grundsätzlich in Frage. 1977 gründete Alice Schwarzer die feministische Zeitschrift „EMMA", in deren Namen der Begriff Emanzipation anklingt. Zum Schutz der erwerbstätigen Frau und zur Förderung des Kinderwunsches

Le mouvement féministe en Allemagne de l'Ouest

À partir de 1957, avec l'entrée en vigueur de la première loi sur l'égalité des droits, la femme n'a plus été tributaire de l'accord de son mari pour exercer une activité professionnelle. À la fin des années 1960, les protestations contre le traitement inégal de la main-d'œuvre féminine ont gagné en vigueur, les femmes gagnant sensiblement moins que les hommes à travail égal. Les thèmes centraux du mouvement féministe concernaient tous les domaines de la vie – vie privée et publique, famille et vie professionnelle.

Au cours des années 1970 l'image de la femme s'est modifiée. Même si les femmes étaient encore peu représentées en politique (Le Bundestag ne comptait que 5,8% de femmes parmi ses députés entre 1972 et 1976), Annemarie Renger (SPD, décédée en 2008) fut en 1972 la première femme à être élue à la présidence du Bundestag, par exemple. Les féministes ont fondamentalement remis en cause les règles régissant les rapports entre les sexes. En 1977, Alice Schwarzer a fondé le magazine féministe « EMMA », dont le titre fait allusion au concept d'émancipation. Pour protéger les femmes dans la vie active et pour soutenir

zugleich wurde 1979 ein 4-monatiger Mutterschaftsurlaub eingeführt. Bei Schwangerschaft besteht seitdem auch ein Kündigungsverbot. Aber erst durch die Einführung des Erziehungsgeldes (1986) und des Erziehungsurlaubs sowie durch die Verbreitung der Teilzeitarbeit konnte die Zahl der Frauen in einem Beschäftigungsverhältnis deutlich ansteigen.

en même temps le désir d'enfants, un congé de maternité d'une durée de 4 mois a été introduit en 1979. Depuis cette date, il est également interdit de licencier une femme pendant une grossesse. Mais il a fallu attendre l'adoption de l'allocation parentale (1986) et du congé parental d'éducation ainsi que la progression du travail à temps partiel pour que le taux d'emploi des femmes augmente significativement.

Im Nachwende-Deutschland bleibt die Einstellung zur Abtreibung ein Punkt, an dem sich die Geister scheiden. Das hat natürlich mit dem Selbstverständnis der Frau zu tun, und mit dem Recht, selbst über den eigenen Körper zu bestimmen. Aber die Geschichte und der Einfluss der Kirche spielen in Ost und West eine unterschiedliche Rolle.

Dans l'Allemagne post-chute du Mur, la position vis-à-vis de l'avortement reste un point sur lequel les opinions divergent. Cela a naturellement à voir avec la conception que la femme a d'elle-même, et avec le droit à disposer de son corps. Mais l'histoire et l'influence de l'Église jouent un rôle différent à l'Est et à l'Ouest.

Frage der Abtreibung

Zuerst ein kleiner Rückblick auf die Situation im geteilten Deutschland. In der DDR wurde die Regelung des Schwangerschaftsabbruchs 1972 relativ großzügig festgelegt. Jede schwangere Frau konnte über die Unterbrechung der Schwangerschaft in den ersten zwölf Wochen selbst entscheiden. Die Kosten für den Abbruch der Schwangerschaft übernahm die Krankenkasse. Kostenlos war auch die Antibaby-Pille. In der BRD galt ab 1976 hingegen das Prinzip der restriktiveren Indikationenregelung, das den Abbruch der Schwangerschaft nur unter bestimmten Voraussetzungen zuließ. Zu einer einheitlichen Fristenregelung von 12 Wochen nach der Empfängnis kam es erst 6 Jahre nach dem Mauerfall in Form einer gesamtdeutschen Regelung von Aufklärung, Verhütung und Abbruch einer Schwangerschaft („Schwangeren- und Familienhilfeänderungsgesetz).

La question de l'avortement

Commençons par un bref retour sur la situation dans l'Allemagne divisée. En RDA, la réglementation de l'IVG en 1972 établissait un cadre relativement généreux. Toute femme enceinte pouvait décider elle-même d'une interruption de grossesse pendant les douze premières semaines. Les frais occasionnés par un avortement étaient pris en charge par la caisse d'assurance maladie. La pilule anticonceptionnelle était également gratuite. En RFA, c'est à l'inverse le principe d'indication stricte qui eut valeur de loi à partir de 1976, principe qui ne tolérait l'interruption de grossesse que dans des conditions particulières. Pour que s'établisse une réglementation unique du délai légal d'avortement de 12 semaines après la conception, il a fallu attendre six ans après la chute du Mur. Cette réglementation a pris la forme d'un texte de loi valable sur l'ensemble du territoire allemand et portant sur l'éducation sexuelle, la contraception et l'interruption de grossesse (« amendement sur l'aide aux femmes enceintes et aux familles »).

Diese einheitliche Regelung wurde aus ostdeutscher Sicht zum Teil als Rückschlag empfunden. Sie entfachte eine heftige Debatte. Hauptgrund dafür war die so genannte Schwangerenkonfliktberatung: Laut Paragraph 218 des Strafgesetzbuches ist der Abbruch einer Schwangerschaft prinzipiell strafbar. Er kann nur dann genehmigt werden, wenn die schwangere Frau, die eine Abtreibung in Betracht zieht, sich spätestens 3 Tage vor dem vorgesehenen Abtreibungstermin einer kostenlosen Konfliktberatung unterzieht. Unter Konfliktberatung ist eine Diskussion gemeint, bei der die Gründe für den Abtreibungswunsch nicht unbedingt genannt werden müssen, bei der aber Alternativen zum Schwangerschaftsabbruch dargelegt werden. Die Beratung soll also grundsätzlich ergebnisoffen bleiben, was die Ausgabe des zur straffreien Abtreibung notwendigen Beratungsscheins angeht. Beratungsscheine werden von staatlich anerkannten Beratungsstellen ausgegeben, zu denen die Beratungsstellen der katholischen Caritas und des Sozialdienstes katholischer Frauen zählen (vgl. Dossier 10). Straflos bleiben Abtreibungen bis zur zwölften Woche nach Paragraph 218a jedoch, wenn eine Gefahr für das Leben oder die Gesundheit der schwangeren Frau besteht oder aber wenn die Abtreibung nach einer Vergewaltigung beantragt wird. Abtreibungen wegen einer diagnostizierten Behinderung des Kindes sind rechtlich nicht über die 12 Wochen Frist möglich.

Du point de vue est-allemand, cette réglementation uniforme a été partiellement ressentie comme une régression. Elle a déclenché un vif débat. La raison principale tenait à ce que l'on appelle la consultation contradictoire obligatoire : selon l'article 218 du Code pénal, l'interruption de grossesse est passible de poursuites par principe. Elle ne peut être autorisée que si la femme enceinte qui envisage d'avorter se soumet à une consultation contradictoire gratuite au plus tard trois jours avant l'interruption de grossesse prévue. Par consultation contradictoire, on entend une discussion où ce qui motive le désir d'avorter ne doit pas nécessairement être exposé, mais où des alternatives à l'interruption de grossesse sont présentées. Par principe, il ne doit donc pas être déterminé d'avance si la consultation aboutira à la délivrance de l'attestation nécessaire pour avorter sans enfreindre la loi. Les attestations de consultation sont délivrées dans des centres de conseils agréés par l'État, au nombre desquelles on compte les centres de conseil de la Caritas catholique et du service social des femmes catholiques (cf. Dossier 10). Selon l'article 218a, les avortements restent toutefois légaux jusqu'à la douzième semaine lorsqu'il existe un danger pour la vie ou la santé de la femme enceinte ou quand la demande d'avortement est la conséquence d'un viol. Les avortements motivés par le diagnostic d'un handicap de l'enfant ne sont pas possibles au-delà du délai légal de 12 semaines.

Als Verfechter des Schutzes des ungeborenen Kindes verlangte Papst Johannes Paul II. 1999 den Ausstieg der katholischen Kirche aus dem staatlichen Beratungssystem. Bei dieser Entscheidung wurde er vom damaligen Leiter der Kongregation für die Glaubenslehre, Kardinal Ratzinger, dem späteren Papst Benedikt XVI, unterstützt. Seit Anfang 2001 stellen folglich die Beratungsstellen der katholischen Kirche

Défenseur de la protection du fœtus, le pape Jean-Paul II a exigé en 1999 que l'Église catholique se retire du système de consultation agréé par l'État. Dans cette décision, il a été soutenu par le préfet de la Congrégation pour la doctrine de la foi de l'époque, le cardinal Ratzinger, devenu par la suite le pape Benoît XVI. Depuis le début de l'année 2001, les centres de conseil de l'Église catholique ne délivrent par conséquent plus d'attestations de consultation.

keine Beratungsscheine mehr aus. Zur Unterstützung katholischer Frauen, die ihre Schwangerschaft als problematisch erleben, wurde 1999 eine katholische Laienorganisation, Donum Vitae (Geschenk des Lebens), ins Leben gerufen. Sie versucht zwar, die schwangere Frau auf ein Leben mit dem Kind einzustimmen, aber die Schwangerenkonfliktberatung verläuft ergebnisoffen und der Beratungsnachweis wird meistens von den katholischen Bischöfen respektiert.

Pour venir en aide aux femmes catholiques qui vivent leur grossesse comme un problème, une organisation de conseil catholique, Donum Vitae (Le Don de la Vie), a été fondée par des laïcs en 1999. Elle tente de convaincre la femme enceinte d'envisager positivement une vie avec l'enfant, mais la consultation contradictoire se déroule sans préjuger du résultat, et l'attestation de consultation est la plupart du temps respectée par les évêques catholiques.

Frauen in der Bundeswehr

Landesverteidigung und Kriseninterventionen blieben lange Männersache. Dem setzte die Änderung von Artikel 12a des Grundgesetzes am 27. Oktober 2000 (gegen die Stimmen der PDS verabschiedet) ein Ende. Nun stehen den Frauen alle Karrieren in den deutschen Streitkräften offen, inklusive dem Dienst an der Waffe. Weibliche Soldaten sind nicht mehr auf den Einsatz im Sanitäts- oder Militärmusikdienst beschränkt. Sie können auch die Offizierslaufbahn einschlagen oder sich zu Kampfschwimmerinnen, Panzergrenadierinnen, Fallschirmjägerinnen oder Pilotinnen ausbilden lassen. 2020 zählte die Bundeswehr über 23 000 weibliche Soldaten. Das entspricht etwa 12,5% aller Berufs- und Zeitsoldaten (freiwillige Wehrdienstleistende).

Les femmes dans l'armée allemande

La défense du territoire national et les interventions dans des régions en crise ont longtemps été l'apanage des hommes. L'amendement de l'article 12a de la Loi fondamentale en date du 27 octobre 2000 (adopté contre les voix du PDS) a mis fin à cette situation. Désormais, les femmes ont accès à la totalité des carrières dans les forces armées allemandes, y compris à celles qui impliquent le port d'armes. Les femmes soldats ne sont plus cantonnées au service sanitaire ou à la musique militaire. Elles peuvent aussi s'engager dans une carrière d'officier ou dans une formation pour devenir plongeuses de combat, combattantes de char, parachutistes ou pilotes. En 2020, on dénombrait 23 000 femmes dans l'armée. Cela correspond à peu près à 12,5 % de l'ensemble des militaires de carrière ou engagés (dans le cadre du service volontaire).

Frauenanteil und Frauenquote in Politik, Verwaltung und Wirtschaft

Im Zuge der Frauenbewegung wuchs die Forderung nach von der Geschlechtszugehörigkeit unabhängiger Chancengleichheit. 2021 besteht diese Chancengleichheit noch nicht. Frauen werden noch immer benachteiligt. Hier ein paar statistische Beispiele:

Présence et quotas de femmes dans la politique, l'administration et l'économie

Dans la mouvance des mouvements féministes, on a vu croître la revendication d'une égalité des chances indépendante du genre (appartenance sexuelle). En 2021, cette égalité des chances n'est pas encore une réalité. Les femmes continuent à être désavantagées. Voici quelques exemples :

Eine Gehaltslücke zwischen Männern und Frauen (Gender Pay Gap) besteht weiterhin: 2019 verdienten Frauen im Schnitt 19,2% weniger als Männer (EU-Durchschnitt: 14,1% / Frankreich: 16,5%). 2019 waren nur 25,6% der Universitätsprofessoren weiblich. Von den 227 Auslandsvertretungen der Bundesrepublik wurden 2020 nur 26 von einer Frau geleitet. Laut Statistischem Bundesamt belief sich der Frauenanteil in Führungspositionen 2019 auf 29,4%. 2020 hatten 16,8% der mittelständischen Betriebe eine Frau als Chefin. Die Frauenvertretung im Vorstand der 200 größten Unternehmen fällt noch bescheidener aus: Sie lag 2020 knapp über 13,5%. Führungsetagen sind nach wie vor meistens von Männern besetzt, weil dort flexible, familienorientierte Arbeitszeiten als nicht kompatibel mit dem hohen Leistungsdruck gelten. Daher sind über 20% der 30- bis 44-jährigen Frauen, die eine Führungsposition innehaben, kinderlos. Familie und Beruf sind oft nicht vereinbar.

Il demeure un écart de rémunération entre les hommes et les femmes (gender pay gap) : en 2019, les femmes avaient un salaire horaire moyen inférieur de 19,2 % à celui des hommes (moyenne de l'UE : 14,1 % / France : 16,5 %). En 2019, seuls 25,6 % chaires de professeurs d'université étaient détenues des femmes. Des 227 représentations diplomatiques de la République fédérale, 26 seulement avaient une femme à leur tête en 2020. D'après l'office fédéral des statistiques, les femmes occupaient 29,4 % de l'ensemble des postes à responsabilité en 2019. En 2020, 16,8 % des PME étaient dirigées par une femme. La représentation féminine dans les conseils d'administration des 200 plus grandes entreprises est encore plus modeste : en 2020, elle était légèrement supérieure à 13,5 %. Les postes de décision restent la plupart du temps encore entre les mains des hommes, car un temps de travail flexible et prenant en compte la vie de famille y passe pour incompatible avec la forte pression qui y règne pour obtenir des résultats. D'où le fait que plus de 20 % des femmes entre 30 et 44 ans ayant une position de responsabilité n'ont pas d'enfant. Vie de famille et vie professionnelle sont souvent inconciliables.

In der Politik stieg der Frauenanteil unter den Bundestagsabgeordneten von 8,4% (1980) auf knapp 35% (2021). Grüne (1979) und SPD (1988) haben als Erste Quotenregelungen eingeführt. Im 20. Bundestag sind die Abgeordneten der Grünen zu 58% Frauen. Frauen machen 44% der SPD-Abgeordneten aus. Bei der Linken kommt die Frauenquote auf 53%. Im rechtskonservativen Lager sieht die Lage allerdings anders aus. Da hält sich die Förderung der Frauen noch sehr in Grenzen: Die AfD-Fraktion zählt 10% Frauen. Selbst in der von 2000 bis 2018 von einer Frau (Angela Merkel) geführten Union ist der Frauenanteil in der Fraktion recht bescheiden (20%).

Dans le domaine de la politique, la part des femmes parmi les députés du Bundestag est passée de 8,4 % (1980) à 35 % (2021). Les Verts (1979) et le SPD (1988) ont été les premiers à adopter des quotas réglementaires. Au sein du 20ᵉ Bundestag, les femmes représentent 58 % des députés Verts. Au SPD, elles sont 44 %. Pour la gauche radicale, on arrive à un quota de femmes de 53 %. Pour les partis conservateurs, la situation est tout autre. Le soutien apporté aux femmes y reste encore fort limité. Le groupe parlementaire AfD compte seulement 10 % de femmes. Et même dans l'Union chrétienne démocrate, parti dirigé par une femme (Angela Merkel) de 2000 à 2020, le pourcentage de femmes dans le groupe parlementaire est fort modeste (20%).

Die Einführung von Frauenquoten ist vor diesem Hintergrund ein Mittel, gegen die Benachteilung der Frauen auf Grund der Geschlechtszugehörigkeit dort anzukämpfen, wo bei Einstellungsverfahren und im beruflichen Aufstieg („gläserne Decke") Frauen oft ungleich behandelt werden. Die Quotenregelung sieht eine bevorzugte Einstellung und Beförderung von Frauen bei gleicher Eignung vor. Zu diesem Zweck wurde ein Gesetz für die gleichberechtigte Teilhabe von Frauen und Männern an Führungspositionen verabschiedet (In-Kraft-Treten: 1.5.2015). Dieses Gesetz sieht eine feste Quote von 30% „für das jeweils unterrepräsentierte Geschlecht" (Quelle: Bundesministerium für Familie) vor. Im öffentlichen Dienst und in manchen börsennotierten Unternehmen wirkt sich das Gesetz positiv aus.

Dans ce contexte, l'introduction de quotas de femmes est un moyen de lutter contre la discrimination des femmes en raison de leur sexe là où les femmes font souvent l'objet d'un traitement inégal lors de procédures d'embauche et dans l'avancement professionnel (« plafond de verre »). Les quotas réglementaires stipulent qu'à compétences égales, il faut embaucher et promouvoir des femmes. Dans ce but, une loi a été adoptée pour que femmes et hommes disposent de droits égaux dans leur participation aux postes à responsabilité (loi entrée en vigueur le 1er mai 2015). Cette loi requiert un quota fixe de 30 % pour « le sexe le moins bien représenté dans les circonstances considérées » (source : Ministère fédéral de la Famille). Dans la fonction publique et dans certaines entreprises cotées en bourse, cette loi porte ses fruits.

Doch Frauenquoten werden nicht einstimmig begrüßt. Auch in nicht konservativen Kreisen erheben sich Stimmen gegen „positive Diskriminierung", d. h. gegen eine gesetzlich verordnete Bevorzugung der weiblichen Bevölkerung, was dem Grundsatz der Gleichberechtigung und damit Artikel 3 Absatz 2 des Grundgesetzes widerspreche. Zudem befürchten manche Frauen, als „Quotenfrau » abgestempelt und stigmatisiert zu werden.

Mais les quotas de femmes ne font pas l'unanimité. Même en dehors des milieux conservateurs, des voix s'élèvent contre la « discrimination positive », c'est-à-dire contre une loi qui contraint à privilégier la population féminine, ce qui, selon ses détracteurs, contrevient au principe fondamental de l'égalité des droits, donc à l'article 3 paragraphe 2 de la Loi fondamentale. De plus, certaines femmes craignent d'être estampillées et stigmatisées comme « femme quota ».

Weniger umstritten ist jedoch das Entgelttransparenz-Gesetz vom Juni 2017, dessen Ziel es ist – im Wortlaut –, „das Gebot des gleichen Entgelts für Frauen und Männer bei gleicher oder gleichwertiger Arbeit durchzusetzen". Das Gesetz gilt bei Betrieben mit mehr als 200 Beschäftigten.

La loi sur la transparence des rémunérations de juin 2017 est moins contestée. Son but est – dans ses termes mêmes – « d'imposer le respect de l'égalité de rémunération entre femmes et hommes pour un travail égal ou de même valeur. » Cette loi s'applique dans les entreprises de plus de 200 employés.

Ein Sonderfall: Angela Merkel

Un cas particulier : Angela Merkel

Eine nach der Bundestagswahl 2017 etwas angeschlagene Angela Merkel hat 2017-18 die Verhandlungen zur Bildung einer neuen Regierungskoalition geführt, an deren Spitze sie bis zum Ende der

Une Angela Merkel quelque peu diminuée après les élections au Bundestag de 2017 a mené en 2017-18 les négociations pour la constitution d'une nouvelle coalition de gouvernement, dont elle a

Legislaturperiode im Herbst 2021 geblieben ist. Sie hat 16 Jahre als Kanzlerin regiert — genauso lange wie vor ihr ihr „Ziehvater" Helmut Kohl. Zwischen 2005 und 2021 war sie wohl die mächtigste politische Person in Deutschland, ja sogar in der ganzen EU. Die Frau, die zur ersten Bundeskanzlerin der deutschen Geschichte wurde, hat das US-Finanzmagazin Forbes mehrmals zur „most powerful woman in the world" gekürt. Als Würdigung ihrer Person und ihrer Leistung lud der frisch gewählte US-Präsident Biden sie als erste EU-Regierungschefin im Juli 2021 nach Washington ein, und dies, obwohl sie kurz vor dem Ende ihrer Amtszeit als Kanzlerin stand.

conservé la tête jusqu'à la fin de la législature à l'automne 2021. Elle a gouverné pendant 16 ans, aussi longtemps que son « parrain » Helmut Kohl. Entre 2005 et 2021, elle a sans doute été la personnalité politique la plus puissante d'Allemagne, voire de toute l'Union Européenne. Première femme à être devenue chancelière de la République fédérale, elle a été élue à plusieurs reprises par le magazine financier américain Forbes « most powerful woman in the world » (femme la plus puissante du monde). Pour honorer sa personne et son œuvre, le président américain Biden, tout juste élu, l'a invitée à Washington en tant que première cheffe d'État de l'UE en juillet 2021, alors même qu'elle était tout prêt de la fin de son mandat de chancelière.

Nach einem Physikstudium in Brandenburg war sie als wissenschaftliche Mitarbeiterin am Zentralinstitut für Physikalische Chemie an der Ost-Berliner Akademie der Wissenschaften tätig. Sie setzte sich dann aktiv in den Politikbereich ein. 1990 trat sie der CDU bei und im selben Jahr wurde sie – bei den ersten gesamtdeutschen Bundestagswahlen – Mitglied des Bundestags. Zwischen 1994 und 1998 war sie Bundesministerin für Frauen und Jugend und dann Bundesministerin für Umwelt, Naturschutz und Reaktorsicherheit. Erst mit der CDU-Spendenaffäre 1999, wo das „System Kohl" mit seinen schwarzen Kassen zur Finanzierung der Partei aufgedeckt wurde, rückte Angela Merkel in die Führungsposition. Von Anfang an verlangte sie eine schonungslose Aufklärung der Affäre, wobei sie auf Distanz zu ihrem politischen Ziehvater ging. Nach Kohls Rücktritt galt Angela Merkel in der Öffentlichkeit als „Ikone der Glaubwürdigkeit" (so kommentierte „Die Welt" Merkels Rolle in der bisher schwersten Krise der Union). Nachdem sie von 1998 bis 2000 Generalsekretärin der CDU war, wurde sie schließlich

Après des études de physique dans le Brandebourg, elle a travaillé à l'Institut central de Chimie Physique (Académie des Sciences de Berlin-Est) en tant que collaboratrice scientifique. Elle s'est ensuite engagée activement en politique. Entrée à la CDU en 1990, elle est devenue députée la même année (lors des premières élections législatives dans l'Allemagne réunifiée). Entre 1994 et 1998, elle a exercé les fonctions de ministre des Femmes et de la Jeunesse, puis de ministre en charge de l'Environnement et des questions nucléaires. Il a fallu attendre l'affaire du financement occulte de la CDU en 1999, où le « système Kohl » et ses caisses noires ont été révélés au grand jour, pour qu'Angela Merkel occupe le premier plan. Elle s'est prononcée d'emblée pour une élucidation totale et sans concession de cette affaire et a pris ses distances par rapport à son parrain en politique. Après la démission de Kohl, l'opinion publique a considéré Angela Merkel comme une « icône de la crédibilité » (selon le journal Die Welt *à propos du rôle joué par Merkel pendant la crise la plus grave que l'Union ait eu à traverser). Après avoir occupé les fonctions de secrétaire générale de la CDU*

Vorsitzende der CDU im Jahre 2000. Sie leitete die Opposition zwischen 2002 und 2005 und baute ihre Machtposition aus. Dann blieb sie 16 Jahre so gut wie unangefochten an der Macht, als Bundeskanzlerin der Großen Koalition (2005-2009), der schwarz-gelben Koalition (2009-2013) und der beiden Neuauflagen der Großen Koalition (2013-2017 und 2017-2021). Erst wegen ihrer Handhabung der Flüchtlingskrise 2015 geriet sie auch in den eigenen Reihen ins Kreuzfeuer der Kritik (vgl. Dossier 9). Dass sie als Frau – und überhaupt als Ostdeutsche – gewählt, dann aber auch mehrmals wiedergewählt wurde, darf jedoch bestimmt als Zeichen eines Kulturbruchs angesehen werden, was die Geschlechterrollen angeht.

entre 1998 et 2000, elle a finalement pris la présidence de la CDU en 2000. Elle a été à la tête de l'opposition entre 2002 et 2005, tout en élargissant l'assise de son pouvoir. Puis elle est restée 16 ans au pouvoir sans quasiment être contestée, en tant que chancelière de la grande coalition (2005-2009), de la coalition noire-jaune (2009-2013), et des deux rééditions de la grande coalition (2013-2017 et 2017-2021). Elle n'a commencé à être véritablement critiquée jusque dans son propre camp que pour sa gestion de la crise des réfugiés en 2015 (cf. Dossier 9). Toutefois, le fait qu'en tant que femme, et surtout femme de l'Est, elle ait été élue, puis plusieurs fois réélue, est certainement à considérer comme le signe d'une rupture culturelle historique pour ce qui touche aux rôles assignés aux sexes.

Genderdebatte und Gleichstellung

Aus der oben Darstellung geht hervor, dass die völlige Gleichstellung von Frau und Mann erst noch angestrebt wird. Dabei umfasst nun die Debatte um die Gleichstellung auch die Frage der Geschlechtsidentität selbst. Simone de Beauvoir schrieb in *Das andere Geschlecht* (1949): „Man kommt nicht als Frau zur Welt, man wird es". Dies kommt einer Infragestellung des biologischen Geschlechts gleich, zugunsten einer eher sozialen Definition, die dem englischen Begriff Gender entspricht. Das Geschlecht als soziale Konstruktion also, das auch die Möglichkeit einer nichtbinären Identität einschließt: weder ausschließlich männlich noch ausschließlich weiblich. Vor diesem Hintergrund hat der Bundestag 2019 eine Änderung des Personenstandsgesetzes verabschiedet, die eine dritte Option, nämlich „divers" beim Geschlechtseintrag vorsieht. Dabei bleibt die Entscheidung darüber von einem ärztlichen Gutachten abhängig.

Débat sur le genre et obtention de l'égalité

Il résulte de ce qui a été dit plus haut que l'égalité factuelle complète entre femme et homme est encore un but à atteindre. En même temps, le débat sur l'obtention de l'égalité renferme désormais également la question de l'identité sexuelle elle-même. Dans Le Deuxième sexe *(1949), Simone de Beauvoir a écrit : « On ne naît pas femme, on le devient ». Cela revient à remettre en cause le sexe biologique, au profit d'une définition plutôt sociale qui correspond au concept anglais de Gender. Le genre comme construction sociale, donc, qui inclut également la possibilité d'une identité non binaire : ni exclusivement masculine ni exclusivement féminine. Dans ce cadre, le Bundestag a adopté un amendement de la loi sur l'état civil qui offre une troisième option, « divers », comme spécification du sexe à l'état civil. Cela demeure toutefois une décision soumise à une expertise médicale.*

Gendergerechte Schreibweise

Schon lange fand die Frage der Gleichstellung der Geschlechter ihren Niederschlag in der Schreibweise. Es besteht allerdings kein Konsens darüber, die wie Sprache die Vielfalt der Geschlechtsbestimmungen am besten reflektieren könnte. Heutzutage gibt es deshalb vier verschiedene Formen der gendergerechten Schreibweise. Hier ein Beispiel für die weibliche bzw. geschlechtsneutrale Form vom Substantiv „Lehrer": Lehrer/in (Schrägstrich) — Lehrer_in (Unterstrich) — Lehrer*in (Sternchen) — Lehrer:in (Doppelpunkt).

Écriture inclusive

*Il y a longtemps que la question de l'égalité factuelle des sexes s'est inscrite dans l'écriture. Mais il n'y a pas consensus sur la meilleure façon de refléter la diversité des identités de genre dans la langue. Il y a aujourd'hui quatre formes différentes d'écriture inclusive. Voici un exemple pour la forme féminine ou la forme sexuellement neutre du substantif « Lehrer » : Lehrer/in (barre oblique) — Lehrer_in (tiret bas) — Lehrer*in (astérisque) — Lehrer:in (deux points).*

Vocabulaire

Abbruch der Schwangerschaft, (der, ¨e)	*l'interruption de grossesse*
Anteil, (der, e, an + D)	*la part, la proportion*
Arzt, (der, ¨e)	*le médecin*
Aufstieg, (der, e)	*l'ascension, la montée*
Erfahrung, (die, en)	*l'expérience*
Fortschritt, (der, e)	*le progrès*
Gatte (der, n, n) / Gattin, (die, nen)	*l'époux / l'épouse*
Geschlecht, (das, er)	*le sexe*
Gesellschaft, (die, en)	*la société*
Grundgesetzänderung, (die, en)	*l'amendement constitutionnel*
Hausfrau, (die, en)	*la femme au foyer*
Kindergarten, (der, ¨)	*le jardin d'enfants*
Krippe, (die, n)	*la crèche*
Laufbahn, (die, en)	*la carrière*
Lebensunterhalt, (der)	*la subsistance, l'entretien du foyer*
Lohn, (der, ¨e)	*le salaire*
Mutterschaftsurlaub, (der)	*le congé de maternité*
Trümmerfrau (die, en)	*femme qui a déblayé les décombres après les bombardements*
Strafe, (die, n)	*la punition, la peine*
Vergewaltigung, (die, en)	*le viol*
Verhütung, (die)	*la contraception*
Verlust, (der, e, + G ou an + D)	*la perte*
Weiche, (die, n) (die Weichen stellen für + A)	*l'aiguillage, préparer le terrain pour*
allerdings	*toutefois*
bereits	*déjà*
berufstätig	*actif, ayant une activité professionnelle*
freiwillig	*volontaire*
gendergerecht	*inclusif*
nebenbei	*accessoirement, à côté*
weiblich	*féminin*
ändern	*modifier, changer*
angewiesen sein (auf + A)	*dépendre de, avoir besoin de*
benachteiligen	*désavantager*
jemanden beraten (beriet, hat beraten)	*conseiller quelqu'un*
ein/führen (in + A)	*introduire*
ein/schließen (schloss/eingeschlossen)	*inclure, englober, contenir*
(sich) entfachen	*(se) déclencher*
erziehen, (erzog, hat erzogen)	*élever, éduquer*
kündigen (+ D)	*licencier*
jemanden / etwas würdigen	*honorer quelqu'un / quelque chose*

Lexique en situation 12

- Der Goldene Bär der Berlinale würdigt das Lebenswerk dieser Filmemacherin.
  L'Ours d'or du festival de cinéma de Berlin honore cette cinéaste pour l'ensemble de son œuvre.
- Im hohen Alter ist man oft auf eine Pflegehelferin/einen Pflegehelfer angewiesen.
  Dans le grand âge, on a souvent besoin d'un/ d'une auxiliaire de vie.
- Als ich zwanzig war, studierte ich und jobbte nebenbei.
  Quand j'avais vingt ans, je faisais mes études et travaillais à côté.
- Sie zeigte ihren Arbeitgeber an, weil er ihr kündigen wollte, obwohl sie schwanger war.
  Elle a dénoncé son employeur car il voulait la licencier alors qu'elle était enceinte.
- Während der Flüchtlingskrise erlitt Angela Merkel einen erheblichen Popularitätsverlust.
  Pendant la crise des réfugiés, Angela Merkel a subi une perte considérable de popularité.
- Ein Rechtsanwalt berät zu allen Fragen.
  Un avocat donne des conseils sur toutes les questions.
- Sie bestreitet ihren Lebensunterhalt damit, dass sie Drehbücher schreibt.
  Elle parvient à gagner sa vie en écrivant des scénarios.
- Wegen ihrer Arbeitslast als Führungskraft musste sie auf ihren Mutterschaftsurlaub verzichten.
  À cause de sa charge de travail dans un poste à haute responsabilité, elle a dû renoncer à son congé maternité.
- Ich zögere noch, weiß allerdings, dass ich der Aufgabe (D) gewachsen bin.
  J'hésite encore, mais je sais tout de même que je suis à la hauteur de ce qu'on attend de moi.
- Der Aufstieg der Frauen in Führungspositionen ist noch sehr schwer.
  L'ascension des femmes à des postes à haute responsabilité est encore très difficile.
- Das Gesetz zur Frauenquote legt einen Mindestanteil an Frauen in Aufsichtsräten fest.
  La loi sur les quotas féminins impose un pourcentage minimal de femmes dans les conseils de surveillance.
- Den Protesten der Konservativen zum Trotz wurde das Gesetz zur Frauenquote verabschiedet.
  Malgré les protestations de conservateurs, la loi sur les quotats féminins a été votée.
- Die Einführung eines Mindestlohns 2015 wurde nicht immer als sozialer Fortschritt begrüßt.
  L'introduction d'un salaire minimum en 2015 n'a pas toujours été saluée comme un progrès social.
- Die Genderfrage schließt viele verschiedene Fragen ein.
  La question du genre englobe des questions nombreuses et diverses.
- Sie wollte ursprünglich die Laufbahn einer Astronautin einschlagen.
  À l'origine, elle avait choisi une carrière d'astronaute.

- Der Täter meldete sich freiwillig bei der Polizei.
  Le coupable s'est présenté spontanément à la police.

- Aus dem bereits Gesagten ergibt sich, dass…
  Il ressort de ce qui a déjà été dit que …

- Nach seiner Verurteilung trat er die Strafe unverzüglich an.
  Après sa condamnation, il a immédiatement commencé à purger sa peine.

Dossier 13

Die Medien in Deutschland

Die Medienvielfalt

Artikel 5, Absatz 1 des Grundgesetzes definiert die Eckpunkte zur Gewährleistung der Medienvielfalt: „Jeder hat das Recht, seine Meinung in Wort, Schrift und Bild frei zu äußern und zu verbreiten und sich aus allgemein zugänglichen Quellen ungehindert zu unterrichten. Die Pressefreiheit und die Freiheit der Berichterstattung durch Rundfunk und Film werden gewährleistet. Eine Zensur findet nicht statt." Durch Medienvielfalt und -freiheit soll die Meinungs- und Informationsfreiheit gesichert und gestärkt werden. Doch die zunehmende Dominanz der neuen Medien gefährdet die Zuverlässigkeit der Informationsquellen.

Der Wiederaufbau der Medienlandschaft nach dem Ende des Zweiten Weltkrieges entstand selbstverständlich unter der Obhut der jeweiligen Siegermacht. Auch im Bereich der Medien zeichneten sich sehr bald die Fronten zwischen den politischen Blöcken ab. In beiden Teilen des getrennten Landes hatten die Medien allerdings eine erzieherische Rolle zu spielen. Im Westen war der Zweck die Umerziehung der Deutschen zu liberalen Demokraten. Dementsprechend sollte die „vierte Gewalt" dem direkten staatlichen Einfluss entzogen werden.

Im Osten des Landes sollten die Medien ihren Beitrag zur Errichtung einer Gesellschaft nach sowjetischem Muster leisten. In der DDR erschienen zusätzlich zu „Neues Deutschland", dem Presseorgan der Staatspartei SED, auch überregionale Tageszeitungen der Massenorganisationen sowie regionale Tageszeitungen in den 15 Bezirken.

Les médias en Allemagne

La diversité des médias

L'article 5, paragraphe 1 de la Loi fondamentale établit le cadre qui doit assurer la diversité des médias : « Chacun a le droit d'exprimer et de diffuser librement son opinion par des paroles, des écrits ou des images, ainsi que de s'informer grâce à un libre accès à des sources ouvertes à tous. La liberté de la presse et la liberté d'information par la radiodiffusion et le cinéma sont garanties. Aucune censure ne peut s'exercer ». La diversité et la liberté des médias doit assurer et renforcer la liberté d'opinion et d'information. Mais la domination croissante des nouveaux médias met en danger la fiabilité des sources d'information.

La reconstitution du paysage médiatique après la fin de la Seconde guerre mondiale eut lieu bien évidemment sous l'œil vigilant de la puissance victorieuse concernée. Dans le domaine des médias aussi, les lignes de front entre les blocs politiques se sont bien vite concrétisées. Dans l'une et l'autre partie du pays divisé toutefois, les médias avaient une mission éducative. À l'Ouest, l'objectif était de rééduquer les Allemands pour les faire adhérer à la démocratie libérale. Il fallait en fonction de cet objectif que le « quatrième pouvoir » soit soustrait à l'influence directe de l'État.

À l'Est du pays, les médias étaient censés apporter leur contribution à l'édification d'une société de type soviétique. En RDA, des quotidiens à diffusion nationale publiés par les organisations de masse ainsi que des quotidiens régionaux paraissaient dans les 15 districts administratifs, en plus de Neues Deutschland, *l'organe de presse du SED, le parti-État.*

In den Monaten vor dem Mauerfall hatten die Chefredakteure von „Neues Deutschland" und der DDR-Presse die Staatsführung unterstützt und sich für den Fortbestand des SED-Regimes ausgesprochen. Nach dem Fall der Mauer gingen daher fast alle DDR-Zeitungen ein. Eine nennenswerte Ausnahme ist gerade „Neues Deutschland".

Dans les mois qui ont précédé la chute du mur, les rédacteurs en chef de Neues Deutschland *et de la presse est-allemande avaient soutenu les instances dirigeantes et s'étaient prononcés en faveur d'une permanence du régime dirigé par le SED. De ce fait, presque tous les journaux de RDA ont fait faillite après la chute du mur. Avec comme exception notoire* Neues Deutschland, *précisément.*

Im Zeitalter der sozialen Netzwerke ist die Gewährleistung der Medienvielfalt nicht ganz unproblematisch. Manipulation durch die Medien und Verbreitung von „Fake-News" sind gang und gäbe. Im Folgenden soll ein Überblick über die Medienvielfalt und die aktuelle Medienlandschaft in Deutschland gemacht werden. Es gilt auch, die allgemeinen Tendenzen in den Medien zu bewerten.

À l'ère des réseaux sociaux, la garantie d'une diversité médiatique ne va pas sans poser des problèmes. La manipulation par les médias et la diffusion de « fake news » (fausses informations) est monnaie courante. Dans la suite de ce chapitre, il sera présenté un panorama de la diversité médiatique et du paysage médiatique en Allemagne. Il s'agira également d'évaluer les tendances générales dans les médias.

Die Presse

Im Vergleich zu Frankreich ist Deutschland noch ein echtes „Zeitungsland", d. h. ein Land, in dem das Lesen von Zeitungen immer noch weit verbreitet ist. Gemäß dem Bundesverband Deutscher Zeitungsverleger erschienen Mitte 2021 etwa 320 Tageszeitungen in einer Gesamtauflage von knapp 12,3 Millionen Exemplaren pro Erscheinungstag. Dies bedeutet einen Rückgang im Vergleich zum Jahr 2016 (etwa 350 Tageszeitungen in einer Gesamtauflage von über 16 Millionen Exemplaren pro Erscheinungstag). Dazu kommen noch die 1 335 Titel der Publikumszeitschriften und die rund 5 500 Titel der Fachzeitschriften (Stand 2020). Mit Publikumszeitschriften sind vor allem Nachrichtenmagazine, Frauen- und Männerzeitschriften gemeint. Sie erreichten 2020 eine Auflage von mehr als 59 Millionen. Trotz dieses breiten Angebots gehen die Auflagen stark zurück. Was das Kapital angeht, herrscht ein klarer der Trend zur Konzentration: Die auf dem Markt präsenten Verlage werden immer weniger.

La presse

À la différence de la France, l'Allemagne est encore un vrai « royaume du journal ». En d'autres termes, c'est un pays où lire des journaux est toujours une activité très répandue. D'après l'association fédérale des éditeurs de journaux allemands, quelque 320 quotidiens paraissaient mi-2021, pour un tirage global de 12,3 millions d'exemplaires par jour de parution. Cela signifie un recul par rapport à l'année 2016 (350 quotidiens, 16 d'exemplaires quotidiens). Il faut y rajouter les 1 335 titres de magazines grand public et les quelque 5 500 titres des magazines spécialisés (données de 2020). Par magazines grand public, on entend essentiellement les magazines d'information, les revues féminines ou masculines. En 2020, leur tirage global a atteint plus de 59 millions d'exemplaires. Malgré cette offre large, les tirages sont en fort recul. Pour ce qui est du capital, la tendance est nettement à la concentration. Les maisons d'édition présentes sur le marché sont de moins en moins nombreuses.

Der Hauptgrund fürs Zeitungslesen ist das Interesse an lokalen Nachrichten, die man häufig nicht übers Internet vermittelt bekommt. Auf den nächsten Plätzen in der Beliebtheitsskala der Zeitungsleser folgen politische Meldungen und Berichte aus Deutschland und dem Ausland sowie die Anzeigen. Zu nennen sind ferner Leitartikel, Tatsachenberichte aus dem Alltag und Sportnachrichten. Dahingegen liest nur jeder dritte Leser regelmäßig das Feuilleton. Dieser Begriff, der für Französisch Sprechende irreführend klingen mag, bezeichnet den Teil der Zeitung, in dem Rezensionen von Büchern, Filmen, Ausstellungen, Konzerten und Theateraufführungen zusammengetragen sind.

La raison qui motive le plus à lire les journaux est l'intérêt pour les nouvelles locales, que l'on ne trouve pas souvent sur internet. Au hit-parade des rubriques favorites des lecteurs de journaux, viennent ensuite les informations et les commentaires politiques portant sur l'Allemagne et l'étranger, ainsi que les petites annonces. Il faut mentionner par ailleurs les éditoriaux, les articles documentaires sur la vie quotidienne et les informations sportives. En revanche, seul un tiers des lecteurs lit régulièrement les pages culturelles. Le concept allemand de « Feuilleton », qui peut induire les francophones en erreur quand ils l'entendent, désigne la partie du journal où sont rassemblées les critiques de livres, de films, d'expositions, de concerts ou de pièces de théâtre.

Die wichtigsten überregionalen Tageszeitungen

Das politische Spektrum der überregionalen Tageszeitungen in Deutschland reicht von liberal-neutral („Die Welt") über links-liberal („Frankfurter Rundschau") bis zu weit links-außen („Junge Welt"). Als die beiden wichtigsten meinungsbildenden Tageszeitungen Deutschlands gelten allerdings die „Süddeutsche Zeitung" (eher sozialdemokratisch-links) und die „Frankfurter Allgemeine Zeitung" (eher liberal-konservativ).

Auflagenstärkste Tageszeitung in Deutschland ist zweifelsohne die 1952 gegründete „Bild-Zeitung", die 2021 über 1,24 Millionen Exemplare täglich unter die Leser brachte. Auch wenn sie vor 10 Jahren auf das Foto eines halb nackten Pin-up-Mädchens auf der ersten Seite verzichtet hat, ist die „Bild" wohl der Inbegriff der Boulevardpresse. Ihre Redakteure legen einen Hang zum Sensationalismus und einen nationalistisch-populistischen Unterton an den Tag.

Die zweitstärkste Tageszeitung ist die seit 1945 in München erscheinende „Süddeutsche

Les principaux quotidiens suprarégionaux

*L'orientation politique des quotidiens allemands à diffusion nationale va de la neutralité libérale (*Die Welt*) à l'extrême gauche (*Junge Welt*) en passant par la gauche libérale (*Frankfurter Rundschau*). Mais on considère que les deux quotidiens qui ont la plus grande influence sur l'opinion publique allemande, sont la* Süddeutsche Zeitung *(plutôt proche de la gauche social-démocrate) et la* Frankfurter Allgemeine Zeitung *(de tendance plutôt conservatrice, teintée de libéralisme).*

Le quotidien au plus fort tirage en Allemagne est sans conteste la Bild-Zeitung, *qui vendait en 2021 plus de 1,24 millions d'exemplaires par jour. Même si le journal a renoncé il y a 10 ans à afficher la photo d'une pin-up à demi nue en page 1, la* Bild *est sans doute l'incarnation-même de la presse populaire à sensation. Ses rédacteurs manifestent une tendance au sensationnalisme et donnent volontiers dans le populisme nationaliste.*

En termes de tirage, le numéro deux est la Süddeutsche Zeitung, *qui paraît depuis*

Zeitung" (Süddeutscher Verlag). Die „Süddeutsche" bezeichnet sich selbst als „ein wenig links von der Mitte" und „legt Wert auf kritische Redakteure und kritische Leser". Zum Angebot der „Süddeutschen Zeitung" gehören große Reportagen und Korrespondentenberichte aus aller Welt. In Zusammenarbeit mit ausländischen Partnerzeitungen wie der französischen Le Monde, der britischen The Guardian oder der spanischen El País führt sie Ermittlungsprojekte durch. Jüngstes Beispiel dafür ist das Projekt Pegasus zur Aufdeckung der Überwachung der Handys von führenden Politikern und Oppositionellen in vielen Ländern durch eine Spionage-Software. Spezifisch für das besondere Gewicht der Kultur in der Zeitung ist die Tatsache, dass das Feuilleton direkt nach dem politischen Teil zu finden ist. Die SZ hat 2021 eine Auflage von 300 000 Exemplaren. Das sind 100 000 weniger als 2013.

1945 à Munich (éditeur : Süddeutscher Verlag). La Süddeutsche *se caractérise elle-même comme « un peu à gauche du centre » et « valorise l'esprit critique de ses journalistes et de ses lecteurs ». Dans l'offre de la* Süddeutsche Zeitung, *on trouve des grands reportages et les commentaires de ses correspondants à l'étranger. En collaboration avec des partenaires étrangers tels le journal français Le Monde, le britannique The Guardian ou l'espagnol El País, la Süddeutsche réalise des projets d'investigation. L'exemple le plus récent en est le Projet Pegasus visant à révéler la surveillance des téléphones portables de personnalités politiques importantes et de membres des oppositions dans de nombreux pays grâce à un logiciel espion. Le fait que les pages culturelles soient situées juste après la partie politique du journal est caractéristique du poids qu'il donne à la culture. En 2021, la SZ tire à 300 000 exemplaires. C'est une baisse de 100 000 exemplaires par rapport à 2013.*

Die „Frankfurter Allgemeine Zeitung" (FAZIT-Stiftung) erscheint seit 1949 und lässt sich politisch als liberal-konservativ einstufen. Sie verfügt über ein verhältnismäßig weites Korrespondentennetz und kann daher ihre Auslandsberichte weitgehend selbstständig erstellen. Ihr Wirtschaftsteil ist so gut wie Pflichtlektüre in Geschäftskreisen. Ähnlich wie die „SZ" spielt die „FAZ" eine wichtige Rolle in den meinungsbildenden Debatten. Sie leistete beispielsweise einen wesentlichen Beitrag im Rahmen des so genannten „Historikerstreits" 1986/87, bei dem es um die Einzigartigkeit des Holocausts im nationalen Selbstverständnis der Deutschen ging. Seit 2013 ist die Auflage der FAZ um ein Drittel von 334 000 auf knapp 200 000 gesunken.

La Frankfurter Allgemeine Zeitung *(éditeur : FAZIT-Stiftung), publiée depuis 1949, est à classer politiquement du côté du conservatisme libéral. Elle dispose d'un réseau relativement vaste de correspondants et, de ce fait, est en grande partie autonome pour rendre compte de l'étranger. Sa partie économique est pour ainsi dire une lecture obligatoire dans les milieux d'affaire. Comme la* SZ, *la* FAZ *joue un rôle important dans les grands débats d'idées. Elle a apporté une contribution déterminante dans ce que l'on a appelé la querelle des historiens en 1986-87, où l'enjeu était de statuer sur le caractère historiquement unique de la Shoah comme élément constitutif de l'identité nationale allemande. Depuis 2013, le tirage de la FAZ a baissé d'un tiers par rapport à 2013 et est passé de 334 000 à un peu moins de 200 000 exemplaires.*

Die seit 1979 erscheinende „die tageszeitung" (taz) zeichnet sich oft durch ihren ironischen oder kritisch-subversiven

Paraissant depuis 1979, la tageszeitung (taz) *se distingue souvent par son ton ironique, voire subversif, et se réclame de la*

Ton aus und bekennt sich zum linksalternativen Gedankengut. Sie hat ihre Zentrale in Berlin, gibt aber einen Regionalteil Nord für Hamburg und Bremen heraus. Sie wurde ursprünglich als selbstverwaltetes Unternehmen konzipiert, besteht allerdings seit 1992 als Verlagsgenossenschaft, an der Mitarbeiter und Leser finanziell beteiligt sind, damit die Unabhängigkeit der Zeitung gesichert werden kann.

pensée alternative de gauche. Ce journal est établi à Berlin, mais publie un cahier régional Nord pour Hambourg et Brême. À l'origine, il a été conçu comme une entreprise auto-gérée, mais depuis 1992, il a le statut de coopérative éditoriale dans laquelle les collaborateurs et les lecteurs du journal ont une participation financière pour assurer son indépendance.

Zu nennen sind noch das in Finanzkreisen beliebte „Handelsblatt" (Auflage 2021: über 125 000 verkaufte Exemplare pro Erscheinungstag), und – am anderen Ende des politischen Spektrums – „Neues Deutschland". Diese Tageszeitung verzeichnet zwar eine recht bescheidene Auflage (2021: 17 800 verkaufte Exemplare pro Tag). Aber sie hat den DDR-Staat überlebt, in dem sie als offizielles Presseorgan der Staatspartei fungierte (vgl. oben).

Il faut encore citer le Handelsblatt, *apprécié des milieux financiers (tirage 2021 : plus de 125 000 exemplaires par jour de parution), ainsi que – à l'autre extrémité de l'échiquier politique –* Neues Deutschland. *Ce quotidien enregistre des ventes fort modestes (2021 : 17 800 exemplaires vendus par jour). Mais il a survécu à la RDA, où il avait la fonction d'organe de presse officiel du parti-État (cf. supra).*

Die wichtigsten Wochenzeitungen

Les principaux hebdomadaires

Wochenzeitungen gehen nicht unmittelbar auf Tagesereignisse ein. Ihre Mitarbeiter verfügen über mehr Zeit, um Informationen zu überprüfen und um Hintergrundberichte zu verfassen.

Les hebdomadaires ne réagissent pas immédiatement aux événements du jour. Leurs collaborateurs disposent de plus de temps pour vérifier les informations et pour rédiger des reportages de fond.

„Die Zeit" (Gründung 1946, Erscheinungsort: Hamburg, Dieter von Holtzbrinck Medien GmbH) erscheint nicht im üblichen illustrierten Zeitschriftenformat und ist eher sperrig in der Handhabung. Sie ist in intellektuellen Kreisen sehr beliebt. Die Gesinnung der Redaktion ist nach wie vor liberal. Dabei bleibt „Die Zeit" für kontroverse Standpunkte offen. Sie wurde jahrzehntelang von den Leitartikeln der großen Publizistin Marion Gräfin Dönhoff geprägt, die sich insbesondere für die Ostpolitik der Bundesrepublik und für den Kampf gegen rassistische Ausgrenzungen stark machte.

Die Zeit, *(fondée en 1946, éditée à Hambourg par le groupe Dieter von Holtzbrinck Medien GmbH), ne paraît pas dans le format habituel des revues illustrées et est d'un maniement plutôt difficile. Elle est très appréciée des milieux intellectuels. L'orientation de sa rédaction fut et demeure libérale. Ce qui n'empêche pas* Die Zeit *d'être ouverte aux points de vue opposés au sien. Des décennies durant, le journal a été marqué par les éditoriaux de la comtesse Marion Dönhoff, grande journaliste et essayiste, qui s'est engagée particulièrement pour la politique à l'Est de la République fédérale et dans le combat contre les discriminations raciales.*

Das 1947 von Rudolf Augstein gegründete Magazin „Der Spiegel" feierte 2017 sein

Fondé en 1947 par Rudolf Augstein, le magazine Der Spiegel *a fêté son*

70. Jubiläum. „Sagen, was ist": Wer die Hauptredaktion des Magazins in Hamburg besucht, kann in der Eingangshalle dieses Zitat vom Gründer des Magazins lesen. In diesem Motto kommt der kritische Anspruch der Zeitschrift klar zum Vorschein. „Der Spiegel" deckt Skandale und Affären auf, die für die Öffentlichkeit von Bedeutung sind. 1962 sorgte es selbst für Schlagzeilen, als die „Spiegel-Affäre" ausbrach. Anhand von internen Dokumenten der Bundeswehr, die im Magazin zitiert wurden, zeigte der Redakteur Conrad Ahlers, dass die NATO und die Bundesrepublik einem sowjetischen Angriff nicht würden standhalten können. Der Herausgeber Augstein wurde des Landesverrats bezichtigt und kam in Untersuchungshaft. Der Verdacht auf Landesverrat wurde dann auf Grund von Beweismangel abgewiesen, Augstein kam wieder frei, und „Der Spiegel" etablierte sich als Garant der Meinungsfreiheit. Das Magazin erscheint inzwischen auch in Form von einem „ePaper".

70e anniversaire en 2017. Quand on se rend à la rédaction du magazine à Hambourg, on peut lire dans le hall d'entrée une citation du fondateur du magazine : « Dire ce qui est ». Ce slogan met clairement en évidence les ambitions critiques de cet hebdomadaire. Le Spiegel *révèle des scandales et des affaires importantes pour le public. En 1962, il a lui-même fait les gros titres, quand a éclaté l'« affaire du* Spiegel *». En citant des documents internes de la Bundeswehr, Conrad Ahlers, rédacteur en chef, a montré que l'Otan et la République fédérale ne seraient pas en mesure de résister à une attaque soviétique. Rudolf Augstein, l'éditeur, a été accusé de mettre en danger la sécurité de son pays et placé en garde à vue. La suspicion de trahison a été ensuite écartée par manque de preuves, Augstein a été relâché, et* Der Spiegel *y a gagné sa réputation de garant de la liberté d'opinion. Depuis peu, le magazine paraît également en version numérique.*

Ähnlich wie der „Spiegel" betreibt „Focus" investigativen Journalismus. Das Magazin wurde 1993 gegründet, und ist nach dem „Spiegel" und dem „Stern" das Blatt mit der drittgrößten Auflage. Es hat bewusst auf relativ kurze Beiträge und eine attraktive graphische Gestaltung gesetzt, um sich eine stabile Leserschaft zu sichern.

Tout comme le Spiegel, Focus *pratique le journalisme d'investigation. Cet hebdomadaire a été fondé en 1993, et a le plus fort tirage après le* Spiegel *et le* Stern. *Il a sciemment misé sur la relative brièveté des articles et sur un graphisme agréable pour s'assurer un nombre stable de lecteurs.*

Pressekonzentration und Pressekrise

Concentration de la presse et crise de la presse

Im Bereich der Presse gilt seit über 40 Jahren derselbe Trend wie in den anderen Wirtschaftszweigen auch, nämlich die Konzentration des Kapitals in den Händen weniger Gruppen. Die meisten auflagestarken Tageszeitungen und Zeitschriften werden von vier großen Konzernen herausgegeben: Gruner und Jahr (75% gehören dem Haus Bertelsmann, die übrigen 25% der Familie Jahr), Springer, Bauer und Burda. Alle vier besitzen außerdem Anteile in Medienfirmen des privaten Hörfunk- und Fernsehmarkts.

Le secteur de la presse, depuis plus de quarante ans, n'échappe pas à la tendance qu'on note dans les autres branches de l'économie, à savoir la concentration du capital entre les mains de quelques grands groupes. La plupart des quotidiens et des hebdomadaires à gros tirage sont publiés par quatre trusts : Gruner und Jahr (appartenant pour 75 % à Bertelsmann, la famille Jahr détenant les 25 % restants), Springer, Bauer et Burda. Ces quatre maisons d'édition possèdent également des parts dans des entreprises du marché audiovisuel et télévisuel privé.

Der Axel Springer Verlag steht an der Spitze der Zeitungsverlage in Europa. Zusätzlich zur „Bild-Zeitung" gibt er auch „Die Welt" heraus sowie die Fernsehzeitschrift „Hörzu" (Druckauflage 2021: 831 000 verkaufte Exemplare pro Woche). Seine Wachstumsperspektiven hat er allerdings eher dem Digitalverlag zu verdanken.

Auf dem Medienmarkt im Allgemeinen ist der Bertelsmann-Konzern Spitzenreiter in Europa. Das „Handelsblatt" bezeichnete ihn einst als „Medienmonarchie aus Gütersloh". Bertelsmann verbuchte 2020 einen Umsatz von 17,3 Milliarden Euro. Ausgehend vom Bücher- und Schallplattenverkauf, verfolgte Bertelsmann eine erfolgreiche Strategie der Diversifizierung. Der Konzern wuchs durch den Aufkauf von Großdruckereien und konkurrierenden Verlagen (wie Gruner und Jahr, Verleger vom Nachrichtenmagazin „Stern"). Er hat auch im Funk-, Fernseh- und Filmgeschäft (UFA Filmproduktion und RTL) Fuß gefasst und baut seine digitalen Aktivitäten aus.

Die Konkurrenz zwischen überregionalen Zeitungen sowie die rasant zunehmende Nutzung des Internets führen dazu, dass viele überregionale Zeitungen rote Zahlen schreiben und manchmal sogar die Publikation einstellen müssen. Zeitungen können sich nur teilweise auf der Grundlage der Abonnements und Einzelkäufe über Wasser halten. Sie sind auf Werbeeinnahmen angewiesen, die heute zunehmend in die digitalen Medien fließen. Große Zeitungen wie die „Süddeutsche" und die „Frankfurter Allgemeine Zeitung" verfügen noch immer über einen weiten Leserkreis und ihr großes Angebot an Anzeigen sichern ihnen deswegen auch den Löwenanteil der Werbeeinnahmen.

Ein anderes Problem ergibt sich aus der verschwommenen politischen Linie mancher Zeitungen. Davon zeugt das Beispiel der

La maison d'édition Axel Springer est le numéro un des éditeurs de presse d'Europe. En plus de la Bild-Zeitung, *Springer publie également* Die Welt *et le magazine de presse de télévision* Hörzu *(tirage 2021 : 831 000 exemplaires vendus par semaine). C'est toutefois dans l'édition numérique que ses perspectives de croissance sont à chercher.*

Le marché des médias en Europe est dominé par le groupe Bertelsmann. Le Handelsblatt *en a parlé une fois comme d'un « empire médiatique avec comme capitale et origine Gütersloh ». En 2021, Bertelsmann a enregistré un chiffre d'affaires de 17,3 milliards d'euros. À partir d'une activité de vente de livres et de disques, Bertelsmann a suivi une stratégie de diversification heureuse. Le groupe a crû par le bais du rachat d'imprimeries gros volume et d'éditeurs concurrents (comme Gruner und Jahr, l'éditeur du magazine d'information* Stern*). Il a également pris pied dans le secteur de la radio, de la télévision et du cinéma (UFA-Filmproduktion et RTL), tout en élargissant ses activités numériques.*

La concurrence que se font les journaux à diffusion nationale entre eux et le développement fulgurant de l'utilisation d'internet ont pour conséquence que nombre de grands quotidiens subissent des pertes financières, et doivent parfois suspendre leur publication. Les abonnements et les ventes au numéro ne permettent que partiellement à ces journaux de se maintenir à flot. Ils sont tributaires de recettes publicitaires qui vont aujourd'hui de plus en plus aux médias numériques. De grands journaux comme la Süddeutsche *et la* Frankfurter Allgemeine Zeitung *disposent toujours d'un lectorat très étendu et leur offre fournie en annonces leur garantissent de ce fait la part du lion des revenus publicitaires.*

C'est parfois le flou de la ligne politique qui pose problème, comme le montre l'exemple de Die Welt. *Ce quotidien fondé*

„Welt". Diese 1946 gegründete Tageszeitung gehört zu dem Springer-Konzern und gilt als bürgerlich-konservativ. Doch mehrfache Änderungen ihres politischen Kurses (mal gegen Adenauers Politik, mal gegen die sozialliberale Koalition 1969-1982) schadeten der Zeitung und verwirrten ihre Leserschaft. Mit einer Tagesauflage von nur 72 000 verkauften Exemplaren hinkt „Die Welt" der „Süddeutschen" und der „Frankfurter Allgemeinen Zeitung" weit hinterher (mit jeweils 300 000 beziehungsweise 194 000 Exemplaren).

en 1946 et appartenant au groupe Springer est considéré comme un journal bourgeois et conservateur. Mais plusieurs fluctuations de sa ligne politique – tantôt contre la politique d'Adenauer, tantôt contre la coalition des social-libéraux de 1969 à 1982 – lui ont nui et ont perturbé son lectorat. Avec des ventes quotidiennes de 72 000 exemplaires seulement, Die Welt *est loin derrière la* Süddeutsche *et la* FAZ (avec 300 000 ou bien 194 000 exemplaires).

Die linksliberale Tageszeitung „Frankfurter Rundschau" liefert ein Beispiel dafür, wie eine angeschlagene Zeitung sich aus der Insolvenz retten kann. Von 2004 bis 2006 wurde sie von der DDVG, einer Medienholding der SPD, betrieben. Die Übernahme einer unabhängigen Zeitung durch eine Volkspartei löste eine Welle von Protesten aus. Dann stieg ein privater Anleger als Hauptaktionär ein. Zur Sanierung wurden hunderte Stellen gestrichen, die Zeitung erscheint nun in einem kompakteren Format.

Le quotidien libéral de gauche Frankfurter Rundschau *offre un exemple de la façon dont un journal mal en point peut se redresser et sortir de l'insolvabilité. Entre 2004 et 2006, il a été dirigé par la DDVG, une holding médiatique du SPD. La reprise d'un journal indépendant par un parti de masse a déclenché une vague de protestation. Et puis un investisseur privé est rentré dans le capital comme actionnaire principal. Des centaines d'emplois ont été supprimés pour assainir la situation, et désormais le journal paraît dans un format plus compact.*

Das Hör- und Rundfunksystem

Nach 1945 wurde auch das westdeutsche Rundfunksystem neu organisiert. Es nahm die Rechtsform öffentlich-rechtlicher Anstalten an. Bei der Umgestaltung des Systems ging es darum zu vermeiden, dass der Rundfunk zu einem zentral gesteuerten Propaganda-Instrument pervertiert wird, wie es in der NS-Zeit der Fall war. Das US-amerikanische Modell eines rein privaten Rundfunksystems, das sich mit Werbeeinnahmen finanziert, wurde ebenfalls abgelehnt. Vorbild war vielmehr die britische BBC.

Die ARD (Arbeitsgemeinschaft der öffentlich-rechtlichen Rundfunkanstalten der Bundesrepublik Deutschland) ist 1950 aus dem Zusammenschluss von neun

Le système audiovisuel

Après 1945, le système audiovisuel ouest-allemand a été réorganisé. Il a pris la forme juridique d'un service public. Dans cette transformation du système, il s'agissait d'éviter que le système audiovisuel ne soit perverti à des fins de propagande orchestrée de façon centralisée, comme ce fut le cas pendant le régime national-socialiste. On a également écarté le modèle des USA, où règne un système totalement privé financé par les revenus publicitaires. C'est plutôt la BBC qui a servi de référence.

La Communauté de travail des organismes de droit public de radiodiffusion d'Allemagne (ARD) est née en 1950 de la réunion de neuf stations de

selbstständigen und staatsunabhängigen Landesrundfunkanstalten hervorgegangen und bietet gemeinsame Hörfunk- und Fernsehprogramme und inzwischen auch Programme im Internet an. 1953 schloss sich die Deutsche Welle, der staatliche Auslandsrundfunk der Bundesrepublik der ARD an. Heute gibt es noch 9 Landesrundfunkanstalten, die eigene Programme (Dritte Fernsehprogramme) verbreiten. Was das Gemeinschaftsprogramm der ARD „Das Erste" angeht, so wird es von den Landesrundfunkanstalten je nach Gebührenaufkommen finanziert.

radiodiffusion de Länder, autonomes et indépendantes de l'État, pour offrir des programmes communs de radio et de télévision, et depuis un certain temps aussi des programmes diffusés sur internet. En 1953, Deutsche Welle, *le programme public de la République fédérale qui émet à l'étranger, s'est joint à l'*ARD. *Il subsiste aujourd'hui 9 stations de radiodiffusion des Länder, qui diffusent leurs propres programmes (les Troisièmes Programmes de la télévision). Pour ce qui est du programme réalisé en commun par toutes les stations de l'*ARD *(Premier Programme), il est financé par chaque station en fonction du montant des redevances qu'elle perçoit.*

Als föderativer Staat hat Deutschland das breiteste Angebot an öffentlich-rechtlichen Fernsehsendern in Europa. Zusätzlich zu den nationalen Fernsehprogrammen ARD und ZDF (Zweites Deutsches Fernsehen) stehen den Fernsehzuschauern acht Dritte (das heißt regionale) Programme zur Verfügung.

En tant qu'État fédéral, l'Allemagne dispose de la plus grande offre de chaînes de service public d'Europe. Outre les deux programmes nationaux ARD *et* ZDF *(Deuxième Chaîne Allemande), les téléspectateurs disposent de huit « Troisièmes Programmes » (programmes régionaux).*

Erst die Entwicklung neuer Technologien wie die Ausstrahlung über Kabel und Satellit hat Anfang der Neunziger die Entstehung einer Vielzahl von privaten kommerziellen Programmen im Sinne der Meinungsvielfalt möglich gemacht. Vor 1984 gab es in der BRD ausschließlich ein öffentlich-rechtliches Rundfunksystem, seitdem besteht allerdings ein so genanntes duales Rundfunksystem. Die öffentlich-rechtlichen Hörfunk- und Fernsehsender werden vor allem durch Gebühren finanziert, während die privaten Programme überwiegend kommerziell d. h. werbefinanziert sind. 2020 standen die Sender ARD, ZDF und der Privatsender RTL als Marktführer an der Spitze der Zuschauergunst. Wenn neue Privatsender entstehen, so sind das meistens Spartensender wie der Nachrichtensender N24 oder der Pay-TV Sportsender Sky Deutschland, der dem Medienmogul Rupert Murdoch gehört. Die Privatsender haben einen großen Marktanteil auf dem Werbemarkt, der ihrer Einschaltquote entspricht. Die

Il a fallu attendre les années 1990 pour que le signal du lancement de chaînes commerciales privées soit donné en Allemagne. Il a fallu attendre aussi la mise au point de nouvelles technologies comme l'émission via le câble et via satellite pour voir apparaître une pluralité de programmes reflétant une diversité d'opinions. Avant 1984, la RFA disposait exclusivement d'un système audiovisuel public, mais depuis, il existe ce qu'il est convenu d'appeler un « système dual ». D'un côté des émetteurs de radio et de télévision du service public, essentiellement financés par des redevances, d'un autre côté une série de chaînes privées pour la plupart commerciales. En 2020, ARD, ZDF *et* la chaîne privée RTL *étaient leaders sur le marché et dans les faveurs du public. De nouvelles chaînes privées continuent de voir le jour, essentiellement des chaînes spécialisées comme la chaîne d'information* N24 *ou la chaîne de télévision sportive à péage* Sky Deutschland, *appartenant au magnat*

größte Konkurrenz im Streaming-Geschäft bieten allerdings T-Online, aber vor allem internationale Internetportale wie Netflix und Amazon mit ihrem breiten Angebot an Filmen und Serien zum Herunterladen.

des médias Rupert Murdoch. Les chaînes privées détiennent une importante part du marché publicitaire, correspondant à leur taux d'audience. Dans le secteur du streaming, la concurrence la plus forte vient de T-Online, mais surtout de *portails internet internationaux comme Netflix et Amazon, avec leur offre large et diversifiée de films et de séries à télécharger.*

Der deutsche Privatsendermarkt ist generell äußerst konzentriert. Den Löwenanteil sichern sich zwei Gruppen: die RTL-Group, die zu Dreiviertel im Besitz des Bertelsmann-Konzerns ist, und die ProSiebenSat.1 Media SE, welche wesentliche Teile der insolventen Kirch-Gruppe übernahm.

Dans l'ensemble, le marché des chaînes privées est extrêmement concentré. Deux grands groupes se taillent la part du lion : le groupe RTL, *détenu pour les trois-quarts par Bertelsmann, et* ProSiebenSat.1 Media SE, *qui a repris des pans entiers du groupe Kirch après la faillite de celui-ci.*

Die Geschichte des Münchener Medienmagnaten Leo Kirch klingt wie die Erzählung von Glanz und Elend eines Konzerns. Kirch war mit Alt-Bundeskanzler Kohl eng befreundet. Er hatte es in etwas mehr als 40 Jahren geschafft, den größten europäischen Film- und Fernsehkonzern aufzubauen. Die Gruppe hatte für 1,7 Mrd. € (3,4 Mrd. DM) die Übertragungsrechte der Fußball-Weltmeisterschaften für Europa in den Jahren 2002 und 2006 gekauft. Aber mit der Pleite der KirchMedia im April 2002 brach das Imperium zusammen. Die Kirch-Gruppe wurde zerschlagen und zum größten Teil dem Axel Springer-Verlag und Haim Saban, einem israelisch-amerikanischen Investor, verkauft.

L'histoire du magnat munichois des médias Leo Kirch pourrait s'intituler « splendeur et misères d'un grand groupe ». Kirch était ami proche du chancelier Kohl. En un peu plus de 40 ans, il était parvenu à monter le premier groupe européen de films et de télévision. Son groupe avait acheté pour 1,7 milliards d'euros (3,4 milliards de DM) les droits de retransmission pour l'Europe des coupes du monde de football de 2002 et 2006. Mais avec la faillite de la KirchMedia en avril 2002, l'empire Kirch s'est effondré. Le groupe a été démantelé et vendu pour l'essentiel à la maison d'édition Springer et à Haim Saban, un investisseur israélo-américain.

Die neuen Medien

Les nouveaux médias

Das Internet

Internet

Die rasante Entwicklung der Informations- und Kommunikationstechnologien — die digitale Revolution — hat in den letzten Jahrzehnten eine tiefgreifende Veränderung der Medienlandschaft mit sich gebracht. Wir leben heute weniger in einer Industriegesellschaft als vielmehr in einer Informationsgesellschaft. Das Veränderungspotential der Medienrevolution

Le développement fulgurant des technologies d'information et de communication (la révolution numérique) a entraîné un profond bouleversement du paysage médiatique au cours des dernières décennies. Nous vivons aujourd'hui moins dans une société industrielle que dans une société de l'information. On estime que le potentiel de transformation découlant de la révolution des médias est

wird als höher eingeschätzt als die Erfindung des Buchdrucks vor ca. 500 Jahren. 2020 waren 90% der Deutschen Internetnutzer. Selbst in der Altersgruppe der 76- bis 90-Jährigen steigt der Anteil derer, die über einen Internetzugang verfügen (2017: 45,1% / 2020: 52,2%). Trotz fallender Tarife sind die Zugangskosten zum Internet in Deutschland immer noch relativ hoch. In Sachen Internetgeschwindigkeit hinkt Deutschland den anderen reichen Industrieländern hinterher. Nicht alle Bundesbürger verfügen über einen Breitband- bzw. Glasfiberanschluss.

plus important que l'invention de l'imprimerie il y a environ 500 ans. En 2020, presque 90 % des Allemands utilisaient internet. Même chez les personnes âgées de 76 à 90 ans, le pourcentage de ceux qui disposent d'une connexion à internet augmente (2017 : 45,1 % / 2020 : 52,2 %). Malgré des tarifs en baisse, les frais d'accès à internet restent relativement élevés en Allemagne. Pour ce qui concerne la vitesse de connexion (débit), l'Allemagne est à la traîne par rapport aux autres nations industrialisées riches. Tous les Allemands ne disposent pas d'une connexion haut-débit ou fibre.

Was die Statistik der Mediennutzung angeht, steht das Internet auf dem zweiten Platz, hinter dem Fernsehen und vor dem Radio. Als Quelle für aktuelle Informationen hat das Internet jedoch die Tageszeitungen abgehängt. Daher die Reaktion der Presse, die selbst „Online" geht und nicht nur geschriebene Texte, sondern auch Nachrichtenvideos anbietet. „Die Welt" und die „Süddeutsche Zeitung" erwiesen sich dabei schon 1995 als Vorreiter unter den großen überregionalen Tageszeitungen.

Pour ce qui concerne les statistiques d'utilisation des médias, internet occupe la 3e place derrière la télévision et la radio. Mais en tant que source d'information sur l'actualité, internet devance nettement les quotidiens. D'où la réaction de la presse, qui a elle-même une offre numérique qui ne se limite pas aux textes, mais englobe des reportages vidéo. Parmi les quotidiens à diffusion nationale, Die Welt *et la* Süddeutsche Zeitung *ont été dès 1995 des précurseurs en ce domaine.*

In Folge der Internet-Nutzung wird weniger Zeit vor dem Fernseher verbracht. Die Beliebtheit des Fernsehens bzw. des Internets ist stark altersbedingt. Für Menschen unter 60 ist das Internet fest im Alltag verankert, nicht zuletzt wegen der Möglichkeit der individuellen Informationssuche über Suchmaschinen. Was die Nutzung sozialer Netzwerke angeht, wird die Statistik kaum jemanden überraschen: 2020 machten nur 18% der über 65-Jährigen von einem sozialen Netzwerk Gebrauch. Bei den Jugendlichen von 16 bis 24 lag der Anteil bei knapp 90%.

L'usage d'internet a pour conséquence une tendance à passer moins de temps devant son téléviseur. La popularité d'internet est fortement liée à l'âge. Chez les personnes de moins de 60 ans, il est une dimension incontournable du quotidien, en particulier à cause de la possibilité de faire des recherches individualisées via les moteurs de recherche. Pour ce qui est de l'usage des réseaux sociaux, les statistiques ne surprendront personne : en 2020, seules 18% des personnes âgées de 65 ou plus faisaient usage d'un réseau social. Chez les jeunes de 16 à 24 ans, la proportion était quasiment de 90%.

Digitale Revolution und Erziehung

Ein weiterer Anwendungsbereich des Internets ist die Digitalisierung der Bildung. Es geht darum, bestimmte digitale

Révolution numérique et éducation

L'emploi de l'outil numérique en éducation est un autre domaine d'application d'internet. Il s'agit d'acquérir certaines compétences informatiques comme

Kompetenzen zu erwerben wie etwa das Auswerten von zuverlässigen Quellen oder den Umgang mit der Textverarbeitung. Dabei sind die Schulpflichtigen und die Universitätsstudenten nicht die einzigen Zielgruppen. Digitale Lernangebote bestehen auch zum Zweck der Alphabetisierung und zur Stärkung der digitalen Kompetenzen der älteren Generation. In Zeiten des Lockdowns 2020-21 wurde auch verstärkt auf den Digitalunterricht zurückgegriffen, wobei die geringe Ausstattung der deutschen Schulen mit einem funktionierenden Internetanschluss bemängelt wurde.

Neue Medien, neue Probleme

Der Siegeszug des Internets und der sozialen Netzwerke wirft die Frage der Glaubwürdigkeit der Medien auf. Nicht zufällig wurde „alternative Fakten" zum Unwort des Jahres 2017 gekürt. Das zeugt nicht nur von der Beliebtheit eines als besonders unschön empfundenen Ausdrucks, sondern auch von der Besorgnis um das Phänomen der „fake news" (d. h. unbewiesener oder falscher Informationen), die sich über soziale Netzwerke „viral" verbreiten. In Deutschland sind allerdings nur jene Mitteilungen straffällig, bei denen das Delikt der Volksverhetzung oder der Holocaustleugnung nachweisbar ist.

2021 hatte sich das Bundesverfassungsgericht mit diesem Problem zu befassen. Das Bundesland Sachsen-Anhalt hatte sich geweigert, eine notwendige Erhöhung des monatlichen Rundfunkbeitrags mitzutragen. Gegen diese Politik der Blockade reichten öffentlich-rechtliche Sender (ARD, ZDF und das Deutschlandradio) eine Klage in Karlsruhe ein. Im August 2021 gewährten die Karlsruher Richter diese Erhöhung, die sie damit begründeten, dass in Zeiten „vermehrten komplexen

l'exploitation de source sûres ou le maniement du traitement de texte. Dans ce cadre, les jeunes d'âge scolaire et les étudiants universitaires ne sont pas le seul groupe cible. Il existe également des offres d'apprentissage numériques dans un but d'alphabétisation ou pour renforcer les compétences informatiques des seniors. Pendant les confinements en 2020-21, on a aussi eu davantage recours à l'enseignement numérique, et l'on a déploré alors le faible équipement des écoles allemandes en connexions internet efficaces.

Nouveaux médias, nouveaux problèmes

La progression triomphale d'internet et des réseaux sociaux pose la question de la crédibilité des médias. Ce n'est pas un hasard si l'expression « faits alternatifs » a été élue aberration lexicale de l'année 2017. Cela ne témoigne pas seulement de l'engouement pour une expression jugée particulièrement disgracieuse, mais fait état également de l'inquiétude suscitée par le phénomène des « fake news » (c'est-à-dire des informations non prouvées ou fausses) qui se répandent de façon « virale » par le biais des réseaux sociaux. Or en Allemagne, seuls sont passibles de poursuites les propos pour lesquels on peut prouver qu'ils constituent un délit d'incitation à la haine raciale ou de négationnisme.

En 2021, la Cour constitutionnelle fédérale a eu à traiter de ce problème. Le Land de Saxe-Anhalt s'était refusé à soutenir une hausse nécessaire de la redevance audio-visuelle. Contre cette politique d'obstruction, des chaînes publiques (ARD, ZDF et Deutschlandradio) avaient saisi la Cour constitutionnelle de Karlsruhe. En août 2021, les juges de Karsruhe ont accordé cette hausse, qu'ils ont justifiée en disant qu'en des temps « d'abondance croissante des flux d'informations d'une part, et d'autre part de représentations biaisées, de bulles de filtres, de fake news et de deep

Informationsaufkommens einerseits und von einseitigen Darstellungen, Filterblasen, Fake News, Deep Fakes andererseits" die Rolle der öffentlich-rechtlichen Sender bei der freien Meinungsbildung geschützt werden müsse. Der Rundfunkbeitrag ist zur Darstellung der Wirklichkeit durch „authentische, sorgfältig recherchierte Informationen, die Fakten und Meinungen auseinanderhalten" erforderlich, so das Bundesverfassungsgericht. Mit diesem Beschluss wollten die Karlsruhe Richter eine größere Einflussnahme der populistischen Politiker auf die Meinungsbildung verhindern.

fakes », il fallait protéger le rôle des médias publics dans la formation des opinions. Selon la Cour consitutionnelle, la redevance audio-visuelle est nécessaire pour une représation de la réalité au moyen « d'informations authentiques, recherchées avec soin, et séparant les faits des opinions ». Avec ce décret, les juges de Karlsruhe entendaient empêcher une plus grande mainmise des politiciens populistes sur l'opinion.

Vocabulaire

Anzeige, (die, n)	*la petite annonce*
Auflage, (die, n)	*le tirage*
Computer, (der, -)	*l'ordinateur*
Einschaltquote, (die, n)	*le taux d'audience*
Fernsehen, (das)	*la télévision*
Geschäftsmann, (der, -leute)	*l'homme d'affaires*
Herausgeber, (der, -)	*l'éditeur*
Hör- und Rundfunksystem, (das)	*le système audiovisuel*
Internet-Anschluss, (der, ¨e)	*la connexion à Internet*
Laptop, (der, s)	*l'ordinateur portable*
Magazin, (das, e)	*le magazine*
Medien, (die)	*les médias*
Nachricht, (die, en)	*la nouvelle*
Quelle, (die, n)	*la source*
Rundfunkbeitrag (der, ¨e)	*la redevance audio-visuelle*
Sender, (der, -)	*l'émetteur, la chaîne*
Tageszeitung, (die, en)	*le quotidien*
Übertragungsrechte, (die)	*les droits de retransmission*
Verlag, (der, e)	*la maison d'édition*
Vorbild, (das, er)	*l'exemple, le modèle*
Wahrheit, (die, en)	*la vérité*
Werbung, (die, en)	*la publicité*
Wochenzeitung, (die, en)	*l'hebdomadaire*
Zuschauerquote, (die, n),	*l'audimat*
beispielsweise	*par exemple*
erst	*seulement (point de départ dans le temps)*
grundlegend	*fondamentalement*
inzwischen	*depuis*
öffentlich-rechtlich	*du service public, de droit public*
umfangreich	*vaste*
zugänglich	*accessible*
zuletzt	*en dernier lieu / finalement*
ab/lehnen	*rejeter*
aus/strahlen	*émettre, diffuser*
von Bedeutung sein, (war, gewesen, ist)	*avoir de l'importance*
Stellung beziehen, (bezog,hat bezogen)	*prendre position*
erscheinen, (ie, ie, ist)	*paraître*
fern/sehen (a, e, ie)	*regarder la télévision*
heraus/bringen, (achte, acht)	*publier*
Wert legen, (auf + A)	*attacher de l'importance à*
rechtfertigen	*justifier, légitimer*
vermitteln	*transmettre, communiquer*
verschweigen, (ie, ie)	*passer sous silence, taire*

Lexique en situation 13

- Diese populistische Partei hatte gegen die Erhöhung des Rundfunkbeitrags Stellung bezogen.
  Ce parti populiste avait pris position contre l'augmentation de la redevance audio-visuelle.
- Persönliche Daten im Internet sollen besser geschützt werden.
  Les données personnelles sur internet doivent être mieux protégées.
- Der Chefredakteur legt großen Wert auf Berufsethik.
  Le rédacteur en chef accorde une grande importance à l'éthique professionnelle.
- Nur die wenigsten können sich dem Einfluss der sozialen Netzwerke entziehen.
  Seule une petite minorité parvient à se soustraire à l'influence des réseaux sociaux.
- Die Bertelsmann-Stiftung hat ihre Studie „30 Jahre deutsche Einheit" herausgegeben.
  La fondation Bertelsmann a publié son étude « 30 ans d'unité allemande ».
- Die Zeitungsredaktion hat sich den investigativen Journalismus zum Vorbild genommen.
  La rédaction du journal s'est donné le journalisme d'investigation comme modèle.
- Manche sozialen Netzwerke führen die Menschen mit falschen Informationen in die Irre.
  Certains réseaux sociaux induisent les gens en erreur avec de fausses informations.
- Er versuchte, sich für die Verbreitung von Ausrufen zum Boykott der Wahlen im Internet zu rechtfertigen.
  Il a essayé de se justifier d'avoir diffusé sur internet des appels au boykott des élections.
- Die Einschaltquote ist je nach Altersstufe unterschiedlich.
  Le taux d'audience diffère en fonction de la tranche d'âge.
- Fast die gesamte Presse hat den den Erst der Lage verschwiegen.
  Presque toute la presse a passé sous silence le sérieux de la situation.
- Mark Zuckerberg war erst 19, als er Facebook gründete.
  Mark Zuckerberg n'avait que 19 ans quand il a fondé Facebook.
- Dieser Reporter nimmt es oft nicht so genau mit der Wahrheit.
  Ce reporter prend souvent ses aises avec la vérité.
- Die Sendung hat nicht zuletzt der beliebten Moderatorin ihre gute Einschaltquote zu verdanken.
  L'émission doit ses bonnes parts d'audience en grande partie à la popularité de sa présentatrice.
- Die Serie wird nur online ausgestrahlt.
  La série n'est diffusée qu'en ligne.
- TikTok ist inzwischen bei Jugendlichen beliebter als Facebook.
  Tiktok est devenu plus prisé chez les jeunes que Facebook.
- Du kannst entweder mit deinem Laptop oder mit dem Smartphone im Internet surfen.
  Tu peux surfer sur internet soit avec ton ordinateur portable soit avec ton smartphone.

- Diese Nachrichtenagentur vermittelt Informationen aus zuverlässiger Quelle.
  Cette agence de presse diffuse des informations de source sûre.
- Der Chefredakteur lehnte es ab, einen hasserfüllten Leitartikel zu veröffentlichen.
  Le rédacteur en chef a refusé de publier un éditorial empli de haine.

Dossier 14

Umweltprobleme und Umweltschutz

Die Deutschen haben den Ruf, besonders umweltbewusst zu sein. Die deutschen Städte fallen durch ihre Grünanlagen, Fußgängerzonen und Fahrradwege auf. Die Deutschen trennen ihren Hausmüll, und die Solarzellen auf den Dächern zeugen davon, dass immer mehr Haushalte auf erneuerbare Energien umgestiegen sind. Die Bundesrepublik will auf internationaler Ebene eine Vorreiterrolle in Sachen Klimaschutz spielen. Doch das geht nicht ohne eine gewisse Widersprüchlichkeit, denn die Deutschen sind zum Beispiel auch leidenschaftliche Autofahrer. Und die fossilen Energien (Mineralöl, Erdgas, Kohle) sichern sich heute noch fast die Hälfte des in Deutschland produzierten Stroms. Die Nord Stream 2 Pipeline, durch die Deutschland in Zukunft noch mehr Gas aus Russland beziehen soll, würde noch die Energieabhängigkeit des Landes von Russland vergrößern. Deutschland ist zudem ein dicht bebautes Industrieland, das die Natur sehr großen Belastungen aussetzt. Viele Deutsche fühlen sich so in ihrer Lebensqualität beeinträchtigt. Unter dem Druck von Bürgerinitiativen und Umweltschützern, aber auch auf Grund der internationalen Einbindung der Bundesrepublik, die das Kyoto-Protokoll ratifiziert hat und dem Pariser Abkommen beigetreten ist, wird versucht, umweltfreundliche Politik und wirtschaftliche Interessen des Standortes Deutschland zu vereinbaren.

Problèmes et protection de l'environnement

Les Allemands ont la réputation d'avoir une conscience aiguë des questions environnementales. Les villes allemandes se distinguent par les parcs, leurs zones piétonnes et leurs pistes cyclables. Les Allemands trient leurs déchets domestiques et les panneaux solaires sur les toits témoignent du fait que de plus en plus de ménages ont opté pour les énergies renouvelables. Sur le plan international, la République fédérale entend jouer un rôle moteur en matière d'objectifs climatiques. Mais cela ne va pas sans une certaine contradiction, car les Allemands sont par exemple aussi fous de conduite. Et les énergies fossiles (pétrole, gaz naturel et charbon) fournissent aujourd'hui encore près de la moitié de l'électricité consommée en Allemagne. Le pipeline Nord Stream 2, par lequel l'Allemagne est censée se procurer à l'avenir encore plus de gaz naturel russe, augmenterait encore la dépendance énergétique du pays vis-à-vis de la Russie. L'Allemagne est par ailleurs un pays industriel densément peuplé qui met la nature à rude épreuve. De nombreux Allemands ont ainsi le sentiment que leur qualité de vie en pâtit. Sous la pression d'associations et de militants écologistes, mais aussi en raison des engagements internationaux de la République fédérale, qui a ratifié le protocole de Kyoto et les accords de Paris, on tente de concilier une politique plus respectueuse de l'environnement et les intérêts du site économique qu'est l'Allemagne.

Umweltprobleme in Deutschland

Unter „Umweltproblemen" versteht man allgemein die Boden- und Luftverschmutzung sowie die Verunreinigung des Trinkwassers. Die meisten Umweltprobleme werden durch den Ausstoß von Schadstoffen verursacht.

Die drastische Zunahme des Auto- und Luftverkehrs hat eine gefährliche Überlastung der Straßen und Luftwege zur Folge: Die deutschen Straßen sind so überlastet, dass man von einem „Verkehrsinfarkt" spricht. 2019 wurden 2 000 Staus pro Tag gezählt. Die Einführung einer LKW-Maut am 1.1.2005 für über 12 Tonnen schwere Lastkraftwagen (7,5 Tonnen seit Oktober 2015) – die LKWs werden durch ein satellitengestütztes System überwacht – hat jedoch nicht die Entlastung der deutschen Straßen zum Zweck. Die LKW-Maut dient zur Instandhaltung der Verkehrswege, und insbesondere der Autobahnen. Hingegen konnte man sich immer noch nicht zu einer PKW-Maut auf den deutschen Autobahnen durchringen. Es gibt auch keine durchgängigen Geschwindigkeitsbeschränkungen auf deutschen Autobahnen. Alle Versuche in diese Richtung sind am Widerstand der Automobillobby und von Teilen der Bevölkerung gescheitert.

Besonders besorgniserregend ist die Verschmutzung der Luft durch Abgase. Dieses Phänomen verschlimmert sich noch durch die Stickstoffoxid-Emissionen der Industrie und der privaten Haushalte. Während gesetzliche Maßnahmen zur Entstickung von Kraftwerkabgasen ab 1980 zur erheblichen Senkung der Emissionen in diesem Bereich führen konnten, bleiben die PKW- und LKW-Abgase für über 40% aller Stickstoffoxid-Emissionen verantwortlich. Seit der Einführung von neuen EU-Grenzwerten für den Ausstoß von Feinstaub (d. h. von nicht sichtbaren

Les problèmes environnementaux en Allemagne

Par le terme de « problèmes environnementaux », on entend généralement la pollution des sols et de l'air ainsi que l'altération de l'eau potable. La plupart des problèmes environnementaux ont pour cause l'émission de substances toxiques.

La croissance rapide du trafic automobile et aérien entraîne une saturation dangereuse des routes et des couloirs aériens. Les routes allemandes sont tellement congestionnées qu'on parle d'un « infarctus de la circulation ». En 2019, on a compté 2 000 bouchons par jour. La mise en place au 1.1.2005 d'un péage pour les poids-lourds de plus de 12 tonnes (7,5 tonnes depuis octobre 2015) contrôlés par satellites n'a toutefois pas pour but de faire baisser le trafic sur les routes allemandes. Le péage pour les poids lourds sert à l'entretien des voies de circulation, et en particulier des autoroutes. En revanche, on n'a toujours pas trouvé le courage d'imposer un péage pour les véhicules particuliers sur les autoroutes allemandes. Il n'y a pas non plus de limitation de vitesse pour l'ensemble du réseau autoroutier. Toutes les tentatives dans ce sens ont échoué à cause de l'opposition du lobby de l'industrie automobile et d'une partie de la population.

La pollution de l'air du fait des gaz d'échappement est particulièrement préoccupante. Ce phénomène est aggravé par les émissions d'oxyde d'azote imputables aux industries et aux particuliers. Tandis que des mesures légales visant à rendre les centrales énergétiques propres ont conduit à partir de 1980 à une réduction importante des émissions de ces substances, les gaz d'échappement des véhicules de tourisme et des poids-lourds restent responsables de plus de 40 % de toutes les émissions d'oxyde d'azote. Depuis le 1.1.2005 et l'entrée en vigueur de nouveaux seuils dans l'UE pour les émissions

Partikeln) am 1.1.2005 sorgten die deutschen Ballungsgebiete regelmäßig für Schlagzeilen in den Medien. In vielen Städten wie Hamburg, Berlin und Stuttgart wurden nun Fahrverbote für Dieselmotoren verhängt, um gegen die Feinstaubstaubbelastung zu kämpfen. Der Europäische Gerichtshof hat zudem Deutschland verurteilt, weil jahrelang in vielen Städten die Grenzwerte für den Stickstoffdioxid-Ausstoß erheblich überschritten wurden.

de particules fines (particules invisibles), les agglomérations allemandes ont régulièrement fait les gros titres des médias. Dans de nombreuses grandes villes allemandes comme Berlin, Hambourg ou Stuttgart, une interdiction de rouler en véhicules diesel a été imposée pour lutter contre l'exposition aux particules fines. La Cour de Justice européenne a par ailleurs condamné l'Allemagne parce que, pendant des années, dans de nombreuses villes, les seuils d'émissions d'oxyde d'azote avaient été dépassés.

Nicht selten hat nämlich die Verteidigung der eigenen Wirtschaftsinteressen Vorrang vor Umweltschutz. Davon zeugten in letzter Zeit zwei Krisen im Bereich der Autoindustrie. Auf EU-Ebene blockierte die Bundesregierung jahrelang die Durchsetzung von strengeren EU-Klimaauflagen für Neuwagen aus Angst vor wirtschaftlichen Folgen. Die deutsche Automobilindustrie lebt vor allem von Modellen aus der Oberklasse mit hohem CO_2-Ausstoß. Seit September 2015 und der Aufdeckung der Manipulation von Diesel-Abgaswerten mithilfe einer Software steckt der Spitzenreiter VW in einer noch gravierenderen Vertrauenskrise. Allein in den USA zahlt der Konzern eine Strafe in Milliardenhöhe. Der Diesel-Skandal hat den Ausstieg aus dem Dieselantrieb beschleunigt. Die deutsche Automobilindustrie setzt immer mehr auf Elektromotoren. Sie steht dabei ganz besonders unter Druck. In ihrem neuen Klimaplan „Fit for 55" will die EU die CO_2-Emissionen neu zugelassener Fahrzeuge bis 2035 auf null reduzieren. Das würde dann auch das Ende des Verbrennungsmotors bedeuten. Dabei stehen auch hunderttausende Arbeitsplätze auf dem Spiel: Die deutschen Automobilhersteller beschäftigen 800 000 Menschen. Die Herstellung von Elektromotoren ist weniger arbeitsaufwendig, und so könnten sehr viele Arbeitsplätze wegfallen.

C'est qu'il n'est pas rare que la défense des intérêts économiques allemands l'emporte sur les considérations environnementales. En témoignent deux « crises » concernant l'industrie automobile. Au niveau de l'UE, le gouvernement fédéral a bloqué pendant des années l'adoption de contraintes climatiques européennes plus fortes pour les véhicules neufs par craintes des conséquences économiques. L'industrie automobile allemande vit surtout des modèles haute gamme qui émettent beaucoup de CO_2. Depuis septembre 2015 et la découverte de la manipulation des émissions de diesel à l'aide d'un logiciel, Volkswagen, le champion de l'automobile allemande, est embourbé jusqu'à aujourd'hui dans une grave crise de confiance. Rien qu'aux USA, le grand groupe automobile doit s'acquitter d'une amende qui se chiffre en milliards. Ce scandale autour du dieselgate a accéléré la sortie du moteur diesel. L'industrie automobile allemande mise de plus en plus sur des moteurs électriques. Dans son nouveau plan pour la protection du climat Fit for 55, l'Union européenne veut réduire à zéro les émissions de CO_2 des véhicules neufs à l'horizon 2035. Cela signifierait alors également la fin des moteurs à combustion. Des centaines de milliers d'emplois sont concernés : les constructeurs automobiles allemands emploient 800 000 personnes. La production de moteurs électriques nécessite moins d'heures de travail et de très nombreux emplois pourraient ainsi être supprimés.

Zur Bodenverseuchung und Wasserverschmutzung tragen abgelagerte Industrieabfälle und verseuchte Industriestandorte (so genannte „Altlasten") bei. Sie stellen eine ernsthafte Bedrohung für die menschliche Gesundheit und die Umwelt dar.

La contamination des sols et la pollution de l'eau sont partiellement imputables au stockage des déchets industriels et aux sites industriels pollués (appelés « déchets inertes »). Ils représentent une sérieuse menace pour la santé et pour l'environnement.

Die Auswirkungen der Umweltverschmutzung lassen sich am Beispiel der Gefährdung der deutschen Wälder durch sauren Regen beobachten. Pessimisten gehen davon aus, dass jeder vierte Baum geschädigt ist. Diese Erkrankung, die das Wachstum der Bäume beeinträchtigt, wird gewöhnlich mit dem Begriff „Waldsterben" bezeichnet.

L'impact de cette pollution est observable à travers l'exemple de la menace que les pluies acides font peser sur les forêts allemandes. Les pessimistes estiment qu'un arbre sur quatre est endommagé. Cette maladie, qui frappe des forêts entières et empêche la croissance des arbres, est communément désignée par le terme de Waldsterben *(dépérissement des forêts).*

Durch die Trockenheit und Hitze in den letzten Jahren wird dieses Phänomen noch durch den Befall der Bäume durch Borkenkäfer beschleunigt. In Deutschland sind fast 300 000 Hektar Wald zerstört, das entspricht einer Fläche, die größer ist als das Saarland.

À cause de la sécheresse et de la chaleur de ces dernières années, ce phénomène a été encore accéléré par la colonisation des arbres par des bostryches. En Allemagne, presque 300 000 hectares de forêts sont détruits, ce qui correspond à la surface plus importante que celle de la Sarre.

Entsorgung und Wiederaufarbeitung von Müll

Élimination et retraitement des déchets

Ein hoher Lebensstandard bringt als Nebenerscheinung eine erhöhte Müllmenge mit sich. Die Abfallbeseitigung wird zunehmend problematisch. Die Deutschen produzierten 2019 rund 460 kg Hausmüll pro Kopf. Dabei besteht dieser Müll zunehmend aus kompostierbaren Abfällen aus der Biotonne oder aus wieder verwertbaren Leichtverpackungen. Zur Entsorgung setzt man also auf die Förderung von Recycling-Verfahren. So werden die durch den „Grünen Punkt" gekennzeichneten Verpackungen seit 1993 gesammelt, sortiert und schließlich recycelt. Dieses Duale System hat schon zu einer deutlichen Senkung des Restmülls bei der Hausmüllmenge und zu einer Verbesserung der Recyclingquote beigetragen. Am 1.1.2003 trat das so genannte „Dosenpfand" in Kraft. Für Einwegverpackungen von Getränken muss seither Pfand bezahlt werden.

Un niveau de vie élevé a pour corrélation une augmentation de la quantité d'ordures produites. L'élimination des ordures devient de plus en plus problématique. Les Allemands ont produit 460 kg d'ordures ménagères par habitant en 2019. Il s'agit pour une part croissante d'ordures compostées ou d'emballages réutilisables. Pour éliminer les déchets, on mise donc sur l'encouragement de divers procédés de recyclage. Depuis 1993, les emballages arborant le « point vert » sont collectés, puis triés pour être finalement apportés à des entreprises de recyclage. Ce système duel a déjà permis de diminuer sensiblement la quantité d'ordures ménagères résiduelles et d'améliorer le taux de recyclage. Le 1.1.2003, la consigne des canettes de boisson est entrée en vigueur. Depuis lors, il y a une consigne sur les boissons à emballage jetable.

Durch ein neues Verpackungsgesetz soll seit 2019 die Mehrfachverwendung und das Recycling von Flaschen und Verpackung gefördert werden. Ziel ist es, die Verwendung von Plastik drastisch einzuschränken.

Une nouvelle loi sur les emballages, entrée en vigueur en 2019, est censée favoriser l'usage multiple et le recyclage des bouteilles et des emballages. L'objectif visé est de limiter de façon drastique l'utilisation du plastique.

Klimaerwärmung und Maßnahmen zur Bekämpfung globaler Umweltprobleme – Energiewende

Réchauffement climatique et mesures de lutte contre les problèmes environnementaux globaux – Tournant énergétique

Allgemein wird der Verbrauch, vor allem die Verschwendung von Energie für die Umweltprobleme verantwortlich gemacht. Je mehr der Ausstoß von Treibhausgasen ansteigt, umso knapper werden die fossilen Energieträger wie Kohle, Erdöl und Erdgas. Anders als in den USA gibt es in Deutschland keinen Zweifel daran, dass die Erwärmung des Weltklimas menschenbedingt- und verursacht ist. Wie versucht man diesem Klimaproblem entgegenzuwirken?

On impute généralement les problèmes environnementaux à la consommation et surtout au gaspillage d'énergie. Plus on continue à émettre de gaz à effet de serre, plus on amoindrit les ressources en énergies fossiles comme le charbon, le pétrole et le gaz naturel. À la différence des États-Unis, on n'a pas de doute en Allemagne sur le fait que le réchauffement du climat de la planète est conditionné et causé par l'homme. Par quels moyens tente-t-on de lutter contre ces problèmes climatiques ?

Das Kyoto-Protokoll vom Jahre 1997 sah vor, die Emissionen von Treibhausgasen bis 2012 um 21 Prozent gegenüber 1990 zu reduzieren. Deutschland hat diese Vorgaben erfüllt und die Emissionen von CO_2 2020 um über 40 Prozent gegenüber 1990 gesenkt. Für die nächsten zwei Jahrzehnte ist das Minderungsziel noch viel anspruchsvoller, will die Bundesregierung doch bis zum Jahr 2040 88% weniger Treibhausgasemissionen als im Jahr 1990, um dann 2045 klimaneutral zu sein. Diese Ziele wurden in einem Klimaschutzgesetz festgelegt, das 2021 verabschiedet wurde. Die Bundesregierung will dem Ausbau der erneuerbaren Energien den Vorrang geben und die Infrastruktur modernisieren. Eine wesentliche Rolle spielt auch die Elektromobilität. Bis 2030 sollen 6 Millionen Elektrofahrzeuge auf deutschen Straßen unterwegs sein. Außerdem soll die Zahl der energetisch sanierten Häuser jedes Jahr verdoppelt werden, mit dem Ziel 2050 die Klimaneutralität erreicht zu haben.

Le protocole de Kyoto (1997) stipulait qu'en 2012 les émissions de gaz à effet de serre devraient avoir baissé de 21 % par rapport à 1990. L'Allemagne a rempli ces obligations dans la mesure où en 2020 ses émissions de CO_2 avaient baissé de plus de 40 % par rapport à 1990. Pour les deux décennies à venir, l'objectif de réduction est encore plus exigeant, puisqu'à l'horizon 2040, le gouvernement fédéral entend réduire les émissions de gaz à effet de serre de 88 % par rapport à 1990, pour atteindre la neutralité carbone en 2045. Ces objectifs ont été fixés dans une loi sur le climat votée en 2021. Le gouvernement veut donner une priorité absolue au développement des énergies propres et moderniser les infrastructures. L'électromobilité joue également un rôle essentiel. À l'horizon 2030, six millions de voitures électriques doivent rouler en Allemagne. De plus, le nombre de maisons qui font l'objet d'un assainissement énergétique doit doubler tous les ans. Le but est d'atteindre l'objectif de zéro émission de CO_2 en 2050.

Die „Energiewende" wurde zu Beginn des Jahrtausends von der rot-grünen Regierung unter Gerhard Schröder eingeleitet. Die Bundesregierung fördert seither systematisch saubere, erneuerbare Energien wie Wind, Sonne oder Biomasse, sowie die regenerative Energieerzeugung. Am 21.7.2004 trat das erste „Erneuerbare-Energien-Gesetz" in Kraft. Zweck der Energiewende ist es, den Anteil der erneuerbaren Energien am Energieverbrauch allmählich anzuheben. 2020 lag er bei rund 55%. Er soll bis 2050 auf 80% des Energiemixes erhöht werden.

Ce tournant énergétique fut initié au début du millénaire par la coalition entre le SPD et les Verts. Le gouvernement fédéral encourage depuis les énergies propres, renouvelables telles que l'énergie éolienne, l'énergie solaire, la biomasse et la production d'énergie sur la base de la récupération. La première « loi sur les énergies renouvelables » est entrée en vigueur le 21.7.2004. Le but du tournant énergétique est d'augmenter progressivement la part des énergies renouvelables dans la consommation d'énergie. En 2020, on en est à 55 %. Cette part doit être portée à 80 % du bouquet énergétique à l'horizon 2050.

Es entwickelt sich ein neuer Wirtschaftssektor, der 2019 300 000 Menschen beschäftigte. Das deutsche Landschaftsbild ist zunehmend von den Windparks geprägt, die sowohl auf dem Lande als auch als „Offshore-Anlagen" vor allem an der Nordseeküste Niedersachsens und Schleswig-Holsteins errichtet werden. Durch den Ausbau dieser Anlagen hat die Windenergie die Wasserkraft bereits an Leistung überholt. Da aber die Windenergie-Produktion vor allem im Norden angesiedelt ist, ergeben sich neue Probleme: Neue Hochspannungsleitungen quer durchs Land sollen gebaut werden, um die süddeutschen Industriestandorte mit Strom zu versorgen. Nicht selten stoßen diese Baupläne auf die Ablehnung der betroffenen Anwohner. Zudem sorgen der deutsche Energiemix und die Zulieferungsstruktur für hohe Strompreise. Laut Eurostatdaten zahlen die deutschen Haushalte nach den Dänen die zweithöchste Stromrechnung der EU-27.

Dans le même temps, il se développe un nouveau secteur économique, qui employait 300 000 personnes en 2019. Le paysage allemand est de plus en plus marqué par les parcs d'éoliennes, que l'on construit aussi bien à la campagne que sous la forme d'installations « offshore », essentiellement sur les côtes de la mer du Nord, en Basse-Saxe et au Schleswig-Holstein. Du fait de l'extension de ces parcs, le secteur éolien produit d'ores et déjà plus que l'énergie hydraulique. Mais dans la mesure où l'énergie éolienne est essentiellement produite dans le nord, de nouveaux problèmes apparaissent : il faut construire de nouvelles lignes à haute tension à travers tout le pays pour approvisionner en électricité les sites industriels du sud de l'Allemagne. Il n'est pas rare que ces projets se heurtent au refus des riverains. De plus, le bouquet énergétique allemand et sa structure de distribution entraînent un prix de l'électricité élevé. Les données d'Eurostat montrent qu'après les Danois, ce sont les ménages allemands qui ont la facture d'électricité la plus chère dans l'Europe des 27.

Das Kyoto-Protokoll sah zur Bekämpfung der Umweltverschmutzung eine marktwirtschaftliche Lösung vor, etwa nach dem Motto: „Wer die Luft verschmutzen will, muss in die Tasche greifen". Seit 2005 verfügt jedes Land in der EU entsprechend den

Pour combattre la pollution, le protocole de Kyoto mettait en avant une solution d'économie de marché, qui tient du principe du « pollueur payeur ». Depuis 2005, chaque pays dispose de « droits d'émission » ou de « certificats » établis sur la base de ses

Ausstoßwerten von 1990 über so genannte „Emissionsrechte" oder „Zertifikate". Die Unternehmen bekommen diese Zertifikate vom Staat zugeteilt. Wer sauber produziert, kann seine Emissionszertifikate an weniger umweltfreundliche Firmen verkaufen. Und Unternehmen, die mehr Treibhausgas ausstoßen als erlaubt, müssen sich Zertifikate zukaufen und erhöhen damit ihre Produktionskosten. So erhofft man sich, dass Wettbewerbsfähigkeit mit Umweltfreundlichkeit Hand in Hand geht.

émissions de 1990. L'État répartit ces certificats entre les entreprises. Les entreprises propres peuvent vendre leurs certificats à celles qui le sont moins. Et les entreprises qui dépassent les émissions permises de gaz à effet de serre sont obligées d'acquérir des certificats supplémentaires et augmentent de ce fait leurs coûts de production. On espère ainsi faire aller de pair compétitivité et écologie.

Manche Unternehmer bezweifeln, dass der Schutz des Wirtschaftsstandortes Deutschland mit den aus dem Kyoto-Protokoll hervorgehenden Verpflichtungen verträglich sei. Um diese Bedenken Lügen zu strafen, wurde unter Aufsicht des Bundesministeriums für Umwelt zwischen 1999 und 2002 eine dreistufige „Ökologische Steuerreform" durchgesetzt. Es wurde eine Stromsteuer eingeführt. Die Mineralölsteuer wurde ebenfalls erhöht. Durch eine stärkere Besteuerung werden die fossilen Brennstoffe also teurer. Davon erhofft man sich eine Senkung des Energieverbrauchs. Aber die zusätzlichen Ausgaben, welche die Erhöhung der Energiekosten für die Firmen darstellen, werden durch Entlastungen in Form einer Senkung der Sozialversicherungsbeiträge ausgeglichen. Die Senkung der Lohnnebenkosten soll zudem die Wettbewerbsfähigkeit des Landes gewährleisten.

Certains chefs d'entreprise doutent de la compatibilité d'une défense de la compétitivité de l'Allemagne avec les obligations qui résultent du protocole de Kyoto. Pour infliger un démenti à ces doutes, une « réforme fiscale écologique » en trois étapes a été mise en place entre 1999 et 2002 sous la houlette du ministère fédéral de l'Environnement. On a introduit une taxe sur l'électricité. On a également augmenté la taxation des dérivés du pétrole. L'augmentation de la pression fiscale a donc fait monter le prix des énergies fossiles, ce dont on espère une baisse de la consommation d'énergie. Mais les dépenses supplémentaires entraînées pour les entreprises par la hausse du coût de l'énergie sont compensées par des allègements sous la forme d'une baisse des cotisations sociales. L'abaissement du coût du travail est par ailleurs censé profiter à la compétitivité allemande.

Die Befürworter dieser Ökologischen Steuerreform fordern gleichzeitig eine Reihe von Begleitmaßnahmen. Im Bereich der Agrarwirtschaft, wo der Einsatz von Chemikalien und Dünger zur Bodenverschmutzung beiträgt, sollen der ökologische Anbau und die ökologische Umstrukturierung der Agrarbranche verstärkt gefördert werden.

Les partisans de cette réforme fiscale écologique réclament en même temps une série de mesures d'accompagnement comme par exemple l'arrêt des subventions. Dans l'agriculture, où l'usage de produits chimiques et d'engrais contribue à la pollution des sols, il est question de soutenir davantage la culture biologique et la restructuration du secteur agricole dans un plus grand respect de l'écologie.

„Nachhaltiges Deutschland"

Der aus dem Bereich der Forstwirtschaft stammende Begriff „Nachhaltigkeit" kennzeichnet die zweckmäßige Nutzung der natürlichen Ressourcen. Damit ist ein Verhalten gemeint, das auch auf die Interessen der Nachwelt Rücksicht nimmt und nicht bloß eigennützig denkt. Die Bestrebung um Nachhaltigkeit bzw. nachhaltige Entwicklung ging zuerst aus dem Erdgipfel vom Juni 1992 in Rio hervor.

Die Nachhaltigkeit ist nicht nur umweltbezogen, sondern beruht auf drei Säulen: Neben der ökologischen Säule gibt es die wirtschaftliche Säule und die soziale Säule. Anders als die traditionelle Wirtschaftsproduktion setzt die wirtschaftsbezogene Nachhaltigkeit unbedingt auf umweltentlastende Innovationen. Sie strebt ein Gleichgewicht zwischen reduziertem Energieeinsatz, geringer Materialnutzung, geringen Umweltbelastungen und hoher Wirtschaftlichkeit an.

Im Rahmen der Nachhaltigkeit hat der Staat als regulierende Instanz einzugreifen. Der Verbraucher soll seinerseits sein Konsumverhalten ändern. Nachhaltig kaufen geht zum Beispiel über das bloße Stromsparen hinaus. Beim Kauf eines Elektrogerätes soll auch an die für die Herstellung und den Transport des Geräts nötige Energie gedacht werden.

Die ungelöste Frage der Kernenergie

Das Betreiben von Atomkraftwerken und die Atommülltransporte sind nicht ohne Gefahr. Trotz hoher Sicherheitsstandards ist eine Verstrahlung von Mensch und Umwelt immer möglich. Das hat der Super-GAU im japanischen Fukushima 2011 zur Genüge gezeigt. Im Zuge der Fukushima-Katastrophe beschloss die Bundesregierung unter Kanzlerin Merkel eine endgültige Abschaltung der deutschen Kernkraftwerke

« Une Allemagne durable »

Le concept de « durabilité » provient de l'exploitation des forêts, il renvoie à l'utilisation à bon escient des ressources naturelles. Il s'agit d'adopter un comportement qui tienne compte des intérêts des générations futures et ne se limite pas à des raisonnements égoïstes. C'est au sommet de la Terre organisé à Rio en 1992 qu'a émergé pour la première fois l'idée de tendre vers la durabilité ou le développement durable.

La durabilité ne se limite pas à l'écologie, mais repose sur trois piliers : à côté du pilier écologique, il y a le pilier économique et le pilier social. À la différence de la production économique traditionnelle, la durabilité, dans son aspect économique, fait impérativement le choix d'innovations qui bénéficient à l'environnement. Elle vise à obtenir un équilibre entre une moindre consommation d'énergie, de faibles besoins en matériaux, un minimum de nuisances pour l'environnement et une forte rentabilité économique.

Dans le cadre d'une économie durable, l'État doit intervenir en tant qu'instance de régulation. De son côté, le consommateur doit changer ses habitudes de consommation. Par exemple, acheter durable dépasse le simple fait d'économiser du courant. Quand on achète un appareil électroménager, il faut aussi prendre en compte l'énergie nécessaire à sa fabrication et à son transport.

La question non résolue de l'énergie nucléaire

L'exploitation des centrales atomiques et le transport des déchets nucléaires ne sont pas sans danger. Malgré des normes de sécurité élevées, un risque de contamination radioactive des personnes et de l'environnement est toujours possible. L'accident nucléaire majeur de Fukushima au Japon en 2011 en a largement apporté la preuve. À la suite de la catastrophe de Fukushima, le gouvernement fédéral, sous la direction

bis zum Jahr 2022, und dies, obwohl die Atomenergie 2021 noch für rund 12,5% der Stromerzeugung aufkam.

d'Angela Merkel, a décidé la fermeture définitive de toutes les centrales nucléaires allemandes d'ici à 2022, et ce bien que l'énergie nucléaire fournisse encore 12,5 % de la production d'électricité en 2021.

Der Ausstieg aus der Atomkraft war von dem rot-grünen Bundeskabinett Gerhard Schröders in die Wege geleitet worden. Ein „Gesetz zur geordneten Beendigung der Kernenergienutzung" wurde in Zusammenarbeit mit den vier größten Energieunternehmen Deutschlands erarbeitet. Es war am 26.4.2002 in Kraft getreten. Neben dem Neubauverbot für Kernkraftwerke sah es vor, die Laufzeit der Kraftwerke (oder Meiler) auf 32 Jahre seit Inbetriebnahme zu beschränken. Die deutschen Umweltschützer, aus deren Reihen die Partei der Grünen hervorgegangen ist, gehören von jeher zu den Verfechtern des Ausstiegs aus der Atomkraft.

La « sortie du nucléaire » avait été initiée par le gouvernement alliant sociaux-démocrates et Verts sous le chancelier Schröder. En accord avec les quatre plus grands fournisseurs d'électricité d'Allemagne, une « loi sur la cessation raisonnée de l'usage du nucléaire » fut élaborée. Elle est entrée en vigueur le 26.4.2002. Hormis l'interdiction de construire de nouvelles centrales, elle prévoyait la limitation de la durée de fonctionnement des centrales à 32 ans à partir de leur mise en service. Les militants écologistes allemands font partie depuis toujours de ceux qui préconisent l'abandon du recours à l'énergie nucléaire. C'est de leurs rangs qu'est né le parti des Verts.

Doch mit dem Regierungswechsel im Herbst 2009 wurde dieser Ausstieg in Frage gestellt. Im Einvernehmen mit der Industrie wollte die schwarz-gelbe Koalition die Laufzeit der als sicher geltenden Meiler verlängern. Dabei galt Kernenergie als eine „Brückentechnologie", auf die nur so lange zurückgegriffen werden sollte, bis Deutschland völlig auf die erneuerbaren Energien umstellen kann. Doch der Super-Gau in Fukushima zwang die Bundesregierung zum Umdenken und zu einem schnelleren Verzicht auf Erzeugung von Atomenergie.

Le changement de gouvernement à l'automne 2009 avait toutefois entraîné une remise en cause de l'abandon du nucléaire. En accord avec l'industrie, la coalition entre chrétiens démocrates et libéraux entendait prolonger la durée d'utilisation des centrales considérées fiables. En même temps, l'énergie nucléaire était considérée comme une « technologie de transition » à laquelle il convenait de ne recourir que jusqu'à ce que l'Allemagne se convertisse intégralement aux énergies renouvelables. Mais la catastrophe de Fukushima a contraint le gouvernement fédéral à changer de point de vue et à renoncer plus vite à la production d'énergie d'origine nucléaire.

Entsorgung und Wiederaufarbeitung von Atommüll bleiben eine umstrittene und noch ungelöste Frage. Auf Transporte zur Wiederaufarbeitung von Atommüll im Ausland sollte vom 1. Juli 2005 an verzichtet werden. Doch lange Jahre noch tobten Proteste, wenn Castortransporte aus den Wiederaufarbeitungsanlagen La Hague oder Sellafield ins Zwischenlager Gorleben in Niedersachsen rollten. Ungelöst bleibt die Frage der Endlager und der Entsorgung.

L'élimination et le retraitement des déchets atomiques restent un point contesté et non résolu. Il avait été question de cesser de transporter le combustible irradié pour le faire retraiter à l'étranger à partir du premier juillet 2005. Mais année après année, la protestation faisait rage quand les convois de combustible retraité venant des usines de retraitement de La Hague ou de Sellafield roulaient vers le site de stockage provisoire de Gorleben en Basse-Saxe. Il reste à résoudre

Die stillgelegten Meiler dienen zurzeit als Zwischenlager für abgebrannte Brennstoffe. Ob dies dem höchsten Sicherheitsstandard entspricht, ist fraglich.

la question du stockage définitif et de l'élimination de ces déchets. Les centrales à l'arrêt servent actuellement de sites provisoires de stockage pour le combustible irradié. On ne sait pas encore si cela correspond aux normes de sécurité les plus strictes.

Der Kohleausstieg und seine Folgen

In Deutschland wurde im Dezember 2018 die letzte Steinkohlezeche geschlossen, und es wird im Land seither keine Steinkohle mehr gefördert.

Der Ausstieg aus der Braunkohle, dessen Kosten auf 40 Milliarden Euro geschätzt werden, ist für spätestens 2038 geplant. 26 Milliarden Euro will der Bund in den vier Braunkohleländern (Sachsen und Brandenburg, Sachsen-Anhalt und Nordrhein-Westfalen) für Infrastrukturmaßnahmen ausgeben. Konkret sollen damit vor allem Autobahnen, Bundesstraßen und Bahnstrecken ausgebaut werden. Geplant ist aber auch die Ansiedlung von Bundesbehörden und Forschungseinrichtungen.

Von diesem Braunkohleausstieg sind vor allem strukturschwache Regionen wie z. B. die Lausitz (ein Gebiet in Brandenburg und Sachsen) betroffen. Insgesamt werden 60 000 Arbeitsplätze im Tagebau und in den Kraftwerken verloren gehen. Die Braunkohle, die in Deutschland noch rentabel im Tagebau gefördert wird, ist sehr klimafeindlich. Die hohen CO_2-Emissionen der Kraftwerke gefährden bisher das Erreichen der Klimaziele, die Deutschland sich bis 2030 gesetzt hat. 2020 lieferten die Braunkohlkraftwerke aber auch noch 14 % der Energie. Der geplante Braunkohleausstieg geht daher auch mit starken Protesten einher. Die AfD profitiert als Leugner des Klimawandels von den Zukunftsängsten der Menschen am meisten.

La sortie du charbon et ses conséquences

La dernière mine de houille allemande a été fermée en décembre 2018 et, depuis, on n'extrait plus de houille dans le pays.

La sortie du lignite, dont le coût est estimé à 40 milliards d'euros, est prévue pour 2038 au plus tard. L'État veut investir 26 milliards d'euros dans les quatre régions concernées (Saxe, Brandebourg, Saxe-Anhalt et Rhénanie-du-Nord- Westphalie) dans des mesures améliorant les infrastructures. Concrètement, il veut améliorer le réseau d'autoroutes, de routes nationales et de chemin de fer. Mais il est également prévu d'installer des administrations nationales et des instituts de recherches.

Sont concernées par cette sortie du lignite surtout des régions économiquement peu développées comme la Lusace (région partagée entre le Brandebourg et la Saxe). En tout et pour tout, 60 000 emplois seront supprimés dans les mines à ciel ouvert ou dans les centrales énergétiques. Le lignite, dont l'extraction à ciel ouvert est encore rentable en Allemagne, est très nocif pour le climat. Les fortes émissions de CO_2 compromettent jusqu'à maintenant les objectifs en matière de protection du climat que l'Allemagne s'est fixés. Or en 2020, 14 % de l'énergie proviennent encore des centrales à lignite. Aussi l'abandon prévu du lignite est-il accompagné de très nombreuses protestations. L'AfD, qui nie l'existence du changement climatique, profite le plus des craintes des gens quant à leur avenir.

Der Klimawandel – ein Umdenken?

Die Folgen des Klimawandels treffen immer mehr auch die reichen, hochindustrialisierten Staaten im Norden. Die Überschwemmungen, die im Sommer 2021 vor allem in West- und Mitteldeutschland 184 Opfer gefordert und Milliarden hohe Schäden angerichtet haben, beweisen, dass das Klima mehr und mehr verrückt spielt. In Deutschland haben sich alle Parteien außer der AfD dieses Themas angenommen. Das Bundesverfassungsgericht hat zum ersten Mal Druck auf die Regierung ausgeübt und schnellere und effizientere Maßnahmen zum Klimaschutz gefordert. Auch international gibt es durchaus positive Signale. Die EU möchte bis 2050 klimaneutral werden. Die USA sind mit Präsident Biden wieder ins Pariser Klimaabkommen zurückgehrt, während China seine CO_2-Emissionen stark senken will. Besonders junge Menschen setzen sich für den Klimaschutz ein. In der von der jungen Schwedin Greta Thunberg ins Leben gerufenen Bewegung „Friday for Future" versammeln sich hauptsächlich junge Menschen aus aller Welt. In ihren Freitagsdemonstrationen gehen sie für mehr Nachhaltigkeit und eine lebenswertere Welt auf die Straße. Sie fordern die Einhaltung der 2015 in Paris gesetzten Klimaziele, nach denen die Erderwärmung bis Ende des Jahrhunderts auf 1,5 Grad begrenzt werden soll.

Auf der letzten UN-Klimakonferenz 2021 in Glasgow wurden die Klimaziele von Paris bestätigt. Um sie zu erreichen, wurden mehrere Wege aufgezeigt. In den Schutz der Wälder weltweit sollen 20 Milliarden Euro investiert werden. Mehr als 40 Länder wollen bis 2040 aus der Kohle aussteigen. 25 Länder und mehrere Banken haben sich dazu verpflichtet, die Finanzierung von Kohle-, Öl- und Erdgasprojekten im Ausland bis Ende 2022 zu beenden, darunter die USA, Dänemark, Kanada und Italien. Schließlich

Le changement climatique – un changement de mentalité ?

Les conséquences du changement climatiques frappent de plus en plus aussi les pays riches, très industrialisés. Les inondations qui, en juillet 2021, ont fait 184 victimes et des dégâts de plusieurs milliards d'euros surtout à l'ouest et au centre de l'Allemagne prouvent que le climat est de plus en plus déréglé. En Allemagne, tous les partis politiques sauf l'AfD se sont emparés de ce sujet. La Cour de Justice constitutionnelle a fait pression sur le gouvernement pour la première fois et a réclamé des mesures plus rapides et plus efficaces. Sur le plan international, il existe également des signaux plutôt positifs. L'UE s'est fixé comme objectif de ne plus émettre de CO_2 en 2050. Les États-Unis, sous la présidence de J. Biden, ont annoncé leur retour dans l'accord de Paris sur le climat, tandis que la Chine veut elle aussi fortement baisser ses émissions de CO_2. Ce sont surtout les jeunes qui s'engagent pour la protection du climat. Dans le mouvement Friday for future, créé par la jeune Suédoise Greta Thunberg, se réunissent surtout des jeunes du monde entier. Dans leurs manifestations du vendredi, ils descendent dans la rue et réclament plus de durabilité et un monde plus agréable à vivre. Ils appellent de leur vœu le respect des objectifs climatiques fixés à Paris en 2015, selon lesquels le réchauffement de la terre doit être limité à moins de 1,5 degrés d'ici la fin du siècle.

Lors de la dernière conférence sur le climat à Glasgow en 2021, les objectifs fixés à Paris ont été confirmés. Pour les atteindre, plusieurs voies possibles ont été dégagées. 20 milliards d'euros seront investis dans la protection des forêts dans le monde entier. 40 pays veulent sortir du charbon d'ici 2040. 25 pays, comme les États-Unis, le Danemark, le Canada et l'Italie, et plusieurs banques se sont engagés à mettre un terme au financement de projets qui visent l'exploitation du charbon, du

haben elf Automobilherstellerangekündigt, bis 2040 spätestens die Produktion von Verbrennungsmotoren einzustellen. Zu ihnen gehört Daimler, während Volkswagen, der zweitgrößte Autokonzern der Welt, nicht mitmacht. Die USA wollen den unterentwickelten Ländern auch finanziell zu Hilfe kommen. Ein genauerer Zeitplan soll auf dem nächsten Klimagipfel in Ägypten festgelegt werden. Das Festhalten an den Klimazielen von Paris wurde als Erfolg gefeiert. Außerdem hat auch die Ankündigung Indiens, bis 2070 klimaneutral sein zu wollen, für Zuversicht gesorgt. Die Zukunft wird zeigen, ob die Ziele tatsächlich erreicht werden können. 2021 sind die CO_2-Emissionen weltweit wieder gestiegen.

pétrole et du gaz naturel. Enfin, 11 constructeurs ont annoncé l'arrêt de la production de moteurs à combustion pour 2040 au plus tard. Daimler en fait partie, tandis que Volkswagen, le deuxième groupe industriel dans l'automobile, ne participe pas à l'initiative. Les États-Unis veulent également venir en aide financièrement aux pays sous-développés. Une feuille de route plus précise doit être définie lors du prochain sommet qui aura lieu en 2022 en Égypte. La confirmation des objectifs de Paris a été considérée comme un succès. Par ailleurs, l'annonce de l'Inde de réduire ses émissions de CO_2 *à zéro a suscité de l'optimisme. L'avenir montrera si ces objectifs ont effectivement pu être atteints. En 2021, dans le monde entier, les émissions de* CO_2 *ont à nouveau augmenté.*

Nur ein Umdenken scheint in der Tat unseren Planeten noch retten zu können. Um in Zukunft noch schlimmere Klimakatastrophen zu vermeiden, muss nun aber schnell gehandelt werden.

Seul un changement de mentalité semble, en effet, pouvoir sauver notre planète. Mais pour éviter à l'avenir des catastrophes climatiques encore plus graves, il faut agir maintenant et vite.

Vocabulaire

Abfall (der, ¨e)	*les ordures*
Ausgabe (die, n)	*la dépense*
Ausstoß (der)	*l'émission, le rejet*
Entsorgung (die)	*l'élimination, le nettoyage*
Erdöl (das)	*le pétrole*
Gesundheit (die)	*la santé*
jeder fünfte (jeder vierte Deutsche)	*un sur cinq (un Allemand sur quatre)*
Klimaerwärmung (die)	*le réchauffement climatique*
Kraftwerk (das, e)	*la centrale électrique*
LKW (der, s)	*le poids-lourd*
Luftverschmutzung (die)	*la pollution atmosphérique*
Maut (die)	*le péage*
Müll (der)	*le(s) déchet(s)*
Nachhaltigkeit (die)	*la durabilité*
PKW (der, s)	*le véhicule léger, l'automobile*
Politiker (der, -)	*l'homme politique*
Schadstoff (der, e)	*la substance toxique*
Stickoxid (das)	*l'oxyde d'azote*
Strom (der)	*ici : l'énergie, le courant électrique*
Treibhausgas (das, e)	*le gaz à effet de serre*
Um- préfixe utilisé dans Umgestaltung, Umorientierung, Umstrukturierung	*paradigme du changement (ex : transformation, réorientation restructuration)*
Umwelt (die)	*l'environnement*
Umweltschutz (der)	*la protection de l'environnement*
Verfahren (das)	*le procédé*
Verhalten (das)	*le comportement*
Verschwendung (die)	*le gaspillage*
Wiederaufarbeitung (die)	*le retraitement*
besorgniserregend	*préoccupant*
circa	*environ, approximativement*
gesetzlich	*légal*
heikel	*délicat, épineux*
langfristig (die Frist)	*à long terme (le délai)*
letzten Endes	*en fin de compte*
zweckmäßig	*approprié à l'objectif fixé*
aus/gleichen (i, i)	*équilibrer, compenser*
heizen	*chauffer*
senken	*abaisser, faire baisser*
sparen	*épargner*
still/legen	*mettre hors service, cesser d'utiliser*
sich verhalten (ie, a, ä)	*se comporter*
trennen	*trier*
verursachen (die Ursache)	*causer (la cause)*
zweifeln (an + D) (der Zweifel)	*douter de (le doute)*

Lexique en situation 14

- Diese Fabrik wurde vor fünf Jahren stillgelegt.
  Cette usine a été fermée il y a cinq ans.
- Er verhält sich manchmal wie ein Kind.
  Il se comporte parfois comme un enfant.
- Es muss alles getan werden, um den CO2-Ausstoß zu begrenzen.
  Il faut tout faire pour limiter les émissions de CO2.
- Die wirtschaftliche Lage in vielen afrikanischen Ländern ist mehr als besorgniserregend.
  La situation économique dans de nombreux pays africains est plus que préoccupante.
- Für fast jeden zweiten Deutschen hat Klimaschutz oberste Priorität.
  Pour presque un Allemand sur deux, la protection du climat est une priorité absolue.
- Die Treibhausgasemissionen stellen heute schon eine echte Gefahr für den Menschen dar.
  Les émissions de gaz à effet de serre représentent dès maintenant un vrai danger pour l'homme.
- Diese Reform hat den Missmut vieler Bürger verursacht.
  Cette réforme a provoqué le mécontentement de nombreux citoyens.
- Wir müssen endlich damit aufhören, die Bodenschätze zu verschwenden.
  Il faut enfin arrêter de gaspiller les ressources naturelles.
- Ich habe sein Verhalten damals nicht wirklich verstanden.
  Je n'ai pas vraiment son comportement à l'époque.
- Der Müll wird recycelt, um Rohstoffe zu sparen und um so die Umwelt zu schützen.
  On recycle les déchets pour économiser des matières premières et pour protéger ainsi l'environnement.
- Sie zweifelt an der Ehrlichkeit des Ministers.
  Elle doute de la sincérité / de l'honnêteté du ministre.
- Sie heizt weniger und hat so ihre Stromrechnung erheblich gesenkt.
  Elle chauffe moins et a ainsi baissé considérablement sa facture d'électricité.
- Die Luftverschmutzung in den großen Städten gefährdet die Gesundheit aller.
  La pollution atmosphérique dans les grandes villes met en danger la santé de tous.
- Dieses Verfahren wurde im 19. Jahrhundert von einem deutschen Forscher entdeckt.
  Ce procédé fut découvert au XIXe siècle par un chercheur allemand.

Dossier 15

Die Bundeswehr

Der Begriff Bundeswehr ist die offizielle Bezeichnung der Streitkräfte der Bundesrepublik Deutschland seit 1955. Dabei waren die beiden deutschen Staaten aus entmilitarisierten Zonen hervorgegangen, wo weder Waffenvorräte noch Rüstungsindustrie mehr bestanden.

Die Remilitarisierung Deutschlands ist eine direkte Konsequenz des Kalten Kriegs. Nach Kriegsende hatten die 4 Besatzungsmächte nämlich im Potsdamer Abkommen (1945) beschlossen, ganz Deutschland müsse vollständig entmilitarisiert werden. Die Streitkräfte des Deutschen Reichs, die Wehrmacht, sowie alle weiteren deutschen Militärverbände wie etwa die Waffen-SS wurden 1946 aufgelöst.

Im Kalten Krieg standen sich jedoch auf deutschem Boden zwei Blöcke gegenüber. Diese als Bedrohung empfundene Lage lieferte dann auch die Antwort auf die Frage nach dem Umgang mit dem besiegten Nazi-Deutschland. Jeder Block baute die eigene Einflusszone zu einer Bastion auf.

Die Diskussion um die Wiederbewaffnung

Nach Gründung der BRD am 23. Mai 1949 ist im Bundestag eine heftige Debatte um die Frage nach einer eigenen Armee entbrannt, die einen Konflikt zwischen Staat und Teilen der Zivilgesellschaft widerspiegelte. Bundeskanzler Adenauer (CDU) ist um eine dauerhafte Westintegration der BDR bemüht. Das bedeutet auch eine Beteiligung an der NATO in Form eines Verteidigungsbeitrags.

In der außerparlamentarischen „Ohne mich!"- Bewegung vereinigen sich die Gegner der Wiederaufrüstung, für die mit

La Bundeswehr

Le terme Bundeswehr désigne officiellement les forces armées de la République fédérale d'Allemagne depuis 1955. Il faut rappeler que les deux États allemands étaient nés sur la base de zones démilitarisées où il n'y avait plus ni réserves d'armes ni industrie de l'armement.

La remilitarisation de l'Allemagne est une conséquence directe de la guerre froide. Après la fin de la guerre, les 4 puissances d'occupation avaient en effet décidé dans le Traité de Potsdam (1945) que l'intégralité du territoire allemand devait être totalement démilitarisé. Les forces armées de l'Empire allemand, la Wehrmacht, mais aussi toutes les autres organisations militaires telle la Waffen-SS furent dissoutes en 1946.

Mais pendant la guerre froide, deux blocs se trouvaient face à face. Cette situation qui était ressentie comme une menace fournit alors aussi la réponse à la question du traitement de l'Allemagne nazie vaincue. Chacun des deux blocs a fait de sa propre zone d'influence un bastion.

La discussion sur le réarmement

Après la fondation de la RFA le 23 mai 1949, le Bundestag est le lieu d'un débat virulent pour savoir si le pays doit se doter de sa propre armée. Ce débat reflète un conflit important entre l'État et une partie de la société civile. Le Chancelier Adenauer (CDU) s'efforce d'intégrer durablement la RFA à l'Ouest. Cela signifie aussi une participation à l'OTAN sous forme d'une contribution à la défense.

Dans le mouvement extraparlementaire Ohne mich! *(Sans nous !) se rassemblent les adversaires de la remilitarisation pour*

der Wiederbewaffnung und Westintegration der Bundesrepublik das Ziel eines vereinten Deutschlands in weite Ferne rückt. Sowohl in der Opposition als auch innerhalb der Regierung sind Adenauers Pläne umstritten.

Bundesinnenminister Gustav Heinemann (CDU), der auch in der evangelischen Kirche als Wortführer des Protestes hervortritt, tritt 1950 zurück, nachdem Adenauer in einem Memorandum den Westalliierten praktisch im Alleingang ohne Zustimmung des Kabinetts einen deutschen Wehrbeitrag angeboten hat.

Doch die Angst vor einem neuen Krieg auf deutschem Boden wächst. Die Einstellung vieler Deutscher zur Wiederbewaffnung ändert sich. 1952 wird mit den westlichen Siegermächten der Deutschlandvertrag geschlossen, der dem Land „die volle Macht eines souveränen Staates über ihre inneren und äußeren Angelegenheiten" ab Mai 1955 gewährleistet. Gleichzeitig tritt die Bundesrepublik Deutschland der NATO bei. Damit wird der Weg zu einer eigenen Armee frei.

lesquels le réarmement et l'intégration à l'Ouest de la RFA auraient pour conséquence de renvoyer dans un lointain avenir l'objectif d'une réunification de l'Allemagne. Les projets d'Adenauer sont contestés tant dans l'opposition qu'au sein du gouvernement.

Le ministre de l'Intérieur, Gustav Heinemann (CDU), également porte-parole des protestations émanant de l'Église évangélique, donne sa démission en 1950, après que dans un mémorandum Adenauer, faisant quasiment cavalier seul sans concertation avec le gouvernement, a proposé aux Alliés occidentaux une contribution allemande à la défense.

Mais la peur d'une nouvelle guerre sur le sol allemand grandit. Le regard de nombreux Allemands sur le réarmement change. En 1952 est signé avec les puissances alliées occidentales un traité sur le statut de l'Allemagne qui garantit au pays « les pleins pouvoirs d'un État souverain sur ses affaires intérieures et extérieures » à partir de mai 1955. En même temps, la RFA entre dans l'OTAN. Cela ouvre la voie à la constitution d'une armée propre.

Gründung der Bundeswehr

Am 12. November 1955 beginnt die Bundesrepublik, mit 101 freiwilligen Soldaten eine Armee aufzustellen, die erst im April 1956 den Namen „Bundeswehr" in Anlehnung an die „Reichswehr" der Weimarer Republik bekommt. Die Aufgaben der Bundeswehr sind im Grundgesetz festgelegt. Sie ist eine Verteidigungsarmee, die in Friedenszeiten dem Verteidigungsminister, im Kriegsfall dem Bundeskanzler untersteht. Der Bundestag verfügt über eine Kontrollfunktion und bewilligt den Bundeswehretat.

Création de la Bundeswehr

Le 12 novembre 1955, la RFA commence à mettre sur pied une armée avec au départ 101 soldats volontaires. Cette armée ne prend le nom de Bundeswehr qu'en avril 1956, en référence à la Reichswehr de la République de Weimar. Les missions de la Bundeswehr sont réglementées par la Loi fondamentale. C'est une armée défensive soumise au ministre de la Défense en temps de paix, au Chancelier en temps de guerre. Le Bundestag dispose d'une fonction de contrôle et en vote le budget de la défense.

Einführung der Wehrpflicht

Am 21. Juli 1956 wird nach Abstimmungen in Bundestag und Bundesrat die allgemeine

Introduction du service militaire

Le service militaire général est introduit de facto le 21 juillet 1956 après un vote

Wehrpflicht de facto eingeführt. Angestrebt ist eine Truppenstärke von einer halben Million aktiver Soldaten und eine stärkere Einbindung in die Gesellschaft durch das Idealbild des Bundeswehrsoldaten als „Staatsbürger in Uniform". Damit soll die Bundeswehr verstärkt als Bruch mit der Vergangenheit erscheinen, damit auch kein militärischer „Staat im Staat" entsteht, wie er sich mit der Reichswehr in der Weimarer Republik herausbildete. Die Dauer des Wehrdienstes beträgt zunächst 12 Monate, eingezogen werden alle deutschen Männer über 18 Jahren. Die Möglichkeit der Verweigerung nehmen in den Anfangsjahren nur sehr wenige in Anspruch.

au Bundestag et au Bundesrat. L'objectif à atteindre est une troupe forte de 500 000 soldats actifs et une intégration plus profonde dans la société en posant l'identité idéale du soldat de la Bundeswehr comme un « citoyen en uniforme ». Cela doit faire apparaître de façon plus manifeste la Bundeswher comme une rupture avec le passé pour éviter la naissance d'un « État (militaire) dans l'État », comme cela s'était produit avec la Reichswehr sous la République de Weimar. La durée du service militaire est d'abord de 12 mois, tous les Allemands de sexe masculin âgés de plus de 18 ans sont appelés sous les drapeaux. Au cours des premières années, rares sont ceux qui usent de la possibilité d'être objecteurs de conscience.

Die Bundeswehr gewinnt durch ihren ersten humanitären Auslandseinsatz nach dem Erdbeben im marokkanischen Agadir (1960) und bei der Sturmflut in Hamburg (1962) an Ansehen. Ab 1965 nimmt aber die Zahl der Verweigerer wegen des Vietnamkriegs zu. Pazifistische Strömungen breiten sich aus. Bis 2010 lehnen aus Gewissensgründen mehr als 8 Millionen Deutsche den Wehrdienst ab.

La Bundeswehr gagne en prestige lors de sa première intervention humanitaire à l'étranger après le tremblement de terre d'Agadir (Maroc) en 1960 et lors des énormes inondations de Hambourg (1962). Mais à partir de 1965, la guerre du Vietnam fait croître le nombre d'objecteurs de conscience. Les mouvements pacifistes prennent de l'ampleur. Jusqu'à 2010, plus de 8 millions d'Allemands refusent le service militaire pour des raisons de conscience.

1975 ermöglicht eine Grundgesetzänderung der sozialliberalen Regierung den Frauen den Dienst an der Waffe und somit den Eintritt in die Streitkräfte (ausschließlich als Sanitätsoffiziere oder im Militärmusikdienst). Die normale Soldatenlaufbahn bleibt ihnen allerdings weiterhin verwehrt, bis der Europäische Gerichtshofs 2000 im Namen der Gleichheitsgrundsätze zwischen Mann und Frau dies verbietet. 2001 lässt die Bundeswehr Frauen in sämtlichen Bereichen zu. Erstmals in ihrer Geschichte bekommt die Bundeswehr mit Ursula von der Leyen sogar eine Frau als Chefin (Verteidigungsministerin der großen Koalition von 2013 bis 2019).

En 1975, un amendement constitutionnel de la coalition social-libérale autorise les femmes à porter les armes et donc à entrer dans l'armée (cantonnées dans le domaine médical ou dans celui de la musique militaire). La carrière normale de soldat continue néanmoins de leur être interdite, jusqu'à ce que la Cour Européenne de Justice se prononce en 2000 contre cette loi faisant valoir le respect des principes d'égalité entre hommes et femmes. En 2001, la Bundeswehr admet les femmes dans tous les domaines. Pour la première fois de son histoire, la Bundeswehr est même placée sous la direction d'une femme, Ursula von der Leyen (ministre de la Défense de la grande coalition de 2013 à 2019).

Der NATO-Doppelbeschluss

Ende der 70er Jahre spitzt sich der Kalte Krieg erneut zu. Die Sowjetunion modernisiert ihre Nuklearwaffen und stationiert neue Mittelstreckenraketen (SS-20) in der DDR. Ihre Reichweite erstreckt sich auf ganz Westeuropa. Die NATO kontert 1979 mit einem „Doppelbeschluss": Wenn sich die Sowjetunion nicht zu Abrüstungsverhandlungen bereit erklärt, sollen Pershing-II-Mittelstreckenraketen in der Bundesrepublik stationiert werden. Diese Raketen sollen gegen die Sowjetunion eingesetzt werden können. Doch die Verhandlungen scheitern, und die Aufstellung der NATO-Raketen wird 1983 vom Bundestag genehmigt. Tausende von Menschen gehen protestierend auf die Straße. In den „Ostermärschen" verlangen die Demonstranten einen Kurswechsel in der Politik von Bundeskanzler Helmut Schmidt. Die Zahl der Kriegsdienstverweigerer ist so hoch wie nie zuvor. Erst mit der Unterzeichnung des INF-Vertrags über nukleare Mittelstreckensysteme Ende 1987 entspannt sich die Lage. Die USA unter Ronald Reagan und die Sowjetunion unter Michail Gorbatschow einigen sich auf einen Abbau der Mittelstreckenwaffen in Europa.

La double décision de l'OTAN

À la fin des années 1970, la guerre froide prend de nouveau une tournure plus critique. L'Union Soviétique modernise son arsenal nucléaire et installe en RDA de nouveaux missiles de moyenne portée (SS-20). Leur rayon d'action s'étend à toute l'Europe de l'Ouest. L'OTAN rétorque en 1979 par une « double décision » : Si l'Union Soviétique n'accepte pas d'ouvrir des négociations de désarmement, des missiles de moyenne portée Pershing-II seront installés en République fédérale. Ces missiles sont censés pouvoir être utilisés contre l'Union Soviétique. Mais les négociations échouent, et en 1983, le Bundestag donne son accord à l'installation des missiles de l'OTAN. Des milliers de gens descendent dans la rue pour protester. Lors des « marches de Pâques », les manifestants réclament une réorientation de la politique du chancelier Helmut Schmidt. Le nombre d'objecteurs de conscience n'a jamais été aussi élevé. Il faut attendre fin 1987 et la signature du traité INF sur les forces nucléaires à portée intermédiaire pour que la situation s'apaise. Les USA de Ronald Reagan et l'Union Soviétique de Mikhaïl Gorbatchev s'entendent sur un démantèlement des missiles de moyenne portée en Europe.

Integration der NVA nach der Wiedervereinigung

Im Zuge der Wiedervereinigung wird die 1956 gegründete Nationale Volksarmee der DDR aufgelöst. Die großen Bestände an Waffen und Material, die der Bundeswehr in die Hände fallen, werden teils verkauft, teils an Hilfsorganisationen oder an die USA als „Golfkriegshilfe" geliefert. Zum größten Teil aber wird das Material verschrottet, weil es meistens nicht NATO-kompatibel ist und der Wandlung der Bundeswehr von einer Verteidigungsarmee zur Eingreiftruppe bei Auslandseinsätzen nicht Rechnung trägt.

Intégration de la NVA après la réunification

À la suite de la Réunification, l'Armée Nationale Populaire est-allemande fondée en 1956 est dissoute. Les importants stocks d'armes et de matériel qui tombent entre les mains de la Bundeswehr sont en partie vendus, en partie cédés à des organisations non gouvernementales ou aux USA en tant qu'assistance dans la Guerre du Golfe. Mais la plus grande part du matériel est détruite car la plupart du temps incompatible avec celui de l'OTAN, et parce qu'il ne correspond pas à la mutation de la Bundeswehr qui, d'armée défensive devient armée d'intervention lors de missions à l'étranger.

Nur die Hälfte der 170 000 ehemaligen NVA-Soldaten wird 1990 in die neue Bundeswehr übernommen. Sie müssen sich Leitvorstellungen anpassen, mit denen sie nicht vertraut sind. Da sie von der Idee einer Armee im Dienste einer Staatspartei geprägt sind, tun sie sich oft schwer mit den Begriffen „Innere Führung" und „Staatsbürger in Uniform". Daher dienen Ende 1998 nur noch 9 300 ehemalige NVA-Soldaten in der Bundeswehr.

Seule la moitié des 170 000 anciens soldats de la NVA sont intégrés à la Bundeswehr en 1990. Ils doivent s'adapter à des principes conducteurs qui ne leur sont pas familiers. Imprégnés de l'idée que l'armée est au service d'un parti-État, ils ont souvent bien du mal de comprendre les concepts de « commandement intérieur » (formation civique et morale des militaires) et le « citoyen en uniforme ». De ce fait, il n'y a plus que 9 300 anciens soldats de la NVA dans la Bundeswehr fin 1998.

Auslandseinsätze seit 1991

Interventions à l'étranger depuis 1991

Anfang 2021 sind die Bundeswehreinsätze im Ausland 13 an der Zahl. Insgesamt sind knapp 3 000 Soldaten und Soldatinnen unmittelbar im Einsatz. Sie werden im Mittelmeerraum (vor allem um das ägeische Meer), in Zentralasien (Afghanistan) und im Nahen Osten (Syrien und Irak) sowie in Ost- und Westafrika (Südsudan, Somalia und Horn von Afrika, Mali und Marokko) durchgeführt. Dieser Beteiligung an Auslandseinsätzen ging eine heftige kontroverse Debatte voran. Sie ergibt sich aus der Wahrnehmung der jüngsten zeitgeschichtlichen Entwicklung.

Début 2018, les interventions de la Bundeswehr à l'étranger sont au nombre de 13. Au total, ce sont un peu moins de 3 000 hommes et femmes, qui sont mobilisés dans ces interventions. Elles se déroulent en Méditerranée (essentiellement dans la zone de la mer Égée), au Proche Orient (Syrie et Irak), ainsi qu'en Afrique de l'Est et de l'Ouest (Sud-Soudan, Somalie, Corne de l'Afrique, Mali et Maroc). Cette participation à des missions à l'étranger a été précédée d'intenses débats contradictoires. Elle découle de la prise en compte des événements historiques récents.

Im 2. Golfkrieg 1991 beteiligt sich Deutschland mit Bundeswehr-Kontingenten an der indirekten Unterstützung (Logistik). Der Einsatz markiert einen Einschnitt: Deutsche Truppen beteiligen sich erstmals seit dem 2. Weltkrieg wieder an einem Krieg. Der Einsatz im Golfkrieg gilt als entscheidender Schritt zur Normalisierung der deutschen Außenpolitik.

L'Allemagne participe à la seconde Guerre du Golfe en 1991 avec des contingents de la Bundeswehr chargés d'un soutien indirect (logistique). Cette intervention marque un tournant : pour la première fois depuis la Seconde Guerre mondiale, des troupes allemandes interviennent de nouveau dans un conflit armé. Cette intervention dans la guerre du Golfe est considérée comme une étape décisive vers la normalisation de la politique étrangère allemande.

1994 befindet das Bundesverfassungsgericht, Auslandseinsätze deutscher Truppen im Rahmen eines Militärbündnisses („Out-of-Area-Einsätze") seien verfassungskonform, wenn es dabei um die Sicherung des Friedens geht und wenn die

En 1994, la Cour fédérale constitutionnelle statue que les interventions des troupes allemandes en territoire étranger dans le cadre d'une alliance militaire (« interventions Out-of-Area ») sont conformes à la Loi fondamentale dès lors

Bundeswehr das dafür erforderliche Mandat des Bundestags erhält. Doch das Urteil der Karlsruher Richter stößt nicht überall auf Zustimmung. Als die Bundesregierung 1999 beschließt, die Luftwaffe der Bundeswehr im Rahmen der NATO-Operation gegen die Bundesrepublik Jugoslawien einzusetzen, muss Bundesaußenminister und Vizekanzler Joschka Fischer (Die Grünen) einspringen und seine pazifistisch gesinnte Partei zur Einsicht mahnen. Durch eine Parallele zwischen dem Schicksal der Kosovo-Albaner und dem der Juden in der NS-Zeit versucht er seine Mitbürger zu überzeugen, dass eine „humanitäre Intervention" nötig sei, um die Zivilbevölkerung mit allen Mitteln zu schützen: „Wir haben immer gesagt: Nie wieder Krieg. Aber wir haben auch immer gesagt: Nie wieder Auschwitz", so Joschka Fischer an seine grünen Parteigenossen.

qu'il s'agit par-là de garantir la paix et que la Bundeswehr dispose du mandat indispensable du Bundestag. Mais ce jugement des magistrats de Karlsruhe ne rencontre pas l'approbation de tous. Quand en 1999, le gouvernement fédéral décide de faire intervenir la Luftwaffe (l'armée de l'air) dans le cadre de l'opération de l'OTAN menée contre la République fédérale de Yougoslavie, Joschka Fischer, ministre des Affaires Étrangères et Vice-Chancelier (Les Verts), est obligé d'intervenir et d'appeler son parti à revoir sa position. Par une comparaison entre le destin des Albanais du Kosovo et celui des Juifs à l'époque nazie, il tente de convaincre ses concitoyens de la nécessité d'une « intervention humanitaire » pour assurer la protection de la population civile par tous les moyens possibles. À ses camarades de parti (Les Verts), il déclare : « Nous avons toujours dit : Plus jamais de guerre. Mais nous avons aussi toujours dit : Plus jamais Auschwitz ».

Nach den Terroranschlägen am 11. September 2001 billigt der Bundestag im Dezember eine deutsche Beteiligung an einem Afghanistan-Einsatz mit dem Verweis auf mögliche Terroranschläge in Deutschland. Erst 2010 aber redet der deutsche Verteidigungsminister Klartext, indem er die Situation in Afghanistan als „Krieg" bezeichnet. Im Juni 2021 endet der Einsatz der Bundeswehr in Afghanistan, in dem insgesamt 93 000 deutsche Soldaten und Soldatinnen zum Einsatz kamen. 59 kamen ums Leben.

Après les attentats terroristes du 11 septembre 2001, le Bundestag donne son accord à une participation allemande à une intervention en Afghanistan en évoquant la possibilité d'attentats en Allemagne. Il faut cependant attendre 2010 pour que le ministre de la Défense allemand dise les choses comme elles sont en qualifiant la situation en Afghanistan de « guerre ». En juin 2021, l'intervention de l'armée allemande en Afghanistan prend fin. Au total, 93 000 soldats des deux sexes y ont pris part. 59 y ont perdu la vie.

Reform der Bundeswehr

Wesentlichster Aspekt dieser 2010 angegangenen Reform ist wohl die Aussetzung der Wehrpflicht zum 1. Juli 2011. Die Bundeswehr ist nun eine Freiwilligenarmee. Sie wurde zur Berufsarmee umgewandelt. Von 220 000 schrumpfte die Truppenstärke auf 178 000 Soldaten (185 000 mit den Zivilbeschäftigten). Grund für diese Abspeckungskurs waren Sparzwänge,

Réforme de la Bundeswehr

L'aspect principal de cette réforme initiée en 2010 est sans doute la suppression du service militaire en date du premier juillet 2011. La Bundeswehr est désormais une armée d'engagés volontaires. Elle a été transformée en armée de métier. Le nombre de soldats a été réduit de 220 000 à 178 000 (185 000 avec les employés civils). La raison de cette cure d'amaigrissement

aber auch eine Änderung der Doktrin. Bis zum Krieg in der Ukraine galt ein konventioneller Angriff auf deutsches Staatsgebiet als kaum wahrscheinlich. Deshalb erhielt die Bundeswehr zusätzlich zur Landesverteidigung neue Aufträge. Sie sind im Weißbuch der Bundesregierung zur Sicherheitspolitik der Bundesrepublik verzeichnet, das seit 1969 regelmäßig erscheint.

tenait à des restrictions budgétaires, mais aussi à un changement de doctrine. Jusqu'à la guerre en Ukraine, on considérait qu'une attaque conventionnelle sur le sol allemand était peu probable. En plus de la défense du territoire national, la Bundeswehr a donc été chargée de nouvelles missions. Elles sont consignées dans le Livre Blanc du gouvernement fédéral sur la politique en matière de sécurité nationale, publié régulièrement depuis 1969.

Die Bundesrepublik will die Verantwortung, die aus ihrem wirtschaflichen und politischen Gewicht in Europa und in der Welt hervorgeht, wahrnehmen. Die Bundesregierung erklärt sich bereit, sich weiterhin an Auslandseinsätzen zur Beilegung und zur Verhütung von Konflikten zu beteiligen. Inneneinsätze bleiben begrenzt möglich, weil das Grundgesetz aus historischen Gründen eine scharfe Trennung der Kompetenzbereiche von Bundeswehr und Polizei vorsieht. Doch bei Überforderung der Rettungskräfte und der Polizei, also in „Ausnahmesituationen katastrophischen Ausmaßes", in Terrorlagen wie bei Anschlägen, kann die Bundeswehr im Inneren auch eingesetzt werden (ohne Grundgesetzänderung). Zu diesem Kompromiss zwischen SPD und Union kam es nach dem Münchner Amoklauf im Olympia-Einkaufszentrum im Juli 2016, der 10 Menschen das Leben kostete.

La République fédérale entend honorer les responsabilités qui découlent de son poids économique et politique en Europe et dans le monde. Le gouvernement fédéral est disposé à continuer à participer à des interventions à l'étranger ayant pour but le règlement et la prévention de conflits. Les interventions sur le territoire national ne sont possibles que dans des cas limités, car la Loi fondamentale stipule pour des raisons historiques qu'une stricte séparation entre les domaines de compétence de la Bundeswehr et de la police doit être respectée. Mais il est quand même possible de faire intervenir la Bundeswehr à l'intérieur des frontières (sans modification de la Loi fondamentale) au cas où les capacités des personnels de secours et de la police ne suffiraient pas, donc dans des « situations d'urgence assimilable à une catastrophe » (épisode terroriste, attentats). Le SPD et l'Union sont parvenus à ce compromis après qu'en juillet 2016, un forcené a tué dix personnes au centre commercial Olympia à Munich.

Wachsende Aufgaben machen also eine neue Aufstockung des Personals und des Materials erforderlich. So sollen die Streitkräfte wiederum anwerben und bis 2024 auf 198 000 Soldaten wachsen. Mit dem Werbespruch „Mach, was wirklich zählt" wirbt die Bundeswehr um Nachwuchs, denn es gibt nicht genug junge Leute, die sich ein Berufsleben in Uniform wünschen. Seit 2008 gehen sogar Jugendoffiziere in Klassenzimmer, um auf

Un accroissement des tâches rend donc indispensable une nouvelle hausse des effectifs et des capacités matérielles. Les forces armées doivent ainsi de nouveau recruter pour atteindre un effectif de 198 000 soldats d'ici 2024. La Bundeswehr recourt à la publicité (avec comme slogan « Fais ce qui compte vraiment ») pour attirer des nouvelles recrues, car il n'y a pas assez de jeunes gens qui souhaitent spontanément faire une carrière en uniforme. Depuis

die Fragen der Schüler über die Sicherheits- und Friedenspolitik zu antworten. Dies ermöglicht ein Kooperationsvertrag der für Bildung zuständigen Ministerien einiger Bundesländer mit den Streitkräften. In Nordrhein-Westfalen, Hessen, Sachsen und Baden-Württemberg setzten sich Friendensaktivisten und Befürwörter dieser Kooperation mit der Frage auseinander, ob das Militär wirklich in die Schule gehöre.

2008, on voit même intervenir dans les salles de classe des officiers spécialisés dans les rapports avec la jeunesse pour répondre aux questions des élèves sur la politique de sécurité et de paix. Cela est rendu possible par un accord de coopération entre les ministères en charge de l'éducation de certains Länder et les forces armées. En Rhénanie du Nord-Westphalie, en Hesse, en Saxe et au Bade-Wurtemberg, cela a donné lieu à un débat entre les militants pacifistes et les partisans de cette coopération pour savoir si l'armée a bien sa place à l'école.

Ausrüstungsmängel bis hin zum Fehlen von Ersatzteilen, die zu einer Verminderung der Einsatzkapazität führen, sollen durch den Ankauf von Transportflugzeugen, Hubschraubern und modernen Schutzpanzern behoben werden. Doch das entsprechende Budget fehlt noch. Die Verteidigungsausgaben Deutschlands liegen vorerst bei 1,5% der Wirtschaftsleistung. Die SPD lehnte bis zum Krieg in der Ukraine die Aufstockung des Wehretats auf die von der NATO geforderten 2% ab. Das hat sich aber seit dem Krieg in der Ukraine grundsätzlich verändert. Der Wehretat soll aufgestockt werden. Bundeskanzler Scholl hat sogar angekündigt, er wolle in den nächsten Jahren 100 Milliarden Euro zusätzlich in die Modernisierung der Bundeswehr investieren. Diese Entscheidung wird sogar von weiten Teilen der eher pazifistisch eingestellten Grünen mitgetragen und findet in der Bevölkerung eine breite Zustimmung.

L'achat d'avions de transport de troupes, d'hélicoptères et de blindés modernes doit remédier aux insuffisances d'équipement qui vont jusqu'au manque de pièces de rechange et entraînent un amoindrissement des capacités d'intervention. Mais le budget correspondant fait encore défaut. Les dépenses de défense allemandes se situent pour l'instant à 1,5 % du PIB. Jusqu'à la guerre en Ukraine, le SPD rejetait une augmentation du budget des armées pour atteindre les 2 % réclamés par l'OTAN. Tout a radicalement changé depuis la guerre en Ukraine. Il a été décidé d'augmenter substantiellement le budget de l'armée. Le chancelier Scholz a même annoncé qu'il entendait investir 100 milliards d'euros supplémentaires dans la modernisation de la Bundeswehr au cours des prochaines années. Cette décision est approuvée à une large majorité jusque dans les rangs des Verts, dont l'idéologie est sinon plutôt pacifiste, et elle est largement soutenue par la population dans son ensemble.

Großer Beliebtheit erfreut sich der Bundesfreiwilligendienst (Bufdi). Seit 2011 haben sich 400 000 Männer und Frauen für die Gesellschaft und das Gemeinwohl engagiert. Sie ersetzen auf Freiwilligenbasis zumindest teilweise die Kriegsdienstverweigerer, die bis zur Aussetzung der Wehrpflicht 2011 im sozialen Bereich unverzichtbar gewesen waren.

Le service volontaire fédéral jouit d'une grande popularité. Depuis 2011, 400 000 hommes et femmes se sont engagés, sur la base du volontariat, pour la société et le bien commun. Ils remplacent au moins en partie les objecteurs de conscience qui, dans le domaine social, avaient été indispensables jusqu'à la suspension du service militaire en 2011.

Vocabulaire

Abrüstung (die)	*le désarmement*
Abspeckungskur (die, en) (ab/specken)	*la cure d'amaigrissement (maigrir)*
Anlehnung (die) (in ~ an + A)	*l'appui (en référence à)*
Ansehen (das) (an ~ gewinnen)	*la considération, le prestige (gagner en ~)*
Berufsarmee (die, n)	*l'armée de métier*
Eingreiftruppe (die, n)	*l'armée d'intervention*
Einsatz (der, ¨e) (sich ein/setzen)	*l'intervention (intervenir)*
Einschnitt (der, e)	*le tournant*
Einstellung (die) (zu + D)	*l'attitude, la position*
Gewissen (das, -)	*la conscience (morale)*
Kriegs-, Wehrdienst (der)	*le service militaire*
Leitbild (das, er)	*le modèle*
Militär (das)	*l'armée*
Rakete (die, n)	*la fusée, le missile*
Sparzwang (der, ¨e)	*la contrainte budgétaire*
Streitkräfte (pluriel)	*les forces armées*
Umgang (der, ¨e) (mit + D)	*les rapports avec/le maniement de*
Verweis (der, e) (auf + A)	*le renvoi à*
Vorrat (der, ¨e)	*le stock, les réserves*
Wehrpflicht (die)	*le service militaire obligatoire*
Wehrdienstverweigerer (der, -)	*l'objecteur de conscience*
Wiederaufrüstung, -bewaffnung (die)	*le réarmement*
Wortführer (der, -)	*le porte-parole*
ausreichend	*suffisant*
bewaffnet	*armé*
wechselvoll	*changeant, varié*
schrittweise	*peu à peu, petit à petit, pas à pas*
zudem	*de plus, en outre*
bewilligen	*donner son accord pour quelque chose*
drängen auf + A	*insister sur quelque chose, faire pression*
ein/ziehen (o, o)	*appeler sous les drapeaux*
entspannen (sich)	*se détendre, s'apaiser*
herbei/führen	*amener, provoquer*
jm / etw. im Wege stehen (a, a)	*faire obstacle à, se mettre en travers du chemin de*
um/wandeln	*transformer*
vertraut sein mit + D	*être habitué à, familiarisé avec*
verhüten	*prévenir, empêcher*
verschrotten	*mettre à la casse, au rebut*
jm etwas verwehren	*interdire qqc à qqn, refuser qqc à qqn*

Lexique en situation 15

- Seit einigen Jahren scheint überall auf der Welt ein neues Wettrüsten begonnen zu haben.
  Depuis quelques années, une nouvelle course à l'armement semble avoir commencé partout dans le monde.
- Aufgrund fehlender finanzieller Mittel ist die Bundeswehr zu einer Abspeckungskur gezwungen.
  Faute de moyens financiers, l'armée allemande est contrainte à une cure d'amaigrissement.
- In diesem Bereich drängt der Minister auf eine schnelle und wirsame Lösung.
  Dans ce domaine, le ministre fait pression pour qu'on trouve une solution rapide et efficace.
- Im Laufe der achtziger Jahre entspannten sich die Ost-West-Beziehungen / die Beziehungen zwischen Ost und West.
  Au cours des années quatre-vingt, les relations entre l'Est et l'Ouest se sont détendues.
- Trotz meiner Bemühungen konnte ich mich nicht mit diesem Computerprogramm vertraut machen.
  Malgré mes efforts, je n'ai pas pu me familiariser avec ce programme informatique.
- Diese Entscheidung führt große Veränderungen in der Strategie des Unternehmens herbei.
  Cette décision provoque de grands changements dans la stratégie de l'entreprise.
- Die Auslandseinsätze der Bundeswehr sind immer noch sehr umstritten.
  Les interventions de l'armée allemande à l'étranger sont toujours très contestées.
- Das Parlament hat diese Steuererhöhung schließich bewilligt.
  Le parlement a fini par donner son accord à cette augmentation d'impôts.
- Nichts steht dem Bau dieser Autobahn im Wege.
  Rien ne fait obstacle à la construction de cette autoroute.
- Was können wir tun, um unsere Konsumgesellschaft tiefgreifend umzuwandeln?
  Comment faire pour transformer en profondeur notre société de consommation ?
- Der Europäische Gerichtshof rechtfertigt sein Urteil in Anlehnung an die Gleichheit zwischen Mann und Frau.
  La Cour de Justice de l'Union européenne justifie son jugement en se référant à l'égalité entre les hommes et les femmes.
- Mein Umgang mit meinen Kindern ändert sich jeden Tag.
  Mon rapport avec mes enfants change de jour en jour.
- Ich kann ihm diese Gunst nicht verwehren.
  Je ne peux pas lui refuser cette faveur.
- Dieses junge Mädchen ist die Wortführerin einer ganzen Generation.
  Cette jeune fille est la porte-parole de toute une génération.
- Mein erstes Auto wurde letzte Woche verschrottet.
  Ma première voiture est partie à la casse la semaine dernière.

Dossier 16

Gesellschaftliche Probleme

Pauschal gesehen ist Deutschland ein „reiches Land", das sich über eine blühende Wirtschaft freuen kann. Aber der Reichtum ist ungleich verteilt und das Armutsrisiko ist seit 2005 sogar leicht gestiegen. Die Bundesregierung gibt seit 2001 einen Armuts- und Reichtumsbericht heraus, in dem die sozialen Ungleichheiten erfasst werden.

Zu den gesellschaftlichen Problemen gehören außerdem Situationen des konfliktvollen Zusammenlebens verschiedener Bevölkerungsgruppen sowie Fragen, die der öffentlichen Gesundheit zuzuordnen sind, wie etwa die Auswirkungen von Rauschgiftabhängigkeit oder die Verbreitung von Seuchen.

Armut

Nach der Ausgabe des Armutsberichts aus dem Jahre 2021 bestehen weiterhin soziale Probleme. Als arm gelten Bürger, deren Einkommen weniger als 60% des durchschnittlichen Pro-Kopf-Einkommens der Bevölkerung beträgt. Jeder Sechste ist in Deutschland von Armut oder sozialer Ausgrenzung betroffen (Stand 2020). Diese Grenze liegt konkret bei 1 074 Euro im Monat für einen Single und bei 2 256 Euro für eine Familie mit zwei Kindern unter 14 Jahren. Dabei leiden über 4% der Bevölkerung sogar unter „erheblichen materiellen Entbehrungen" (Armutsbericht 2017). Da das Einkommensgefälle im Vergleich zum Beginn der 2000er-Jahre noch gewachsen ist, sieht die Bundesregierung keinen Grund für Entwarnung.

Vor allem kinderreiche Familien, Alleinerziehende, niedrigqualifizierte

Les problèmes sociaux

Globalement, l'Allemagne est un « pays riche », qui peut se réjouir d'avoir une économie florissante. Mais la richesse est répartie de façon inégale, et le risque de pauvreté a même légèrement augmenté depuis 2005. Le gouvernement fédéral édite depuis 2001 un rapport sur la pauvreté et la richesse qui tient compte des inégalités sociales.

Au nombre des problèmes sociaux, il faut compter également les situations où la vie commune tourne au conflit entre divers groupes de la population, ainsi que les questions de santé publique telles que les conséquences de la dépendance à la drogue ou la propagation d'épidémies.

La pauvreté

L'édition 2021 du rapport sur la pauvreté établit qu'il demeure des problèmes sociaux. Sont considérées comme pauvres les personnes dont le revenu est inférieur à 60 % du revenu moyen par habitant. Un sixième de la population est menacé de pauvreté ou de marginalisation sociale en Allemagne (2020). La limite de la pauvreté se situe concrètement à 1 074 euros par mois pour un célibataire et 2 256 euros pour une famille de 2 enfants âgés de moins de 14 ans. Plus de 4 % de la population est même contrainte de se soumettre à des « privations matérielles conséquentes » (Rapport sur la pauvreté 2017). Dans la mesure où l'écart de revenus a encore augmenté par rapport au début des années 2000, le gouvernement fédéral ne voit aucune raison de lever l'état d'alerte.

Les principales victimes de la pauvreté sont les familles nombreuses, les parents

Menschen und Menschen mit Migrationshintergrund fallen der Armut zum Opfer. Geringfügig Beschäftigte leben oft an der Grenze zur Armut. Langzeitarbeitslosigkeit ist auch eine wichtige Ursache für Einkommensarmut. Sie wirkt sich automatisch auf das Rentenniveau aus und erhöht das Armutsrisiko bei künftigen Rentnern. Außerdem trägt Überschuldung zum sozialen Abstieg bei. Eine Überschuldung stellt sich ein, wenn ein zu geringes Einkommen bzw. Vermögen zur Zahlungsunfähigkeit bei den Verbindlichkeiten führt.

isolés, les personnes peu qualifiées et personnes issues de l'immigration. Les personnes qui occupent un emploi marginal vivent souvent à la limite de la pauvreté. Le chômage de longue durée est également une cause importante d'insuffisance de revenus. Il a des conséquences automatiques sur le niveau de la retraite et augmente le risque de pauvreté chez les futurs retraités. Le phénomène du surendettement contribue par ailleurs à la déchéance sociale. Il y a surendettement quand des revenus ou un patrimoine insuffisants mènent à l'insolvabilité vis-à-vis des engagements de crédit souscrits.

Richard Hauser, ein heute emeritierter Frankfurter Universitätsprofessor, hat den Begriff „Infantilisierung der Armut" geprägt, weil immer mehr Kinder und Jugendliche in Armut bzw. Armutsgefahr aufwachsen. Ende 2019 betrug die Armutsgefährdungsquote 20,5% bei unter-18-Jährigen und 25,5% bei 18- bis unter-25-Jährigen. Oft hängt die Kinderarmut mit der eingeschränkten Erwerbsfähigkeit der Eltern zusammen. Bei der mangelhaften Chancengleichheit, die das deutsche Schulsystem kennzeichnet (vgl. Dossier 11), verbaut eine Kindheit in Armut auch Bildungschancen. Deutlich eingeschränkte Zukunftschancen besitzen vor allem Kinder mit Migrationshintergrund bzw. ausländische Schüler, weil sie weit weniger qualifizierte Schulabschlüsse erreichen als deutsche.

Richard Hauser, professeur à l'université de Francfort, aujourd'hui émérite, a forgé le concept d'« infantilisation de la pauvreté », car de plus en plus d'enfants et de jeunes grandissent dans la pauvreté ou dans la menace de la pauvreté. Fin 2019, le taux de personnes menacées de pauvreté était de 20,5 % chez les moins de 18 ans, et de 25,5 % chez les jeunes de 18 à 25 ans. La pauvreté frappant les enfants est souvent liée à la faible employabilité des parents. Alors que le système scolaire allemand est déjà inégalitaire (cf. Dossier 11), une enfance dans la pauvreté est souvent aussi une entrave à la perspective de faire de bonnes études. Les enfants issus de l'immigration et les élèves étrangers ont des perspectives d'avenir très limitées, car à l'issue de leur scolarité, leur niveau de qualification est bien moindre que celui des élèves allemands.

Die Situation wurde durch die Corona-Pandemie sogar noch verschärft. In einer Befragung gab rund ein Viertel der Haushalte an, dass ihr Einkommen in der Corona-Krise geschrumpft sei. Gering- und Normalverdiener waren davon besonders betroffen. 800 000 Minijobs gingen bundesweit verloren.

La situation a même été aggravée par la crise sanitaire. D'après un sondage, les revenus d'un quart des ménages ont baissé. Les petits et moyens revenus ont été tout particulièrement concernés. 800 000 minijobs ont été supprimés dans le pays.

Sozialhilfe

Das Grundgesetz sieht die Angleichung der Lebensverhältnisse in der Bundesrepublik vor. Um der Gefahr der Deklassierung durch Armut zu begegnen,

L'aide sociale

La Loi fondamentale stipule que le niveau de vie en République fédérale doit tendre vers l'égalité. Pour lutter contre le danger du déclassement, l'État fournit une

leistet der Staat Sozialhilfe. Die Regelung der Sozialhilfe ist im Zwölften Buch des Sozialgesetzbuches festgeschrieben. Aufgabe der Sozialhilfe ist es, „die Führung eines Lebens zu ermöglichen, das der Würde des Menschen entspricht" (§ 1). Sozialhilfe wird gewährleistet, wenn die eigenen Mittel zur Sicherung des Mindestlebensstandards nicht ausreichen. Die Kosten für die Sozialhilfe übernehmen Bund, Länder und Kommunen. Dabei tragen Bremen, Berlin und Hamburg als Stadtstaaten mit einem hohen Armenanteil verhältnismäßig die größten Lasten. Städte und Gemeinden klagen, sie könnten aufgrund der zu hohen Last der Sozialleistungen nicht genug für die Zukunft investieren. Daher verlangt der Deutsche Städte- und Gemeindebund einen Richtungswechsel in der Steuerpolitik.

aide sociale. La réglementation de l'aide sociale est consignée dans le livre 12 du code de la législation sociale. La mission de l'aide sociale est de « permettre de mener une vie conforme à la dignité de l'être humain » (§ 1). L'aide sociale est accordée quand on ne peut assurer le niveau de vie minimum par ses propres moyens. Le financement de l'aide sociale est assumé par le Bund, les Länder et les communes. Brême, Berlin et Hambourg, villes-États où vit un pourcentage élevé de pauvres, sont proportionnellement le plus lourdement touchées. Les villes et les communes se plaignent de ne pas pouvoir suffisamment investir pour l'avenir en raison du poids trop lourd des prestations sociales. L'association allemande des villes et des communes réclame de ce fait une réorientation de la politique fiscale.

Die Reformen der Agenda 2010 und Kanzler Schröder haben die Sozialhilfeleistungen mit Anforderungen an den Empfänger verknüpft. Kanzler Schröder sagte 2001, es gebe „kein Recht auf Faulheit", was in etwa dem 1. Paragraphen des Sozialgesetzbuchs entspricht. Da heißt es nämlich, dass „die Leistungsberechtigten nach ihren Kräften hinzuarbeiten" haben. Das Angewiesensein auf Sozialhilfe darf auch keine Armutsfalle sein. Daher sehen die Hartz-Gesetze im Prinzip Sanktionen für Arbeitsverweigerung vor. Die Regelung zum neuen Arbeitslosengeld II (Hartz IV, vgl. Dossier 8), welche zum 1. Januar 2005 eingeführt wurde, sieht vor, dass bei Arbeitsunwilligkeit Sozialhilfe um 25% gekürzt werden soll. Dadurch soll die Integration in das Arbeitsleben gefördert werden, was sich häufig bei Langzeitarbeitslosen als heikel erweist.

Les réformes de l'Agenda 2010 et le chancelier Schröder ont lié les prestations sociales à des exigences envers ceux qui en bénéficient. En 2001, le chancelier Schröder a déclaré qu'il n'y avait « pas de droit à la paresse », ce qui correspond peu ou prou au paragraphe 1 du code de la législation sociale. Il y est stipulé que « les personnes ayant droit aux prestations sociales doivent, dans la mesure de leurs forces, s'efforcer de s'affranchir de cette dépendance ». Le fait de relever de l'aide sociale ne doit pas non plus être une trappe à pauvreté. La réglementation de la nouvelle indemnité chômage Hartz IV (cf. Dossier 8) mise en œuvre le premier janvier 2005 prévoit que l'aide sociale doit être réduite de 25 % en cas de refus de travailler. Cette mesure est censée favoriser l'intégration dans la vie active, ce qui s'avère souvent difficile dans le cas des chômeurs de longue durée.

Problemviertel, Ausgrenzung, Gewalt

Problemviertel gibt es in fast jeder Stadt, ganz gleich ob groß, mittelgroß oder klein. Das sind Viertel, in denen Menschen in andauernder Armut leben

Quartiers à risques, exclusion, violence

Il y a des quartiers à risques dans presque toutes les villes, qu'elles soient grandes, moyennes ou petites. Ce sont des quartiers où les gens vivent dans une

und wo Dauerarbeitslosigkeit herrscht. Vereinzelung der Menschen, die sich in die Privatwohnung zurückziehen, Verwahrlosung der Gebäude und Entleerung öffentlicher Räume sind Erscheinungsformen dieser negativen Entwicklung. In solchen Problemvierteln verschärft sich die soziale Ausgrenzungsgefahr.

pauvreté chronique et où règne un chômage chronique. Isolement des gens, qui se retranchent dans leur logement, délabrement des bâtiments et désertion des lieux publics sont les manifestations de cette évolution négative. Dans ces quartiers à risque, le danger d'exclusion sociale est encore plus grand.

Da geht die soziale Mischung verloren: Besserverdienende ziehen weg, Senioren, Menschen mit niedrigem Einkommen und Sozialhilfeempfänger bleiben zurück. Schon im ersten Armuts- und Reichtumsbericht der Bundesregierung 2001 bemängelte man das Fehlen von Erholungsmöglichkeiten und Grünanlagen, Spiel- und Sportplätzen, altersgerechten Wohnungen. Das hat die Ghettoisierung ökonomisch oder gesundheitlich schwacher Bevölkerungsgruppen zur Folge.

La mixité sociale disparaît : Les revenus moyens et supérieurs s'en vont, les personnes âgées, les revenus faibles et les bénéficiaires de l'aide sociale restent. Dès le premier rapport sur la pauvreté et la richesse de 2001, on déplorait l'absence de lieux de détente et d'espaces verts, de terrains de jeu et de sport, de logements adaptés aux personnes âgées. Il s'ensuit une ghettoïsation des populations défavorisées du point de vue économique ou de la santé.

Aufgrund der steigenden Mieten und des angespannten Wohnungsmarkts sind Unterprivilegierte von Obdachlosigkeit bedroht. Doch zur gleichen Zeit kann in den Großsiedlungen der neuen Länder ein Wohnungsleerstand festgestellt werden, der sich bis 2030 noch verdoppeln könnte. Anders als in den alten Ländern, wo es sich um ein konjunkturelles Problem auf dem Wohnungsmarkt handelt, ist die Entwicklung in wirtschaftlich benachteiligten Städten bzw. Stadtteilen der neuen Länder von strukturellen Problemen überlagert. Die Leerstände konzentrieren sich vor allem auf nicht sanierte Altbauten und Plattenbauten. Investitionen in Instandsetzung und Modernisierung könnten wesentlich zur Stabilisierung von Sozialstrukturen beitragen, doch rein wirtschaftlich rentieren sie sich nicht, weil die Mieten im Osten sehr niedrig bleiben und die zusätzlichen Kosten nicht decken würden.

Du fait de l'augmentation des loyers et de la tension sur le marché du logement, les personnes défavorisées sont menacées de se retrouver sans abri. Et en même temps, on constate dans les cités des nouveaux Länder un parc de logements inoccupés qui pourrait encore doubler d'ici 2030. À la différence des anciens Bundesländer, où il s'agit d'un problème de conjoncture affectant le marché du logement, l'évolution dans les villes ou quartiers de l'Est marqués par les difficultés économiques est liée à des problèmes structurels. Les logements vides se trouvent avant tout dans les constructions anciennes et dans les bâtiments d'habitation collective construits en alvéoles de béton. Des investissements dans la remise en état ou la modernisation de ces logements pourraient jouer un rôle essentiel dans la stabilisation des structures sociales, mais d'un point de vue strictement économique, ils ne sont pas rentables car les loyers à l'Est restent très bas et ne couvriraient pas les coûts supplémentaires.

In den benachteiligten Großstadtquartieren in Ost und West nehmen

Dans les quartiers défavorisés des grandes villes les agressions, la violence

Aggression, Gewalt und Vandalismus zu, was diese Stadtgebiete zu „sozialen Brennpunkten" macht.

et le vandalisme augmentent, faisant de ces territoires urbains des « points chauds » au climat social délétère.

Drogensucht

Der Konsum von Drogen und psychotropen Substanzen führt zum illegalen Drogenhandel und zu einer Verschärfung der oben erwähnten Probleme. Die Abhängigkeit verursacht oft Arbeitsunfähigkeit und trägt zur weiteren Verarmung bei. Das Umfeld von Drogenhandel, Beschaffungskriminalität, Gewalt und Prostitution wirkt sich negativ auf die sozialen und familiären Strukturen aus. Die Betroffenen werden sozial und gesundheitlich beeinträchtigt. Die Drogenbeauftragte der Bundesregierung hat 2002 die Problemlage so definiert: „Was [...] Sorge bereitet, sind die Jugendlichen, die ohne Risikobewusstsein [...] alle möglichen Substanzen konsumieren, von Ecstasy über LSD bis Cannabis und dann noch Alkohol und Nikotin."

La toxicomanie

La consommation de drogue et de psychotropes a pour conséquence le trafic de drogue et une aggravation des problèmes envisagés ci-dessus. La dépendance entraîne souvent une incapacité à travailler, et contribue à accroître la paupérisation. Un environnement marqué par le trafic de drogue, la criminalité liée à l'approvisionnement, la violence et la prostitution a des conséquences négatives sur les structures sociales et familiales. Les personnes concernées subissent un préjudice social et sanitaire. En 2002, la commissaire chargée du problème de la drogue auprès du gouvernement fédéral a défini le problème en disant que « ce qui est source d'inquiétude, ce sont les jeunes qui, sans avoir conscience des risques encourus, consomment toutes les substances possibles de l'ecstasy au cannabis en passant par le LSD, sans oublier l'alcool et la nicotine. »

Obwohl verschiedenartige Hilfen zur Verfügung stehen – von der Abstinenztherapie über die Entgiftungskuren bis zur Ersatztherapie – steigt die Zahl der Todesfälle durch irgendeine Form von Abhängigkeit weiter. Die meisten Opfer fordert der Tabakkonsum, an dem 127 000 Menschen jährlich sterben. Die Folgen des Alkoholkonsums stellen mit 7 4000 Todesfällen jährlich die zweitwichtigste Todesursache dar. Der Konsum von illegalen Drogen vor allem durch langjährige Konsumenten ist für etwa 1 500 Todesfälle pro Jahr verantwortlich. Diese Todesfälle sind meistenfalls auf eine Überdosis zurückzuführen. Besonders gefährlich ist der Mischkonsum von Alkohol und Rauschgift bzw. Beruhigungsmitteln.

Bien qu'il existe plusieurs formes d'aide, de la thérapie d'abstinence à la thérapie de substitution, en passant par les cures de désintoxication, le nombre des décès dus à une forme quelconque de dépendance est en progression. C'est la consommation de tabac qui fait le plus grand nombre de victimes (127 000 décès par an). Les suites de la consommation d'alcool est la seconde cause de mortalité, avec 74 000 décès par an. Quelque 1 500 décès sont à attribuer à la consommation de drogues illégales, du fait essentiellement de consommateurs de longue date. La cause de la mort est dans la plupart des cas une overdose. Une consommation mêlée d'alcool et de drogue, voire de tranquillisants a des effets particulièrement dévastateurs.

Die öffentliche Debatte um den Konsum von psychotropen Substanzen, einschließlich Alkohol und Tabak, ist voller Widersprüchlichkeiten. Es herrscht Konsens

Le débat public sur la consommation de psychotropes, alcool et tabac compris, est marqué par les contradictions. Il y a consensus sur le fait que prévention,

darüber, dass Vorbeugung, Früherkennung und Frühbehandlung zentrale Hebel zur Bewältigung der Drogenproblematik sind. Was die Drogenaufklärung und die Straffreiheit bei Drogenkonsum angeht, so scheiden sich die Geister. Manche fürchten, es möge zu einer Verharmlosung des Konsums illegaler Drogen führen, anstatt von den Drogen abzubringen und den Ausstieg aus der Abhängigkeit zu schaffen. So setzt die CSU weiterhin auf eine repressive Politik. Wie die Grünen macht sich auch die SPD immer mehr für die Legalisierung weicher Drogen wie Cannabis stark. Laut dem Drogen- und Suchtbericht 2020 haben 46 Prozent der 18- bis 25-Jährigen schon einmal Drogen konsumiert. Die reine Verbotspolitik scheint also gescheitert zu sein. Es geht in Zukunft um eine vernünftige Regulierung und Entkriminalisierung. So will die Bundesregierung Cannabis als Genussmittel legalisieren.

dépistage et traitement précoces sont des outils fondamentaux pour tenter de maîtriser le problème de la drogue. Les opinions divergent fortement sur les actions pédagogiques et sur la dépénalisation de la consommation de drogue. Certaines personnes craignent que cela mène à une minimisation des dangers de la consommation de drogues illégales, au lieu de dissuader de se droguer et de permettre de se sortir de sa dépendance. La CSU continue ainsi à miser sur une politique répressive. Comme les Verts, le SPD plaide de plus en plus en faveur d'une légalisation des drogues douces comme le cannabis. D'après le rapport sur la consommation de drogues et la toxicomanie de 2020, 46 % des jeunes entre 18 et 25 ans ont déjà consommé au moins une fois du cannabis. Une politique purement répressive semble donc être synonyme d'échec. Il s'agit de privilégier à l'avenir une régulation et une dépénalisation raisonnable. Ainsi, le gouvernement fédéral a le projet de légaliser le cannabis à usage personnel.

Seit der Eröffnung des ersten Konsumraums in Hamburg (1994), bieten inzwischen 24 Städte Drogenkonsumräume an, in denen illegale Betäubungsmittel konsumiert werden können. Der Konsum erfolgt hygienisch und unter medizinischer Kontrolle. 2020 gibt es insgesamt 24 solche „Fixerstuben" in Deutschland. Diese Maßnahme scheint für die Behörden insofern sinnvoll, als auch die Verbreitung von Aids und Hepatitis durch verseuchte Nadeln verhindert werden kann.

Depuis l'ouverture de la première salle à Hambourg (1994), 24 villes allemandes proposent des salles de consommation de drogue où il est possible de consommer des stupéfiants. La consommation a lieu dans des conditions hygiéniques et médicalisées. En 2020, l'Allemagne comptait au total 24 « salles de shoot » de ce genre. Ce dispositif est jugé positif par les pouvoirs publics dans la mesure où il peut également empêcher la diffusion du sida et de l'hépatite par des seringues contaminées.

Probleme der öffentlichen Gesundheit

Ein OECD-Bericht über öffentliche Gesundheit in den Mitgliedstaaten hebt 2017 hervor, dass „verhaltensbedingte Risikofaktoren" ein erhebliches Problem darstellen. Dies trifft insbesondere für benachteiligte Bevölkerungsgruppe zu, die nicht immer Zugang zu den Gesundheitsleistungen haben. Oft

Questions de santé publique

Un rapport de l'OCDE sur la santé publique dans ses États membres souligne en 2017 que « les facteurs de risques comportementaux » constituent un problème sérieux. Cela vaut particulièrement pour les populations défavorisées, qui n'ont pas toujours accès aux services de santé. Une mauvaise alimentation, résultant souvent d'un faible

bildungsbedingte schlechte Ernährung gilt als entscheidender Faktor bei Störungen des Herz-Kreislauf-Systems, welche die erste Todesursache in Deutschland darstellen. Seit 2015 ist ferner ein deutlicher Anstieg der Erkrankungen an Tuberkulose zu verzeichnen. Bei den Aids-Erkrankungen sind sozial Benachteiligte häufig betroffen, weil sie Warnungen verkennen.

niveau d'éducation, est considérée comme un facteur déterminant dans les troubles du système cardio-vasculaire, qui représentent la première cause de mortalité en Allemagne. Depuis 2015, on enregistre de surcroît une hausse sensible des cas de tuberculose. Les personnes socialement défavorisées qui tombent malades du SIDA le font souvent parce qu'elles ignorent les mises en garde.

Der erste dokumentierte Fall einer HIV-Infektion in Deutschland geht auf das Jahr 1982 zurück. Die Zahl der jährlichen HIV-Neuinfektionen ist seit über zehn Jahren konstant. Jährlich werden 2 500 neue Infektionsfälle registriert. Doch dank der Entwicklung von effizienten Therapien sinken die Todesfälle (1999: 587 – 2019: 285). 2019 waren in Deutschland rund 91 000 Menschen infiziert oder erkrankt. In Deutschland befiel die Seuche zunächst Homosexuelle, Bluter-Kranke (wegen verseuchter Bluttransfusionen), und Drogenabhängige. Dazu kommen in ihrem Heimatland schon infizierte Einwanderer.

Le premier cas recensé en Allemagne d'une infection VIH remonte à 1982. Le nombre de nouvelles infections par le VIH dénombrées chaque année est constant depuis plus de dix ans. On dénombre annuellement 2 500 nouveaux cas d'infections. Mais grâce à la mise au point de thérapies efficaces, le nombre des décès est en baisse (1999 : 587 – 2019 : 285). En 2019, il y avait en Allemagne quelque 91 000 personnes infectées par le virus ou malades. En Allemagne, l'épidémie a commencé par frapper les homosexuels, les hémophiles (à cause de transfusions contaminées) et les toxicomanes. Il faut rajouter les immigrés déjà contaminés dans leur pays d'origine.

Nach Jahren der Forschung gibt es immer noch keinen Impfstoff gegen den Aids-Virus. Aids-Infizierte werden heute mit einer Kombinationstherapie behandelt, welche die Vermehrung des Virus bremst. Doch diese Therapie hat auch Nachteile: Pro Tag müssen bis zu 20 Tabletten eingenommen werden, es treten starke Nebenwirkungen auf. Die Kosten liegen bei rund 1 500 € pro Monat. In Deutschland trägt die Krankenkasse die Kosten für diese Therapie.

Après des années de recherche, il n'existe toujours aucun vaccin contre le virus du SIDA. Les personnes contaminées sont aujourd'hui traitées par une thérapie combinée qui freine la prolifération du virus. Toutefois, cette thérapie présente aussi des inconvénients : il faut ingérer jusqu'à 20 comprimés par jour, les effets secondaires sont graves. Le coût s'élève à environ 1 500 € par mois. En Allemagne, il est pris en charge par l'assurance-maladie.

Die bessere Behandelbarkeit der Krankheit führt manchmal zu einer Vernachlässigung des Schutzverhaltens. Seit 1995 stagniert die Kondomverwendung. Aus einer 2016 durchgeführten Umfrage geht hervor, dass 12% der befragten von 16-bis-20-jährigen Jugendlichen niemals Kondome beim Geschlechtsverkehr verwendet hätten. Die Wahrnehmung von Aids als eine der

Un traitement plus efficace contre la maladie entraîne parfois un relâchement des comportements de protection. Depuis 1995, l'utilisation de préservatifs n'augmente plus. Les résultats d'une enquête menée en 2016 montrent que 12 % des jeunes entre 16 et 20 ans interrogés déclarent ne jamais avoir utilisé de préservatif pendant les rapports sexuels. L'idée que le SIDA est l'une des

gefährlichsten Krankheiten lässt deutlich nach. Bezeichneten am Ende der 80er Jahre noch 65 Prozent der Bevölkerung Aids als eine der gefährlichsten Krankheiten, so waren es im Jahr 2007 nur noch 29 Prozent. Aids-Präventionskampagnen sind daher noch relevant. Dabei spielen nichtstaatliche Selbsthilfeorganisationen wie die Deutsche AIDS-Hilfe (DAH) oder die Deutsche Aids Gesellschaft (DAIG) eine wesentliche Rolle. Ob „Gib Aids keine Chance" oder „Vergessen ist ansteckend", das Motto der Kampagnen zielt auf Wahrnehmung der Ansteckungsgefahr und Erziehung zur Vorbeugung.

maladies les plus dangereuses ne s'impose plus. Là où à la fin des années 80, il y avait encore 65 % des gens à caractériser le SIDA comme l'une des maladies les plus dangereuses, ils n'étaient plus que 29 % en 2007. D'où l'idée que les campagnes de prévention contre le SIDA ont encore toute leur pertinence. Dans ce cadre, des associations d'entraide non gouvernementales telles la DAH (L'Aide Allemande contre le SIDA) ou la DAIG (Société Allemande contre le SIDA) jouent un rôle de premier plan. Que le slogan soit « Ne laisse aucune chance au SIDA » ou bien « Oublier est contagieux », peu importe : ces campagnes visent à éveiller les consciences au danger de la contamination et à l'éducation à la prévention.

Wege des Zusammenlebens: Gemeinschaftssinn und Leitkultur

Im Unterschied zu den individualistisch gesinnten Franzosen wird den Deutschen ein echter Gemeinschaftssinn zugesprochen. Sie streben in vielen Bereichen nach der Zugehörigkeit zu einer Gemeinschaft. Traditionell – bei Herder etwa – wird die Zugehörigkeit zum deutschen Volk als Teilhabe an einer gemeinsamen Sprache und Kultur definiert. 2000 ist eine Diskussion entbrannt, die um den darauf fußenden Begriff „deutsche Leitkultur" kreiste. Dieser Begriff spielte in der Debatte um eine neue Zuwanderungspolitik für Deutschland eine wichtige Rolle. Dabei wies die CDU auf die Integrationsfähigkeit der einheimischen Bevölkerung hin, die nicht überfordert werden dürfe, so der Unionsfraktionschef Friedrich Merz im Oktober 2000. Vom Gesichtspunkt rechtskonservativer Politiker aus bedeutet Leitkultur, dass Ausländer in die deutsche Gesellschaft und in deren Traditionen hineinwachsen müssen. Beherrschung der Sprache und Verfassungspatriotismus sind die zwei Säulen dieser Auffassung der Leitkultur, wie sie die Union verstanden haben will. Wer sich in Deutschland auf Dauer niederlassen will, soll die deutsche

Modes de vie commune : sens communautaire et culture dominante

À la différence de l'individualisme des Français, les Allemands sont crédités d'un véritable sentiment communautaire. Dans bien des domaines, ils recherchent l'appartenance à une communauté. Traditionnellement, chez Herder par exemple, l'appartenance au peuple allemand est définie comme la participation à une communauté de langue et de culture. En 2000, cela a déclenché un débat sur un concept de « culture dominante allemande » qui se base sur cette définition. Ce concept a joué un rôle essentiel dans le débat sur une nouvelle politique de l'immigration en Allemagne. Dans ce contexte, la CDU a renvoyé à la capacité d'intégration de la population autochtone, dont il ne fallait pas trop exiger, comme l'a déclaré Friedrich Merz, chef du groupe parlementaire de l'Union en octobre 2000. Du point de vue des milieux politiques conservateurs, une « culture dominante » signifie que les étrangers doivent chercher activement à mieux se fondre dans la société allemande et ses traditions. La maîtrise de la langue et le patriotisme constitutionnel sont les deux piliers de cette conception de la culture dominante,

Sprache lernen, sich Grundkenntnisse über das politische und soziale System aneignen. Vor allem ist ein Bekenntnis zu den Grundsätzen des Grundgesetzes erforderlich. Beim Islamwissenschaftler Bassam Tibi hingegen, der 1996 als Erster diesen Begriff geprägt hatte, ist die Leitkultur nicht als vorgegebene Nationalkultur zu verstehen, sondern als laizistische Konsenskultur, die sich eher am französischen republikanischen Modell orientiert.

telle que la CDU-CSU l'entend. Quiconque veut s'établir durablement en Allemagne doit apprendre la langue allemande, acquérir des connaissances de base sur le système politique et social. Surtout, il est incontournable de reconnaître et respecter les principes de la Loi fondamentale. Il en va autrement pour l'islamologue Bassam Tibi, qui a le premier forgé ce concept en 1996, et chez qui la culture dominante ne doit pas être comprise comme culture nationale donnée a priori, mais comme une culture laïque consensuelle, inspirée davantage du modèle républicain français.

Aus der Sicht der Zuwanderer klingt der Begriff „Leitkultur" wie etwas Bedrohliches. Bei den Rechtsextremen ist er allerdings eher gleichbedeutend mit Abschottung. Die rechtsextreme Szene sieht Deutschland als Schutzraum gegen äußere Einflüsse. Obwohl die multikulturelle Gesellschaft in Deutschland schon längst Realität ist, bleibt der Begriff multikulturell angstbesetzt. Die Toleranz gegenüber Fremden, die Anerkennung der Würde jedes Menschen unabhängig von Staatsangehörigkeit und Reisepass klingen für die rechtsextremen Gruppen im Wort „Leitkultur" nicht mit. Die hohe Zahl gewaltsamer Auseinandersetzungen zwischen Deutschen und Fremden, die in Deutschland leben, zeugt davon. Die rechte Gewalt gegen Ausländer oder auch Obdachlose hat stark zugenommen. Ostdeutschland bildet eindeutig einen Schwerpunkt der neonazistischen Gewalt. Auf die Einwohnerzahl bezogen sind dort die meisten Gewalttaten begangen worden – Tendenz steigend –. Bemerkenswert ist auch die Tatsache, dass Ausländerfeindlichkeit in jenen Regionen am höchsten ist, wo die direkte Erfahrung mit dem Fremden fehlt.

Du point de vue des immigrés, la notion de « culture dominante » est vite ressentie comme une menace. À l'extrême-droite, il est au contraire plutôt synonyme d'un repli sur soi. Les milieux d'extrême droite considèrent l'Allemagne comme un abri où se protéger des influences extérieures. En Allemagne, la société multiculturelle est depuis longtemps une réalité. Mais le concept de « multiculturel » cristallise les peurs. Pour ces groupes d'extrême droite, la tolérance à l'égard des étrangers, la reconnaissance de la dignité de tous les êtres humains indépendamment de leur nationalité et de leur passeport ne font pas partie du concept de « culture dominante ». Le nombre élevé de violents affrontements entre Allemands et étrangers vivant en Allemagne en témoigne. La violence d'extrême droite contre les étrangers ou les SDF a nettement augmenté. L'Allemagne de l'Est constitue de façon très nette un important foyer de violence néonazie. Rapportés au nombre d'habitants, c'est là qu'ont été commis la majorité des actes de violence (et la tendance s'accentue). On peut remarquer aussi que la xénophobie est la plus forte là où les gens n'ont pas l'expérience directe de ce qui est étranger.

Vocabulaire

Ansteckung, (die, en)	*la contamination, la contagion*
Ausgrenzung, (die, en)	*l'exclusion*
Behandlung, (die, en)	*le traitement*
Dauerarbeitslosigkeit, (die)	*le chômage de longue durée*
Drogensucht, (die)	*la toxicomanie*
Einkommen, (das, -) (ein Einkommen beziehen, og, ogen)	*le revenu, toucher un revenu*
Faulheit, (die)	*la paresse*
Gewalt, (die), Gewalttat, (die, en)	*la violence, l'acte de violence*
Hälfte, (die, n)	*la moitié*
der Homosexuelle, ein Homosexueller, (adj. subst.)	*l'homosexuel*
Kondom, (das, e)	*le préservatif*
Rauschgift, (das, e)	*le stupéfiant, la drogue*
Reichtum, (der, ¨er)	*la richesse*
Siedlung, (die, en)	*la cité*
Sozialhilfe, (die, n)	*l'aide sociale*
Verwahrlosung, (die)	*l'abandon, la clochardisation, la déchéance*
Viertel, (das, -)	*le quartier*
Vorbeugung, (die)	*la prévention*
Vorsicht, (die)	*la prudence, la précaution*
Würde, (die, n)	*la dignité*
die Zugehörigkeit, (die, en, zu + D)	*l'appartenance (à un groupe)*
aufgrund, (+ G ou von + D)	*en raison de, étant donné*
einheimisch	*autochtone, natif du pays*
entweder … oder	*ou bien, ou bien – soit, soit*
kinderreich, eine kinderreiche Familie	*ayant beaucoup d'enfants (famille nombreuse)*
notwendig	*nécessaire*
obdachlos	*sans abri, SDF*
pauschal	*globalement*
sich etwas (A) an/eignen	*s'approprier, acquérir qqc*
beeinträchtigen	*porter atteinte à, léser*
betreffen, (a, o, i)	*concerner, toucher*
entwarnen	*déclarer la fin d'une alerte*
erreichen	*atteindre*
impfen	*vacciner*
nach/denken, (achte, acht, über + A)	*réfléchir à*
überfordern, (+ A)	*trop exiger de*
sich verbreiten	*se répandre*
verschärfen	*aggraver, accentuer*
vor/gehen, (ging vor, ist vorgegangen gegen + A)	*prendre des mesures contre*
zeugen, (von + D)	*témoigner de*

Lexique en situation 16

- Diese Krankheit ist sehr ansteckend.
  Cette maladie est très contagieuse.
- Die Regierung hat die notwendigen Maßnahmen getroffen, um die Verbreitung des Virus zu verhindern.
  Le gouvernement a pris les mesures nécessaires pour empêcher la propagation du virus.
- Ich habe lange über deinen Vorschlag nachgedacht.
  J'ai longuement réfléchi à ta proposition.
- Gegen die Verwahrlosung eines Teils der Bevölkerung muss gekämpft werden.
  Il faut lutter contre la clochardisation d'une partie de la population.
- Aufgrund des schlechten Wetters bleiben wir zu Hause.
  En raison du mauvais temps, nous restons à la maison.
- Sie hat sich diese Kenntnisse in nur wenigen Monaten angeeignet.
  Elle a acquis / assimilé ces connaissances en quelques mois seulement.
- Er wohnt im schönsten Viertel der Stadt.
  Il habite le plus beau quartier de la ville.
- Dieses Jahr ist die Zahl der Gewaltakte stark gestiegen.
  Cette année, le nombre d'actes de violence a fortement augmenté.
- Warum hat er sich nicht früher impfen lassen?
  Pourquoi il ne s'est pas fait vacciner plus tôt ?
- Die Würde des Menschen ist unantastbar.
  La dignité de l'être humain est intangible.
- Das Durchschnittseinkommen der Deutschen stagniert seit Jahren.
  Le revenu moyen des Allemands stagne depuis des années.
- Dieses Problem betrifft uns leider alle.
  Ce problème nous concerne malheureusement tous.
- Für junge Leute ist die Zugehörigkeit zu einer Gruppe besonders wichtig.
  Pour les jeunes, l'appartenance à un groupe est particulièrement importante.
- Die Reichtümer sind in der Gesellschaft ungerecht aufgeteilt.
  Les richesses sont injustement réparties dans la société.
- Auch im Winter übernachten viele Obdachlose weiter auf der Straße.
  Même en hiver, de nombreux SDF passent la nuit dans la rue.
- Die Zahl der Langzeitarbeitslosen ist leider bei Älteren besonders hoch..
  Le nombre de chômeurs de longue durée est malheureusement particulièrement élevé chez les gens d'un certain âge.
- Entweder wir demonstrieren, oder wir streiken.
  Ou bien nous manifestons, ou bien nous faisons grève.
- Er hat alles getan, um seine Ziele zu erreichen.
  Il a tout fait pour atteindre ses objectifs.

Dossier 17

Ost-West? Nord-Süd? Wiedervereinigung und neue Gefälle

„Jetzt wächst zusammen, was zusammengehört" soll Altkanzler Willy Brandt am Tag nach dem Mauerfall gesagt haben. Mit diesen Worten mahnte er zur Wiedervereinigung und wies auf Gemeinsamkeiten und Unterschiede zugleich hin. Gemeinsam hatten die Menschen auf beiden Seiten der Mauer das Deutschsein, Sprache und Kultur, sowie die Geschichte bis 1945. Anders waren die Sozial- und Wirtschaftsstrukturen. Im Sinne einer Wiedervereinigung bedeutete „zusammenwachsen" zunächst einmal die Angleichung des Wirtschaftsniveaus und der Lebensverhältnisse im Osten an das in den alten Bundesländern vorhandene Niveau. Es ging darum, die Wirtschaftsstruktur in Ostdeutschland von einer zentral verwalteten Planwirtschaft zu einer sozialen Marktwirtschaft umzubauen. Aber es hieß auch, die Menschen aus Ost und West einander näher zu bringen und ein Zugehörigkeitsgefühl zur „neuen" Bundesrepublik entstehen zu lassen. Wie steht es um diese wesentlichen Aspekte über 30 Jahre nach der Wiedervereinigung? Dem Versuch einer Antwort auf diese Frage ist im Folgenden ein kurzer Rückblick auf die ersten Jahre nach der Auflösung der DDR vorangestellt.

Abwicklung der planwirtschaftlichen Strukturen und Abbau von Arbeitsplätzen

1989 zählte die DDR 9,7 Millionen Arbeitsplätze. 2000 waren sie in den neuen Bundesländern nur noch 6,4 Millionen an der Zahl. In derselben Zeitspanne gingen

Est-Ouest ? Nord-Sud ? Réunification et nouveaux clivages

« Maintenant, ce qui fait partie d'un même ensemble va se ressouder » : telles sont les paroles que l'on prête à Willy Brandt le jour qui a suivi la chute du Mur. En disant cela, il exhortait à la réunification et renvoyait à des points communs, mais aussi à des différences. Ce que les Allemands avaient en commun des deux côtés du Mur, c'était leur germanité, leur langue, leur culture, ainsi qu'une même histoire jusqu'en 1945. Mais ils différaient par leurs structures sociales et économiques. Dans le sens d'une réunification, « se ressouder », cela voulait d'abord dire amener les conditions de vie et les performances économiques de l'Est à un niveau proche de celui qui existait dans les Länder de l'Ouest. Il s'agissait de transformer la structure de l'économie est-allemande pour la faire passer d'une économie planifiée centralement à une économie sociale de marché. Mais cela voulait dire aussi rapprocher les Allemands de l'Est et de l'Ouest, éveiller en eux un sentiment d'appartenance à la « nouvelle » République fédérale. Qu'en est-il de ces aspects fondamentaux plus de 30 ans après la réunification ? Avant de tenter de répondre à cette question, voici un bref historique des années qui ont immédiatement suivi la disparition de la RDA.

Démantèlement des structures de l'économie planifiée et réduction des emplois

En 1989, la RDA comptait 9,7 millions d'emplois. En 2000, les nouveaux Länder n'en comptaient plus que 6,4 millions. Dans le même laps de temps, plus de 3 millions

also über 3 Millionen Arbeitsplätze verloren. Wie und warum ist es dazu gekommen?

d'emplois ont donc été perdus. Comment et pourquoi en est-on arrivé là ?

Nach Einführung eines Wechselkurses von 1 zu 1 für die Warenpreise waren die ostdeutschen Produkte nicht mehr attraktiv. Die Ostdeutschen selbst, die sich nach Westprodukten sehnten, wendeten sich von den DDR-Erzeugnissen ab. Viele Betriebe in der Schwerindustrie waren überdimensioniert und marode (vgl. Dossier 8). Der DDR-Ministerrat rief eine Organisation ins Leben – die Treuhandanstalt – zur Privatisierung und Neuorganisierung der 8 000 „VEBs". Diese volkseigenen Betriebe wurden eigentlich größtenteils „abgewickelt", d. h. geschlossen. Ein Teil der Arbeitnehmer ging in Frühverrentung.

Après la fixation du taux de change à 1 contre 1 pour le prix des marchandises, les produits est-allemands ont perdu leur attractivité. Même les Allemands de l'Est, qui avaient envie de produits occidentaux, se sont détournés des produits fabriqués en RDA. Dans l'industrie lourde, de nombreuses entreprises étaient surdimensionnées et en piteux état (cf. Dossier 8). Le conseil des ministres de RDA a créé un organisme, la Treuhand, pour privatiser et réorganiser les 8 000 entreprises d'État. En réalité, la plupart de ces entreprises ont été démantelées, c'est-à-dire fermées. Une partie des salariés ont été mis à la retraite anticipée.

Das zweite Hauptmerkmal für die Jahre nach dem Mauerfall ist der durch die Abwanderung der Arbeitskräfte in den Westen verursachte demographische Wandel. Seit 1990 verließen Millionen Ostdeutsche den Osten Deutschlands, um Arbeit in der alten Bundesrepublik zu suchen. Zwischen 1990 und 2019 schrumpfte die Bevölkerung der neuen Bundesländer um 15%, das entspricht 2,5 Millionen Einwohnern. Selbst das erfolgreiche Bundesland Sachsen hat innerhalb von 30 Jahren über 17% seiner Bevölkerung eingebüßt. Im Osten Deutschlands steht fast jede zehnte Wohnung leer. In manchen Kommunen ist die 20%-Grenze überschritten, vor allem in ländlichen Gegenden und in den Plattenbausiedlungen am Rande der Städte, die man „zurückbaut", um sie etwas attraktiver zu machen (vgl. Dossier 16). Das bis heute anhaltende Phänomen der Binnenwanderung betrifft hauptsächlich Jugendliche und Frauen mit akademischem Abschluss.

Le second phénomène caractéristique des années qui ont suivi la chute du Mur est le changement démographique entraîné par l'émigration économique vers l'Ouest. Depuis 1990, des millions d'Allemands de l'Est ont quitté l'Est de l'Allemagne pour chercher du travail dans l'ancienne République fédérale. La population des Länder de l'Est s'est contractée de 15%, soit 2,5 millions d'habitants entre 1990 et 2019. Même la Saxe, qui fait figure de success story, a perdu plus de 17 % de sa population en 30 ans. À l'Est de l'Allemagne, presque un logement sur dix est vide. Dans certaines communes, la barre des 20 % est dépassée, surtout dans les cités en alvéoles de béton construites à la périphérie des villes, que l'on « déconstruit/restructure » pour les rendre plus attractives (cf. Dossier 16). Ce phénomène de migration intérieure dure aujourd'hui encore et frappe essentiellement les jeunes, et les femmes diplômées de l'enseignement supérieur.

Die Aufholjagd ist noch nicht zu Ende

Die Vorstellung, es bestehe ein eindeutiges wirtschaftliches Ost-West-Gefälle, muss je nach neuem Bundesland nuanciert werden. Zwar hat sich nach Jahren des

La course-poursuite n'est pas terminée

L'idée qu'il subsiste un fossé économique entre l'Est et l'Ouest doit être nuancée en fonction des Länder. Certes, après des années de croissance vigoureuse, l'écart

kräftigen Wachstums die Schere allmählich geschlossen. Die Wirtschaftsleistung der neuen Bundesländer (NBL) je Einwohner lag 2020 bei rund 70% des westdeutschen Niveaus. Dahingegen erreicht der Lebensstandard der Ostdeutschen etwa 80% des westdeutschen Niveaus. Der Unterschied zwischen Lebensstandard und Wirtschaftsleistung (BIP) lässt sich durch die heute noch massiven Transferleistungen erklären. Zwischen 1991 und 2016 erhielten die NBL insgesamt 1,4 Billionen Euro an Nettotransferzahlungen. Der Osten scheint also noch am Tropf zu hängen. Bei genauerem Hinsehen muss aber zwischen verschiedenen Quellen für diese Zahlungen differenziert werden. Ein Teil der Transferleistungen erfolgt im Rahmen des im GG verankerten Finanzausgleichs zwischen den Ländern. Damit sich die Lebensverhältnisse bundesweit angleichen, unterstützten jahrzehntelang reichere Länder wie Bayern oder Baden-Württemberg ärmere Bundesländer wie das Saarland, den Stadtstaat Bremen oder eben die NBL. Darüber hinaus bestehen diese Transferzahlungen zu 45% aus Sozialleistungen und Renten. In den NBL werden verhältnismäßig mehr Renten ausgezahlt, weil dort auch mehr Frauen erwerbstätig waren. Schon durch die Alterung der Ostbevölkerung erhöht sich automatisch der Gesamtbetrag der auszuzahlenden Renten. Zudem hängen mehr Menschen vom sozialen Auffangsystem ab als im Westen. Denn obwohl die Arbeitslosenquote bundesweit mächtig gesunken ist, bleibt sie in einigen neuen Bundesländern (Sachsen-Anhalt, Mecklenburg-Vorpommern) um 1,5 Prozentpunkte höher als im gesamtdeutschen Durchschnitt. Damit schneiden die NBL aber nicht schlechter ab als etwa Bremen oder Nordrhein-Westfalen im Westen.

Für den Aufbau und Investitionen in Infrastrukturen und für die Unterstützung des Arbeitsmarkts kam der „Solidarpakt" auf. 1993 wurde der Solidarpakt I für die Zeitspanne 1994-2005 beschlossen. Der

s'est progressivement resserré. La richesse produite dans les nouveaux Länder atteignait en 2020 quelque 70 % du niveau de l'Ouest. Le niveau de vie des Allemands de l'Est atteint en revanche environ 80 % de celui de l'Ouest. La différence entre le niveau de vie et le PIB s'explique par les transferts qui sont aujourd'hui encore très importants. Entre 1991 et 2016, les nouveaux Länder avaient reçu 1,4 trillions d'euros sous forme de transferts nets. L'Est semble donc encore sous perfusion. Or à y regarder de plus près, il faut distinguer entre différentes sources pour ces prestations. Une partie des transferts s'effectue dans le cadre de la péréquation financière entre Länder, inscrite dans la Loi fondamentale. Pour pouvoir tendre vers une harmonisation des niveaux de vie sur l'ensemble du territoire allemand, les Länder riches, comme la Bavière ou le Bade-Wurtemberg, ont des années durant soutenu financièrement les Länder plus pauvres, comme la Sarre, Brême ou justement les Nouveaux Länder. De plus, 45 % des sommes versées dans le cadre de ces transferts le sont au titre des retraites ou des prestations sociales. À l'Est, la facture des retraites est comparativement élevée puisque davantage de femmes y ont travaillé. Le vieillissement de la population de l'Est élève mécaniquement le montant des sommes allouées aux retraites. De plus, il y a plus de personnes dépendantes de prestations sociales qu'à l'Ouest. Car bien que le taux de chômage ait énormément baissé pour l'Allemagne prise dans son ensemble, il demeure plus élevé de 1,5 points dans certains Länder de l'Est par rapport à la moyenne nationale. Mais ces chiffres ne sont pas plus mauvais que ceux que présentent par exemple Brême ou la Rhénanie du Nord-Westphalie à l'Ouest.

La reconstruction et les investissements dans les infrastructures ainsi que le soutien du marché du travail ont été pris en charge par le « pacte de solidarité ». En 1993, le « pacte de solidarité I » a été voté pour les

Solidarpakt II erstreckte sich über die Jahre 2005-2019. Die Länder verfügten autonom über die gewährten Zuschüsse, mussten aber jährlich einen Fortschrittsbericht über den Entwicklungsstand ihrer Projekte vorweisen. Zur Finanzierung des Solidarpakts wurde der Solidarzuschlag (auch „Solidaritätszuschlag" genannt, im Volksmund der „Soli") erhoben, den jeder Steuerpflichtige ab einer gewissen Einkommensgrenze zu zahlen hat. Der Solidaritätszuschlag betrug 5,5% der Steuerschuld und wurde also auch im Osten erhoben. Nach Auslaufen des Solidarpakts 2019 gilt nun das „Gesamtdeutsche Fördersystem" für strukturschwache Regionen. Durch das Attribut „gesamtdeutsch" wird betont, dass zwischen Ost und West nicht mehr unterschieden wird.

années 1994-2005. Le « pacte de solidarité II » avait pris le relais pour la période 2005-2019. Les Länder disposaient librement des subventions octroyées, mais ils devaient présenter tous les ans un rapport sur l'état d'avancement de leurs projets. Le financement du « pacte de solidarité » était assuré par le prélèvement d'un impôt spécial, « l'impôt solidarité » (qu'on appelle couramment le « soli ») redevable par tout contribuable au-dessus d'un certain seuil de revenus. L'impôt solidarité s'élèvait à 5,5 % de l'impôt sur le revenu et était donc prélevé à l'Est aussi. Le pacte de solidarité étant arrivé à son terme en 2019, c'est maintenant le « Système national de soutien » aux régions présentant des faiblesses structurelles qui prend le relais. Par le biais de l'épithète « gesamtdeutsch » (valant pour l'ensemble de l'Allemagne), on souligne qu'il n'est plus fait de différence entre l'Est et l'Ouest.

Neue Industriestandorte

Nach den Jahren der Abwicklung und Umstrukturierung sind viele Erfolge zu verbuchen. Die ostdeutsche Industrielandschaft wurde rundum erneuert. Firmenansiedlungen sind aber nicht regelmäßig über das ganze Gebiet der NBL verteilt. Sie konzentrieren sich an einigen Standorten und in wenigen Kernbereichen. Im Bereich der umweltfreundlichen Spitzentechnologie sind die meisten deutschen Fotovoltaikhersteller in Ostdeutschland angesiedelt. Doch sie leiden unter der neuen Konkurrenz aus China. Das beste Beispiel für eine ostdeutsche Erfolgsgeschichte dürfte allerdings die so genannte „Cluster-Bildung" in „Silicon-Saxony" sein: Mit ihren „Chip-Fabriken" hat sich die Gegend um Dresden zum größten Elektronikstandort Europas entwickelt. Mikroelektronik-Unternehmen beschäftigen dort um die 70 000 Mitarbeiter. Das Land Sachsen zieht dabei Nutzen aus seiner

De nouveaux sites de production industrielle

Après des années de démantèlement et de restructuration, on engrange de nombreux résultats. Le parc industriel est-allemand a été complètement rénové. Les implantations d'entreprises ne sont toutefois pas reparties régulièrement sur l'ensemble du territoire des nouveaux Länder. Elles se concentrent dans quelques sites et dans quelques domaines clés. Dans le domaine des technologies écologiques de pointe, la plupart des producteurs de cellules photovoltaïques servant aux panneaux solaires sont situés à l'Est. Mais ils souffrent de la récente concurrence chinoise. Le meilleur exemple de succes story *est-allemande est sans doute la constitution de ce qu'on appelle un* cluster *dans la « Silicon Saxony ». La région de Dresde est devenue le plus grand pôle électronique européen grâce à ses usines de fabrication de puces électroniques. Les entreprises de micro-électronique y fournissent du travail à quelque 70 000 employés. La Saxe tire profit de sa*

geographischen Nähe zu den Absatzmärkten in Polen und Tschechien.

proximité géographique avec les débouchés en Pologne et en République tchèque.

Samt Zulieferern beschäftigt die ostdeutsche Automobilindustrie um die 200 000 Mitarbeiter. Sie trägt zu den guten Exportzahlen der Bundesrepublik bei. Die großen Automobilhersteller haben sich in den NBL niedergelassen. Zu nennen sind Volkswagen in Sachsen (Zwickau, Dresden mit der „Gläsernen Manufaktur") und (Chemnitz), BMW in Leipzig (Sachsen), aber auch Daimler-Chrysler im brandenburgischen Ludwigsfelde, Porsche (Leipzig) und das kleine Opelwerk in Eisenach (Thürigen). Anfang 2022 soll die Produktion von Elektorautos in der „Tesla Gigafactory Berlin-Brandenburg" starten. Der Bau dieser Großfabrik des Unternehmers Elon Musk erforderte allerdings die Rodung von 150 Hektar Kiefernforst in Grünheide bei Berlin.

L'industrie automobile est-allemande et ses fournisseurs emploient quelque 200 000 personnes. Elle contribue aux bons chiffres des exportations allemandes. Les grands constructeurs automobiles se sont implantés dans les nouveaux Länder : Volkswagen en Saxe (Zwickau, Dresde avec la « Manufacture de verre » et Chemnitz), BMW à Leipzig (Saxe), mais aussi Daimler-Chrysler à Ludwigsfelde au Brandebourg, Porsche (Leipzig) et la petite usine Opel d'Eisenach (Thuringe). Début 2022, la production d'automobiles électriques doit débuter à la « Tesla Gigafactory Berlin-Brandenburg ». La construction de cette vaste usine de l'entrepreneur Elon Musk a nécessité cependant l'abattage de 150 hectares de pins à Grünheide près de Berlin.

Auch im traditionell starken Chemie-Sektor geht der Trend wieder aufwärts, vor allem im so genannten „mitteldeutschen Chemiedreieck" um Halle in Sachsen-Anhalt. Schließlich müssen noch die Präzisionsoptik in Jena (Thürigen) und das Entwicklungscluster Berlin-Brandenburg, ein führender Standort im Bereich der Biotechnik und –medizin sowie der Gentechnik, erwähnt werden. Berlin profiliert sich seit Jahren schon als kreative Kulturmetropole. Von der IKT- (Informations- und Kommunikationstechnik), Medien- und Kreativbranche hängen in der Bundeshauptstadt um die 290 000 Jobs ab.

Dans le secteur traditionnellement fort de la chimie, la tendance est également de nouveau à la hausse, surtout dans ce qu'on appelle le « triangle de la chimie d'Allemagne moyenne », autour de Halle en Saxe-Anhalt. Il faut mentionner pour finir l'optique de précision à Iéna (Thurige) et la zone de développement de Berlin-Brandebourg, un des principaux sites de production dans le domaine des biotechnologies, des technologies médicales et des techniques génétiques. Berlin se positionne depuis des années comme métropole de la création et de la culture. Dans la capitale fédérale, quelque 290 000 emplois dépendent du secteur de la technologie de l'information et de la communication, des médias et de la créativité.

Ostdeutsche Identität und Ostalgie

Identité est-allemande et « ostalgie »

Das Auftreten von Beschäftigungsproblemen, die es zu DDR-Zeiten so gut wie nicht gab, war ein wesentlicher Faktor für den im Osten weit verbreiteten Unmut und für eine gewisse

L'apparition de la précarité de l'emploi, quasi inexistante à l'époque de la RDA, a été une des causes principales du mécontentement qui a largement touché l'Est, ainsi que d'un certain désenchantement. C'est

Desillusionierung. Der Aufstieg der Rechtsextremen ist wohl zum Teil auch darauf zurückzuführen. Festzustellen ist nämlich, dass die neonazistischen Parteien ihre Höchstwerte in ländlichen Gemeinden erzielen, die unter hoher Arbeitslosigkeit leiden. Bevölkerungsschwund und Abwanderung der Frauen, die oft einen höheren Schulabschluss haben als Männer, gelten als weiterer Erklärungsfaktor. Heute geht man allgemein davon aus, dass die 40 Jahre DDR-Geschichte historisch aufgearbeitet worden sind. Doch viele Menschen in den NBL haben den Eindruck, ihr Standpunkt als Zeitzeugen werde bei der jüngeren deutschen Geschichtsschreibung so gut wie ignoriert.

sans doute à cela que l'extrême droite doit en partie son ascension. On constate en effet que les partis néo-nazis enregistrent leurs meilleurs scores dans des communes rurales frappées par un chômage important. Le déclin démographique et le départ des femmes, qui ont souvent un niveau d'étude supérieur à celui des hommes, sont considérés comme un autre facteur explicatif. Aujourd'hui, on estime en règle générale que le travail des historiens sur les 40 ans d'histoire de la RDA est achevé. Mais nombreux sont ceux qui, dans les nouveaux Länder, ont l'impression que leur point de vue en tant que témoins de l'époque est quasiment ignoré par l'historiographie récente de cette période de l'histoire allemande.

Aber wenn man die Menschen in den neuen Bundesländern fragt, ob sie das Gefühl haben, dass es ihnen heute besser geht als vor 30 Jahren, antwortet die überwiegende Mehrheit mit „Ja". Vor einigen Jahren sagte noch die Hälfte der Bürger in den neuen Bundesländern, dass sie das Gefühl hatten, es gehe ihnen schlechter als zu DDR-Zeiten. Der Begriff „Jammerossi" – mit seinem Pendant „Besserwessi" – ist so gut wie nicht mehr in Gebrauch. Die „Mauer in den Köpfen", von der noch in den Medien die Rede ist, scheint der Wirklichkeit nicht mehr zu entsprechen.

Mais quand on demande aux gens de l'Est s'ils ont le sentiment de vivre mieux maintenant qu'il y a trente ans, la grande majorité d'entre eux répondent « oui ». Il y a quelques années, encore la moitié des Allemands de l'Est déclaraient avoir le sentiment que leur situation s'était aggravée par rapport à l'époque de la RDA. L'expression de « geignard » (de l'Est), et son pendant, le « donneur de leçon » (de l'Ouest), n'a quasiment plus cours. Contrairement à ce que disent les médias, l'idée qu'il y a toujours un « mur » dans les esprits ne semble plus correspondre à la réalité.

Vor diesem Hintergrund muss man auch den Begriff „Ostalgie" hinterfragen. Die „Ostalgie" ist nicht synonym mit einem Wunsch nach Rückkehr zu den früheren Verhältnissen. Sie ist vielmehr ein diffuses Gefühl, dass es eine ostdeutsche Identität gibt, die durch die Eingliederung der NBL in das System der Bundesrepublik verloren gegangen ist bzw. verloren geht. Sie beschränkt sich nicht auf eine vereinfachende Verklärung der DDR-Verhältnisse. Vielmehr ist sie der Versuch, im sehnsüchtigen Rückblick Bruchstücke aus den Biografien zu retten. Für die Bürger in den neuen Bundesländern war die Tatsache, dass die Kritik an der DDR derart undifferenziert

C'est avec ces réalités en tête que l'on doit s'interroger sur le sens du concept d'« ostalgie ». L'ostalgie ne se confond pas avec le désir de revenir à un état antérieur des choses. C'est plutôt un sentiment diffus de l'existence d'une identité est-allemande qui s'est perdue ou qui est en train de disparaître du fait de l'assimilation des nouveaux Länder par le système de la République fédérale. L'ostalgie ne se limite pas à une idéalisation simplificatrice de la vie à l'époque de la RDA. C'est plutôt la tentative de sauver des bribes d'histoires personnelles en jetant un regard nostalgique sur le passé. Pour les Allemands de l'Est, le fait que la RDA ait été soumise à une critique

geübt wurde und dass sie sich von heute auf morgen genötigt sahen, sich für ihre eigene Vergangenheit zu schämen, schwer zu bewältigen. In allen Dingen fühlten sie sich durch die „Wessis" belehrt, die auf sie herabgeblickt hätten und sich deshalb den Beinamen „Besserwessis" einbrachten. Viele Ostdeutsche sind allerdings der Meinung, dass über das Leben in der DDR nur mitreden kann, wer selbst dort gelebt hat. Aber dass eine Rückkehr zum Vergangenen nur als künstliche Inszenierung denkbar ist, belegte schon 2003 der Renner „Good Bye Lenin".

sans nuance aucune, qu'ils aient été sommés du jour au lendemain d'avoir honte de leur propre passé, est difficile à admettre. En toutes choses, ils ont eu le sentiment que les Allemands de l'Ouest voulaient leur donner une leçon, qu'ils les regardaient de haut, s'attirant de ce fait le surnom de « Besserwessi ». Pour beaucoup d'Allemands de l'Est, ne peuvent en fait parler de la vie en RDA que ceux qui y ont eux-mêmes vécu. Mais un retour au passé ne se conçoit que sous la forme d'une mise en scène artificielle : tel est le message que « Good Bye Lenin », grand succès du cinéma allemand, transmettait dès 2003.

In der ostdeutschen öffentlichen Meinung herrscht jedoch noch die Vorstellung vor, die DDR sei schlicht an das System der Bundesrepublik angeschlossen worden und zu wenig sei aus der DDR in das neue Deutschland übernommen worden. Viele Ostdeutsche hatten zur Stunde der Wiedervereinigung das Gefühl, die Bürger der DDR hätten die wirklichen Verhältnisse in der Bundesrepublik nicht richtig gekannt. Vielmehr seien sie der Selbstdarstellung der Bundesrepublik in Politik und Massenmedien ohne Möglichkeit der kritischen Distanz ausgeliefert gewesen. Aus den meisten biographischen Zeugnissen geht hervor, dass die DDR-Bürger durch den plötzlichen Zugang zu heiß ersehnten Konsumgütern wie geblendet gewesen seien. Aber mit dem Nachlassen des ersten Konsumrauschs kamen viele Bürger im Osten zu dem ernüchterten Schluss, dass sie sich in dem Staat, dem sie nunmehr angehören, schlecht vertreten fühlen. Viele sind davon überzeugt, dass die ostdeutsche Meinung noch immer zu kurz kommt. 42% der Ostdeutschen fühlen sich über dreißig Jahre nach der Wiedervereinigung immer noch als Bürger zweiter Klasse im wiedervereinigten Deutschland. Tatsache ist, dass Ostdeutsche in Führungspositionen bundesweit deutlich unterrepräsentiert sind.

L'opinion publique de l'Est, pense majoritairement que la RDA a tout simplement été annexée au système de la République fédérale et que la RDA a légué trop peu de choses à la nouvelle Allemagne. Au moment de la réunification, de nombreux Allemands de l'Est avaient le sentiment que les citoyens en ex-RDA se seraient leurrés sur la réalité de la vie en République fédérale. Sans possibilité de distance critique, ils auraient été victimes de l'image que celle-ci donnait d'elle-même en politique et dans les médias. La plupart des témoignages directs transmettent l'idée d'un aveuglement des Allemands de l'Est face à la possibilité soudaine d'acquérir des biens convoités de longue date. Mais une fois retombée la première ivresse de consommation, de nombreux Allemands de l'Est sont arrivés à la triste conclusion qu'ils se sentent mal représentés dans l'État qui est désormais le leur. Ils sont nombreux à être convaincus que l'opinion des gens de l'Est n'est pas vraiment prise en compte. 42 % des Allemands de l'Est se sentent plus de trente ans après la réunification toujours comme des citoyens de seconde zone dans l'Allemagne réunifiée. Et c'est un fait que, pour l'ensemble de l'Allemagne, les Allemands de l'Est sont nettement sous-représentés dans les positions de décision.

Die Frage nach der Identität bzw. nach einer spezifisch ostdeutschen Identität betrifft nicht nur die Generationen derer, die einen Teil ihres Lebens in der DDR verbracht haben. Auch junge Erwachsene, die in der DDR kurz vor der Wende und danach geboren wurden und den DDR-Staat nicht bewusst erlebt haben, empfinden eine Lücke in ihrer Identität. Grund dafür ist, dass sie häufig auf Schweigen stoßen, wenn sie ihre Eltern nach ihrer Biografie in der DDR fragen (vgl. Johannes Nichelmann, *Nachwendekinder*, Ullstein 2019). Als gäbe es noch unsagbare Dinge.

La question de l'identité ou d'une identité spécifiquement est-allemande ne concerne pas que les générations de ceux qui ont vécu une partie de leur vie en RDA. Les jeunes adultes qui sont nés en RDA peu avant et après la Chute du Mur n'ont pas de souvenirs conscients de l'État est-allemand ont aussi l'impression qu'il manque quelque chose à leur identité. Cela tient au fait qu'ils se heurtent souvent au silence quand ils interrogent leurs parents sur leur vie en RDA (cf. Johannes Nichelmann, Nachwendekinder, *Ullstein 2019. Comme s'il y avait encore des choses indicibles.*

Wächst also das zusammen, was zusammengehört? Wenn man ein identitätsstiftendes Kriterium wie die Religion heranzieht, lautet die Antwort: nicht ganz. Als Beleg dafür sei zuerst der Volksentscheid genannt, der 2009 in Berlin, der Stadt, wo schon immer Ost und West aneinandergrenzen, durchgeführt wurde. Bei der Frage der Einführung des Religionsunterrichts an staatlichen Schulen fiel die Entscheidung je nach der Stadthälfte deutlich anders aus. Die in einem laizistischen Staat aufgewachsenen Ostberliner haben nach wie vor wenig Interesse an religiösen Dingen, während im westlichen Stimmbezirk Charlottenburg bis zu 80% der Wahlberechtigten sich für den Religionsunterricht aussprachen. Die Aussagekraft dieses Beispiels ist noch aktuell: 2018 bezeichneten sich über 68% der Ostdeutschen als nicht gläubig bzw. Atheisten. Das sind viermal so viel wie in Westdeutschland.

Alors, est-ce que les parties d'un même ensemble se ressoudent ? Si l'on convoque un critère constitutif de l'identité comme la religion, la réponse est : pas tout à fait. Comme preuve, on peut d'abord citer le referendum tenu en 2009 à Berlin, ville où depuis toujours Est et Ouest se côtoient. Sur la question de l'introduction d'un cours de religion dans les établissements d'enseignement publics, la décision a eu un tout autre aspect selon la partie de la ville. Les Berlinois de l'Est, ayant grandi dans un État laïc, ont toujours aussi peu d'intérêt pour les choses de la religion, tandis que dans la circonscription de Charlottenburg, à l'Ouest, jusqu'à 80 % des inscrits se sont prononcés en faveur du cours de religion. La portée symbolique de cet exemple est toujours actuelle : En 2018, plus de 68% des Allemands de l'Est se déclaraient non croyants ou athées. C'est quatre fois plus qu'à l'Ouest.

Unterschiede im Wahlverhalten ließen sich wieder bei der Bundestagswahl 2021 nachweisen. Die AfD verbuchte mehr als doppelt so viele Stimmen im Osten (21,4%) wie im Westen. Damit wurde die AfD zweitstärkste Partei in den neuen Bundesländern. In Sachsen und Thüringen bekam sie sogar die meisten Stimmen. Im Westen hingegen musste die AfD starke Stimmeneinbußen hinnehmen. Mit gerade

Les élections au parlement fédéral de 2021 ont à nouveau révélé des différences dans le comportement électoral. L'AfD a enregistré un score plus de deux fois plus élevé à l'Est (21,9 %) qu'à l'Ouest. Cela fait de l'AfD la seconde force politique des nouveaux Länder. En Saxe et en Thuringe, l'AfD est même arrivé en tête. A l'Ouest, l'AfD a en revanche dû encaisser de fortes pertes de voix. Avec tout juste 8,4 % des

einmal 8,4% liegt sie hinter allen im Bundestag vertretenen Parteien. Das zeigt, dass viele Ostdeutsche die Bundestagswahl auch als Protestwahl gegen die schon lange im Westen etablierten Parteien betrachten. Viele Ostdeutsche scheinen zudem nach NS-Diktatur und SED-Diktatur die demokratischen Werte noch nicht verinnerlicht zu haben.

voix, elle est placée derrière tous les autres partis représentés au parlement fédéral, ce qui montre que de nombreux Allemands de l'Est considèrent les élections législatives comme un vote contestataire contre les partis établis depuis longtemps à l'Ouest. Après deux dictatures, le Troisième Reich et la dictature socialiste en ex-RDA, de nombreux Allemands de l'Est ne semblent par ailleurs pas encore avoir intégré les valeurs propres à la démocratie.

Vocabulaire

Absatzmarkt (der, ¨e)	*le débouché, le marché*
Angleichung (die)	*l'harmonisation, l'adaptation*
Aufschwung (der, ¨e)	*l'essor, l'élan*
Begriff (der, e)	*la notion, le concept, l'idée*
Bericht (der, e) (über + A)	*le rapport (sur)*
Ernüchterung (die)	*le désenchantement*
Frühverrentung (die)	*retraite anticipée*
Gebrauch (der, Gebräuche)	*l'usage*
Gefälle (das, -)	*le clivage*
Gemeinsamkeit (die, en)	*le point commun, la similitude*
Nutzen (der)	*le bénéfice*
Sehnsucht (die, ¨e) (nach + D)	*le désir, la nostalgie*
Unmut (der)	*le mécontentement*
Unterstützung (die)	*le soutien*
Vergangenheit (die)	*le passé*
Verhältnis (das, e)	*le rapport ; au pluriel : la situation*
Verklärung (die)	*la transfiguration, l'enjolivement*
Wechselkurs (der, e)	*le taux de change*
Zeitspanne (die, n)	*le laps de temps, la période*
Zuflucht (die, en)	*le refuge*
Zuschuss (der, ¨e)	*la subvention*
aufwärts ≠ abwärts	*à la hausse ≠ à la baisse*
bei genauerem Hinsehen	*à y regarder de plus près*
doppelt so+adj. … wie	*deux fois plus … que*
ländlich	*rural*
nüchtern	*sobre, l'esprit clair, à jeun*
sehnsüchtig (nach + D)	*nostalgique de, plein du désir de*
ab/wenden (sich) (von + D)	*se détourner de*
auf/holen (die Aufholjagd)	*rattraper (la course poursuite)*
ein/büßen	*perdre en/de*
erheben (o, o)	*prélever*
erstrecken (sich) (über + A)	*s'étendre (sur)*
herab/blicken (auf + A)	*regarder de haut, avec mépris*
heraus/stellen (sich)	*s'avérer*
hin/weisen (ie, ie) (auf + A)	*faire allusion à, renvoyer à*
Kritik üben (an + D)	*émettre une critique à l'encontre de*
mahnen (1: an + A; 2: zu + D)	*1 : rappeler (à des obligations) ; 2 : exhorter à*
niederlassen (sich) (ieß, a, ä)	*s'implanter, s'installer*
übernehmen (a, o, i)	*reprendre, prendre en charge*
verbreiten	*répandre*
zu kurz kommen (a, o) (ist)	*être lésé*

Lexique en situation 17

- Der Osten Deutschlands zieht Nutzen aus der gemeinsamen Vergangenheit mit den osteuropäischen Ländern.
  L'Est de l'Allemagne tire profit de son passé commun avec les pays de l'Est européen.
- Unmut macht sich bei den Studenten breit.
  La grogne gagne parmi les étudiants.
- Oft findet man in der [D] Privatsphäre Zuflucht vor [D] einer als bedrückend empfundenen Wirklichkeit.
  On trouve souvent dans la vie privée un refuge contre une réalité ressentie comme oppressante.
- Man muss diesem Abwärtstrend entgegenwirken.
  Il faut faire quelque chose pour arrêter cette spirale descendante.
- Bayern ist flächenmäßig fast doppelt so groß wie Nordrhein-Westfalen.
  La Bavière est presque deux fois plus étendue que la Rhénanie-du-Nord-Westphalie.
- Immer mehr Jugendliche wenden sich von der Politik ab.
  De plus en plus de jeunes se désintéressent de la politique.
- Die DDR-Band Karat hat an Beliebtheit eingebüßt.
  Karat, groupe rock de RDA a perdu en popularité.
- Die Untersuchung wird sich über mehrere Monate erstrecken.
  L'enquête va s'étendre sur plusieurs mois.
- Es hat sich schon lange herausgestellt, dass Nordkorea über Atomwaffen verfügt.
  Il s'est avéré il y a bien longtemps que la Corée du Nord dispose d'armes nucléaires.
- Der Autor weist auf die Gauck-Behörde hin.
  L'auteur fait allusion à l'administration Gauck (du nom du premier responsable de cette administration chargée du traitement des dossiers de la Stasi).
- Der Autor übt Kritik am populistischen Tonfall dieser Rede.
  L'auteur critique les accents populistes de ce discours.
- Die Mutter mahnt ihr Kind zur Vorsicht.
  La mère exhorte son enfant à la prudence.
- Wir wurden an unsere Pflicht erinnert.
  On nous a rappelés à notre devoir.
- Nach der Pensionierung haben sie sich an der Riviera niedergelassen.
  À la retraite, ils se sont établis sur la Côte d'Azur.
- Dafür übernehme ich keine Verantwortung!
  Je n'en prends pas/n'en assume pas la responsabilité !
- Der Autor vertritt eine weit verbreitete Meinung.
  L'auteur défend une opinion largement répandue.

- Manche Bundesländer fürchteten früher, beim Bundesfinanzausgleich zu kurz zu kommen.
  Dans la péréquation financière entre les Länder du Bund, certains d'entre eux redoutaient autrefois d'être lésés.

- Er erhebt Anspruch auf Entschädigung.
  Il revendique une indemnisation.

Dossier 18

Deutschland und die Europäische Union

Auf einer Fläche von mehr als 4 Mio. km^2 erstreckt sich die Europäische Union von dem Atlantik bis an das Schwarze Meer. Die Bundesrepublik steht im geographischen Mittelpunkt eines Staatenvereins, der nach dem Brexit noch über 447 Mio. Einwohner zählt.

Von Peking oder Washington aus betrachtet ist es oft so, als sei die EU-Hauptstadt nicht Brüssel, sondern Berlin. Somit zollen China und die USA der Bundesrepublik die Anerkennung, die ihr auf Grund ihrer politischen Stabilität und ihrer wirtschaftlichen Vormachtstellung in der EU gebührt. Nicht nur für Chinesen und US-Amerikaner, sondern für viele Bürger aus kriselnden südeuropäischen EU-Mitgliedstaaten ist die heutige EU ein „deutsches Europa", wo jeder Beschluss – vor allem im Bereich der öffentlichen Finanzen – als deutsches Diktat kritisiert wird. Davon abgesehen genießt die EU in der deutschen Öffentlichkeit eine geringere Akzeptanz als vor der Finanzkrise 2008, wie es die Gründung der offen euroskeptischen Partei „Alternative für Deutschland" 2013 und deren sehr gutes Abschneiden bei den Europawahlen 2019 zeigen.

Ein solcher Mangel an Akzeptanz mag zum Teil damit zu tun haben, dass der am 1. Dezember 2009 in Kraft getretene Vertrag von Lissabon als „Verlegenheitslösung" für das gescheiterte EU-Verfassungsprojekt gilt.

Im Folgenden soll allerdings zunächst an die wesentlichen Schritte auf dem Weg zu einer europäischen Einigung – von der Montanunion bis zum heutigen Reformvertrag – erinnert werden.

L'Allemagne et l'Union européenne

Sur une surface de plus de 4 millions de km^2, l'Union Européenne s'étend de l'Atlantique à la mer Noire. La République fédérale est au cœur géographique d'une union d'États qui après le Brexit compte encore plus de 447 millions d'habitants.

Vu de Pékin ou de Washington, on a souvent l'impression que la capitale de l'UE n'est pas Bruxelles, mais Berlin. Ce fait montre la reconnaissance que la Chine et les USA marquent envers la stabilité politique et la prééminence économique de la République fédérale dans l'UE. Pour les Chinois et les Américains, mais aussi pour bon nombre de citoyens des pays membres en crise de l'Europe du sud, l'UE est aujourd'hui une « Europe allemande » où chaque résolution (surtout dans le domaine des finances publiques) est critiquée comme un diktat allemand. Indépendamment de cela, l'UE jouit auprès de l'opinion publique allemande d'une moindre adhésion qu'avant la crise financière de 2008, comme en attestent la fondation en 2013 d'un parti ouvertement eurosceptique (AfD) et le très bon résultat obtenu par ce dernier lors des élections européennes de 2019.

Un tel déficit d'adhésion tient peut-être partiellement au fait que le traité de Lisbonne entré en vigueur le 1er décembre 2009 passe pour un « pis-aller » après l'échec du projet de Constitution européenne.

Dans la suite de ce chapitre, l'on commencera toutefois par rappeler les étapes essentielles de la construction européenne, de la Communauté européenne du charbon et de l'acier au traité de réforme actuel.

Deutschland als Motor der europäischen Einigung

Deutschland war Gründungsmitglied der Europäischen Union. In der europäischen Nachkriegsgeschichte bedeutete die Entwicklung der europäischen Einigung die Aussöhnung Deutschlands mit den europäischen Nachbarn. Was ab 1950 zuerst mit den westeuropäischen Staaten abgeschlossen wurde, hat sich nun auch mit Osteuropa durch die Osterweiterung der EU vollzogen.

L'Allemagne, moteur de l'union de l'Europe

L'Allemagne fut l'un des membres fondateurs de l'Union européenne. Dans l'histoire de l'Europe d'après-guerre, le processus d'unification fut synonyme de réconciliation de l'Allemagne avec ses voisins européens. Ce qui s'est d'abord conclu en 1950 avec les États d'Europe de l'Ouest s'est également accompli avec l'Europe de l'Est grâce à l'élargissement de l'Union à l'Est.

18. April 1951

Die Gründung der Europäischen Gemeinschaft für Kohle und Stahl (EGKS) ist der erste Schritt zur europäischen Einigung. Die Bundesrepublik Deutschland vereinbart zusammen mit Frankreich, Italien und den Benelux-Staaten eine gemeinsame Verwaltung der Kohle- und Stahlindustrie (Montanindustrie).

18 avril 1951

La fondation de la Communauté européenne du charbon et de l'acier (CECA) est la première étape de l'union de l'Europe. De concert avec la France, l'Italie et les États du Benelux, l'Allemagne décide de gérer de façon communautaire le secteur du charbon et la sidérurgie (pool du charbon et de l'acier).

25. März 1957

Mit der Unterzeichnung der Römischen Verträge durch die sechs EGKS- Mitglieder vertieft sich der Einigungsprozess. Dementsprechend entstehen 1958 die Europäische Wirtschaftsgemeinschaft (die EWG der Sechs) und die Europäische Atomgemeinschaft (Euratom).

25 mars 1957

La signature du Traité de Rome par les six membres de la CECA est un approfondissement du processus d'unification. Le Traité de Rome préside à la création en 1958 de la Communauté économique européenne (CEE ou Europe des six) et à celle de la Communauté européenne de l'énergie atomique (EURATOM).

28. Februar 1986

Unterzeichnung der Einheitlichen Europäischen Akte. Die EG-Staaten einigen sich darin auf die Schaffung eines gemeinsamen Binnenmarktes, der von 1993 an den freien Verkehr von Personen, Waren, Dienstleistungen und Kapital zwischen den EG-Staaten vorsieht.

28 février 1986

Signature de l'acte unique européen. Par ce document, les États de la CE s'engagent à instaurer à l'intérieur de leurs frontières un marché intérieur unique où, à partir de 1993, les personnes, les biens, les services et les capitaux doivent circuler librement.

9./10. Dezember 1991

Beim Maastrichter Gipfeltreffen beschließen die EG-Staats- und Regierungschefs den Ausbau der Gemeinschaft zur Europäischen Union

9-10 décembre 1991

Lors du sommet de Maastricht, les chefs d'État et de gouvernement de la CE décident d'approfondir la construction de l'Europe en transformant à partir de 1993 la Communauté

(EU) ab 1993, mit einer Wirtschafts- und Währungsunion, einer engeren Zusammenarbeit in der Außen-, Sicherheits-, Innen- und Rechtspolitik. Die Währungsunion tritt am 1.1.1999 in 11 Mitgliedsstaaten in Kraft. Sie zählt heute 19 Mitglieder.

européenne en Union européenne. Il s'agit d'une union économique et monétaire, d'une collaboration renforcée dans les domaines de la politique étrangère, de la sécurité, du droit et de la politique intérieure. L'union monétaire entre en vigueur le 1.1.1999 pour les 11 États qui y adhèrent. Elle compte aujourd'hui 19 pays-membres.

Kopenhagen 1993

Es werden Kriterien zur Aufnahme neuer Mitglieder erarbeitet. Zu den so genannten „Kopenhagener Kriterien" gehören:
– ein demokratischer Rechtsstaat, der unter anderem die Gleichberechtigung von Mann und Frau, die Achtung der Menschenrechte und der Rechte nationaler Minderheiten sowie den Schutz vor der Diskriminierung wegen sexueller Ausrichtung gewährleistet;
– eine funktionsfähige Marktwirtschaft;
– das „Acquis-Kriterium", nach dem der Beitrittskandidat das gemeinschaftliche Regelwerk in die eigene Gesetzgebung übernehmen soll.

Copenhague 1993

On met au point des critères pour accueillir de nouveaux membres. Ce qu'on appelle les « critères de Copenhague » comprend :
– un État de droit démocratique, qui garantit entre autres l'égalité des droits entre hommes et femmes, le respect des droits de l'Homme et des minorités nationales, de même que la protection contre les discriminations liées à l'orientation sexuelle ;
– une économie de marché qui fonctionne ;
– le critère des « acquis communautaires » qui exige la transposition des règlements communautaires dans la législation du candidat à l'adhésion.

1995

Abschaffung der Grenzkontrollen zwischen Deutschland, den Benelux-Staaten, Frankreich, Italien, Spanien, Portugal, Griechenland und Österreich im Rahmen des „Schengener Abkommens".

1995

Abolition des contrôles aux frontières entre l'Allemagne, le Benelux, la France, l'Italie, l'Espagne, le Portugal, la Grèce et l'Autriche, dans le cadre des « accords de Schengen ».

Das erste Lissabonner Gipfeltreffen im Juni 2000

Es wird die Agenda von Lissabon beschlossen, die neue Richtlinien für die EU-Wirtschaft mit Blick auf 2010 ausgibt. Man geht dabei von der Feststellung aus, dass die Internet-Revolution in den USA zur Schaffung von Millionen von Arbeitsplätzen beigetragen hatte. So setzt sich die Agenda von Lissabon zum Ziel, eine auf Wissen und Spitzentechnologie gegründete Wirtschaft zu fördern. 3% des EU-Bruttoinlandsprodukts sollen für die Forschung ausgegeben werden. Ziel ist auch eine Beschäftigungsquote von 70% und ein jährliches Wachstum in der EU-Zone von 3%.

Premier sommet de Lisbonne, juin 2000

On y décide l'agenda de Lisbonne, qui donne des directives pour l'économie de l'Union à l'horizon 2010. On y part de la constatation que la révolution de l'internet aux USA y a contribué à la création de millions d'emplois. L'agenda de Lisbonne se fixe donc comme but de favoriser une économie basée sur le savoir et les technologies de pointe. 3 % du PIB de l'Union doivent être consacrés à la recherche. Le but est aussi un taux d'activité de 70 % et une croissance annuelle de 3 % pour la zone euro.

Schon ein Jahr nach Verabschiedung der Agenda von Lissabon stellten sich eigentlich diese Zielvorstellungen als wenig realistisch heraus. Aber sie wurden vom Europäischen Rat beschlossen und haben daher weiterhin Gültigkeit.

Un an après l'adoption de l'agenda de Lisbonne, il s'est avéré que ces objectifs étaient peu réalistes. Mais ils ont été adoptés par le Conseil européen, et restent donc toujours valables.

7.-11. Dezember 2000

Beim längsten Gipfeltreffen in der Geschichte der Europäischen Union werden die Zusammensetzung der Kommission, die Stimmengewichtung im Rat und die Ausweitung der Mehrheitsentscheidungen geklärt. Mit dem Vertrag von Nizza rüstet sich die EU für die Aufnahme neuer Mitglieder.

7-11 décembre 2000

Lors du plus long sommet de l'histoire de l'UE, on statue sur les questions de la composition de la Commission, de la pondération des voix au sein du conseil des ministres et de l'amplification des décisions prises à la majorité relative. Le traité de Nice a pour mission de préparer l'Union à accueillir de nouveaux membres.

1. Mai 2004

Die EU zählt 10 neue Mitglieder. Dabei handelt es sich um:
– die baltischen Staaten Litauen, Estland und Lettland;
– Slowenien
– die ehemaligen „Volksrepubliken" Polen, die Slowakei, die Tschechische Republik und Ungarn
– zwei Mittelmeerinseln: Malta und den griechischen Teil Zyperns.

1er mai 2004

L'Union compte 10 nouveaux membres, qui sont :
– les États baltes (Lituanie, Estonie, Lettonie)
– la Slovénie
– les anciennes « républiques populaires » que sont la Pologne, la Slovaquie, la République tchèque et la Hongrie.
– deux îles méditerranéennes : Malte et la partie grecque de Chypre.

2005-2007: Debatte um die EU-Verfassung

Schlussendlich hat die EU sich keine Verfassung gegeben. Zur Erarbeitung einer Verfassung für die Europäische Union war ein Konvent unter der Leitung des ehemaligen französischen Staatspräsidenten Valéry Giscard d'Estaing zusammengetreten. Das Verfassungsprojekt ist daran gescheitert, dass nicht alle Mitgliedstaaten ihm zustimmten. Die Franzosen lehnten es in einer Volksbefragung ab, während in Deutschland eine Abstimmung im Bundestag und im Bundesrat (mit achtzigprozentiger Mehrheit) zur Ratifizierung ausreichte. Bundespräsident Köhler wartete fast bis zur letzten Minute mit seiner Unterschrift unter dem Vertrag. Grund dafür war eine Klage

2005-2007 : débat sur la constitution européenne

En fin de compte, l'EU ne s'est pas donnée de constitution. Pour élaborer le texte de la constitution européenne, une convention s'était réunie sous la direction de l'ancien président de la République française Valéry Giscard d'Estaing. Le projet de Constitution a échoué, car tous les états membres ne l'ont pas approuvé. Les Français l'ont rejeté lors d'un referendum tandis qu'en Allemagne, un simple vote par le Bundestag et le Bundesrat, a suffi pour ratifier le projet de constitution en mai 2005 (avec une majorité de 80 %). Le Président Köhler a attendu presque la dernière minute pour y apposer sa signature. La raison de ce refus était une plainte déposée auprès du Tribunal constitutionnel

der Bundestagsfraktion der Partei Die Linke beim Bundesverfassungsgericht. Die Linke lehnte eine weitere Kompetenzübertragung der Mitgliedstaaten an die Brüsseler Kommission ab. Sie sah darin einen Entzug der Souveränität der Nationalstaaten und die Gefahr einer Entwicklung zu einem bürokratischen Superstaat.

par le groupe parlementaire de Die Linke au Bundestag. Die Linke refusait d'entériner un accroissement du transfert de compétences à la commission de Bruxelles. Le parti y voit une perte de souveraineté des États nationaux et le danger de voir se développer un Super-État bureaucratique.

Das Bundesverfassungsgericht überprüfte den Vertrag von Lissabon auf seine Vereinbarkeit mit dem Grundgesetz hin und befand, dass der Vertrag die im GG verankerten Rechte und Kompetenzen nicht beschneidet. Die Karlsruher Richter verlangten allerdings eine stärkere Kontrolle des Parlaments und der Bundesregierung in EU-Fragen.

Le Tribunal constitutionnel a vérifié la compatibilité du traité de Lisbonne avec la Loi fondamentale et statué que le traité n'amoindrit pas les droits et les compétences que garantit la constitution. Les juges de Karlsruhe ont toutefois exigé un contrôle renforcé du Parlement et du gouvernement allemand sur les questions européennes.

Kennzeichnend für die Debatte um die EU-Verfassung war unter anderem die Forderung der deutschen Unionsparteien – zusammen mit anderen christlich-demokratischen Schwesterparteien – nach einem ausdrücklichen Gottesbezug in der Präambel der EU-Verfassung. Für diese Parteien gilt das „christliche Erbe" als konstitutiv für die Identität Europas. Gegen diese einschränkende Auffassung der europäischen Identität hatten aber unter anderem die jüdischen Mitbürger Einspruch erhoben. Dem Wunsch der Christdemokraten aus Deutschland, Polen, Italien oder noch Spanien und den Niederlanden wurde nicht Folge geleistet. Stattdessen wird auf das „kulturelle, religiöse und humanistische Erbe Europas" verwiesen.

Ce qui, entre autres choses, a caractérisé le débat qui a entouré la constitution européenne fut la revendication émise par les partis conservateurs allemands, avec d'autres partis frères chrétiens-démocrates, de voir figurer une référence explicite à Dieu dans le préambule de la constitution. Pour ces partis, l'« héritage chrétien » est un élément constituant de l'identité européenne. Mais les juifs européens, entre autres, se sont insurgés contre cette conception restrictive de l'identité européenne. Il n'a pas accédé au désir des chrétiens-démocrates allemands, polonais, italiens ou encore espagnols et néerlandais. À la place, il est fait allusion à un « héritage culturel, religieux et humaniste » de l'Europe.

Die Verfassung wurde vor allem wegen ihrer fehlenden sozialen Dimension abgelehnt. Kritisiert wurde hauptsächlich, dass die EU in unserer globalisierten Welt in erster Linie die Verwirklichung eines einheitlichen Binnenmarkts anstrebe, wo die Freizügigkeit von Kapital und Waren, Dienstleistungen und Menschen gewährleistet sein soll. Bemängelt wurde der lückenhafte Schutz der Arbeitnehmer vor dem als „angelsächsisch" bezeichneten Liberalismus.

Le rejet du projet doit être attribué essentiellement au manque de dimension sociale de la constitution. Dans le contexte de la mondialisation, on a surtout déploré le fait que l'Union ne cherche en premier lieu qu'à établir un marché intérieur unique où la libre circulation du capital, des marchandises, des services et des individus doit être assurée. On a déploré les défaillances de la protection des salariés contre un libéralisme qualifié d'« anglo-saxon ». En

Unter den deutschen Sozialdemokraten und den Anhängern der Partei Die Linke kam es zu einer scharfen Kapitalismus-Kritik mit anti-europäischen Untertönen.

Allemagne, sociaux-démocrates et sympathisants de Die Linke ont critiqué vigoureusement le capitalisme avec des accents anti-européens.

Der Reformvertrag von Lissabon

Le traité de réforme dit de Lisbonne

Rein sachlich betrachtet, sorgt der Vertrag von Lissabon für ein vereinfachtes Funktionieren der EU, indem er die Entscheidungsregeln in der EU neu bestimmt. Die Kompetenzen des EU-Parlaments wurden erweitert. Das Vetorecht der Einzelstaaten gilt nur noch in Ausnahmefällen. Die Entscheidungen werden stattdessen nach dem Prinzip der doppelten Mehrheit getroffen. Diese Mehrheit ist dann erreicht, wenn mindestens 55 Prozent der Mitgliedsstaaten einem Vorhaben zustimmen, die insgesamt 65 Prozent der EU-Bevölkerung vertreten. Dadurch wird den bevölkerungsreichen EU-Ländern ein größeres Gewicht im mächtigen Europäischen Rat verliehen.

D'un point de vue purement concret, le traité de Lisbonne fait en sorte que le fonctionnement de l'UE soit plus simple en redéfinissant les règles de décision au sein de l'UE. Les compétences du Parlement Européen ont été élargies. Le droit de veto des États-membres ne s'applique plus que dans des cas exceptionnels. Il est remplacé par le principe des décisions à la double majorité. Cette majorité est atteinte lorsqu'au moins 55 % des États-membres votent en faveur d'une proposition et qu'ils réunissent 65 % de la population totale de l'UE. Cela renforce le poids des États peuplés au sein du puissant Conseil Européen.

Vom „Geist" der Verfassung bleibt im Vertrag von Lissabon das Prinzip der Ernennung eines Präsidenten für den Europäischen Rat erhalten. Die EU bekommt auch eine(n) Außenminister(in), die die einheitliche Stimme der EU nach außen sein soll. Beide Posten wurden dementsprechend 2009 zum ersten Mal besetzt.

Le traité de Lisbonne a conservé de « l'esprit » de la constitution le principe de la nomination d'un président du Conseil européen. L'Union a également vu attribuer un(e) ministre des Affaires étrangères, censé(e) être la voix unique de l'Europe à l'extérieur de ses frontières. Ces deux postes ont donc été pourvus pour la première fois en 2009.

Deutschland in den EU-Organen

L'Allemagne dans les institutions de l'UE

Volksvertretung

Représentation

Die Abgeordneten im Europäischen Parlament, der Vertretung der Europäer, werden seit 1979 direkt gewählt. Die Amtszeit eines EU-Abgeordneten beläuft sich auf 5 Jahre. Seit der Europawahl 2019 entsendet Deutschland 96 Abgeordnete – von maximal 705 – ins Europäische Parlament.

Les députés du Parlement Européen, la représentation des citoyens de l'Union, sont élus depuis 1979 au suffrage universel. Le mandat des députés européens est de cinq ans. Depuis les élections européennes de 2019, l'Allemagne envoie 96 députés au Parlement Européen (sur un nombre total maximum de 705).

Die Fraktionen im EU-Parlament werden nicht je nach Herkunftsland gebildet, sondern auf Grund der politischen Zugehörigkeit.

Les groupes parlementaires au Parlement Européen ne sont pas constitués par origine géographique ou nationale, mais en fonction de la famille politique.

Die EU-Organe

Die EU-Kommission ist das ausführende Organ der EU. Seit 2005 stellt Deutschland in der erweiterten Kommission nur noch einen Kommissar. Im Rat der Europäischen Union und im Ministerrat der EU verfügt Deutschland über 29 Stimmen (von 345), wie Frankreich, und Italien. Der Bevölkerungsunterschied mit den anderen „Großen" bleibt somit unbeachtet.

Les institutions européennes

La Commission de Bruxelles est l'organe exécutif de l'Union. Depuis 2005, l'Allemagne ne dispose plus que d'un commissaire dans une Commission élargie. Elle dispose de 29 voix (sur 345) au Conseil Européen et au Conseil des ministres de l'Union, tout comme la France et l'Italie. Il n'y a pas de réévaluation du poids démographique de l'Allemagne en comparaison des autres « grands ».

Die EZB

Die EZB ist die unabhängige Zentralbank für die an der Währungsunion teilnehmenden Länder. Ihre Aufgabe ist die Gewährleistung der Preisstabilität. Das Zentralorgan der Währungsunion, die Europäische Zentralbank (EZB), hat ihren Sitz in Frankfurt am Main. Durch die symbolische Wahl Frankfurts wurden die Leistungen der Bundesbank gewürdigt, die für die Stabilität der Preise und die Kaufkraft der DM durch eine orthodoxe Finanzpolitik bis zur Währungsunion 1999 gesorgt hatte.

La Banque centrale européenne (BCE)

La BCE est la banque centrale indépendante du pouvoir politique des pays participant à l'union monétaire. Elle a pour mission d'assurer la stabilité des prix. Institution maîtresse de l'union monétaire, la BCE a son siège à Francfort-sur-le-Main. Le choix de Francfort est un hommage au travail de la Bundesbank qui, gardienne de l'orthodoxie financière, avait maintenu les prix stables et le pouvoir d'achat du DM jusqu'à l'union monétaire de 1999.

Der deutsche Beitrag

Berlin kommt zurzeit für etwa 20% des EU-Haushalts auf, wobei ein Teil dieses Beitrags nach Deutschland zurückfließt. Die neuen Bundesländer und einige Regionen im Ruhrgebiet, die einen sozioökonomischen Wandel durchlaufen, werden aus den Europäischen Strukturfonds gefördert. Dennoch bleibt Deutschland in absoluten Zahlen der größte Nettozahler im EU-Haushalt. Es steht keine Senkung dieses Beitrages in Sicht. Im Gegenteil! Nach dem Brexit wird Deutschland aufgrund seiner Größe und seiner Wirtschaftskraft einen noch größeren Anteil an der Finanzierung der EU übernehmen müssen.

La contribution de l'Allemagne

Berlin fournit actuellement environ 20 % du budget de l'Union, mais en même temps, une partie de cette contribution reprend le chemin de l'Allemagne, car les Länder de l'Est et certaines zones de la Ruhr en pleine mutation socio-économique ont droit à des subventions dans le cadre des fonds structurels européens. Mais en chiffres absolus, l'Allemagne reste malgré tout le plus gros contributeur net au budget de l'Union. Il n'est pas envisagé de réduction de cette contribution. Au contraire ! Après le Brexit, l'Allemagne devra, du fait de sa taille et de sa puissance économique, prendre en charge une part encore plus importante du financement de l'Union.

Die Deutschen und die EU

Die Zukunft Europas und das föderative Modell

Der frühere deutsche Außenminister Joschka Fischer hat in einer berühmten

Les Allemands et l'UE

L'avenir de l'Europe et le modèle fédéral

Dans un discours célèbre prononcé à l'université Humboldt de Berlin (12.5.2000),

Rede in der Humboldt Universität zu Berlin (12.5.2000) seine „persönliche Zukunftsvision" für Europa zum Ausdruck gebracht. Damit machte er sich aber auch zum Sprachrohr eines großen Teils der öffentlichen Meinung in Deutschland. Für viele Bundesbürger kommt nämlich die Brüsseler Kommission einer Eurokratie gleich. Um diesen negativen Tendenzen entgegenzuwirken, ist es also erforderlich, dass Europa für die Bürger greifbare Formen annimmt. Daher die Idee einer Europäischen Föderation, die Joschka Fischer im Mai 2000 zur Förderung der europäischen Integration formuliert hatte und die in der Bundesrepublik großen Anklang fand, weil sie mit dem den Deutschen wohlbekannten Modell des Bundesstaates verwandt ist. Diesem Modell nach sollte die Europäische Union verfassungsmäßig mit einem Parlament und einer Regierung versehen werden, „die tatsächlich die gesetzgebende und die exekutive Gewalt innerhalb der Föderation ausüben". Gemäß dem Prinzip der Subsidiarität plädiert man in Deutschland auch für eine dem Ausgleich zwischen Bund und Ländern ähnelnde Souveränitätsteilung von Europa und Nationalstaat. Im Allgemeinen wird nach einer Abgrenzung der Zuständigkeiten in Europa verlangt. Die Außen- und Sicherheitspolitik, die Währungs- und Zuwanderungsfragen sowie das Festlegen von ökologischen, sozialen und steuerrechtlichen Standards sollen zu den Befugnissen der Kommission gehören. Der Rest soll weiterhin in der Verantwortung der Mitgliedstaaten liegen.

le précédent ministre des Affaires étrangères allemand, Joschka Fischer, a développé sa « vision personnelle de l'avenir » de l'Europe. Dans ce discours, il se faisait aussi le porte-parole d'une grande partie de l'opinion publique allemande. Aux yeux de nombreux Allemands, la Commission de Bruxelles s'assimile en effet à une « eurocratie ». Contre ces dérives, il est donc nécessaire de rapprocher l'Europe de ses citoyens. D'où l'idée de fédération européenne que J. Fischer avait exprimée en mai 2000 dans le but de favoriser l'intégration européenne et qui a trouvé un écho très favorable en Allemagne parce qu'elle est proche de l'État fédéral tel que les Allemands le connaissent. Dans ce modèle, l'Union devrait être dotée d'un Parlement et d'un gouvernement « exerçant de fait le pouvoir législatif et exécutif au sein de la Fédération. » En Allemagne, on plaide aussi en faveur d'un partage des pouvoirs entre l'Europe et les États souverains qui s'appuie sur le principe de subsidiarité, se rapprochant ainsi du mode équilibré de fonctionnement des Länder et de la Fédération. D'une manière générale, les Allemands revendiquent une délimitation des compétences dans l'Union. À la Commission de statuer sur les questions de politique étrangère, de sécurité, de monnaie, d'immigration, de même que sur la mise au point de normes écologiques, sociales et fiscales. Tout le reste devrait continuer d'être du ressort des États membres.

Historisches Misstrauen gegen den Euro und die Währungsunion

Der Euro wurde gegen den Willen der Mehrheit der deutschen Bürger eingeführt. Am 1.1.2002 haben die Deutschen endgültig Abschied von der DM genommen. Seitdem sind allein Euro-Scheine und-Münzen im Umlauf. Die meisten Deutschen wünschen sich aber eine stabile Währung mit starker Kaufkraft. Deutschland hat sich stark gemacht

Méfiance historique vis-à-vis de l'euro et de l'union monétaire

L'euro a été adopté contre la volonté de la majorité des Allemands. Le premier janvier 2002, ils ont définitivement dit adieu au mark. Depuis ce jour, seuls les billets et les pièces libellés en euros sont en circulation. Mais la plupart des Allemands souhaitent une monnaie stable au fort pouvoir d'achat. L'Allemagne s'est faite la championne de

für so genannte „Konvergenzkriterien". Nach diesen Kriterien sind die Mitglieder der Währungsunion dazu verpflichtet, die Inflationsrate, das Haushaltsdefizit und den öffentlichen Schuldenstand unter den im Maastrichter Vertrag festgesetzten Werten zu halten.

ce qu'on nomme des « critères de convergence ». Ces critères obligent les membres de l'union monétaire à maintenir le taux d'inflation et le montant de la dette publique en deçà des valeurs fixées par le traité de Maastricht.

Deutschland hatte 2005 aufgrund der schlechten Konjunktur damals eine Lockerung der Maastrichter Konvergenzkriterien gefordert. In den letzten Jahren gehörte Deutschland allerdings zu den wenigen europäischen Ländern, die auch dank der in der Verfassung verankerten Schuldenbremse ihre Schulden abbauen konnten. Erst die Corona-Krise zwang die Bundesregierung 2020 dazu, mit ihrer Sparpolitik zu brechen und von der schwarzen Null abzurücken.

En 2005, l'Allemagne avait en raison de la mauvaise conjoncture demandé un assouplissement des critères de convergences du traité de Maastricht. Ces dernières années, l'Allemagne a toutefois fait partie des rares pays européens qui ont été capables de réduire leur dette notamment grâce à la discipline budgétaire (règle d'or) inscrite dans sa constitution. Le gouvernement fédéral n'a été obligé de rompre avec sa politique de rigueur et à s'écarter de l'objectif d'un budget équilibré qu'avec la crise liée à la COVID-19 en 2020.

Beim Volk wurde der Euro oft verantwortlich für die steigenden Preise gemacht (Beleg dafür ist die Prägung „Teuro", die zum „Unwort" des Jahres 2002 gekürt wurde). Obwohl dieses Gefühl sich statistisch nicht belegen lässt, haben viele Bundesbürger den Eindruck, dass die Einführung der gemeinsamen Währung höhere Lebenshaltungskosten zur Folge hatte. Doch die Euro-Skepsis nährt sich heutzutage vielmehr von einem Gefühl der aufgezwungenen Solidarität der sparsamen Deutschen mit den als verschwenderisch empfundenen Südländern.

La conscience populaire a souvent rendu l'euro responsable de la cherté des prix (en atteste la création du mot « Teuro », élu aberration lexicale de l'année 2002). Bien que ce sentiment n'ait pas de fondement statistique, de nombreux Allemands ont le sentiment que la monnaie unique a entraîné une augmentation du coût de la vie. Mais le scepticisme vis-à-vis de l'euro se nourrit aujourd'hui davantage du sentiment d'une solidarité imposée des Allemands économes avec les citoyens des pays du sud perçus comme dispendieux.

Die EU-Erweiterung im Osten

EU-Osterweiterungen

Die EU-Osterweiterungen waren eine logische Folge der Öffnung des Eisernen Vorhangs und des Zusammenbruchs des Ostblocks, so wie von Willy Brandts Ostpolitik der siebziger Jahre. Es ist wenig erstaunlich, dass Deutschland schon in den 90er Jahren sich besonders für eine Aufnahme der ehemaligen Volksrepubliken im Osten stark gemacht hat. 2004 traten

L'élargissement de l'UE à l'Est

Les élargissements de l'UE à l'Est

Les élargissements à l'Est furent une conséquence directe de l'ouverture du rideau de fer et de l'effondrement du bloc soviétique, tout comme de l'Ostpolitik de Willy Brandt dans les années 70. Il n'est pas étonnant que, dès les années 90, l'Allemagne soit le principal défenseur de l'intégration des anciennes démocraties populaires de l'Est européen dans l'UE. En 2004, huit

acht mittel- und osteuropäische Staaten der EU bei, unter ihnen die baltischen Staaten, Polen und Ungarn. Als dann 2007 auch noch Bulgarien und Rumänien hinzukamen, schien der Kalte Krieg, die Spaltung Europas in zwei Blöcke, endgültig überwunden zu sein. Außenpolitisch ist die Osterweiterung nämlich der entscheidende Schritt zur Aussöhnung Deutschlands mit den östlichen Nachbarstaaten. Mit Polen und der Tschechischen Republik wurden zudem Verträge geschlossen, um die heikle Frage der Staatsgrenzen und der ehemaligen Gebiete östlich der Oder-Neiße-Linie und in den Sudeten staatsrechtlich zu lösen.

pays d'Europe centrale et d'Europe de l'Est, parmi eux les pays baltes, la Pologne et la Hongrie, ont adhéré à l'UE. Lorsqu'en 2007, la Bulgarie et la Roumanie ont suivi, la guerre froide et la séparation de l'Europe en deux blocs ennemis semblèrent définitivement appartenir au passé. Du point de vue de la politique étrangère, l'élargissement à l'Est est en effet le pas décisif vers une réconciliation de l'Allemagne avec ses voisins de l'Est. En outre, des traités ont été signés avec la Pologne et la République tchèque afin de mettre un terme juridique à la question épineuse des territoires autrefois situés au-delà de la ligne Oder-Neiße ou dans les Sudètes.

Ein Blick auf die Lage heute vermittelt aber ein ganz anderes Bild. In Ungarn und Polen sind europafeindliche, populistische Regierungen an der Macht, die gegen EU-Recht verstoßen und den Rechtsstaat systematisch abbauen. Die EU steht hier vor einem Dilemma. Lässt sie die Autokraten in Polen und Ungarn gewähren, verliert sie ihre Glaubwürdigkeit. Wenn sie allerdings hart durchgreift und Sanktionen verhängt, droht ein endgültiger Bruch mit diesen Ländern mit weiteren EU-Austritten.

Un regard sur la situation actuelle donne au contraire une image toute différente. En Hongrie et en Pologne, les gouvernements antieuropéens et populistes au pouvoir bafouent le droit européen et démantèlent systématiquement l'État de droit. L'UE s'y trouve face à un dilemme. Si elle laisse faire les autocrates en Pologne et en Hongrie, elle perd toute crédibilité. Si, en revanche, elle intervient avec sévérité et impose des sanctions, les liens qu'elle entretient avec ses pays risquent d'être rompus définitivement, ce qui pourrait conduire à d'autres sorties de l'UE.

Osteuropäische Arbeitskräfte werden in westlichen EU-Ländern (darunter Deutschland) für unfaire Billiglohn-Konkurrenz (Lohndumping) verantwortlich gemacht. Im Oktober 2017 haben die EU-Mitglieder einen Kompromiss erzielt in Sachen Entsenderichtilinie, der Entsendungen künftig auf 12 Monate im Normalfall beschränkt.

Dans les pays d'Europe de l'Ouest (dont l'Allemagne), la main d'œuvre est-européenne est souvent rendue responsable d'une concurrence déloyale en matière de salaires (dumping salarial). En octobre 2017, les partenaires européens sont parvenus à un compromis sur le travail détaché, qui limite à l'avenir et dans le cas général la durée du travail détaché à 12 mois.

Primus inter pares in der Eurokrise

Le premier entre ses égaux dans la crise de l'euro

Es ist in Deutschland nicht mehr tabu, auch innerhalb der EU von der Verteidigung der eigenen Interessen zu sprechen. Dies hat sich ab dem Regierungswechsel 1998 noch verstärkt, als G. Schröder Helmut

Il n'est désormais plus interdit en Allemagne de parler de la défense de ses propres intérêts y compris à l'intérieur de l'UE. C'est une caractéristique qui s'est accrue depuis le changement de

Kohl als Kanzler ablöste. Den politischen Entscheidungsträgern in Berlin wurde die „Gnade einer späten Geburt" (vgl. H. Kohls Rede beim Israel-Besuch 1984) zuteil: Sie haben die NS-Zeit und den Krieg nicht persönlich erlebt. So wird die deutsche Außenpolitik heute selbstbewusster betrieben. Der Einsatz der Bundesregierung für eine faire Verwendung des Deutschen als Arbeitssprache in der EU belegt es. Dieses neue Selbstbewusstsein lässt sich auch am Streben der Bundesrepublik nach einem ständigen Sitz im UN-Sicherheitsrat ermessen. Solche Wendungen im Selbstverständnis der Deutschen lassen manchmal bei den Bürgern der Nachbarstaaten, deren Beziehungen zu Deutschland durch die Kriegsvergangenheit belastet sind, Befürchtungen um die Wiederkehr des deutschen Großmachtdenkens, gar um einen deutschen Alleingang aufkommen. Doch nicht selten wird Deutschland auch zugleich fehlender Mut in der Außenpolitik vorgeworfen.

gouvernement intervenu en 1998, lorsque G. Schröder a remplacé Helmut Kohl à la chancellerie. Les responsables politiques de Berlin bénéficient de la « grâce d'une naissance tardive » (cf. le discours d'H. Kohl lors de sa visite en Israël en 1984) : ils n'ont pas vécu directement l'époque nazie et la guerre. Et la politique étrangère de l'Allemagne est aujourd'hui conduite avec une affirmation plus grande, comme le prouve l'engagement de l'Allemagne pour que l'allemand soit utilisé comme il sied en tant que langue de travail dans l'Union. Cette nouvelle assurance se retrouve dans les efforts déployés par l'Allemagne pour obtenir un siège permanent au Conseil de sécurité de l'ONU. Face à une telle évolution de la conception que les Allemands se font d'eux-mêmes, l'opinion publique de certains pays voisins de l'Allemagne voit renaître la crainte d'une Allemagne hégémonique, faisant cavalier seul. Mais il n'est pas rare que l'on reproche aussi en même temps à l'Allemagne de manquer de courage dans le domaine de la politique étrangère.

Die EU und die Corona-Krise

Unter dem Namen „NextGenerationEU" hat die EU zum ersten Mal in ihrer Geschichte ein durch gemeinsame Schulden finanziertes 750 Milliarden Euro schweres Hilfspaket auf den Weg gebracht. Es soll den Ländern helfen, so schnell wie möglich aus der durch die Pandemie verursachte Wirtschaftskrise zu kommen. Dieses Geld wird zum Teil als Darlehen (360 Milliarden) und zum Teil als Subventionen (390 Milliarden) an die EU-Mitgliedsstaaten ausgezahlt. Neu ist, dass die reichen EU-Länder für die ärmeren haften. Um Missbrauch zu verhindern, sind die Mittel zweckgebunden und müssen vor allem zur Bewältigung der Folgen der Corona-Krise eingesetzt werden. Die Investitionen sollen außerdem zur grünen und digitalen Wende beitragen. Deshalb ist vorgesehen, 37 Prozent der Gelder in den Klimaschutz und 20 Prozent in die Digitalisierung zu investieren. Davon

L'UE et la crise liée à la COVID-19

Sous le nom « NextGenerationEU », l'UE a lancé pour la première fois dans son histoire toute une série de mesures d'aide à hauteur de 750 milliards d'euros financées par des dettes communes. Ces mesures doivent permettre aux pays de surmonter le plus rapidement possible la crise économique provoquée par la pandémie. Cette somme est versée aux pays-membres de l'UE en partie sous forme de crédits (360 milliards) et en partie sous forme de subventions (390 milliards). Ce qui est nouveau, c'est que les pays riches se portent garants pour les pays plus pauvres. Pour éviter des abus, ces sommes sont affectées à des projets précis et doivent avant tout être utilisées pour lutter contre les conséquences de la crise sanitaire. De plus, ces investissements doivent contribuer à un tournant écologique et digital. C'est la raison pour laquelle il est prévu que 37 % de cet argent

erhoffen sich die Länder mehr Beschäftigung und ein höheres Wachstum. Hierfür müssen sie konkret auflisten, wofür sie die Gelder verwenden wollen. Die EU wirbt damit, eine EU schaffen zu wollen, in der die Europäer auch in Zukunft gerne leben. Deutschland bekommt 25 Milliarden Euro aus dem Aufbaufonds, die es zum Großteil in die Digitalisierung des Landes investieren will. Es werden aber auch durchaus kritische Stimmen laut. Kritiker fürchten, dass die EU zu einer Schuldenunion werden könne, was nach den Kriterien des Maastrichter Vertrags verboten ist.

aille à la protection de l'environnement et 20 % à la digitalisation. Les pays espèrent ainsi créer plus d'emploi et plus de croissance. À cette fin, ils doivent préciser dans le détail comment ils pensent utiliser cet argent. L'UE promeut l'idée de vouloir créer une Europe qui offre aussi à ses citoyens un avenir agréable. L'Allemagne touche 25 milliards euros de ce fonds de reconstruction, somme qu'elle veut en grande partie investir dans la digitalisation du pays. Des voix critiques s'élèvent craignant que l'UE ne devienne une union de la dette, ce qui est interdit par les critères du traité de Maastricht.

Deutschland rückt so endgültig von der Sparpolitik ab, für die das Land in der Eurokrise so viel Kritik einstecken musste. Es beweist seine Solidarität mit den ärmeren Ländern im Süden und übernimmt sogar einen Teil derer Schulden.

L'Allemagne s'écarte ainsi définitivement de la politique de rigueur qui lui a valu tant de critiques à l'époque de la crise de l'euro. Elle prouve sa solidarité avec les pays moins riches et prend même en charge une partie de la dette de ceux-ci.

Perspektiven für Europa? Die Beitrittskandidatur der Türkei und Brexit

Im Oktober 2005 haben die Verhandlungen über den Beitritt der Türkei begonnen. Es ist aber kein positives Ende in Sicht. In Deutschland scheiden sich die Geister über die Aufnahme eines sehr bevölkerungsreichen Staates, der sich gemäß seiner kemalistischen Verfassung zwar als laizistisch versteht, deren Bevölkerung aber fast ausschließlich muslimischen Glaubens ist. Die führenden Politiker aus den Reihen der Unionsparteien haben sich offen und wiederholt gegen einen Beitritt der Türkei ausgesprochen. Die volle Mitgliedschaft für einen muslimischen Staat sei eine Infragestellung der EU-Identität, die nicht zumutbar sei. Unter den Grünen und der Wählerschaft der SPD herrschte hingegen lange die Vorstellung vor, dass der Beitritt der Türkei sich auf die Integration der Deutschtürken nur positiv auswirken könne. Doch Deutschland und die EU schauen besorgt auf die aktuelle politische

Des perspectives pour l'Europe ? La candidature de la Turquie et le Brexit

Les négociations en vue de l'adhésion de la Turquie ont débuté en octobre 2005. Or rien n'en laisse supposer l'aboutissement. En Allemagne, c'est une question qui divise. Faut-il faire rentrer un État très peuplé, qui, conformément à sa constitution kémaliste, se conçoit certes comme laïc, mais dont la population est presque exclusivement musulmane ? Les ténors de la droite se sont ouvertement et souvent prononcés contre l'adhésion de la Turquie. Ils considèrent qu'un statut de membre à part entière pour un pays musulman est une remise en cause inacceptable de l'identité de l'UE. Chez les Verts et l'électorat des sociaux-démocrates, l'idée qui a longtemps dominé était qu'au contraire l'adhésion de la Turquie ne peut qu'avoir des effets bénéfiques pour l'intégration des Turcs d'Allemagne. Mais l'Allemagne et l'UE regardent avec inquiétude l'évolution politique actuelle de la Turquie depuis la réforme constitutionnelle menée

Entwicklung der Türkei seit der von Staatspräsident Erdogan vorangetriebenen Verfassungsreform. Der Ausbau einer Alleinherrschaft des Präsidenten beeinträchtigt die rechtsstaatlichen Standards. Die Beitrittsverhandlungen sind vorerst auf Eis gelegt. Dabei ist die EU auf türkische Hilfe bei der Bewältigung der Migrantenkrise angewiesen.

par le président Erdogan. L'extension considérable des pouvoirs entre les mains d'un seul homme, le président, porte atteinte aux fondements démocratiques de l'État. Pour l'instant, les négociations d'adhésion sont gelées. En même temps, l'UE est tributaire de l'aide de la Turquie pour venir à bout de la crise des migrants.

Nach viereinhalbjährigen Verhandlungen hat sich die EU mit Großbritannien auf ein Handelsabkommen geeinigt. Der zuvor gefürchtete No-Deal, das heißt ein harter Brexit mit Einführung von Zöllen, konnte somit verhindert werden. Dennoch hat der Austritt Großbritanniens aus der EU schwerwiegende Folgen für Bürger und Wirtschaft. Mit der in der EU geltenden Freizügigkeit ist es nun vorbei. EU-Bürger müssen von nun an gewisse Kriterien erfüllen, wenn sie in Großbritannien leben wollen. So gibt es eine Einkommensschwelle, die vor allem die Zuwanderung von Geringqualifizierten aus Osteuropa verhindern soll. Wer das Vereinigte Königreich aber nur als Tourist besuchen will, kann dies weiterhin ohne Visum tun. Der Brexit ist besonders bitter für Studenten: London entschied, nicht mehr am Austauschprogramm Erasmus teilnehmen zu wollen, mit dem Studenten gebührenfrei ein paar Semester im europäischen Ausland studieren können. An den Grenzen wird es zudem zunehmend Kontrollen geben. Die so entstehende Bürokratie wird den Warenverkehr zwischen Großbritannien und der EU erschweren. Normalerweise dienen Handelsabkommen dazu, Handelsbeziehungen zu erleichtern, hier ist das Gegenteil der Fall.

Après quatre ans et demi de négociations, l'UE et la Grande-Bretagne sont parvenues à un accord commercial. Le no-deal, c'est-à-dire un Brexit dur sans accord commercial et l'introduction de taxes douanières, a ainsi pu être évité. Et pourtant, la sortie de la Grande-Bretagne de l'UE a des conséquences graves pour les citoyens et l'économie. La liberté de circulation des biens et des personnes en vigueur au sein de l'UE n'a désormais plus cours. Les citoyens originaires d'un pays-membre de l'Union Européenne doivent dorénavant remplir certains critères s'ils veulent vivre en Grande-Bretagne. Ainsi, il existe un seuil de revenus censé empêcher surtout l'immigration de personnes peu qualifiées originaires des pays de l'Europe de l'Est. Mais on peut continuer de visiter le Royaume Uni en touriste sans avoir besoin d'un visa. Le Brexit est une pilule particulièrement amère à avaler pour les étudiants : Londres a décidé de ne plus vouloir faire partie du programme européen d'échanges universitaires Erasmus, grâce auquel les étudiants peuvent étudier pendant quelques semestres sans frais d'inscription dans un autre pays européen. Aux frontières, il y aura par ailleurs de plus en plus de contrôles. La bureaucratie qui en résulte va rendre plus difficile la circulation des marchandises entre la Grande-Bretagne et l'UE. D'ordinaire les accords commerciaux servent à faciliter les relations commerciales, ici c'est le contraire.

Heute noch ist Großbritannien Deutschlands fünftgrößter Handelspartner. 2018 exportierte Deutschland Waren

Aujourd'hui encore, la Grande-Bretagne reste le cinquième partenaire commercial de l'Allemagne. En 2018, l'Allemagne

im Wert von 108 Milliarden Euro nach Großbritannien, das vor allem für die Automobilindustrie, den Maschinenbau und Pharmaprodukte ein wichtiger Absatzmarkt ist.

a exporté des marchandises d'une valeur de 108 milliards d'euros en Grande-Bretagne, qui constitue un débouché important surtout pour l'industrie automobile, les machines-outils et les produits pharmaceutiques.

Darüber hinaus schwächt der Brexit aber die gesamte EU. Zum ersten Mal in der Geschichte der EU schrumpft deren Einwohnerzahl. Mit Großbritannien geht im EU-Haushalt ein Nettozahler verloren. Andere Länder wie Deutschland und Frankreich werden die im EU-Haushalt entstandene Lücke füllen müssen. Viele fürchten nun einen Flächenbrand, der andere EU-Mitglieder zu einem EU-Austritt bewegen könnte.

En outre, le Brexit affaiblit l'Union européenne dans son ensemble. Pour la première fois dans son histoire, le nombre d'habitants de l'UE diminue. Avec la Grande-Bretagne, le budget européen perd un contributeur net. D'autres pays comme l'Allemagne et la France sont obligés compenser le trou dans le budget de l'UE. Nombreux sont ceux qui craignent que le Brexit fasse tache d'huile et puisse inciter d'autres pays-membres à quitter l'UE à leur tour.

Vocabulaire

Alleingang (der, ¨e) (einen ~ machen)	*l'initiative individuelle (faire cavalier seul)*
Anklang finden (a, u) (bei + D)	*trouver un écho favorable (auprès)*
Aufnahme (die, n)	*1. l'admission 2. l'enregistrement*
Aussöhnung (die)	*la réconciliation*
Austritt (der, e)	*la sortie*
Beitritt (der, e)	*l'adhésion*
Befugnis (die, e)	*le ressort, la compétence*
Binnenmarkt (der, ¨e)	*le marché intérieur*
Erbe (1. das); (2. der, n, n)	*1. l'héritage 2. l'héritier*
Gipfeltreffen (das)	*(la rencontre au) sommet*
Gleichberechtigung (die)	*l'égalité en droit*
Lockerung (die)	*l'assouplissement*
Minderheit (die, en)	*la minorité*
Organ (das, e)	*l'organe*
das gesetzgebende Organ	*l'organe législatif*
das ausführende Organ	*l'exécutif*
Osterweiterung (die)	*l'élargissement à l'Est*
Prozess (der, e)	*1. le procès 2. le processus*
Rat (der, ¨e)	*le conseil*
Richtlinie (die, n)	*la directive*
Schritt (der, e)	*le pas*
Schutz (der) (vor + D) (gegen + A)	*la protection contre*
Spitzentechnologie (die, n)	*la technologie de pointe*
Sprachrohr (das, e)	*le porte-parole*
Unterzeichnung (die)	*la signature*
Verteidigung (die)	*la défense*
Vertrag (der, ¨e)	*le traité, le contrat*
Vetternwirtschaft (die)	*le népotisme*
Vollendung (die)	*l'achèvement*
Ware (die, n)	*la marchandise*
Welle (die, n)	*la vague*
Wille (der, en, ens)	*la volonté*
angelsächsisch	*anglo-saxon*
aus/treten (i, a, e) (aus + D)	*sortir de*
bei/treten (i, a, e)	*adhérer*
bei weitem	*de loin*
brennend (eine brennende Frage)	*une question brûlante*
endgültig	*définitif*
verwandt (mit + D)	*ayant un lien de parenté avec*
weiterhin	*adverbe exprimant l'idée de continuité*
aus/führen	*exécuter (un ordre, un projet)*
erzielen	*obtenir*
sorgen (für + A)	*pourvoir à*
vertiefen (sich)	*(s') approfondir, aller plus loin*
voraus/sagen	*prédire*
vor/werfen (a, o, i)	*reprocher*

Lexique en situation 18

- 2013 ist Kroatien als letztes Land der EU beigetreten.
  En 2013, la Croatie est le dernier pays à avoir adhéré à l'Union européenne.
- Diese Entscheidung war ein wichtiger Schritt in die richtige Richtung.
  Cette décision fut un pas important dans la bonne direction.
- Ihm wird vorgeworfen, zu oft Alleingänge zu machen.
  On lui reproche de faire trop souvent cavalier seul.
- Diese EU-Richtlinie hat für viel Kritik gesorgt.
  Cette directive de l'Union européenne a suscité beaucoup de critiques.
- Braucht die EU eine gemeinsame Verteidigungspolitik?
  L'Union européenne a-t-elle besoin d'une politique de défense commune ?
- Der Binnenmarkt gehört zu den größten Errungenschaften des europäischen Aufbaus.
  Le marché intérieur fait partie des plus grands acquis de la construction européenne.
- Auf diesem Gipfel trafen sich Staats- und Regierungschefs aus aller Welt.
  Lors de ce sommet, des chefs d'État et de gouvernement du monde entier se sont rencontrés.
- Er hätte auf meinen Rat hören sollen.
  Il aurait dû écouter mon conseil.
- Dieser Vertrag trat erst nach langen Verhandlungen in Kraft.
  Ce traité n'est en entré en vigueur qu'après de longues négociations.
- Zu einer solchen Entscheidung habe ich keine Befugnis.
  Une telle décision n'est pas de mon ressort.
- Sie setzt immer ihren Willen durch.
  Elle impose toujours sa volonté.
- Die Ausgangssperre muss nun endlich gelockert werden.
  Le confinement doit enfin être assoupli.
- Sie geht weiterhin auf die Schule.
  Elle continue à aller à l'école.
- In diesem Land werden ethnische Minderheiten systematisch unterdrückt.
  Dans ce pays, les minorités ethniques sont systématiquement opprimées.
- Was würde passieren, wenn Polen aus der EU austreten würde?
  Que se passerait-il si la Pologne sortait de l'Union européenne ?
- Die Osterweiterung wird als endgültige Aussöhnung Deutschlands mit seinen osteuropäischen Nachbarn betrachtet.
  L'élargissement à l'Est est considéré comme la réconciliation définitive de l'Allemagne avec ses voisins en Europe de l'Est.

Dossier 19

Gibt es ein deutsch-französisches Sonderverhältnis?

Zu regelmäßigen Abständen ist man beiderseits des Rheins darauf bedacht, eine gemeinsame deutsch-französische Symbolik zu erarbeiten, die als Ausdruck von konvergierenden Einstellungen zu Geschichte und Zukunft verstanden sein will. Ganz gleich, welche politische Färbung die jeweiligen Regierungen haben mögen, es vermehren sich die symbolträchtigen Gesten, die auf Freundschaft und Eintracht schließen lassen und Deutschland und Frankreich als unzertrennliches Tandem erscheinen lassen sollen, das gemeinsam das europäische Projekt vorantreibt.

Hier drei Beispiele: Als besonders symbolträchtig galt 2004 die Beteiligung Gerhard Schröders an der Gedenkfeier zur Landung der Alliierten in der Normandie. Bei diesem Anlass hatte Schröder das Ende des Krieges nicht – wie im deutschen Nachkriegsdiskurs üblich – als Kapitulation, sondern als Befreiung Deutschlands bezeichnet.

Am 22. Januar 2013 waren die Feierlichkeiten zum 50. Jahrestag des Elysée-Vertrags mit großem Prunk begangen worden. Nicht nur die französische Regierung, sondern die ganze Assemblée Nationale waren im Berliner Bundestag zu Gast. Schließlich unterzeichneten Bundeskanzlerin Merkel und Staatspräsident Macron zum 55. Jubiläum dieses Vertrags am 22. Januar 2019 den Vertrag von Aachen, der die deutsch-französische Integration etwa im Bereich der parlamentarischen Zusammenarbeit und der Kultur noch weiter

La relation franco-allemande, une relation particulière ?

À intervalles réguliers, on s'attache des deux côtés du Rhin à élaborer une symbolique franco-allemande commune dans l'idée d'exprimer des positions convergentes sur l'histoire et sur l'avenir. Quelle que soit la couleur politique des gouvernements qui se succèdent, les gestes à portée symboliques se multiplient, censés suggérer amitié et bonne entente et présenter l'Allemagne et la France comme un couple inséparable faisant progresser d'un élan commun le projet européen.

Voici trois exemples : En 2004, la participation de Gerhard Schröder aux cérémonies commémorant le soixantième anniversaire du débarquement allié en Normandie avait été considérée comme hautement symbolique. À cette occasion, Schröder avait qualifié la fin de la guerre non pas de capitulation, comme il était d'usage dans le discours d'après-guerre en Allemagne, mais de libération de l'Allemagne.

Le 22 janvier 2013, la commémoration du 50e anniversaire du traité de l'Elysée avait été célébrée en grande pompe. Non seulement le gouvernement français, mais toute l'Assemblée Nationale avaient été les hôtes du Bundestag à Berlin. Enfin, le président Macron et la chancelière Merkel ont signé le 22 janvier 2019, date du 55e anniversaire de ce traité, le traité d'Aix-la-Chapelle, qui doit approfondir encore l'intégration entre la France et l'Allemagne par exemple dans le domaine de la collaboration parlementaire ou de la culture.

vertiefen soll. So sollen symbolisch das deutsche Goethe-Institut und das Institut Français, die jeweils für das Angebot an Sprachkursen im Ausland zuständig sind, in einigen Städten (zum Beispiel in Erbil im Irak oder im brasilianischen Rio de Janeiro) gemeinsame Kulturinstitute betreiben.

Doch nicht selten ist in den Medien von einem Stottern des deutsch-französischen Motors die Rede. Hier zunächst ein kurzer Rückblick auf die Jahre der Aussöhnung, die die Grundlage für die jetzige deutsch-französische Beziehung bilden.

C'est ainsi que symboliquement l'Institut Goethe allemand et l'Institut Français, qui sont responsables de l'offre en cours de langue à l'étranger, doivent opérer des instituts culturels communs dans quelques villes (comme à Erbil en Irak ou à Rio de Janeiro au Brésil).

Mais il n'est pas rare que les médias relaient la thèse d'un enrayement du moteur franco-allemand. Voici d'abord un bref rappel historique des années de réconciliation qui constituent le fondement des relations franco-allemandes actuelles.

Aussöhnung

1963 wurde mit dem Elysée-Vertrag einem Jahrhundert deutsch-französischer „Erbfeindschaft" ein Ende gesetzt. Zuvor hatte bereits 1950 der damalige französische Außenminister Robert Schuman einer Annäherung den Weg bereitet durch den Vorschlag, die deutsche und französische Kohle- und Stahlindustrien zu vergemeinschaften. Die Aussöhnung zwischen beiden Völkern sollte zur Basis eines geeinten Europas werden. Bis heute bleibt Frankreich Deutschlands engster Partner, und dies nicht nur im wirtschaftlichen Bereich.

Gern führt man das deutsch–französische Sonderverhältnis auf das tiefe Einverständnis zurück, welches hohe politische Entscheidungsträger beider Länder füreinander aufbrachten. Als Initiatoren des deutsch-französischen Dialogs gelten die beiden Unterzeichner des Elysée-Vertrags, Staatspräsident De Gaulle und Kanzler Adenauer. Es sei auch an die Freundschaft, die das Tandem Giscard-Schmidt verband, erinnert. Von ihren Nachfolgern, Helmut Kohl und François Mitterrand, wird sich der Nachwelt das Bild der gereichten Hände auf dem Schlachtfeld von Verdun einprägen, als Pendant zum Kniefall Willy Brandts vor dem Mahnmal für die Opfer des Nationalsozialismus im ehemaligen Warschauer Ghetto.

Réconciliation

La signature du traité de l'Élysée en 1963 met fin à un siècle « d'inimitié héréditaire » entre la France et l'Allemagne. Auparavant, Robert Schuman, ministre français des Affaires étrangères, avait préparé en 1950 le terrain à un rapprochement en proposant que la France et l'Allemagne mettent en commun leurs ressources en charbon et en acier. La réconciliation des deux peuples devait à ses yeux être la base d'une Europe unie. Et de fait, la France reste jusqu'aujourd'hui le partenaire le plus proche de l'Allemagne, et cela ne se limite pas au domaine économique.

On se plaît à faire remonter la relation particulière qu'entretiennent la France et l'Allemagne à la profonde communauté de vues qui unissait de hauts responsables politiques des deux pays. On considère que le premier pas dans ce dialogue a été fait par les deux signataires du traité de l'Élysée, Charles de Gaulle, président de la République française, et Konrad Adenauer, chancelier allemand. Il convient également de mentionner l'amitié qui a lié le couple V. Giscard d'Estaing-H. Schmidt. De leurs successeurs, H. Kohl et F. Mitterrand, la postérité gardera en mémoire l'image de ces deux hommes se donnant la main sur le champ de bataille de Verdun comme un écho de celle où Willy Brandt s'agenouille devant le mémorial des victimes du nazisme dans ce qui fut le ghetto de Varsovie.

Freundschaft im Sinne der kulturellen und militärischen Annäherung

Der Geist des Elysée-Vertrags wurde durch die deutsch-französischen Jugendwerke, zahlreiche Städte- und Schulpartnerschaften in die Tat umgesetzt. Auf den Elysée-Vertrag geht auch die lange Tradition der deutsch-französischen Gipfeltreffen zur Beratung bilateraler, aber auch gesamteuropäischer Fragen zurück. Nachdem die Städte Montbéliard und Ludwigsburg 1950 die erste deutsch-französische Städtepartnerschaft geschlossen hatten, nahm die Zahl dieser Partnerschaften rasch zu. Von 40 Städtepartnerschaften im Jahre 1960 stieg sie 2020 auf über 2 200.

Dazu kommen 4 000 Schulpartnerschaften, welche den gesellschaftlichen und kulturellen Austausch fördern und als vorbildliche Kooperation gelten. Der Verschiedenheit der Bildungssysteme zum Trotz wird an über 160 ausgewählten Gymnasien auf beiden Seiten des Rheins das „Abibac" angeboten, d. h. eine zweisprachige Synthese von der deutschen Hochschulreife (Abitur) und dem französischen „baccalauréat". Auch an den Hochschulen haben sich die deutsch-französischen Studiengänge vermehrt. Diesen neuen Möglichkeiten des Austauschs haben es nicht zuletzt die so genannten „Erasmus-Kinder" zu verdanken, das Licht der Welt erblickt zu haben…

Erhebliche Unterschiede in der Berufskultur bleiben aber bestehen. Um dem entgegenzuwirken, wurde zum Anlass des 40. Jahrestags des Elysée-Vertrags 2003 beschlossen, die Zusammenarbeit im Bereich der Verwaltung zu fördern. Absolventen der französischen Kaderschmiede „ENA" dienen auf Zeit in deutschen Behörden. Umgekehrt nehmen die Pariser Ministerien deutsche Mitarbeiter befristet auf.

Als weiteres Beispiel für die geglückte Zusammenarbeit sei der deutsch-französische

Une amitié synonyme de rapprochement culturel et militaire

Dans les actes, l'esprit du traité de l'Élysée s'est traduit par l'office franco-allemand de la jeunesse et de nombreux jumelages de villes et d'établissements scolaires. C'est également à lui qu'on doit la longue tradition des sommets franco-allemands, destinés à des échanges de vues sur les questions bilatérales, mais aussi européennes. Les deux premières villes à s'être jumelées furent Montbéliard et Ludwigsburg, en 1950. Un grand nombre d'autres villes leur ont rapidement emboîté le pas. De 40 jumelages en 1960, on est passé à plus de 2 200 en 2020.

Il faut rajouter à cela les 4 000 jumelages scolaires, qui favorisent les échanges entre les cultures et les sociétés et passent pour un exemple de coopération modèle. En dépit des différences de système éducatif, il existe dans plus de 160 lycées triés sur le volet de part et d'autre du Rhin la possibilité de faire un « Abibac », qui opère une synthèse bilingue entre le baccalauréat français et son équivalent allemand. Dans les universités aussi, les cursus franco-allemands se sont multipliés. C'est en particulier à ces nouvelles possibilités d'échanges que les « bébés Erasmus » ont dû de voir le jour…

Dans le domaine de la conception du travail, des différences importantes subsistent. Pour les résoudre, on a décidé en 2003 à l'occasion du 40e anniversaire du traité de l'Élysée d'encourager le rapprochement des administrations. Des diplômés de l'ENA occupent temporairement un poste dans les administrations allemandes, en échange de quoi les ministères parisiens accueillent temporairement des collaborateurs allemands.

La chaîne culturelle ARTE (dont le siège est à Strasbourg) est un autre exemple

Kulturkanal ARTE (mit Sitz in Straßburg) genannt, der kulturelle Sendungen in beiden Sprachen ausstrahlt. Der Marktanteil dieses TV-Senders in Deutschland bleibt allerdings ziemlich gering. 2020 belief er sich auf knapp über 1% (Deutschland) bzw. unter 3% (Frankreich).

de cette coopération réussie. Chaîne à vocation culturelle, elle émet dans les deux langues. La part de marché de cette chaîne en Allemagne reste cependant plutôt faible. En 2020, elle s'élevait à un peu plus de 1 % (Allemagne) et un peu moins de 3 % (France).

Rund 40 Jahre nach Kriegsende kam es zu einer engeren militärischen Kooperation auch außerhalb der NATO. 1989 wurde die deutsch-französische Brigade aufgestellt. Sie ist in 6 Standorten in Grenzregionen beiderseits des Rheins stationiert (im Elsass, in Lothringen und in Baden-Württemberg) und verfügt über eine Stärke von rund 5 000 Soldaten.

Une quarantaine d'années après la fin de la guerre, la coopération militaire s'est intensifiée même en dehors du cadre de l'OTAN. On a fondé en 1989 la brigade franco-allemande. Elle est stationnée dans six casernes dans les régions frontalières (en Alsace, en Lorraine et au Bade-Wurtemberg) et rassemble 5 000 hommes.

Sie ist nicht der NATO, sondern dem Eurokorps (mit Sitz in Straßburg) unterstellt. Beide Nationen stellen die gleiche Anzahl von Bataillonen und die Führung erfolgt im Wechsel.

Elle n'est pas placée sous l'autorité de l'OTAN, mais de l'Eurocorps (dont le siège est à Strasbourg). Les deux pays fournissent un nombre égal de bataillons, et le commandement est exercé en alternance.

Die Beziehung ist in die Jahre gekommen

Nach Jahren der musterhaften Zusammenarbeit geriet nach der Wiedervereinigung das deutsch-französische Sonderverhältnis in eine Krise. Zeugenberichte legen die Vermutung nahe, dass Staatspräsident Mitterrand der deutschen Wiedervereinigung skeptisch gegenüberstand. In führenden Kreisen wurden damals Bedenken gegen die Wiederkehr des deutschen Großmachtdenkens geäußert. Auf deutscher Seite ließ das Interesse für den Partner auf der anderen Seite des Rheins etwas nach. Vielmehr hat sich die deutsche Öffentlichkeit mit inneren, aus der Wiedervereinigung hervorgehenden Angelegenheiten beschäftigt. In Wirtschaftskreisen galt das Interesse eher der Wirtschaftssituation in Polen und den neuen Absatzmärkten im Osten des Kontinents. Oft tun sich deutsche Politiker damit schwer, den Ärger über Dominanzanspruch und Geltungsbedürfnis des „gallischen Hahns" zu verbergen.

La relation a pris de l'âge

Après des années de collaboration exemplaire, le couple franco-allemand a connu une crise après la réunification. Des témoins directs laissent entendre que le président Mitterrand ne regardait pas d'un œil favorable la réunification allemande. Dans les cercles du pouvoir, on a exprimé à l'époque des réserves face à la résurgence d'une sorte d'impérialisme allemand. Du côté allemand, l'intérêt porté au partenaire d'outre-Rhin a lui quelque peu fléchi. L'opinion publique allemande s'est davantage montrée accaparée par les questions intérieures, conséquences de la réunification. Dans les milieux économiques, l'intérêt s'est davantage porté sur la situation économique en Pologne et les nouveaux débouchés à l'est du continent. Souvent, les hommes et femmes politiques en Allemagne ont du mal à dissimuler leur irritation face au « coq gaulois », à sa volonté hégémonique et à son besoin de se mettre en avant. À l'inverse, on se plaint parfois sur les bords de la Seine de

Umgekehrt klagt man an der Seine manchmal darüber, dass die Partner sich hinter einem Nimbus der Seriosität verschanzen, der nicht immer der Wirklichkeit entspricht.

Im Kontext einer globalisierten Welt und der damit einhergehenden Vorherrschaft des angelsächsischen Modells hatte in den letzten Jahren auch die kulturelle Annäherung zu leiden. Was der Nachkriegsgeneration als vorrangig erschien, nämlich die Annäherung durch Aneignung der Sprache und Kultur des Nachbarvolkes, muss nunmehr dem Übergewicht des Englischen weichen. Den Beteuerungen der jeweiligen Regierungen zum Trotz ist es schwer, die Zahl der Deutsch- bzw. Französisch Lernenden im jeweiligen Lande sei es nur stabil zu halten. Laut einer Datenerhebung des französischen Bildungsministeriums im Jahre 2020 lernen knapp 3% der französischen Schüler Deutsch als erste Fremdsprache. Dagegen beläuft sich die Zahl der Schüler, die Deutsch als zweite Fremdsprache lernen, auf knapp 16,5%.

In Deutschland ist die Begeisterung für die französische Sprache relativ gering. 2017 stellte die Kultusministerkonferenz immerhin fest, dass über 17,5% der deutschen Schüler Französisch lernten, und dies, obwohl die Wiedervereinigung sich zunächst negativ auf diese Statistik ausgewirkt hatte, da die Menschen in den neuen Bundesländern vor 1989 kaum Gelegenheit hatten, eine Beziehung zu Frankreich zu entwickeln. Gegen den Vorrang des Englischen lässt sich allerdings so gut wie nichts unternehmen.

Konzepte für institutionelle Reformen in Europa sind häufig ein Streitpunkt. In Frankreich kann man sich nicht für die Idee eines föderativen Europas erwärmen, wie sie Außenminister J. Fischer 2000 unterbreitet hatte (vgl. Dossier 18). In einer Art umgekehrter Perspektive blieben deutsche Reaktionen auf die Grundsatzrede über Europa, die Staatspräsident Macron im September 2017 vor Studenten der

ce que nos partenaires s'abritent derrière une auréole de sérieux et de compétence qui ne correspond pas toujours à la réalité.

Dans le contexte de la mondialisation et de la domination corrélative du modèle anglo-saxon, le rapprochement des deux cultures a également été affecté. Ce qui pour la génération d'après-guerre était évident, à savoir que le rapprochement passait par l'appropriation de la langue et de la culture du pays voisin, ne tient plus aujourd'hui face au poids dominant de l'anglais. En dépit des déclarations d'intention des gouvernements successifs, il est difficile ne serait-ce que de maintenir à un niveau stable les chiffres de l'apprentissage de l'allemand ou du français, selon le pays. D'après les données collectées par le ministère de l'Éducation Nationale français, en 2020, un peu moins de 3 % des élèves français apprennent l'allemand en LV1, contre un peu moins de 16,5 % en LV2.

En Allemagne, l'enthousiasme pour la langue française n'est pas particulièrement fort. Malgré tout, la conférence des ministres de l'Éducation établissait que plus de 17,5 % des élèves allemands apprenaient le français en 2017, et ce bien que la réunification ait d'abord eu des conséquences négatives sur ces statistiques, dans la mesure où dans les Länder de l'Est avant 1989, les gens n'avaient guère eu l'occasion de nouer des liens avec la France. Mais lutter contre la prépondérance de l'anglais est quasiment impossible.

Les projets de réformes institutionnelles en Europe sont fréquemment un point de friction. En France, on a du mal à s'enthousiasmer pour l'idée d'une Europe fédérale telle que le ministre des Affaires étrangères allemand, J. Fischer, l'avait soumise en mai 2000, (cf. Dossier 18). Dans une sorte de perspective inverse, il y a eu fort peu de réactions allemandes au discours sur l'Europe prononcé par le président Macron

Sorbonne hielt, weitgehend aus. Vor allem seine Reformpläne für die Eurozone, die das Amt eines Finanzministers und die Einführung eines gemeinsamen Budgets gegen künftige Finanzkrisen vorsehen, stoßen auf deutscher Seite auf Skepsis. Deutschland fürchtet dabei, schlicht zur Kasse gebeten zu werden und für die Ausgaben der Nachbarn aufkommen zu müssen. Zu überwinden ist die Vorstellung, Europa diene nur eigennützigen Interessen und verhelfe Frankreich dazu, sich darüber hinwegzutrösten, dass die ehemalige „Grande Nation" – wie man Frankreich in der deutschsprachigen Presse oft nennt – nur noch den Rang einer Mittelmacht hat.

devant les étudiants de la Sorbonne en septembre 2017. Ses projets de réforme de la zone euro surtout, qui prévoient un poste de ministre des Finances et la mise en place d'un budget commun pour faire face à de futures crises financières, sont accueillis en Allemagne avec scepticisme. L'Allemagne redoute de devoir tout simplement mettre la main à la poche et de devoir payer pour les dépenses de ses voisins. Ce qu'il faut surmonter, c'est l'idée que l'Europe ne sert que des intérêts égoïstes et ne soit qu'un moyen pour la France de se consoler de ne plus être qu'une puissance moyenne après avoir été la « Grande Nation », comme on qualifie souvent la France dans la presse germanophone.

Gibt es deutsch-französische Lösungen als Antwort auf die „Herausforderung" der Globalisierung?

Über solche politischen Verstimmungen hinaus bleibt Deutschland für Frankreich nach wie vor ein sehr wichtiger Handelspartner. Wichtigster Handelspartner für Deutschland ist inzwischen allerdings China. Eine gemeinsame Industrie- bzw. Wirtschaftspolitik besteht nicht. Es gibt keine spezifisch deutsch-französische Antwort auf die Herausforderungen einer Globalisierung, die die herkömmlichen Wirtschaftsmodelle sowohl des „rheinischen Kapitalismus" und als auch der Staatsintervention (vgl. Dossier 8) schon lange in Frage gestellt hat.

Im noch immer stark zentralistisch verwalteten Frankreich hatte das Finanz- und Wirtschaftsministerium lange das Sagen. In einigen Branchen versucht man in Paris nach wie vor, französische Spitzenpositionen zu verteidigen. Was seine Banken angeht, verfährt Deutschland ähnlich. Jeder Staat verteidigt seine eigenen Interessen. Rein politisch motivierte Entscheidungen sind übrigens im Kontext einer weltweiten Konkurrenz nur selten durchsetzbar. Zwar sind einige Fusionen

Y a-t-il des solutions franco-allemandes en réponse au « défi » de la mondialisation ?

En dépit de ce genre de désaccords politiques, l'Allemagne reste pour la France un partenaire commercial très important. Pour l'Allemagne en revanche, le partenaire commercial le plus important est désormais la Chine. Il n'y a pas de politique industrielle ou économique commune. Il n'y a pas de réponse spécifiquement franco-allemande aux défis d'une mondialisation qui a mis à mal depuis longtemps les modèles économiques traditionnels tant du « capitalisme rhénan » que de l'interventionnisme d'État (cf. Dossier 8).

Dans une France encore fortement centralisée, le ministère de l'économie et des finances avait souvent encore le dernier mot. Dans certains secteurs, Paris a tente encore de défendre les champions nationaux. L'Allemagne fait la même chose pour ses banques. Chaque État défend ses propres intérêts. Dans un contexte de concurrence mondiale, il est par ailleurs rarement possible d'imposer des décisions motivées par des considérations purement politiques. Certes, on a vu aboutir des fusions et des

und Übernahmen erfolgreich durchgeführt worden, vor allem auf dem Gebiet der Pharmaindustrie, der Telekommunikationen und der Stromerzeugung und -versorgung. Entscheidend sind jedoch die Regeln in den jeweiligen Wirtschaftssektoren. Und diese (gegenseitigen) Übernahmen sind ja oft kurzlebig. Hier nun ein paar Beispiele aus der jüngsten Wirtschaftsgeschichte.

prises de contrôle, surtout dans l'industrie pharmaceutique, les télécommunications et la production et le transport d'électricité. Mais le critère dominant est celui des règles en usage dans chacun de ces secteurs économiques. Et on sait que ces prises de contrôle (réciproques) sont souvent de courte durée. Voici quelques exemples tirés de l'histoire économique récente.

Nach der gescheiterten Fusion von Siemens und Areva 2004 im Bereich der Kernenergie, wollten Siemens und Alstom 2017 ihre Zugsparten fusionieren. Noch 2004 hatte die Regierung in Paris den Einstieg vom deutschen ICE-Hersteller Siemens beim maroden TGV-Hersteller Alstom verhindert. 2017 wollte man hingegen durch eine enge Zusammenarbeit zwischen beiden Konzernen dafür sorgen, dass ein neuer europäischer Champion im Zuggeschäft und in Spitzentechnologieprojekten entsteht, welcher dem Druck der chinesischen Konkurrenz standhalten könnte. Doch 2019 legte die Europäische Kommission ein Veto gegen diese Fusionspläne ein, die den Wettbewerb eingeschränkt hätten.

Après l'échec de la fusion entre Siemens et Areva en 2004 dans le domaine du nucléaire, Siemens et d'Alstom voulaient en 2017 fusionner leurs secteurs ferroviaires. En 2004 encore, le gouvernement français avait empêché Siemens, le fabricant du train à grande vitesse allemand, de rentrer dans le capital d'Alstom, le fabricant du TGV en difficulté. En 2017, on voulait à l'inverse, par le biais d'une collaboration étroite entre les deux groupes, permettre l'émergence d'un nouveau champion européen du ferroviaire et des technologies de pointe à même de résister à la pression de la concurrence chinoise. Mais en 2019, la Commission Européenne a mis un veto à ces projets de fusion, qui, selon elle, auraient restreint la concurrence.

Trotz einiger Uneinigkeiten bei der Besetzung der Spitzenpositionen sind die Rüstungsindustrie sowie die der Luft- und Raumfahrt ein eher positives Beispiel für die erfolgreiche Zusammenarbeit. Da übten die Regierungen starken Druck aus, damit DASA und Aérospatiale-Matra 2000 zur „European Aeronautic Defence and Space Company" (EADS, heute AIRBUS SE, mit Sitz in den Niederlanden) fusionieren. Deutschland und Frankreich streiten sich dennoch über die Zuweisung der Produktionsstandorte und die dadurch gesicherten Arbeitsplätze.

Malgré quelques désaccords lors des nominations aux postes de direction, l'industrie de l'armement et l'aérospatiale sont un exemple plutôt positif d'une collaboration fructueuse. Les gouvernements ont exercé une forte pression pour que DASA et Aérospatiale/Matra fusionnent en 2000 en formant « European Aeronautic Defence and Space Company » (EADS, aujourd'hui AIRBUS SE, dont le siège est aux Pays Bas). L'Allemagne et la France se disputent malgré tout l'attribution des sites de productions et des emplois assurés qui vont avec.

Ähnliche Unstimmigkeiten über Verteilung der Arbeitsplätze und Technologietransfers belasten das SCAF-Projekt (Zukünftiges Luftkampfsystem). 2017 hatten Bundeskanzlerin Merkel und Staatspräsident Macron den Startschuss für

De semblables dissonances concernant la répartition des emplois et les transferts de technologie pèsent sur le projet SCAF (Système de combat aérien du futur). En 2017, la chancelière Merkel et le président Macron avaient donné le signal du départ

dieses Projekt gegeben, dem sich inzwischen Spanien und Belgien angeschlossen haben. Doch 2021 steht noch nicht fest, ob und wie dieses Kampfflugzeug der Zukunft entwickelt werden soll. Ähnlich unsicher scheint noch das Projekt eines neuen Bodenkampfsystems (MGCS, Main Ground Combat Systems), in dessen Rahmen ein Kampfpanzer der Zukunft entwickelt werden soll, der um 2035 den Leopard II der Bundeswehr und den Leclerc des französischen Heers ablösen soll.

de ce projet, auquel ont adhéré depuis l'Espagne et la Belgique. Mais en 2021, on ne sait toujours pas avec certitude si ou comment cet avion de combat du futur doit être développé. Une même incertitude semble encore planer sur le projet d'un nouveau système principal de combat terrestre (MGCS), cadre dans lequel doit être mis au point un char de combat du futur censé remplacer vers 2035 le Leopard 2 de la Bundeswehr et le Leclerc de l'armée de terre française.

Aus obiger Kurzdarstellung geht hervor, dass die deutsch-französische Kooperation teilweise entsprechend den Anforderungen der jeweiligen Branchen vor sich geht, wobei der Druck der weltweiten Konkurrenz den Nationalstolz zurückdrängt. Der symbolträchtige Aufkauf vom Autohersteller Opel durch den französisch geführten PSA-Konzern im Jahre 2017 ist dafür ein sprechendes Beispiel, war Opel doch über 150 Jahre lang ein Stück deutscher Geschichte und Identität.

La brève synthèse esquissée précédemment montre que la coopération franco-allemande procède partiellement en fonction des exigences de chaque secteur, alors que la pression d'une concurrence mondiale accrue fait refluer l'orgueil national. L'acquisition à portée symbolique du constructeur automobile Opel par le groupe PSA, dirigé par des Français, en 2017 en est un exemple parlant, car Opel fut pendant plus d'un siècle et demi un morceau de l'histoire et de l'identité allemande.

Außenpolitik

Im Bereich der Außenpolitik, der Verteidigung und der Sicherheit ergreifen Frankreich und Deutschland nicht immer gemeinsame Initiativen. Zwar haben es in der Irak-Krise 2002 sowohl Berlin als auch Paris abgelehnt, Truppen in den Irak zu entsenden und an der durch US-Präsident Bush ins Leben gerufene „Koalition der Freiwilligen" zur Bekämpfung der „Achse des Bösen" (so US-Präsident Bush) teilzunehmen. Doch im Lybien-Krieg 2011 hat Frankreich Deutschlands Zurückhaltung bemängelt. Auch im Mali-Einsatz ab 2013 fühlte sich Paris von Berlin nicht genügend unterstützt.

Politique étrangère

Dans le domaine de la politique étrangère, de la défense et de la sécurité, les initiatives ne sont pas toujours communes entre la France et l'Allemagne. Dans la crise irakienne en 2002, Berlin comme Paris avaient certes refusé d'envoyer des troupes en Irak pour participer à la « coalition des volontaires » fédérée par le président américain Bush pour combattre « l'axe du Mal » (selon les termes du président Bush). Mais dans la guerre de Lybie en 2011, la France a déploré la retenue allemande. De même dans l'intervention au Mali à partir de 2013, où Paris ne s'est pas senti assez soutenu par Berlin.

Meinungsverschiedenheiten bestehen vor allem im Verhältnis zu den drei militärischen Großmächten USA, Volksrepublik China und Russland.

Des divergences de vues subsistent essentiellement dans les relations avec les trois grandes puissances militaires que sont les USA, la République Populaire de Chine et la Russie.

Das auf Atomkraft bauende Frankreich wirft der Bundesrepublik vor, sozusagen

Tablant sur l'énergie nucléaire, la France reproche à la République Fédérale

am Gastropf Russlands zu hängen. Der Krieg in der Ukraine hat hier allerdings bei den Deutschen für ein Umdenken gesorgt. Nordstream 2 wird zunächst einmal nicht in Betrieb genommen. Die EU sucht nach Strategien, um sich von Russland in Fragen der Energieversorgung unabhängig zu machen. Deutschland und Frankreich sind hierbei wortführend.

d'être pour ainsi dire tributaire d'un goutte-à-goutte russe pour son approvisionnement en gaz. Or la guerre en Ukraine a provoqué un changement d'attitude en Allemagne. Il n'est plus question pour l'instant de mettre en service le gazoduc Nordstream 2. L'UE est en quête de stratégies qui rendraient son approvisionnement énergétique indépendant de la Russie. L'Allemagne et la France jouent là un rôle essentiel.

Ein ähnlicher Vorwurf gilt dem Verhältnis Deutschlands zu China. In der langen Amtszeit von Bundeskanzlerin Merkel war oft zu hören, sie betreibe eine zu vorsichtige Realpolitik, um Deutschland den wichtigen Absatzmarkt für Luxusfahrzeuge und Maschinenbau zu sichern.

On retrouve un reproche identique pour ce qui est de la relation de l'Allemagne à la Chine. Durant le long mandat de la chancelière Merkel, on a souvent entendu dire qu'elle mettait en œuvre une politique trop prudente, dictée par des impératifs de réalisme, pour assurer à l'Allemagne des débouchés essentiels pour ses voitures de luxe et ses machines-outils.

Auf deutscher Seite hat man äußerst skeptisch auf die These eines „Hirntods der NATO" reagiert, die Emmanuel Macron im November 2019 geäußert hatte. Der katastrophale Abzug der Amerikaner aus Afghanistan und der Krieg in der Ukraine führten aber dazu, dass sich jetzt sowohl Berlin als auch Brüssel für eine selbstständigere Verteidigungspolitik der EU stark machen.

Côté allemand, on a réagi avec le plus grand scepticisme à la thèse d'une « mort cérébrale de l'OTAN », formulée par Emmanuel Macron en novembre 2019. Mais la catastrophe du retrait américain d'Afghanistan et la guerre en Ukraine ont eu pour conséquence qu'aussi bien Berlin que Bruxelles s'engagent aujourd'hui pour une politique européenne de défense plus autonome.

Sicher bleibt, dass selbst ein „Kerneuropa" oder ein Europa mit „variabler Geometrie" ohne enge deutsch-französische Zusammenarbeit nicht denkbar ist. Die neuste politische Entwicklung in osteuropäischen Mitgliedstaaten der EU wie Polen und Ungarn, wo populistische und nationalistisch gesinnte Parteien an der Macht sind, führen zu einem neuen Annäherungsbedürfnis im alten deutsch-französischen Tandem, das sich heute auch den Herausforderungen des Brexit zu stellen hat. Die 2001 im elsässischen Blaesheim initiierte Tradition informeller Gipfeltreffen und bilateraler Kabinettssitzungen zwischen Amtskollegen verstärkt sich.

Mais il reste que même un « noyau dur » européen ou une « Europe à géométrie variable » ne peuvent se concevoir sans une étroite collaboration entre la France et l'Allemagne. L'évolution politique récente de pays membres à l'est de l'Union, comme la Pologne ou la Hongrie, où des partis populistes et nationalistes sont au pouvoir, fait naître un nouveau besoin de rapprochement au sein du vieux couple franco-allemand, qui doit aujourd'hui aussi se confronter aux défis du Brexit. La tradition de rencontres au sommet informelles et de sessions bilatérales entre homologues des mêmes ministères initiée dans le village alsacien de Blaesheim en 2001 se renforce.

Vocabulaire

Angelegenheit (die, en)	*l'affaire*
Ärger (der) (über + A)	*l'irritation (au sujet de)*
Außenminister (der, -)	*le ministre des Affaires étrangères*
Austausch (der)	*l'échange*
Beziehung (die) (zu + D)	*la relation*
Druck (der)	*la pression*
Eigenart (die, en)	*la particularité*
Einverständnis (das, se)	*l'entente*
Entscheidungsträger (der, -)	*le décideur, le responsable*
Erbfeind (der, e)	*l'ennemi héréditaire*
Großmacht (die, ¨e)	*la grande puissance*
Kaderschmiede (die)	*la « pépinière » de l'élite*
Kreis (der, e)	*le cercle*
Luftfahrt (die)	*l'aéronautique*
Mittelmacht (die, ¨e)	*la puissance moyenne*
Nachfolger (der, -)	*le successeur*
Nachwelt (die)	*la postérité*
Partnerschaft (die, en)	*le partenariat, le jumelage*
Raumfahrt (die)	*l'aérospatial*
Rüstungsindustrie (die)	*l'industrie de l'armement*
Schlachtfeld (das, er)	*le champ de bataille*
Sonderverhältnis (das, e)	*la relation privilégiée*
Staatspräsident (der, en, en)	*le président de la République*
Verstimmung (die)	*le désaccord, la brouille*
Wahlverwandtschaft (die, en)	*l'affinité élective*
Zusammenarbeit (die)	*la collaboration*
links des Rheins	*outre-Rhin (du point de vue allemand)*
einer Sache (D) + zum Trotz	*en dépit de, malgré*
vielmehr	*plutôt, davantage*
eigennützig	*égoïste*
ehemalig	*ancien, à une époque antérieure*
herkömmlich	*traditionnel*
musterhaft	*modèle, exemplaire*
umgekehrt	*à l'inverse, inverse*
vorbildlich	*exemplaire*
äußern	*exprimer*
aus/wählen	*choisir, sélectionner*
beraten (ie, a, ä)	*délibérer, conseiller*
sich [D] etwas [A] ein/prägen	*retenir, enregistrer*
jemandem unterstellt sein	*être sous les ordres de*
sich vermehren	*se multiplier, proliférer*

Lexique en situation 19

- Dank des Eramusprogramms haben sich die deutsch-französischen Ehen vermehrt.
  Grâce au programme Erasmus, les mariages franco-allemands se sont multipliés.
- Der unglückliche Kandidat kann sich nicht über seine Wahlniederlage hinwegtrösten.
  Le candidat malheureux n'arrive pas à se consoler de sa défaite électorale.
- Bevor er eine Entscheidung traf, ließ sich der Kanzler von vielen Experten beraten.
  Avant de prendre une décision, le chancelier s'est fait conseiller par de nombreux experts.
- Ein Jahr vor Produktionsstart versucht die Firma immer noch den besten Standort auszuwählen.
  Un an avant le début de la production, l'entreprise tente toujours de sélectionner le meilleur site (de production).
- Es liegt die Vermutung nahe, dass der Mond bald bewohnt wird.
  On peut légitimement penser que la lune sera bientôt habitée.
- Das Schweigen der Kanzlerin war weniger eine Verurteilung als vielmehr ein Ausdruck ihrer Verwunderung.
  Le silence de la chancelière était moins une condamnation que l'expression de sa surprise.
- Wegen der sozial-konservativen Politik Warschaus sind die deutsch-polnischen Beziehungen in eine Krise geraten.
  Du fait de la politique sociale conservatrice de Varsovie, les relations germano-polonaises traversent une crise.
- Seine Ehe steckt in einer Krise.
  Son mariage est en crise.
- Allem Gerede zum Trotz wird sie nicht von ihrem Amt zurücktreten.
  En dépit de toutes les rumeurs, elle ne démissionnera pas de son poste.
- Man versucht vergeblich, dem modernen Menschenhandel ein Ende zu setzen.
  On tente en vain de mettre un terme à l'esclavagisme moderne.
- Die Erhöhung des Konsums ist auf den [A] Wohlstand zurückzuführen.
  L'augmentation de la consommation est à rapporter (= est due) au bien-être matériel.
- Vor allem wegen der Deklinationen gilt Deutsch als eine schwierige Sprache.
  A cause des déclinaisons essentiellement, l'allemand passe pour être une langue difficile.
- Vor den Klausuren stehen die Studenten immer unter Druck.
  Avant les examens, les étudiants sont toujours sous pression.
- Was auf dem deutsch-französischen Spitzentreffen erfolgen wird, bleibt ein Rätsel.
  Ce qui se produira lors de ce sommet franc-allemand reste une énigme.
- In manchen Grenzgebieten werden neue deutsch-französische Verkehrsprojekte ins Leben gerufen.
  Dans certaines régions frontalières, de nouveaux projets de transports franco-allemands voient le jour / sont créés.
- Die Experten haben sich zum neuen Impfstoff kritisch geäußert.
  Les experts ont exprimé un point de vue critique sur le nouveau vaccin.

Dossier 20

Deutschlandkunde in Grundrissen

Das Staatsgebiet der Bundesrepublik Deutschland

Die Grenzen Deutschlands sind im Laufe der Geschichte mehrmals verlegt worden. Nach der Wiedervereinigung im Jahre 1990 wurden sie endgültig festgelegt und die Linie entlang den Flüssen Oder und Neiße wurde als unantastbare Ostgrenze anerkannt. Heute zählt das Staatsgebiet der Bundesrepublik Deutschland 357 000 km^2. Die längste Ausdehnung beträgt 870 km von Norden nach Süden und 640 km von Osten nach Westen. Deutschland liegt im Westen Mitteleuropas und hat unter den europäischen Staaten die höchste Zahl an Nachbarstaaten.

Landschaften und Städte

Von Norden nach Süden unterscheiden sich drei große Landschaften.

Das norddeutsche Tiefland macht ein Drittel des gesamten Staatsgebietes aus. Es wird von zwei großen Flüssen durchzogen: der Elbe und der Weser. Im Tiefland liegen auch die Großstädte Berlin und Hannover, die Hafenstädte Hamburg (an der Elbe) und Bremen (an der Weser). Außerhalb der Ballungsgebiete finden sich hauptsächlich Agrarlandschaften. Ost und West bieten jeweils ein unterschiedliches Bild, denn im Osten herrschen die Großbetriebe (über 1 000 Hektar) vor. Brandenburg, die Gegend um Berlin, ist eine von Seen durchsetzte sandige Heidelandschaft, wo die Forstwirtschaft den Bestand an Kiefernwäldern nutzt. An der Nord- und Ostseeküste ist die Fischereiwirtschaft

Géographie de l'Allemagne dans ses grandes lignes

Le territoire national de la République fédérale d'Allemagne

Les frontières de l'Allemagne ont souvent bougé au cours de son histoire. Après la réunification de 1990, elles ont été définitivement fixées et la ligne longeant l'Oder et la Neisse a été reconnue comme frontière intangible à l'est. Aujourd'hui, le territoire de la République fédérale compte 357 000 km^2. Les distances maximales sont de 870 km du sud au nord et 640 km d'est en ouest. L'Allemagne est située à l'ouest de l'Europe centrale, et c'est de tous les États européens celui qui a le plus grand nombre d'États limitrophes.

Les grandes régions naturelles et les villes

Du nord au sud, on distingue trois grandes régions naturelles.

La plaine d'Allemagne du nord occupe environ un tiers du territoire national. Elle est traversée par deux grands fleuves : l'Elbe et la Weser. Les grandes villes de Berlin et de Hanovre, les ports de Hambourg (sur l'Elbe) et de Brême (sur la Weser) sont situés dans cette plaine. Hors des grandes agglomérations, les paysages y sont essentiellement agricoles. Ils présentent un aspect différent à l'Est et à l'Ouest. À l'Est, ce sont en effet les grandes exploitations agricoles qui dominent (de plus de 1 000 hectares). Le Brandebourg, autour de Berlin, est un paysage de landes sablonneuses parsemées de lacs, où la sylviculture exploite les ressources des forêts de pins. Sur les côtes de la mer du Nord et de la Baltique,

noch wichtig. Dahingegen leiden die Werften in Rostock und Stralsund unter der ostasiatischen Konkurrenz. Eine große Einkommensquelle ist der Fremdenverkehr: Die Nordseeinseln Helgoland und Sylt und die Ostseeinsel Rügen sind beliebte Ferienorte.

la pêche joue encore un rôle important. En revanche, les chantiers navals de Rostock et de Stralsund souffrent de la concurrence de l'Asie orientale. Le tourisme est une source importante de revenu : les îles d'Helgoland et de Sylt (sur la mer du Nord) et de Rügen (sur la mer Baltique) sont des lieux de villégiature appréciés.

Im Herzen Deutschlands dehnt sich stufenweise das Mittelgebirge aus. Durch dieses Mittelgebirge fließen im Westen der Rhein und im Osten der Main, der ein Nebenfluss des Rheines ist. Im Süden bildet die Donau die Grenze zum Alpenvorland. Da die meisten Gebirge nicht sehr hoch sind, ähneln sie eher bewaldeten Hügeln, bis auf den Schwarzwald, der durch den Rhein und die elsässische Ebene von den Vogesen getrennt ist und dessen höchster Berg, der Feldberg, eine Höhe von 1490 m erreicht. In diesem mitteldeutschen Raum liegen die Großstadt Köln (am Rhein), die Finanzmetropole Frankfurt am Main und Stuttgart – wo der Automobilhersteller Daimler-Benz seine Zentrale hat. Das barocke Dresden (die sächsische Hauptstadt an der Elbe) und die alte Universitätsstadt Heidelberg befinden sich auch im mitteldeutschen Raum. Die Burgen auf den Felsen, die im Rheintal zwischen Köln und Mainz den Fluss überragen und an die Lorelei mahnen, sind Touristenattraktionen. In Thüringen wird der Besucher an Luther erinnert. In Weimar und Jena wandert er auf den Spuren von Goethe und Schiller, deren Zusammenarbeit die deutsche Klassik geprägt hat. Im Landschaftsbild Mitteldeutschlands herrschen agrarwirtschaftliche Familienbetriebe mittlerer (unter 50 Hektar) oder kleiner Größe vor, die oft von Subventionen im Rahmen der Europäischen Agrarpolitik abhängig sind. Wein- und Obstbau sowie Gemüseanbau werden zunehmend biologisch betrieben.

Au cœur de l'Allemagne, les montagnes moyennes s'étendent par paliers. Elles sont traversées par le Rhin à l'ouest et à l'est par son affluent, le Main. Au sud, le Danube les sépare des Préalpes. D'altitude souvent modeste, ces montagnes s'apparentent davantage à des collines boisées, sauf la Forêt Noire, qui est séparée des Vosges par le Rhin et la plaine d'Alsace et dont le point culminant, le Feldberg, atteint 1 490 m. C'est dans cette Allemagne moyenne que se situent la grande ville de Cologne (sur le Rhin), Francfort-sur-le-Main, la capitale financière de l'Allemagne, Stuttgart (où le constructeur automobile Daimler-Benz a son siège), mais aussi Dresde la capitale baroque de la Saxe (sur l'Elbe, à l'est) ainsi que la vieille cité universitaire d'Heidelberg. Dans la vallée du Rhin entre Cologne et Mayence, les rochers surmontés de châteaux forts, surplombant le fleuve et évoquant le mythe de la Lorelei, sont une attraction touristique. La Thuringe est habitée par le souvenir de Luther. À Weimar et Iéna, le visiteur se promène sur les traces de Goethe et de Schiller, dont la collaboration a fortement marqué le classicisme allemand. Le paysage de l'Allemagne moyenne est dominé par les exploitations familiales de moyenne (moins de 50 hectares) ou de petite taille, qui dépendent souvent des subventions de la Politique agricole commune. La viticulture, la production de fruits et de légumes sont de plus en plus biologiques.

Der mitteldeutsche Raum war lange Zeit der Standort der Steinkohle- und

L'Allemagne moyenne a longtemps été un site de production de houille et de lignite

Braunkohleförderung (Steinkohlereviere der Ruhr und des Saarlands, Braunkohlegewinnung in der ostdeutschen Lausitz und in Sachsen). Braunkohle wird noch im Tagebau gefördert (vgl. DOSSIER 14). 2018 wurde hingegen die letzte Steinkohlezeche stillgelegt. Sonst ist Deutschland relativ arm an Rohstoffen. Der deutsche Bergbau steckt in einer tiefen Krise. Im Ruhrgebiet wurden die Zechen teilweise in Freizeitparks umgewandelt.

(bassins houillers de la Ruhr et de la Sarre, exploitation du lignite en Lusace et en Saxe, à l'Est). Les gisements de houille et de lignite sont encore abondants, alors que le pays est sinon pauvre en matières premières. Mais le secteur minier traverse une crise profonde. Dans la Ruhr, les mines sont transformées en parcs d'attractions, tandis que les mines de lignite en plein air sont souvent converties en lacs paysagés.

Südlich der Donau beginnen die Alpen. München – die Hauptstadt Bayerns – liegt unweit von hohen Bergen. Deutschlands höchster Berg, die Zugspitze (2 962 m), liegt direkt an der österreichischen Grenze. Die Gegend um den Bodensee, an den Deutschland, aber auch die Schweiz und Österreich grenzen, verfügt über ein besonders mildes Klima, wo die Palmen den Winter überleben!

Au sud du Danube commencent les Alpes. Munich, capitale de la Bavière, est située tout près de hautes montagnes. Le sommet le plus haut de l'Allemagne, le Zugspitze (2 962 m), se trouve tout près de la frontière autrichienne. La région du lac de Constance, que l'Allemagne partage avec l'Autriche et la Suisse, jouit d'un climat exceptionnellement doux où les palmiers passent l'hiver sans problème !

Der Verkehr

Das deutsche Staatsgebiet wird von einem dichten Netz von Auto- und Eisenbahnen durchzogen. Auf Autobahnen gehören Staus zum Alltag der Autofahrer. Dabei sind die Deutschen leidenschaftliche Autofahrer. Hochgeschwindigkeitszüge brauchen knapp 5 ein halb Stunden, um die 800 km zwischen Hamburg und München zurückzulegen. Ein Erfolg des Aufbaus Ost ist auch die neue ICE-Trasse zwischen Berlin und Hamburg, die nur noch durch eine 90-minütige Zugfahrt voneinander getrennt sind. Die deutschen Flüsse, allen voran der Rhein, sind wesentliche Verkehrsadern im gesamteuropäischen Verkehr. In Frankfurt am Main liegt der größte Flughafen nicht nur Deutschlands, sondern auch Kontinentaleuropas. Frankfurt ist also eine wichtige Drehscheibe im internationalen Luftverkehr. Da kann der neulich ausgebaute Flughafen München mit der Attraktivität Frankfurts nicht mithalten. In der Bundeshauptstadt Berlin wurde Ende Oktober 2020 endlich der neue Flughafen

Les communications

Le territoire allemand est sillonné par un réseau dense d'autoroutes et de voies ferrées. Sur les autoroutes, les embouteillages font partie du quotidien des conducteurs automobiles. Or les Allemands adorent rouler en voiture. Les trains à grande vitesse mettent à peine cinq heures et demie pour relier Hambourg à Munich, distantes de 800 km. La nouvelle ligne à grande vitesse Berlin-Hambourg, qui met ces villes à 90 minutes de train seulement l'une de l'autre, est à porter au crédit de la reconstruction de l'Est. Les fleuves allemands, le Rhin surtout, sont des axes capitaux pour les communications entre toutes les régions d'Europe. Francfort-sur-le-Main possède le plus grand aéroport non seulement d'Allemagne, mais d'Europe continentale. De ce fait, Francfort est une plaque tournante importante pour le trafic aérien international. Malgré l'achèvement récent de travaux d'ampliation, l'aéroport de Munich ne peut pas vraiment faire de l'ombre à Francfort. À Berlin, la capitale fédérale, on a enfin inauguré fin

eröffnet. Er wurde auf den Namen des ehemaligen Regierenden Bürgermeisters von Berlin Willy Brandt getauft. Doch viele Ungereimtheiten bei der Durchführung der Arbeiten und Mehrkosten in Milliardenhöhe sorgen immer noch für Probleme. Der legendäre „Luftbrückenflughafen" Berlin-Tempelhof wurde schon im Oktober 2008 stillgelegt und in einen Park umgewandelt.

octobre 2020 un aéroport moderne. On lui a donné le nom de Willy Brandt, l'ancien chef du gouvernement du Land de Berlin. Mais des irrégularités dans la réalisation des travaux et des coûts supplémentaires s'élevant à des milliards d'euros sont aujourd'hui encore source de problèmes. Le légendaire aéroport du « pont aérien », Tempelhof, a été fermé au trafic dès octobre 2008, et transformé en parc.

Vocabulaire

(Europäische) Agrarpolitik (die)	*la Politique agricole (commune) [PAC]*
Anrainer (der, -)	*le riverain*
Bergbau (der)	*le secteur des mines*
Burg (die, en)	*le château fort*
Ebene (die, n)	*la plaine, le niveau*
Eisenbahn (die, en)	*le chemin de fer*
Felsen (der, -)	*le roc, le rocher*
Ferienort (der, e)	*le lieu de villégiature*
Flughafen (der, ¨)	*l'aéroport*
Fluss (der, ¨e)	*le fleuve, la rivière*
Fremdenverkehr (der)	*le tourisme*
Gebiet (das, e)	*le territoire, le domaine*
Gebirge (das, -)	*la montagne (chaîne ou massif)*
Gegend (die, en)	*la région, la contrée*
Grenze (die, n)	*la frontière*
Hafen (der, ¨)	*le port*
Hauptstadt (die, ¨e)	*la capitale*
Heide (die, n)	*la lande*
Höhe (die, n)	*la hauteur*
Hügel (der, -)	*la colline*
Insel (die, n)	*l'île*
Landschaft (die, en)	*le paysage*
See 1. der (n) 2. die (n)	*1. le lac 2. la mer*
Tal (das, ¨er)	*la vallée*
Verkehr (der, e)	*la circulation, le trafic*
Wald (der, ¨er)	*la forêt*
Werft (die, en)	*le chantier naval*
Zahl (die, en)	*le chiffre*
Zeche (die, n)	*la mine*
Norden (der)	*le nord*
Osten (der)	*l'est*
Süden (der)	*le sud*
Westen (der)	*l'ouest*
aus/bauen	*amplifier*
fließen (oss, ossen) (ist)	*couler*
grenzen an + A	*avoir une frontière commune avec / être proche de, friser*
überragen (überragte, hat überragt)	*dépasser (en hauteur)*
unterscheiden (ie, ie)	*distinguer, faire la différence*

Lexique en situation 20

- Duisburg im Ruhrgebiet soll der größte deutsche Binnenhafen sein.
  Duisbourg, dans la Ruhr, passe pour être le plus grand port intérieur allemand.
- Die Anziehungskraft des Südens.
  L'attrait du Sud.
- Im Sommer fahren wir an die Ostsee.
  Cet été, nous allons sur la côte de (= à) la Baltique.
- Die Stadt Konstanz liegt am Bodensee.
  La ville de Constance se situe sur les rives du lac de Constance.
- Deutschland grenzt an die Tschechische Republik.
  L'Allemagne a une frontière commune avec la République tchèque.
- Das grenzt an Wahnsinn!
  Ça frise la folie !
- Auf seinem Gebiet ist er ein Fachmann ohnegleichen!
  Dans son domaine, c'est un expert qui n'a pas son pareil !
- Die Nutzung der erneuerbaren Energien soll in den nächsten Jahren ausgebaut werden.
  Il est question d'amplifier l'utilisation des énergies renouvelables au cours des prochaines années.
- Nach der Wiedervereinigung wurde die Grenze zu Polen endgültig festgelegt.
  Après la réunification, on a fixé définitivement la frontière avec la Pologne.
- Der Bodensee zählt zu den beliebtesten Urlaubszielen Deutschlands.
  Le lac de Constance fait partie des destinations de vacances favorites en Allemagne.
- Die Windmühle wandelt die Windenergie in Strom um.
  Le moulin à vent transforme l'énergie éolienne en électricité.
- Das Thema wurde auf der Ebene der Staatsoberhäupter diskutiert.
  Le sujet a été discuté au niveau des chefs d'État.
- Der Neckar fließt durch das romantische Heidelberg.
  Le Neckar traverse la ville romantique de Heidelberg.
- In den Hauptverkehrszeiten stecken viele Autofahrer im Stau.
  Aux heures de pointe, de nombreux automobilistes sont coincés dans les embouteillages.
- Auf Grund der schwierigen Zusammenarbeit von Bundestag und Bundesrat kam es in Deutschland zu einem Reformstau.
  En raison de la collaboration difficile entre Bundestag et Bundesrat, l'Allemagne a accumulé un grand retard (= un bouchon) dans la mise en œuvre de réformes.
- Die weißen Kreidefelsen machen den Zauber der deutschen Ostseeküste aus.
  Les falaises de craie blanche constituent le charme de la côte baltique allemande.
- Der Berliner Fernsehturm überragt den Alexanderplatz.
  La tour de télévision de Berlin surplombe l'Alexanderplatz.

RSG : Rheinisches Schiefergebirge
① Hunsrück
② Eifel
③ Westerwald
④ Taunus
⑤ Odenwald
HB : Hessisches Bergland
H : Harz
TW : Thüringer Wald
EG : Erzgebirge
S : Schwarzwald
SA : Schwäbische Alb
A : Alpen und Voralpen

Table des matières

Dossier 1

Grundlinien deutscher Geschichte bis 1933	***L'Histoire allemande dans ses grandes lignes jusqu'en 1933***	5
Anfänge	*Origines*	5
Mittelalter	*Moyen Âge*	5
Die Reformation	*La Réforme*	6
Dreißigjähriger Krieg und Absolutismus	*Guerre de Trente Ans et absolutisme*	7
Entstehung eines Nationalstaates und deutsche Einheit	*Émergence d'un État-nation et unification de l'Allemagne*	8
Die Weimarer Republik, die erste deutsche Demokratie	*La République de Weimar, première démocratie allemande*	9
Vocabulaire		**10**
Lexique en situation 1		**11**

Dossier 2

Das dritte Reich	***Le Troisième Reich***	12
Die Machtergreifung durch Hitler, die Ursachen der Machtergreifung	*La prise du pouvoir par Hitler, ses causes*	12
Die Gleichschaltung	*La mise au pas*	13
Rassengesetze und Judenverfolgung	*Lois raciales et persécution des juifs*	14
Erklärungen für Hitlers Erfolg	*Explications du succès d'Hitler*	15
Der Zweite Weltkrieg	*La Seconde Guerre mondiale*	15
Die Nachkriegsjahre	*L'immédiat après-guerre*	16
Vocabulaire		**18**
Lexique en situation 2		**19**

Dossier 3

Die BRD vom Gründungsjahr bis zur Wiedervereinigung	***La RFA de sa fondation à la réunification***	20
Die deutsche Wirtschaft vom Wiederaufbau zum neuen Wohlstand	*L'économie allemande de la reconstruction au retour à la prospérité*	20
Integration in die westliche Welt und Entspannungspolitik mit dem Ostblock	*L'intégration à l'Ouest et la détente à l'Est*	22
Eine stabile Demokratie	*Une démocratie stable*	23
Vocabulaire		**26**
Lexique en situation 3		**27**

Dossier 4

Geschichte der DDR und Wiedervereinigung	***Histoire de la RDA et réunification***	28
Warum verschwand die DDR?	*Pourquoi la RDA a-t-elle disparu ?*	28
1949-1961: Sowjetisierung der ostdeutschen Politik und Wirtschaft	*1949-1961 : soviétisation de la vie politique et de l'économie est-allemandes*	29
Die Gestaltung der Lebensformen durch Staat und Partei	*Un mode de vie façonné par l'État et le parti*	30
Protestbewegung und Polizeistaat	*Mouvement contestataire et État-policier*	31
Auf dem Weg zur Wiedervereinigung	*Sur le chemin de la réunification*	32
Vocabulaire		**34**
Lexique en situation 4		**35**

Dossier 5

Die Bundesinstitutionen	***Les institutions fédérales***	36
Das Grundgesetz	*La Loi fondamentale*	36
Das Bundesverfassungsgericht (BVerfG)	*La Cour constitutionnelle fédérale*	37
Der Bundestag	*Le Bundestag*	40
Der Bundesrat	*Le Bundesrat*	42
Bundesregierung und Bundeskanzler	*Gouvernement fédéral et chancelier*	44
Der Bundespräsident	*Le président fédéral*	44
Der Umzug der Institutionen nach Berlin	*Le déménagement des institutions pour Berlin*	46
Vocabulaire		**47**
Lexique en situation 5		**48**

Dossier 6

Der Föderalismus	***Le fédéralisme***	50
Was bedeutet Föderalismus?	*Que signifie le fédéralisme ?*	50
Verteilung der Aufgaben zwischen Bund und Ländern	*Répartition des tâches entre Bund et Länder*	51
Wesentliche Aspekte des Föderalismus	*Aspects principaux du fédéralisme*	52
Die Grenzen des Föderalismus	*Les limites du fédéralisme*	54
Reformversuche	*Tentatives de réformes*	56
Der deutsche Föderalismus und die EU	*Le fédéralisme allemand et l'UE*	57
Im Rahmen der Terrorismuswelle: eine Neuordnung der Sicherheitsbehörden?	*Une réorganisation des autorités de sécurité dans le cadre de la vague terroriste ?*	59
Vocabulaire		**61**
Lexique en situation 6		**62**

Dossier 7

Die politischen Parteien	***Les partis politiques***	64
Das Wahlsystem	*Le système électoral*	64
Die im Bundestag vertretenen Parteien	*Les partis représentés au Bundestag*	65
Die CDU	*La CDU*	66
Die CSU	*La CSU*	68
Die FDP	*Le FDP*	70
Die SPD	*Le SPD*	72
Bündnis90/Die Grünen	*Bündnis90/Die Grünen*	74
Die PDS – Die Linke	*Le PDS et Le Parti de la gauche radicale*	75
Die AfD	*L'AfD (Alternative pour l'Allemagne)*	77
Der wiederauflebende Rechtsextremismus	*La résurgence de l'extrémisme de droite*	80
Der Linksextremismus	*L'extrémisme de gauche*	81
Sonstige Parteien	*Les autres partis*	82
Vocabulaire		**84**
Lexique en situation 7		**85**

Dossier 8

Die Wirtschaft	***L'économie***	86
Gesamtkennzeichnung	*Caractérisation d'ensemble*	86
Rückblick: Die Entstehung des deutschen Wirtschaftsmodells	*Un regard rétrospectif sur la genèse du modèle économique allemand*	87
Die Schockwirkung der Wiedervereinigung und die Einführung des Euro	*Le choc de la réunification et l'introduction de l'euro*	92
Schröders Strukturreformen: die Agenda 2010	*Les réformes structurelles de Schröder : l'Agenda 2010*	93
Maßnahmen zur Sanierung der Staatsfinanzen bis zur Finanzkrise 2008	*Mesures d'assainissement des finances publiques jusqu'à la crise financière de 2008*	95
Deutschland und die Finanzkrise 2008	*L'Allemagne et la crise financière de 2008*	96
Die Erholung der Wirtschaft	*Le rétablissement de l'économie*	97
Wirtschaftsriese Deutschland: ein Koloss auf tönernen Füßen?	*Le géant économique allemand : un colosse aux pieds d'argile ?*	98
Vocabulaire		**100**
Lexique en situation 8		**101**

Dossier 9

Bevölkerung	***Population***	102
Bevölkerungsdichte	*Densité de la population*	102
Altersaufbau und demographischer Wandel	*Pyramide des âges et changement démographique*	103
Deutschland als Zuwanderungsland	*L'Allemagne comme terre d'immigration*	104
Das deutsche Staatsbürgerschaftsrecht	*Le Code allemand de la nationalité*	108
Vocabulaire		**112**
Lexique en situation 9		**113**

Dossier 10

Religionsgemeinschaften in Deutschland	***L'Allemagne et la religion***	114
Kirchen und Staat	*Église et État*	114
Die christlichen Kirchen	*Les Églises chrétiennes*	115
Juden in Deutschland	*Les juifs en Allemagne*	117
Der Islam in Deutschland	*L'islam en Allemagne*	120
Die Kirchen im sozial-karitativen Bereich, in der Politik und im Alltag	*Les Églises dans le domaine socio-caritatif, en politique et dans la vie quotidienne*	121
Vocabulaire		**124**
Lexique en situation 10		**125**

Dossier 11

Das Bildungs- und Schulwesen	***Le système éducatif***	127
Der Elementarbereich	*L'enseignement élémentaire*	128
Der Primarbereich	*L'enseignement primaire*	129
Der Sekundarbereich	*L'enseignement secondaire*	130
Das Hochschulwesen	*L'enseignement supérieur*	132
Die Rechtschreibreform	*La réforme de l'orthographe*	136
Vocabulaire		**137**
Lexique en situation 11		**138**

Dossier 12

Die Frau in der deutschen Gesellschaft und die Kämpfe um Gleichstellung	***La femme dans la société allemande et les combats pour l'égalité***	139
Frauenfrage im Rückblick	*Brève rétrospective de la question de la femme*	139
Die Frau im Nationalsozialismus	*La femme sous le national-socialisme*	139
Die westdeutsche Frau in den Jahren des Wirtschaftswunders	*La femme ouest-allemande pendant le Miracle économique*	140
Die Frau in der DDR	*La femme en RDA*	140
Frauenbewegung in Westdeutschland	*Le mouvement féministe en Allemagne de l'Ouest*	141
Frage der Abtreibung	*La question de l'avortement*	142
Frauen in der Bundeswehr	*Les femmes dans l'armée allemande*	144
Frauenanteil und Frauenquote in Politik, Verwaltung und Wirtschaft	*Présence et quotas de femmes dans la politique, l'administration et l'économie*	144
Vocabulaire		**150**
Lexique en situation 12		**151**

Dossier 13

Die Medien in Deutschland	***Les médias en Allemagne***	153
Die Medienvielfalt	*La diversité des médias*	153
Die Presse	*La presse*	154
Die wichtigsten überregionalen Tageszeitungen	*Les principaux quotidiens suprarégionaux*	155
Die wichtigsten Wochenzeitungen	*Les principaux hebdomadaires*	157
Pressekonzentration und Pressekrise	*Concentration de la presse et crise de la presse*	158
Das Hör- und Rundfunksystem	*Le système audiovisuel*	160
Die neuen Medien	*Les nouveaux médias*	162
Digitale Revolution und Erziehung	*Révolution numérique et éducation*	163
Neue Medien, neue Probleme	*Nouveaux médias, nouveaux problèmes*	164
Vocabulaire		**166**
Lexique en situation 13		**167**

Dossier 14

Umweltprobleme und Umweltschutz	***Problèmes et protection de l'environnement***	169
Umweltprobleme in Deutschland	*Les problèmes environnementaux en Allemagne*	170
Entsorgung und Wiederaufarbeitung von Müll	*Élimination et retraitement des déchets*	172
Klimaerwärmung und Maßnahmen zur Bekämpfung globaler Umweltprobleme – Energiewende	*Réchauffement climatique et mesures de lutte contre les problèmes environnementaux globaux – Tournant énergétique*	173
„Nachhaltiges Deutschland"	*« Une Allemagne durable »*	176
Die ungelöste Frage der Kernenergie	*La question non résolue de l'énergie nucléaire*	176
Der Kohleausstieg und seine Folgen	*La sortie du charbon et ses conséquences*	178
Der Klimawandel – ein Umdenken?	*Le changement climatique – un changement de mentalité ?*	179
Vocabulaire		**181**
Lexique en situation 14		**182**

Dossier 15

Die Bundeswehr	***La Bundeswehr***	183
Die Diskussion um die Wiederbewaffnung	*La discussion sur le réarmement*	183
Gründung der Bundeswehr	*Création de la Bundeswehr*	184
Einführung der Wehrpflicht	*Introduction du service militaire*	184
Der NATO-Doppelbeschluss	*La double décision de l'OTAN*	186
Integration der NVA nach der Wiedervereinigung	*Intégration de la NVA après la réunification*	186
Auslandseinsätze seit 1991	*Interventions à l'étranger depuis 1991*	187
Reform der Bundeswehr	*Réforme de la Bundeswehr*	188
Vocabulaire		**191**
Lexique en situation 15		**192**

Dossier 16

Gesellschaftliche Probleme	***Les problèmes sociaux***	193
Armut	*La pauvreté*	193
Sozialhilfe	*L'aide sociale*	194
Problemviertel, Ausgrenzung, Gewalt	*Quartiers à risques, exclusion, violence*	195
Drogensucht	*La toxicomanie*	197
Probleme der öffentlichen Gesundheit	*Questions de santé publique*	198
Wege des Zusammenlebens: Gemeinschaftssinn und Leitkultur	*Modes de vie commune : sens communautaire et culture dominante*	200
Vocabulaire		**202**
Lexique en situation 16		**203**

Dossier 17

Ost-West? Nord-Süd? Wiedervereinigung und neue Gefälle	***Est-Ouest ? Nord-Sud ? Réunification et nouveaux clivages***	204
Abwicklung der planwirtschaftlichen Strukturen und Abbau von Arbeitsplätzen	*Démantèlement des structures de l'économie planifiée et réduction des emplois*	204
Die Aufholjagd ist noch nicht zu Ende	*La course-poursuite n'est pas terminée*	205
Neue Industriestandorte	*De nouveaux sites de production industrielle*	207
Ostdeutsche Identität und Ostalgie	*Identité est-allemande et « ostalgie »*	208
Vocabulaire		**213**
Lexique en situation 17		**214**

Dossier 18

Deutschland und die Europäische Union	***L'Allemagne et l'Union européenne***	216
Deutschland als Motor der europäischen Einigung	*L'Allemagne, moteur de l'union de l'Europe*	217
18. April 1951	*18 avril 1951*	217
25. März 1957	*25 mars 1957*	217
28. Februar 1986	*28 février 1986*	217
9./10. Dezember 1991	*9-10 décembre 1991*	217
Kopenhagen 1993	*Copenhague 1993*	218
1995	*1995*	218
Das erste Lissabonner Gipfeltreffen im Juni 2000	*Premier sommet de Lisbonne, juin 2000*	218
7.-11. Dezember 2000	*7-11 décembre 2000*	219
1. Mai 2004	*1er mai 2004*	219
2005-2007: Debatte um die EU-Verfassung	*2005-2007 : débat sur la constitution européenne*	219
Der Reformvertrag von Lissabon	*Le traité de réforme dit de Lisbonne*	221
Deutschland in den EU-Organen	*L'Allemagne dans les institutions de l'UE*	221
Die Deutschen und die EU	*Les Allemands et l'UE*	222
Vocabulaire		**230**
Lexique en situation 18		**231**

Dossier 19

Gibt es ein deutsch-französisches Sonderverhältnis?	***La relation franco-allemande, une relation particulière ?***	232
Aussöhnung	*Réconciliation*	233
Freundschaft im Sinne der kulturellen und militärischen Annäherung	*Une amitié synonyme de rapprochement culturel et militaire*	234
Die Beziehung ist in die Jahre gekommen	*La relation a pris de l'âge*	235
Gibt es deutsch-französische Lösungen als Antwort auf die „Herausforderung" der Globalisierung?	*Y a-t-il des solutions franco-allemandes en réponse au « défi » de la mondialisation ?*	237
Außenpolitik	*Politique étrangère*	239
Vocabulaire		**241**
Lexique en situation 19		**242**

Dossier 20

Deutschlandkunde in Grundrissen	***Géographie de l'Allemagne dans ses grandes lignes***	243
Das Staatsgebiet der Bundesrepublik Deutschland	*Le territoire national de la République fédérale d'Allemagne*	243
Landschaften und Städte	*Les grandes régions naturelles et les villes*	243
Der Verkehr	*Les communications*	245
Vocabulaire		**247**
Lexique en situation 20		**248**

Achevé d'imprimer en avril 2022 par Normandie Roto Impression s.a.s., 61250 Lonrai
N° d'impression : 2202156 - Dépôt légal : mai 2022 - Imprimé en France